Die Konstruktion und Demontage des amerikanischen Helden

Katrin Berkenkamp

DIE KONSTRUKTION UND DEMONTAGE DES AMERIKANISCHEN HELDEN

Männlichkeitsentwürfe in Westernliteratur und -film

ibidem-Verlag
Stuttgart

Bibliografische Information der Deutschen Nationalbibliothek
Die Deutsche Nationalbibliothek verzeichnet diese Publikation in der Deutschen Nationalbibliografie; detaillierte bibliografische Daten sind im Internet über http://dnb.d-nb.de abrufbar.

Bibliographic information published by the Deutsche Nationalbibliothek
Die Deutsche Nationalbibliothek lists this publication in the Deutsche Nationalbibliografie; detailed bibliographic data are available in the Internet at http://dnb.d-nb.de.

Coverbild: © beatrice prève - Fotolia.com

Zweite, verbesserte Auflage

∞

Gedruckt auf alterungsbeständigem, säurefreien Papier
Printed on acid-free paper

ISBN-13: 978-3-8382-0544-1

© *ibidem*-Verlag
Stuttgart 2014

Inhalt

Einleitung

Auch im 21. Jahrhundert treten filmische Ausformungen des typisch amerikanischen und schon oft totgesagten Genres Western in Erscheinung – wie unter anderem am Beispiel des revisionistischen Werkes *The Assassination of Jesse James by the Coward Robert Ford* (2007) zu ersehen ist. Diesen Umstand will die hier vorliegende Studie zum Anlass nehmen, sich näher mit dem Western zu befassen. Es soll ergründet werden, wie die Darstellung von Männlichkeit(en) in einem Westernfilm[1] erfolgt, und beleuchtet werden, wie gesellschaftliche und kulturelle Einflüsse männliche Westernfiguren in verschiedenen Epochen geprägt haben.

Doch zunächst: Was ist ein filmischer Western? Nach Werner Faulstich sind es »geographische und historische Merkmale (der amerikanische Westen, die Zeit zwischen 1860 und 1900)«, die das Genre als solches markieren (*Grundkurs Filmanalyse*[2], S. 28).[3] Harry M. Benshoff und Sean Griffin bemerken zum Genrebegriff: »A genre can be identified by its surface structure or iconography – what the genre looks and sounds like« (*America on Film*[4], S. 28). Zur Ikonografie des Westerns gehört nicht nur die Landschaft; wir finden dort auch verschiedene Figuren, Männer, *frontier*-Typen – wie Cowboys, *gunfighters* (erkennbar beispielsweise an der Kleidung, am Hut, an den Revolvern) – vor.

Das Genre Western hat es bereits in der Literatur gegeben, bevor das filmische Genre entstand. Lee Clark Mitchell sieht die Filmwestern als Abkömmlinge der literarischen Western, die Westernfilmhelden als die Nachfahren der literarischen Westernhelden an (s. *Westerns – Making the Man in Fiction and Film* (1996), S. 161). In dieser Studie werde ich also literarische

---

[1] Damit sind im Wesentlichen Kinofilme gemeint.

[2] Ich zitiere hier aus der überarbeiteten Ausgabe von 2008.

[3] Werke, deren Handlungszeit vor 1860 liegt, möchte ich als Prä-Western bezeichnen, solche, in denen die Handlung nach 1900 spielt, als Post-Western. Vgl. dazu z.B. die Erläuterungen von Philip French. Er schreibt: Der Prä-Western »deals ... with the coonskin-capped frontiersman armed with a flintlock musket and travelling by foot in the late eighteenth-early nineteenth century, the Fenimore Cooper Leather-Stocking figure« (*Westerns*, S. 9). Der Post-Western hingegen sei »set in the present-day West where lawmen, rodeo riders and Cadillac-driving ranchers are still in thrall to the frontier-myth« (S. 10).

[4] Ich zitiere hier aus der überarbeiteten Ausgabe von 2009.

Westernhelden zuerst betrachten, bevor ich mich jenen filmischen Western zuwende, die ab dem Jahr 1915 entstanden sind.[5]

Laut Mitchell vereint die Frage nach dem, was einen Mann zum Mann macht, alle Western in Schrift und Film: »the one question linking them is how to be a man« (S. 153). Somit ist auch die Diskussion von Männlichkeit mit dem Genre verbunden.

Zur Konstruktion der Figuren im Western dient »an intricate mixture of bodily and behavioral traits« (S. 154). Auch Walter Erhart bezieht sich auf das Handeln, wenn er die Motivation, die Männer im Western oftmals agieren lässt – den Leitsatz *a man's got to do what a man's got to do* – erklärt:

> Dieses nebulöse »etwas«, mit dem Ringo Kid, Will Kane und alle anderen Western-Helden ihre einsamen Entschlüsse begründen, beruht immer auf der Identifikation mit jenem männlichen Gesetz, das den *western* gegründet und seinem *hero* Leben gegeben hat: ein Gesetz unter Männern, die miteinander konkurrieren, ein Gesetz, zu dem Frauen keinen Zugang haben und das gerade gegenüber Weiblichkeit aufrechterhalten werden muss, ein Gesetz, dessen Gründung und Bewahrung den »wahren« Mann von allen anderen unterscheidet. (»Männlichkeit, Mythos, Gemeinschaft – Nachruf auf den Western-Helden« (1997), S. 333)

Ein »wahrer« Mann ist im Western einer, der es schafft, sich gegen Frauen durchzusetzen und sich von anderen Männern abzugrenzen: Vor allem, indem er letztere »als ›weiblich‹ kennzeichne[t]« (s. S. 330). Für diese Studie bedeutet es auch, dass der »wahre« Mann einem Typus oder Ideal zugeordnet werden kann.

Diese Untersuchung will an die erwähnten Ideen von Mitchell und Erhart anschließen und sie in verschiedene Richtungen ausarbeiten, um ein Rüstzeug für die Analysen der ausgewählten Primärtexte zu erhalten. Als übergeordneter (lockerer) Rahmen soll das Konzept der hegemonialen Männlichkeit der australischen Soziologin Raewyn Connell[6] dienen. Die Westernfiguren sollen in Beziehung zum hegemonialen Männlichkeitsideal

---

[5]   Der Grund für die Wahl dieser Jahreszahl liegt u.a. in Richard Slotkins Aussage: Er sieht D.W. Griffiths Stummfilm *The Birth of a Nation* (1915) als »the film that established motion pictures as the century's pre-eminent popular art form« (*Gunfighter Nation*, S. 169). Benshoff und Griffin konstatieren außerdem, dass sich der Western als Filmgenre Mitte der 1910er Jahre etablieren konnte (s. *America on Film*, S. 107).
      Der letzte von mir (ausführlich) untersuchte literarische Western (*Riders of the Purple Sage* von Zane Grey) stammt aus dem Jahr 1912. Literarische Beispiele dieses Genres sind aber weiterhin produziert worden, z.B. Post-Western von Cormac McCarthy zwischen 1992 und 2005.
[6]   Früher Robert W. oder Bob Connell.

der USA gesetzt und Hierarchien/soziale Relationen innerhalb der Figurenkonstellation aufgedeckt werden. Für die Bestimmung der amerikanischen
Männlichkeitsideale sind u.a. Erkenntnisse aus den Geschichtswissenschaften hinzugezogen worden. Ideen vom Körper aus der Soziologie und u.a.
Erkenntnisse der Filmwissenschaften geben einen Einblick in die Möglichkeiten der Inszenierung und Wahrnehmung von Männlichkeit in der All-
tags-, Literatur- und Filmwelt.

In der Sekundärliteratur fallen in Bezug auf Westerngeschichten immer
wieder Schlagworte wie Ehre, Vergeltung, Ritterlichkeit oder Code des Westens. Für diese Gedanken ist im Kontext der USA eine historische Recherche
unternommen worden, um – wenn möglich – Gründe ihres Entstehens ausmachen und/oder zeitliche/regionale Bezüge zuschreiben zu können.

Der Aufbau der männlichen Figuren im Western kann anhand von Versatzstücken beschrieben werden. Solche Versatzstücke sind z.B. das Aussehen des Körpers, eine etwaige Südstaatenherkunft, ritterliches und selbstbe-
herrschtes Benehmen sowie die Verknüpfung mit der Idee von Aristokratie.
In der diachronen Untersuchung der Männlichkeitsbilder der Figuren werden Veränderungen der Versatzstücke – der Charakterisierungen – ersichtlich. Aber auch die Art und Weise, wie der Blick auf die Männer vermittelt
wird, spielt eine Rolle. Ich gehe deshalb außerdem auf die Erzählperspektive
in den Werken ein. In diesem Zusammenhang hat sich eine Untersuchung
hinsichtlich des personalen Erzählens im Roman bzw. die Verwendung der
subjektiven Kamera des Films als besonders fruchtbar erwiesen. Dass Männer über das Betrachten (z.B. durch Frauen) in den Werken zu Objekten gemacht werden können, birgt Probleme für die Autoren und Regisseure. Es
wird aufgezeigt werden, wie und aus welchen Gründen ein solcher Objektstatus der Charaktere aufgehoben oder belassen werden kann.

Die Westerngeschichten sind in einen kulturellen Kontext eingebunden,
in die Überzeugungen und Praktiken ihrer jeweiligen Zeit. Daher wird z.B.
auch den Ideen Theodore Roosevelts, der am Ende des 19. Jahrhunderts den
weißen amerikanischen Mann in der Krise gesehen hat, Beachtung ge-
schenkt. Die hier diskutierten Romane gelten als zentrale Texte eines Wes-
ternkanons, der unter anderem z.B. von Robert V. Hine und John Mack
Faragher für die Herausbildung und Verarbeitung des Mythos des (Wilden)
Westens verantwortlich gemacht wird (s. *The American West* (2000), S. 472ff.).
Ich beginne mit James Fenimore Coopers Prä-Western *The Last of the Mohicans* von 1826 und verfolge dann die Entwicklung über *dime novels* bis zum

Cowboy-Roman von Roosevelts Freund Owen Wister (*The Virginian* von 1902) und schließlich zu Zane Greys *Riders of the Purple Sage* (1912). Diese Werke spiegeln teilweise die Veränderungen eines Männerideals bzw. unterschiedliche Ideale (z.B. der Schichten) wider und formen Figuren, die in Teilen für das Filmgenre Western charakteristisch sind.

Nach Greys *pulp*-Western wende ich mich (in chronologischer Reihenfolge) dem Medium Film zu. Westernhelden sowohl der Literatur als auch des Films innerhalb einer Arbeit zu untersuchen soll hier, wo es um die Bestimmung und Veränderung der Männlichkeitsideale und um Darstellungsprozesse geht, möglich und sinnvoll sein. Zunächst wird (kurz) auf den Medienwechsel und den Stummfilm *Hell's Hinges* (1916) eingegangen, dann folgt die Diskussion des vielfach als Beispiel für einen klassischen Western genannten *Stagecoach* (1939) von John Ford. Danach werden zwei revisionistische Western (oder Anti-Western)[7] betrachtet. *Buffalo Bill and the Indians, or Sitting Bull's History Lesson* (1976) von Robert Altman habe ich ausgewählt, weil er – quasi als Metafiktion – Inszenierung (auch von Männlichkeit) diskutiert. *Unforgiven* (1992) von und mit Clint Eastwood ist ein vielbeachtetes Werk, das auch in dieser Studie nicht fehlen darf.[8]

Die gewonnenen Ergebnisse werden im letzten Kapitel mit der Analyse der Männlichkeitsbilder des Jesse-James-Stoffes im Westernfilm vertieft und erweitert. Als ich 2008 damit begann, für diese Studie zu forschen, gehörte *The Assassination of Jesse James by the Coward Robert Ford* neben Remake *3:10 to Yuma* zu den aktuellsten und bekanntesten Westernfilmen des Vorjahres.[9] Da der Anspruch bestand, auch einen zeitgenössischen Film zu untersuchen, und es um die Konstruktion und Demontage amerikanischer Helden gehen sollte, kam ich nicht umhin, den Jesse-James-Film auszuwählen. Jesse James ist ein personifizierter Westernheld, vielleicht die »single key legend underpinning the Wild West myth«, wie John White schreibt (*Westerns* (2011), S. 162). Das revisionistische und aktuellste Jesse-James-Werk von Andrew

---

7   Diese Termini werden bei mir synonym verwendet.
8   John White z.B. zählt *Stagecoach* und *Unforgiven* zu den Schlüsseltexten des Genres. *Buffalo Bill and the Indians* rechnet er zwar nicht dazu, jedoch einen weiteren Film von Regisseur Altman: *McCabe and Mrs. Miller* (1971) (s. *Westerns* (2011), S. 123ff.).
9   Tatsächlich sind 2007 ca. 20 weitere Westernfilme unterschiedlicher Kategorien erschienen, s. die Angaben der *Online-Filmdatenbank*: http://www.ofdb.de/view.php?page=blaettern2&Kat=Genre&Text=%25Western%25&Pos=0, letzter Zugriff: 24.01.13.

Dominik (2007),[10] »a landmark in the genre«, wie Jim Kitses es nennt (»Twilight of the Idol« (2007), S. 16), wird schließlich in eine Auswahl bestehender Jesse-James-Filme eingereiht. Henry Kings *Jesse James* von 1939 gilt als eine klassische Filmversion, Sam Fullers *I Shot Jesse James* von 1949 ist ein frühes kritisches Werk. In diesen Texten wird ein ähnlicher Stoff – die Geschichte um einen der berühmtesten Banditen Amerikas, seine Familie und seinen Mörder Robert Ford – in verschiedenen Epochen unterschiedlich interpretiert. Dabei finden u.a. Verschiebungen des Heldenstatus statt, was sich auch in den Männlichkeitskonstruktionen der Figuren niederschlägt. Die Geschichten werden weiterhin unter dem Aspekt des Krisendiskurses untersucht, der auch im Verlauf des 20. Jahrhunderts und im 21. Jahrhundert nicht an Bedeutung verliert.

Zusammenfassend lässt sich die Erweiterung des Forschungsstands der amerikanischen Kulturwissenschaft durch die hier vorliegende Studie folgendermaßen formulieren: Es findet eine interdisziplinäre Zusammenstellung/Betrachtung der Komponenten von Männlichkeitskonstruktionen statt, die auf das Genre Western angewendet wird. Es wird anhand der Textbeispiele aufgezeigt, welche Veränderungen die identifizierten und historisch spezifizierten Versatzstücke als Teil der Charakterisierung der männlichen Figuren vom literarischen Prä-Western bis zum revisionistischen Westernfilm durchlaufen. Die Perspektive auf die männlichen Figuren, die Kontraste zwischen Protagonist und Nebenfiguren sowie die Beziehungen zwischen ihm und den männlichen und weiblichen Charakteren werden beleuchtet. Der zeitgenössische Film *The Assassination of Jesse James by the Coward Robert Ford* (2007) wird so in einen breiten genrehistorischen und kontextuellen Rahmen gesetzt, der über die Eingliederung in die Reihe der bisherigen Jesse-James-Filme hinausgeht. Aufgefundene visuelle Auffälligkeiten (vor allem im Film) habe ich mit Bildmaterial belegt.

---

[10] Die Sichtung der Primärtexte war am 31.01.2013 abgeschlossen. In dieser Zeit ist ein weiterer Jesse-James-Film veröffentlicht worden, der aber nicht so bedeutsam war wie *The Assassination of Jesse James by the Coward Robert Ford. American Bandits: Frank and Jesse James* (2010) »went straight to video«, wie Johnny D. Boggs feststellt (*Jesse James and the Movies* (2011), S. 223).

Hervorhebungen in sämtlichen Zitaten dieser vorliegenden Studie stammen aus dem Original. Die die Filme betreffenden Zeitangaben sind mit verschiedenen Programmen ermittelt worden, daher können sie um wenige Sekunden vom Timecode des jeweiligen Originals abweichen.

1. Männlichkeiten in den USA

Um die Männlichkeitsbilder im Western einordnen zu können, bedarf es einiger Vorarbeit. Die Entwicklung der Westernhelden wird durch eine Idee von Männlichkeit bestimmt. In (hier:) den USA haben sich im Verlauf der Geschichte Ideale und Vorstellungen darüber, was als männlich gilt, verändert. Dies ist möglich, eben weil Männlichkeit nicht »natürlich«, sondern ein kulturelles Konstrukt ist, wie E. Anthony Rotundo in seiner Einleitung zu *American Manhood* (1993) zu verstehen gibt:

> In our time, many people are searching for the true essence of manhood. Who is a »real man«? What is »naturally« male? How does a »manly man« act? We sift the evidence of human behaviour, from modern customs to ancient tales, hoping for clues to the fundamental nature of manhood.
>
> The response ... to the quest for true manhood is that manliness is a human invention. Starting with a handful of biological differences, people in all places and times have invented elaborate stories of what it means to be male and female. In other words, each culture constructs its own version of what men and women are – and ought to be. (S. 1)

In diesem Kapitel gebe ich zunächst einen kleinen Überblick über den Stand der Männlichkeitsforschung bzw. über die für diese Studie relevanten Untersuchungen aus der Soziologie und den Geschichtswissenschaften. Im zweiten Unterkapitel werden verschiedene Komponenten der Männlichkeiten der USA erörtert. Ein kurzes Unterkapitel beschäftigt sich mit dem Code des Westens, einem Ethos, das auch die Westernhelden prägt. Im letzten Unterkapitel zeige ich, dass in der (amerikanischen) Historie Männlichkeit nicht nur durch Zugehörigkeit zu einem bestimmten Ideal erzeugt, sondern auch gerade durch Abgrenzung, z.B. durch das Feminisieren anderer, hergestellt worden ist. Dieses Verfahren wird beispielsweise in der (Western-)Literatur und z.T. bis heute in den (Western-)Filmen angewandt, also immer wieder reproduziert. Zusätzlich werden in diesem Kontext typisch amerikanische Abgrenzungen, z.B. zu Europa oder zum Ideal des »künstlichen Aristokraten«, diskutiert. Das Wissen darum, das später in der Studie noch vertieft wird, ist essentiell für das Verständnis der Western und den Aufbau ihrer Figuren.

1.1 *Masculinity Studies*

Die Betrachtung der Männlichkeit erfordert eine Betrachtung von *gender*. *Gender* beinhaltet die (kulturellen) Konstruktionen, die mit den Kategorien weiblich und männlich verknüpft sind (also *womanhood* und *manhood*); diese haben jeweils einen historischen Hintergrund. Mit *manhood* können verschiedene Männlichkeiten (oft als *masculinities* bezeichnet) gemeint sein. Der Ansatz, Männlichkeiten in ihrem Plural zu sehen, geht von den *Men's Studies* aus: So kann »Männlichkeit als vielfältig, dynamisch, wechselhaft und differenziert gekennzeichnet werden«, wie Jürgen Martschukat und Olaf Stieglitz schreiben (»Männer und Männlichkeiten in der Geschichte Nordamerikas« (2007), S. 16). Die Forschung über Männer und Männlichkeiten ist vor allem seit den 1990er Jahren vorangeschritten.[11]

Das von der australischen Soziologin Raewyn Connell (seit den 1980ern) entwickelte Konzept der hegemonialen Männlichkeit[12] hatte großen Einfluss; Michael Meuser und Sylka Scholz konstatieren, dass »die gesamte sozial- und geisteswissenschaftliche Männerforschung ... von diesem Konzept mehr oder minder geprägt [ist]« (»Hegemoniale Männlichkeit« (2005), S. 211).[13]

---

[11] Vorausgegangen war in Amerika bereits in den 1970er Jahren (im Zuge der Zweiten Feministischen Bewegung) u.a. die *Men's Liberation Movement*. Schon in dieser Zeit wurde die Geschlechterrolle kritisch hinterfragt, und es wurden z.B. mehr väterliche Rechte gefordert.

[12] Mit diesem Begriff knüpft Connell an die Idee der kulturellen Hegemonie an, die vom Italiener Antonio Gramsci geprägt worden ist. Um an die Macht zu kommen, sollte das Proletariat seiner Meinung nach erst eine kulturelle Hegemonie erlangen. Kulturelle Hegemonie entsteht nach Gramsci in der Zivilgesellschaft, also in nicht-staatlichen Organisationen (z.B. in Initiativen, in Vereinen), die das Alltagswissen und die öffentliche Meinung bestimmen (s. dazu *Antonio Gramsci: Hegemonie – Zivilgesellschaft – Partei* von Harald Neubert und *Marxismus* von Hans-Martin Lohmann).

[13] Uta Fenske zählt Connells Ansatz zu den Männlichkeitskonzepten der *Masculinity Studies* (s. »Männlichkeiten im Fokus der Geschlechterforschung. Ein Überblick« (2012)). Als weitere Ansätze finden sich dort z.B. der kultursoziologische der männlichen Herrschaft (von Pierre Bourdieu), die Performativität (geprägt durch Judith Butler) oder die *gender*-orientierte Narratologie (vertreten z.B. von Walter Erhart). Stefan Horlacher hingegen »plädiert für eine Erweiterung des [letzteren] Konzepts dahingehend, die Narrative ›an die ›innere‹ Konstruktion des Geschlechts selbst‹ beziehungsweise an die präödipale frühkindliche Entwicklung rück[zu]koppeln«, so Fenske (S. 22).

Für Connell reicht es nicht aus, unterschiedliche Männlichkeiten aufzuzeigen, für sie müssen Machtbeziehungen mitbedacht werden (mit dem Ziel, diese zu verändern). Connell schreibt:

> Hegemonic masculinity can be defined as the configuration of gender practice which embodies the currently accepted answer to the problem of the legitimacy of patriarchy, which guarantees (or is taken to guarantee) the dominant position of men and the subordination of women. (*Masculinities*[14], S. 77)

Durch Praxen des Ein- oder Ausschließens, des Einschüchterns oder Ausbeutens weist die hegemoniale Männlichkeit neben Frauen auch anderen Männern einen untergeordneten Status zu (s. S. 37). Die Autorin geht weiterhin davon aus, dass in der europäischen und amerikanischen Kultur die untergeordnete vor allem eine homosexuelle Männlichkeit ist. Die Unterordnung geschehe (auch) durch eine symbolische Verknüpfung mit dem vermeintlich Weiblichen:

> Gay masculinity is the most conspicuous, but it is not the only subordinated masculinity. Some heterosexual men and boys too are expelled from the circle of legitimacy. The process is marked by a rich vocabulary of abuse: wimp, ..., sissy, ..., mother's boy, four-eyes, ..., dweeb, geek, ... and so on. Here too the symbolic blurring with feminity is obvious. (S. 79)

Andere Männer, die nicht dem hegemonialen Ideal entsprechen, können durch Komplizenschaft an der patriarchalen Dividende teilhaben. Marginalisierten Männlichkeiten, z.B. untergeordneten Männlichkeiten oder ethnischen Gruppierungen, kann der Zugang zu gesellschaftlichen Ressourcen verwehrt werden. Laut Connell ist die hegemoniale Männlichkeit ein sich veränderndes soziales und kulturelles Ideal, ihre Inhaber »may be exemplars, such as film actors, or even fantasy figures, such as film characters« (S. 77). Diese Aussage unterstreicht den Einfluss der Massenkultur. Der Historiker John Tosh schreibt:

> The gender structure is maintained not only by force, but by cultural means such as education and the popular media, which establish many of the assumptions of

---

Für einen ausführlicheren Forschungsüberblick s. auch Connells *Masculinites* (in der ergänzten Ausgabe von 2005), Erharts »Das zweite Geschlecht: ›Männlichkeit‹, interdisziplinär. Ein Forschungsbericht« (2005) und Stefan Horlachers »Überlegungen zur theoretischen Konzeption männlicher Identität aus kulturwissenschaftlicher Perspektive« (2010).

[14] Das Buch ist ursprünglich 1995 erschienen, ich zitiere hier und nachfolgend aus der z.T. ergänzten Ausgabe von 2005.

hegemonic masculinity in the realm of »common sense,« where they are particularly difficult to dislodge. (»Hegemonic Masculinity and the History of Gender«[15], S. 43)

Zur hegemonialen Männlichkeit gehören (heute) nach Connell solche Komponenten wie »competitiveness, career orientation, suppression of emotions, homophobia« (*Masculinities*, S. 123). Die Entwicklungen, die zu einer Idee von Maskulinität im heutigen Sinne führten, begannen – so Connell – um 1450.[16] Eine weitere wichtige Phase in der Entstehung schreibt sie z.B. dem kolonialen Imperialismus zu:

> The men who applied force at the colonial frontier, the »conquistadors« as they were called in the Spanish case, were perhaps the first group to be defined as a masculine cultural type in the modern sense. (S. 187)

Als hegemoniale Ausformung des 18. Jahrhunderts nennt sie das Männlichkeitsbild der *gentry* in Amerika – als Beispiel wird George Washington aufgeführt. Auch die (männlichen) Mitglieder der *gentry* beteiligten sich (über das Militär) an Gewaltakten, und die Familienehre wurde gegebenenfalls im Duell verteidigt (s. S. 190f.). U.a. durch die Frauenbewegung, Rationalisierungs- und Technologisierungsprozesse veränderte sich das hegemoniale Ideal. Weltweit gesehen hält Connell heute die »transnational business masculinity«[17] für die hegemoniale Form (s. dazu »Masculinity Politics on a World Scale« (2001)).

---

[15] Der Artikel ist 2004 erschienen in *Masculinities in Politics and War*, ich verwende die Ausgabe von 2008.

[16] Nach Connell kam es zu dieser Zeit dazu, dass die Klöster in den europäischen Städten an Bedeutung verloren. Das (männliche) Ideal des Zölibats wich der »Zwangshetero-sexualiät« in den ehelichen Gemeinschaften. Männlichkeit wurde dann mit einem von Vernunft geprägten Individuum verbunden, womit das Patriarchat und auch der Imperialismus (der »vernünftigen, westlichen Zivilisation«) legitimiert worden seien (s. S. 186f.).

[17] Die neue *business*-Maskulinität bringt nach Connell auch Veränderungen bezüglich der Angst vor Homosexualität mit sich:

> this type of entrepreneurialism, increasingly detached from local gender orders, does not valorize the family or the husband/father position for men. It is therefore not surprising that the homophobia so prominent in older hegemonic masculinities is reduced, even absent. It is now possible for gay men to be »out« and still function as multi-national managers, in a way inconceivable in big business one or two generations ago. (*Masculinities*, S. 256)

Es ist davon auszugehen, dass diese Form der Männlichkeit für meine Studie keine große Bedeutung hat. Anders wäre es, wenn es z.B. um Hollywoodfilme ginge, in denen große (oder internationale) Konzerne repräsentiert würden.

Die hegemoniale Männlichkeit kann als unmarkiert[18] verstanden werden, wie die Soziologen Meuser und Scholz äußern (s. »Hegemoniale Männlichkeit«, S. 225).[19] Es würde deshalb viel leichter fallen, untergeordnete
Männlichkeiten festzumachen. Sie erweitern Connells Modell und konstatieren in ihren Überlegungen, dass es derzeit verschiedene »Zentren der gesellschaftlichen und politischen Macht« gibt und somit »möglicherweise« auch
mehrere hegemoniale Männlichkeiten (in den Feldern wie z.B. Wirtschaft,
Politik, Medien, Militär)[20] existieren würden (s. S. 216). Die Autoren stellen
weiterhin fest, dass hegemoniale Männlichkeit »durch die *soziale Praxis* der
gesellschaftlichen Elite bzw. gesellschaftlichen Eliten definiert [wird], also
durch eine zahlenmäßige Minderheit der Bevölkerung« (ebd.). Nach Meuser
und Scholz ist es notwendig, dass eine gewisse Durchlässigkeit zwischen den
Schichten[21] besteht, damit unterschiedliche Männlichkeiten in Beziehung zueinander gebracht werden können und eine davon eine hegemoniale Position einnehmen kann (dies sei – erst – in der bürgerlichen Gesellschaft der
Fall gewesen, in der der Status durch eigene Leistung erzeugt werden
konnte[22]). Andernfalls würde es keinen Sinn machen, ein hegemoniales Ideal

---

[18] Was Unmarkiertheit bedeutet, führt Michael Kimmel mit einer Anekdote eindrucks-
voll vor Augen. Zwei Frauen unterhalten sich in einem Seminar. Die schwarze fragt
die andere:
>»When you wake up in the morning and look in the mirror, what do you see?« ...
>»I see a woman,« replied the white woman.
>»That's precisely the problem,« responded the black woman. »I see a *black* woman.
To me, race is visible every day, because race is how I am *not* privileged in our culture. Race is invisible to you, because it's how you are privileged. It's a luxury, a
privilege, not to see race all the time. It's why there will always be differences in our
experience.«
As I witnessed this exchange, [schreibt Kimmel,] I was startled, and groaned – more
audibly, perhaps, than I had intended. Someone asked what my response meant.
>»Well,« I said, »when I look in the mirror, I see a human being.« I'm universally
generalizable. As a middle-class white man, I have no class, no race, no gender. I'm
the generic person! (*Manhood in America*, S. 3)

[19] Die Autoren diagnostizieren allerdings inzwischen einen Wandel zur Markiertheit,
s.u.

[20] Nach Bourdieu kann die Gesellschaft in recht unabhängige Felder eingeteilt werden.
Meuser und Scholz untersuchen den Wandel des ökonomischen Feldes (mit der oben
erwähnten neuen Managermännlichkeit) sowie den Wandel des politischen Feldes (in
dem beispielsweise in der BRD nun auch Frauen und homosexuelle Männer zu Macht
gelangen können) in »Krise oder Strukturwandel hegemonialer Männlichkeit?« (2011).

[21] Ich differenziere nicht zwischen den Begriffen Schicht und Klasse.

[22] Dieser Position schließe ich mich an. Dominante Männlichkeiten vor dem 19. Jahrhundert (als solche mag man z.B. die oben erwähnten *conquistadors* betrachten) sollen in

anzuerkennen (s. S. 214f.). Für die Bundesrepublik Deutschland sehen Meuser und Scholz die »deutsche, weiße, bürgerliche Männlichkeit« als hegemonial an (S. 225). Männlichkeit wird hier (auch im Connellschen Sinne) mit weiteren Kategorien (wie Klasse und »Rasse«[23]) in Verbindung gebracht. Meuser und Scholz möchten in Connells Modell zwischen verschiedenen Dimensionen unterscheiden: Es handle sich nicht nur um ein gesellschaftstheoretisches Prinzip (das institutionalisierte Praxen aufzeigt), sondern auch um ein handlungstheoretisches Konzept (das Männlichkeitskonstruktionen her-

---

dieser Studie nicht als hegemonial bezeichnet werden. Für eine verfeinerte zeitliche Ausdifferenzierung des Hegemoniebegriffs s. z.B. Martin Dinges' Ausführungen in »›Hegemoniale Männlichkeit‹ – Ein Konzept auf dem Prüfstand« (2005).

[23] Während im Deutschen der Begriff »Rasse« inzwischen nicht mehr gebräuchlich ist, weil er durch den Nationalsozialismus diskreditiert worden ist, wird er in den USA noch verwendet. Die Idee von Rasse kann (ähnlich wie die von *gender*) als kulturelle Konstruktion verstanden werden, s. dazu Michael Omi und Howard Winant in »Racial Formation in the United States«, S. 183. Rasse wird ebenfalls dazu benutzt, Menschen in eine Kategorie einzuordnen:

> One of the first things we notice about people when we meet them (along with their sex) is their race. We utilize race to provide clues about *who* a person is. This fact is made painfully obvious when we encounter someone whom we cannot conveniently racially categorize – someone who is, for example, racially »mixed« or of an ethnic/racial group we are not familiar with. Such an encounter becomes a source of discomfort and momentarily a crisis of racial meaning. (S. 189)

Es gibt nicht nur stereotype Zuschreibungen für männliche und weibliche Individuen; Omi und Winant führen auf, dass auch stereotype Zuschreibungen für Angehörige der verschiedenen »Rassen« vorhanden sind (ebd.). Die Kategorisierung wird häufig anhand der Hautfarbe vorgenommen. Bei dem Konstrukt »Rasse« greift (hier: in den USA) ebenfalls das System der (weißen) Hegemonie.

Die heute gebräuchlichen Definitionen von »Rasse« und »Ethnie« differieren. Benshoff und Griffin beispielsweise benutzen die Termini folgendermaßen:

> For example, while Native Americans as a whole have been historically thought of as part of the Mongoloid race, the various Native American Tribes that flourished hundreds of years ago might be thought of as ethnic groups within the race, bound together by shared cultural customs. (*America on Film*, S. 48)

Bei der Volkszählung in den USA von 2010 z.B. findet sich eine andere Definition von Rasse und Ethnie: Dort konnten sich die Befragten einer »Ethnie« (»hispanic origin«) zuordnen (spanisch/hispanisch/latino oder nicht) und verschiedenen »Rassen«, beispielsweise weiß, schwarz, indigene, chinesisch usw., s. »Overview of Race and Hispanic Origin«, http://www.census.gov/prod/cen2010/briefs/c2010br-02.pdf, letzter Zugriff: 16.05.11.

Die Begriffe Rasse und Ethnie können also – bis heute – unterschiedlich verwendet werden, ähnlich wie aktuell der Terminus Kultur. Dieser Verfahrensweise schließe ich mich an.

· vorbringt) (s. »Hegemoniale Männlichkeit«, S. 226). Da die handlungstheo-
retische Ebene ihnen in Connells Modell der hegemonialen Männlichkeit zu
kurz kommt, fügen die Autoren Pierre Bourdieus Gedanken des Habitus
hinzu. Nach Bourdieu bestimmt der Habitus, der charakteristisch für eine
soziale Gruppe/Schicht ist, u.a. deren Wahrnehmung und Handeln.[24]
Gerhard Fröhlich vergleicht den Habitus mit dem Betriebssystem eines Com-
puters (s. »»Soziale Errungenschaften sind kulturelle Errungenschaften wie
Goethe und Beethoven‹: Pierre Bourdieu, 1930-2002« (2002), S. 13). Da das
Wahrnehmen/Handeln unbewusst (oder vorbewusst) geschehe, sei die
Macht der hegemonialen Männlichkeit derart ungebrochen und nicht so ver-
änderbar, wie Connell es sich wünsche, so Meuser und Scholz (»Hegemoni-
ale Männlichkeit«, S. 224f.).

Männlichkeit wird hergestellt durch Orientierung und Handeln am
Ideal (s. S. 213). Für diese Studie, für die Analyse der Primärtexte, werden –
neben grundlegenden Ideen zu *sex* und *gender*, die unten erörtert werden –
Beschreibungen des Wandels der Männlichkeitsideale vor allem des 19. und
20. Jahrhunderts benötigt. Dieser Beschreibungen haben sich die amerikanischen Geschichtswissenschaften angenommen.[25]

Michael Kimmels[26] *Manhood in America* (zuerst erschienen 1996) gilt als
umfassende Gesamtdarstellung der Männlichkeit(en) in Amerika (von der
Unabhängigkeit bis heute). Nach Martschukat und Stieglitz geht es in der

---

[24] Genauer unterscheidet Bourdieu dabei zwischen *opus operatum* (als Ergebnis des in-
korporierten (klassenspezifischen) und geschlechtlichen Habitus) und *modus operandi*
(als dem vergeschlechtlicht wirkenden Habitus). Der Habitus und die Einteilung in
die Dichotomie der Geschlechter würden zur männlichen Herrschaft führen. Der
weibliche Habitus trage ebenfalls dazu bei, u.a. indem Unterordnung als normal angesehen würde. Damit werden Frauen zu Komplizen. S. dazu Bourdieus *Männliche
Herrschaft* (2005, auf Französisch 1998 erschienen).

[25] Auch die historische Geschlechterforschung ist vorangeschritten. Um ihre Bandbreite
zu veranschaulichen, weisen Martschukat und Stieglitz u.a. auf Bret Carrolls Werk von
2003 hin:

> Carrolls *Historical Encyclopedia of American Masculinities* umfasst 250 Einträge, die
> Themen von Kunst und Populärkultur über Körper, Gesundheit und Sexualität bis
> zu Familie und Vaterschaft, Freizeit, Arbeit und viele weitere Bereiche abdecken.
> Zudem berücksichtigen die jeweiligen Artikel durchgehend, dass Mann nicht gleich
> Mann und männlich nicht gleich männlich ist. Unterschiede werden durch die sys-
> tematische Einbeziehung weiterer Kategorien neben »Geschlecht« deutlich, wie
> etwa »Klasse«, »Rasse«, »Sexualität«, »Region«, »Religion«, »Alter« etc. (»Männer
> und Männlichkeiten in der Geschichte Nordamerikas«, S. 12)

[26] Kimmel ist von Haus aus Soziologe.

Abhandlung hauptsächlich um hegemoniale Männer (s. »Männer und Männlichkeiten in der Geschichte Nordamerikas«, S. 18). Kimmel verfolgt das Leitbild des *self-made*-Mannes, das vorherrschende Ideal des weißen, in den USA geborenen, heterosexuellen, männlichen Bürgers der Mittelklasse. Hier wird die hegemoniale Männlichkeit erweitert, sie wird mit dem (typisch) amerikanischen Erfolgsmythos *from rags to riches* verbunden.[27] Für Kimmel bleibt das Ideal des *self-made*-Mannes auch nach den 1990ern bestehen – wie in der Ausgabe von *Manhood in America* von 2006 zu lesen ist. Die *upward mobility* (des amerikanischen Traumes) und das Erreichen dieses Ideals sind jedoch kaum noch möglich. Im Gegenteil – viele Amerikaner sind nun von einer »downward mobility« betroffen, was nicht nur zu Frustration (wie im 20. Jahrhundert), sondern im 21. Jahrhundert auch zu Wut führen kann: »specifically it is those American men – white, native-born, middle and lower-middle class – who were the rank and file of our historical march of self-made masculinity who have become the angriest« (S. 217).[28] Kimmels

---

[27] In meiner Studie wird davon ausgegangen, dass es in den USA keine klassenlose Gesellschaft gibt. Zu Amerikas Nationalverständnis oder Mythen gehört jedoch u.a. die Idee vom Individualismus, die im Grunde eine klassenlose Gesellschaft verspricht. Benshoff und Griffin schreiben: »Closely tied to the American Dream is the ideology of rugged individualism, where in each citizen is expected to take responsibility for his or her own success« (*America on Film*, S. 168).
Zu weiteren Besonderheiten des amerikanischen Nationalcharakters s. auch Brigitte Georgi-Findlays Einführung »Nordamerikastudien« (2007).

[28] Kimmel beschreibt die wütenden Männer folgendermaßen:
You see them everywhere. They're the ones who cut you off on the freeway, screaming with road rage if you dare to slow them down. If their kid doesn't make that suburban soccer team or that heartland hockey team, they're the ones who rush out onto the field to hit the coach or strangle the referee. They seethe with rage at their ex-wives (and their ex-wives' lawyers) in family court. They hiss, sometimes silently, with venomous anger when their corporation or law firm hires a woman or a minority, exploding in »sensitivity« workshops about how »diversity« and affirmative action are really reverse discrimination and how they are now reduced to »walking on eggshells.« And if a kid doesn't get into the college of his or her parents' choice, the parents sue the schools claiming reverse discrimination. They shout with glee when a woman drops out of their military training or their fire department. Some even take up arms against their own country, establishing semi-autonomous enclaves and blowing up federal buildings. And, of course, when threatened by external forces, they muster up their coldest steel-eyed Dirty Harry imitation and say »Bring it on.« (ebd.)
Kimmel führt die Gewaltbereitschaft der (männlichen) Jugendlichen an Schulen (ebenso wie das häufig praktizierte Schikanieren und Amokläufe) auf das Verhalten der Väter zurück (s. S. 246).

Buch nimmt auch solche Männer (z.B. aus der Arbeiterklasse, homosexuelle Männer) und Frauen in den Blickpunkt, die als Folie des Ideals dienen können.

Die Helden der Western werden zwar zuweilen dem Typus des *self-made*-Mannes zugeordnet, sie können jedoch auch Individualisten sein, die sich von der Gesellschaft abkapseln und nicht an Handel/Marktwirtschaft teilnehmen. In solch einem Fall erscheint die Zuordnung zum Ideal des *self-made*-Mannes (oder zu seiner Ausformung des Unternehmers) abwegig. Der Westernheld als Außenseiter kann jedoch auf gewisse Weise das Ideal des *self-made*-Mannes in der Gemeinschaft bestätigen. John G. Cawelti schreibt:

> For, while the hero rejected many of the values of the pioneer and the self-made man, and had the courage and strength to act in accordance with his personal code, it was always the pioneer and the self-made man who ultimately prevailed. Either the hero joined them and became himself a success, as in Wister, or used his skill in violence to help found the pioneer community and then rode off into the desert, like Shane. (*The Six-Gun Mystique*, S. 105)

Hier deutet sich an, dass verschiedene Typen (Männlichkeiten) im Western auf unterschiedliche Weise erfolgreich sein können.

Für die Definition der Komponenten der Männlichkeitsdarstellungen in dieser Studie ziehe ich außerdem die Ausführungen von E. Anthony Rotundo (*American Manhood*) und Gail Bederman (*Manliness & Civilization*, ursprünglich erschienen 1995) hinzu (s. nächstes Unterkapitel), da beide Autoren Eigenschaften (also Attribute wie weich/hart, zurückhaltend/zügellos), die mit verschiedenen Männlichkeiten und Typen verbunden sind, hinreichend erörtern. Diese Eigenschaften können dann den Westernhelden zugewiesen werden, ob sie sich nun innerhalb der Gesellschaft (wie in Caweltis Beispiel Owen Wisters Virginier) oder außerhalb der Gesellschaft (wie der *gunfighter* Shane aus George Stevens' gleichnamigem Film) bewegen.

Rotundos Buch wird z.T. kritisiert, weil es darin hauptsächlich um die weiße Mittelklasse der Nordstaaten geht und andere Männlichkeitsformen nicht berücksichtigt werden (s. »Männer und Männlichkeiten in der Geschichte Nordamerikas«, S. 16). Allerdings ist davon auszugehen, dass die Mittelklasse hegemoniale Männlichkeitsideale hervorbringt, wie oben von Meuser und Scholz angedeutet worden ist und wie z.B. aus dem Eintrag zur »Middle-Class Manhood« in Bret E. Carrolls Enzyklopädie zu ersehen ist:

> Middle-class manhood is a paradoxical concept, at once precarious and powerful. It has been marked by fears of failure and inadequacy, while also representing an

extraordinarily powerful social position comprising the influence and authority of political and ideological dominance. It represents the experiences, values, and fears of a particular social class, as well as a culturally dominant category of social identity, it has been a racially specific one that refers primarily to white men. While men of color may belong to the socioeconomic middle class, their experiences, beliefs, and values have remained outside the historical concept of middle-class manhood. (*American Masculinities*, S. 306)

Das Modell der hegemonialen Männlichkeit, das den Blick auf verschiedene Männlichkeiten freigelegt hat, soll einen (lockeren) theoretischen Rahmen für diese Studie über Western bilden. Eine Form von Dominanz kann nur in Relation zu anderen Individuen gesehen werden – eine (z.B. hegemoniale) Männlichkeit kann nur in ein Verhältnis zu anderen Männlichkeiten und Frauen gesetzt werden. D.h. dass in den Textanalysen die Verhältnisse der männlichen Figuren zueinander und die Beziehungen zu den weiblichen Figuren berücksichtigt werden müssen. Auch die Filmwissenschaftler Christian Hißnauer und Thomas Klein, die in ihrem skizzenhaften Entwurf einer Theorie der Filmsoziologie Connells Modell für die Untersuchung der Vielfältigkeit von Männlichkeit zugrunde legen, betonen die Wichtigkeit der Figurenkonstellation, wenn sie sagen, dass im Medium Film »Männlichkeit vor allem auch in Abgrenzung dessen, was eine bestimmte filmische Ausprägung von Männlichkeit *nicht* ist, repräsentiert [wird]« (»Visualität des Männlichen« (2002), S. 28). Diese Aussagen erinnern an die zitierten Worte Erharts in der Einleitung.

1.2 Von *manliness* zu *masculinity*

Dieses Unterkapitel soll die Komponenten verschiedener Ideale von *manhood* in den USA beleuchten. Wie ich später zeigen werde, werden in der Konstruktion der Westernhelden manche Bestandteile konserviert, andere angepasst.

Die *mainstream*-Maskulinität ist von Robert Brannon und Deborah David Mitte der 1970er Jahre beschrieben worden. Sie beruht auf vier Säulen oder Regeln: *No Sissy Stuff* (es gilt, alles Weibische zu vermeiden), *The Big Wheel* (Erfolg und Status sind erstrebenswert), *The Sturdy Oak* (ein Mann soll Selbstvertrauen ausstrahlen und zäh sein) und *Giv'em Hell* (ein Mann soll aggressiv handeln) (s. z.B. *Masculinities*, S. 70).[29] Seit wann gelten diese »Regeln«? Rotundo schreibt:

> The images and expectations that governed manhood in the late eighteenth century were very different from those of our own time. The rules and ideals of the early twentieth century closely resemble our own. Modern manhood, then, took shape in the nineteenth century. (*American Manhood*, S. 294)

Für das 18. Jahrhundert verweist Kimmel auf drei unterschiedliche Männlichkeitsideale; auf den *Genteel Patriarch* (vgl. die von Connell erwähnte *gentry*-Maskulinität – also ein Männlichkeitsbild, das mit Landbesitz und Arbeiten-Lassen assoziiert und später vor allem mit den Sklavenbesitzern der Südstaaten in Verbindung gebracht wird), den *Heroic Artisan* sowie den *self-made*-Mann (s. *Manhood in America*, S. 15).

Ab Ende des 18. Jahrhunderts, zu Beginn des 19. Jahrhunderts tritt nach Rotundo die *self-made manhood* in Erscheinung. Bei der *self-made manhood* stand nicht mehr die Arbeit für die Gemeinschaft oder die Funktion des Familienoberhauptes für den Mann im Mittelpunkt, sondern die Rolle, die er bezüglich seiner Arbeit und seines Berufes einnahm und durch die er Selbstbestätigung fand.[30] Diese Form von Männlichkeit entstand nach Rotundo durch eine Reihe von Veränderungen; z.B. durch die Formierung einer Nation, durch die Verbreitung der Marktwirtschaft und das Anwachsen der Mittelklasse (*American Manhood*, S. 3). Auch nach Kimmel setzt sich das Ideal des *self-made*-Mannes nach der Marktrevolution[31] durch (zuerst in der neu

---

29 Ich danke Michael Kimmel für den Hinweis, dass diese Vorstellungen als Abstraktionen immer noch in den Köpfen der Menschen existieren. In den Antworten auf abstrakte Fragen wie »what is a man« oder »what does it mean to you to be manly« würde man immer noch diese Grundideen finden (E-Mail an die Verfasserin vom 01.08.12).

30 Rotundo weist darauf hin, dass in Neuengland zuvor die sogenannte *communal manhood* geherrscht habe; ein Mann fand Erfüllung im Wohl der Gemeinschaft, der eigene ökonomische Status sei nicht so wichtig gewesen.

31 Für die sogenannte Marktrevolution (sie wird zeitlich ca. zwischen Ende des 18. Jahrhunderts bis in die 1850er Jahre angesiedelt) werden vier Einflüsse ausgemacht: Der schnelle Anstieg der Bevölkerung, der Ausbau der Verkehrswege, eine Weiterentwicklung der Landwirtschaft und die Industrialisierung. Nach Jürgen Heideking und Christof Mauch kann dies am Beispiel von Chicago verdeutlicht werden:
> ... Chicago [stieg] zum wirtschaftlichen Kraftzentrum des Mittleren Westens auf. Hier vollzog sich am anschaulichsten der Übergang vom konkreten geografischen Ort »Markt«, auf dem die Farmer ihre Erzeugnisse verkauften, zum komplexen und abstrakten ökonomischen System »Markt«, das Vieh, Getreide und andere Produkte in standardisierte, industrialisierte Waren verwandelte und in Geldwerte umsetzte. (*Geschichte der USA* (überarbeitete und ergänzte Ausgabe von 2007), S. 100)

entstehenden Mittelklasse im Nordosten). Die *self-made manhood* bzw. der *self-made*-Mann kann somit als hegemoniales Ideal betrachtet werden. Kimmel stellt die Schattenseiten dieses Ideals heraus:

> that is ... what defined the Self-Made Man: success in the market, individual achievement, mobility, wealth. America expressed political autonomy; the Self-Made Man embodied economic autonomy. This was the manhood of the rising middle class. The flip side of this economic autonomy is anxiety, restlessness, loneliness. Manhood is no longer fixed in land and small-scale property ownership or dutiful service. Success must be earned, manhood must be proved – and proved constantly. (*Manhood in America*, S. 17)

Kimmel konstatiert, dass der Terminus *breadwinner*, der bis heute mit amerikanischer Männlichkeit in Verbindung gebracht wird, am Anfang des 19. Jahrhunderts entstand (s. *Manhood in America*, S. 15). Dieses Ideal galt klassenübergreifend (s. *American Masculinities*, S. 232). Rotundo macht darauf aufmerksam, dass einige Menschen nun befürchteten, dass die Gemeinschaft auseinanderbrechen könnte, da sich die Männer nicht mehr im gewohnten Rahmen einbrachten. Daher wurde die Funktion der Frau umdefiniert. Sie wurde nun als »source of virtue« betrachtet, und ihre moralische Stärke wurde hervorgehoben (*American Manhood*, S. 4). Sie sollte die männliche Leidenschaft zügeln.[32] Die Frau war jetzt für die Familie zuständig (*separate spheres*). Liebesheiraten wurden propagiert, die Differenz der Geschlechter herausgestellt: »The marital bond was now a union of love, based on the attraction of opposites« (S. 4).[33]

Nach Gail Bederman gehörten ab dem frühen 19. Jahrhundert – also seit dem sich die Mittelklasse in Amerika als solche definiert hat – bestimmte

---

[32] Einige Zeit zuvor galten Männer noch als das Geschlecht, das Leidenschaften zügeln konnte. Rotundo schreibt:
> The fundamental belief about men and women before 1800 was that men were superior. In particular, men were seen as the more virtuous sex. They were credited with greater reason, which enabled them to moderate passions like ambition, defiance, and envy more effectively than women could. This belief in male superiority provided the foundations for other forms of inequality before the law and in the household. (*American Manhood*, S. 3)

[33] Erhart weist allerdings darauf hin, dass selbst in dieser Zeit die Geschlechtergrenzen durchlässiger waren als bislang angenommen:
> Eine historisch allenfalls bis zur Frühen Neuzeit konstatierte Fluidität der Grenzen zwischen den Geschlechtern scheint nunmehr auch inmitten der *seperate* (sic) *spheres* des amerikanischen und europäischen Bürgertums neu entdeckt worden zu sein. (»Das zweite Geschlecht: ›Männlichkeit‹, interdisziplinär. Ein Forschungsbericht«, S. 184)

Ideale von Männlichkeit zum Selbstverständnis der Mittelklasse. Vor dem Bürgerkrieg hob die Mittelschicht sich demnach nicht nur von anderen Klassen ab, indem sie ihre *gentility* und *respectability* herausstellte; »true manhood was equally crucial to antebellum middle-class identity. Middle-class parents taught their sons to build a strong, manly ›character‹ as they would build a muscle, through repetitive exercises of control over impulse« (*Manliness & Civilization*, S. 11). Mitchell weist darauf hin, dass Handbücher kursierten, die jungen Männern eine »mentale Disziplin« nahelegten (s. *Westerns*, S. 50). Durch Selbstkontrolle, durch »honor, high-mindedness, and strength«, was mit dem Begriff *manliness* zusammengefasst wurde, sollte der Mann, der zu diesem Zeitpunkt häufig z.B. als Unternehmer arbeitete, in der Lage sein, andere (z.B. Familienmitglieder und Angestellte) zu beherrschen (s. *Manliness & Civilization*, S. 12).

Bederman bemerkt, dass um 1890 die Konstruktion von *manliness* ins Wanken geriet. Die Zahl der Selbstständigen fiel, und durch die wirtschaftliche Depression gingen viele Geschäfte in den Bankrott. Junge Männer fürchteten, dass sie nicht den gleichen Zugang zu Macht und Status wie ihre Väter (die dem *self-made-man*-Typus angehört hatten) erhalten würden (ebd.). Aus diesem Grunde machten die alten Ideale von männlicher Zurückhaltung und Selbstbeherrschung nicht mehr viel Sinn, ja sie standen sogar der aufkommenden Konsumgesellschaft, die eine Identitätsfindung in der Freizeit vorschlug, entgegen (S. 13). Wie Bederman schreibt, wurde das Selbstverständnis der Männer der Mittelklasse auch noch durch andere Faktoren bedroht, nämlich durch die Frauenbewegung, die ein Recht auf Ausbildung an den Colleges einforderte und sich für das Wahlrecht der weiblichen Bevölkerung einsetzte, durch Einwanderer, die sich häufig in den Städten politisch einbrachten, und durch die Arbeiterklasse, die sich mit Unruhen und in sozialistischen und anarchistischen Bewegungen bemerkbar machte.

Die Bedrohung, der sich die Männer der weißen Mittelklasse ausgesetzt sahen, machte auch vor ihren eigenen Körpern nicht halt. Die Körper wurden nun häufig als erkrankt angesehen. Oftmals wurde Neurasthenie diagnostiziert, die sich nach Ansicht der Ärzte in der Mittelschicht verbreitete, weil die Männer ihren Geist (über-)beanspruchten statt körperlich zu arbeiten.[34] Aus Angst vor dem Verfall wendete man sich nach Bederman anderen

---

[34] Bei der Krankheit Neurasthenie litt der Patient an einem »lack of nerve force« (S. 84). Um der Zivilisationskrankheit entgegenzuwirken, entwickelte der Universitätsprofessor für Pädagogik und Psychologie, G. Stanley Hall, die Rekapitulationstheorie. Hall

Idealen zu, die aber nicht in der Mittelklasse zu finden waren. Die Arbeiterklasse, in der es im 19. Jahrhundert bereits eine Vorstellung von Männlichkeit im Stil eines »rough code« gab,[35] und die männlichen Immigranten,
»with their strikes and their ›primitive‹ customs, seemed to possess a virility
and vitality which decadent white middle-class men had lost« (*Manliness &
Civilization*, S. 14). Gegen Ende des Jahrhunderts nahm die Mittelschicht
diese Ideen von Männlichkeit mit auf:

> This rough, working class masculinity had celebrated institutions and values an-
> tithetical to middle-class Victorian manliness – institutions like saloons, music
> halls and prizefights; values like physical prowess, pugnacity, and sexuality ... By
> the 1880s, however, as the power of Victorian manliness eroded, many middle-
> class men began to find this rough working-class masculinity attractive. In fash-
> ionable New York, for example, luxurious ›lobster palaces‹ and Broadway restau-
> rants provided daring middle-class men with a genteel analogue to the working
> man's saloon. Boxing and prizefighting, too – long associated with the working
> class – became fascinating to middle- and upper-class men. (S. 17)

Darüber hinaus veränderte sich das körperliche Ideal. In den 1860er Jahren
war es für die Männer der Mittelkasse noch eine drahtige Figur, die als erstrebenswert galt (S. 15). Michael Kimmel schreibt: »in the mid-nineteenth
century, cultural observers venerated a ›romantic consumptiveness‹ as the
preferred male body type – composed of a thin physique, pale complexion,
and languid air. (Muscular bodies were snubbed as artisanal, a sign of a la-
borer)« (*Manhood in America*, S. 20). In den 1890ern brauchte der Körper
»physical bulk and well-defined muscles. A prime example would be Jim
Jeffries' heavyweight prizefighter's body«, wie Bederman äußert (*Manliness
& Civilization*, S. 15).

---

forderte Erzieher dazu auf, kleine Jungen anzuhalten, sich wie Wilde zu benehmen,
Ziel war der (weiße) »Supermann«.

[35] Nach der Industrialisierung war handwerkliches Geschick nicht mehr so bedeutend
wie zuvor. Auch die Arbeiterklasse stellte Männlichkeit nun außerhalb der Arbeit dar:
Working-class men also defined and asserted the masculinity off the job. The indus-
trializing city offered a range of boisterous amusements that became key settings for
public demonstrations of manliness. Drinking alcohol – a traditional element of artisan labor, but increasingly stigmatized by middle-class men as imcompatible with
productive efficiency – became for the new industrial labor force both an important
badge of one's physical stamina and a rejection of middle-class morality. (*American
Masculinities*, S. 233)

Männlichkeit ließ sich nun z.B. durch Turnübungen entwickeln und die Teamsportarten, vor allem Football, erlebten einen Aufschwung.[36] Rotundo schreibt, dass der Körperkult um 1890 seinen Höhepunkt erreichte (Body-Building gab es bereits seit den 1850er Jahren). Bei ihm heißt es:

> A study of magazine articles has revealed that, by the end of the century, heroes were more often described in physical terms, with an emphasis on their impressive size and strength.
> As much as they were concerned with the bodies of other men, late nineteenth-century males were most concerned with their own. Men of all ages noted their weight with care and precision, while young males in their teens and twenties recorded changes of body dimension in rapt detail. (*American Manhood*, S. 223)

Die Veränderungen innerhalb der Ideale der *manhood* machten sich auch in der Sprache bemerkbar; erst jetzt wurde der Begriff *masculinity* eingeführt: »the noun ... was only beginning to be widely adopted by 1890 and had very specific connotations« (*Manliness & Civilization*, S. 6). In den 1890ern wurden zudem neue Ausdrücke erfunden, wie z. B. »sissy« oder »pussy-foot«. Auch der Terminus »overcivilized« wurde nun eingeführt (s. S. 17).

Rotundo weist ebenfalls darauf hin, dass sich im späten 19. Jahrhundert ein neues Männlichkeitsideal entwickelte (er nennt es *passionate manhood*).[37]

In den 1910er/1920er Jahren wurde von der Mittelklasse eine Art von primitiver Männlichkeit konstruiert, die auf Gewalt und Sexualität beruhte (Bederman setzt diese Entwicklung etwas später an als Rotundo, der diese als Teil der *passionate manhood* am Ende des 19. Jahrhunderts begreift, vgl.

---

[36] Nach Bederman wurden verschiedene Strategien benutzt, um ein Gefühl von Männlichkeit zurückzuerlangen. Manche Männer traten Brüderschaften bei, andere trainierten ihre Körper. Andere standen starken Frauen kritisch gegenüber und wehrten sich gegen das von ihnen geforderte Wahlrecht, gegen zu viele weibliche Lehrer – oder betrachteten inzwischen die viktorianische Gesellschaft als »verweiblicht«. Dieses galt nicht universell. Bederman macht deutlich, dass es auch manche Männer gab, die sich z.B. vermehrt für ihre Vaterrolle interessierten (s. S. 17).

[37] Während Teile des Ideals der *self-made manhood* bestehen blieben, kamen neue Aspekte hinzu. Härte wurde gefordert. Leidenschaft, Ehrgeiz und Kampfgeist wurden nun positiv gewertet, Sexualität und die körperliche Erscheinung gewannen an Bedeutung:
> Toughness was now admired, while tenderness was a cause for scorn. Even sexual desire, an especially worrisome male passion in the nineteenth century, slowly gathered legitimacy. Indeed, the body itself became a vital component of manhood: strength, appearance, and athletic skill mattered more than in previous centuries. (*American Manhood*, S. 6)

American Manhood, S. 227ff.).[38] Wie Bederman schreibt, entwickelte sich *masculinity* bis zu den 1930er Jahren weiter zu einem Gemisch von männlichen Idealen, die auch dem Amerika der 1990er Jahre bekannt waren. *Masculinity* – also die hegemoniale Männlichkeit – beinhaltet Ideale wie Aggressivität, Härte, physische Kraft und sexuelle Potenz. Nach Kimmel weisen auch die Einführung von Viagra 1998 und das bis heute praktizierte »Aufpumpen« des Körpers (z.B. in Fitnessstudios) auf diese Ideale hin. Das Einhalten von Diäten (wie unten von Penz beschrieben wird) kann als ein Streben nach Selbstkontrolle verstanden werden. Wie zum Ende des vorherigen Jahrhunderts streben die amerikanischen Männer – so Kimmel – nach »self-control, exclusion and escape«[39] (s. *Manhood in America*, S. 216).

Dieses Unterkapitel soll mit einigen Überlegungen zum Ethos Selbstkontrolle abschließen, da es in den Primärtexten eine wesentliche Rolle spielt und scheinbar widersprüchliche Aussagen in den historischen Darlegungen dazu gemacht worden sind. Der Eintrag zu »Self-Control« in der Enzyklopädie *American Masculinities* bringt ergänzende und zusammenfassende Einsichten hervor. Offenbar genießt die Idee von Selbstkontrolle in der amerikanischen Kultur einen besonderen Stellenwert:

> »Control yourself!« is a common message that Americans of both sexes begin hearing at a young age, though it is an admonition that often carries greater intensity

---

[38] Rotundo macht u.a. die Ideen, die der Darwinismus mit sich brachte, und den Umstand, dass die Nation nun mehr in der modernen Zivilisation lebte, dafür verantwortlich, dass Männer sich als »primitive« oder »animal« verstanden (s. *American Manhood*, S. 228f.). An dieser Stelle soll auf die Themen und Darstellungsmöglichkeiten des Naturalismus in der amerikanischen Literatur hingewiesen werden. Bederman macht für das primitive Männlichkeitsideal auch den Journalismus und die Berichte über Theodore Roosevelts Afrikasafari verantwortlich (s. *Manliness & Civilization*, S. 215).

[39] Als ein Beispiel für die Praxis des Ausschließens heute gibt Kimmel das Gerede über Sport (vor allem über den nach wie vor von Männern dominierten Football) an: »In classrooms and around water coolers, men's sports talk is hardly a harmless banter; it's a mechanism for the political exclusion of women« (S. 246).
Für das 19. Jahrhundert kann der Westen (oder Literatur über den Westen) als ein Zufluchtsort für amerikanische Männer angesehen werden (S. 43). Im neuen Jahrtausend gibt es in den USA z.B. den Sender Spike (TV) – »filled with extreme sports, adult-themed cartoons such as *Stripperella* (featuring the voice of Pamela Anderson), pro-wrestling, titillation, and movie reruns« (S. 221). Dieser Trend zeigt sich z.B. auch in Deutschland im Jahre 2012. Der Sender RTL Nitro wurde geboren, seine avisierte Zielgruppe sind die männlichen Zuschauer. Der Sender wirbt mit Slogans wie »Fernsehen für Helden« und »ein Mann muss sehen, was ein Mann sehen muss«.

and has wider implications when addressed to males. Over the course of American history, different aspects of restraint – sometimes emotional, at other times sexual or economic – have been stressed. (S. 410)

Grundzüge dieses Gedankens können bereits bei den Puritanern gefunden werden. Nach der amerikanischen Revolution wurde (männliche) Selbstkontrolle gefordert, um selbst regieren zu können. Die Industrialisierung, das Anwachsen der Städte und die Marktrevolution zwangen Menschen in ein z.B. zeitliches Korsett (s. S. 410f.). Wie oben bereits erwähnt, verband dann die entstehende (weiße) Mittelklasse beispielsweise sexuelle Zurückhaltung und eingeschränkten Alkoholkonsum mit ihrer Ausprägung von Männlichkeit.[40] Es gab die Idee, dass »they controlled themselves better than did black or working-class males«; die höhere soziale Stellung schien somit zu Recht erworben zu sein (ebd.). Zuviel Zurückhaltung konnte die aufkommende Konsumgesellschaft allerdings nicht gebrauchen, weshalb diese Idee der Konsumzurückhaltung in verschiedene Richtungen gelockert wurde (zudem musste Konsumieren vom Konnex von Weiblichkeit befreit werden). Das erste Erscheinen des *Playboy* (1953) deutet nach *American Masculinities* auf ein »new ethic of male consumerism and free sexuality« hin (ebd.). Auch wenn Männer mehr Geld ausgeben sollen (was sie bis heute oft in männlich konnotierten Bereichen wie beim Autokauf oder beim Erwerb von Elektrogeräten tun) (ebd.), wird die Unterdrückung von Gefühlen immer noch gefordert (es findet sich hier kein Hinweis darauf, ab wann die (männliche) Unterdrückung von Gefühlen eingefordert worden ist – s. dazu weiter unten). Schlussendlich gibt es nun auch Befürchtungen, dass die starke Selbstdisziplin amerikanischer Männer u.a. zu Herzkrankheiten führen kann: »Unlike the nation's founders, many Americans began to worry that men exercise too much, not too little, self-control« (S. 412).

Die Arbeiterklasse hingegen wird auch heute noch mit zu wenig Selbstkontrolle in Verbindung gebracht, wie Matthew Adams und Jayne Raisborough in ihrer Arbeit über das Stereotyp des »Prolls« (*chav*) in England zeigen, das vergleichbar ist mit dem des *trailer trash* der USA (s. »The self-

---

[40] Für die Aristokratie galt diese Forderung ohnehin, wie Kimmels Ausführungen über den *Genteel Patriarch* belegen: »At his best, the Genteel Patriarch represents a dignified aristocratic manhood, committed to the British upper-class code of honor and to wellrounded character with exquisite tastes and manners and refined sensibilities« (*Manhood in America*, S. 13). Für z.B. die britische Aristokratie wird Zurückhaltung bis heute gefordert – und oft genug wird in den Medien darüber berichtet, wenn ein Mitglied des Königshauses diesem Anspruch nicht genügen konnte.

control ethos and the ›chav‹: Unpacking cultural stereotypes of the white working class« (2011), S. 83). Fehlende körperliche Selbstkontrolle werde dabei z.B. an Fettsucht oder Zigaretten- oder Drogenkonsum festgemacht (s. S. 83f.), in kulturellen Repräsentationen werde z.B. eine etwaige Arbeitslosigkeit dem Unwillen, das Schicksal selbst in die Hand zu nehmen, zugeschrieben (S. 86). Dabei tritt eine Abscheu (der Mittelklasse) vor der Unzulänglichkeit, seinen Körper, Geist und das Schicksal nicht kontrollieren zu können/wollen, zutage. Adams und Raisborough schreiben:

> Difference is maintained by those with the power to define and categorize ingroups and outgroups in ways that stick: material, cultural, moral, spatial ... Disgust is argued to be a consequence of the middle-class psychic requirement to establish distance from those that have become dangerously close. In other words, ›disgust hinges on proximity ... when legal barriers between classes get broken down, as in democracy, social hierarchy must be maintained in other ways ... [working-class people] must be ›pushed away‹ – expelled from a normative and normalized middle-classness.‹ (S. 91)

In einer konsumorientierten Gesellschaft (die, wie oben gezeigt, auch für die Mittelklasse Anforderungen an die Selbstkontrolle lockern muss) wird das Konsumieren des *chav* als falsch und vulgär angesehen: »Vulgar consumption is excessive, impulsive, and unthinking and, as such, stands in opposition to the considered, perhaps ethically aware consumption practices that normative class positions may favour as their own« (S. 93).

1.3 Historische Verknüpfungen mit Weiblichkeit

Identität kann über die Praxis des Ausschließens gefestigt werden, wie Benshoff und Griffin schreiben:

> Identity in general becomes more fixed when it is able to define *what it is not*: someone who is white is *not* black; a man is *not* a woman; a heterosexual is *not* a homosexual. America gains a greater sense of itself through such juxtapositions: it is not a British colony, it is not the various nations of Native Americans, and it is not the other countries that make up the American continents (which can also lay claim to the name »America«). (*America on Film*, S. 8)

Eine Möglichkeit, das Ideal einer bestimmten Männlichkeit sowohl in natura als auch im Film (und in der Literatur, wie zu sehen sein wird,) herauszuheben oder abzugrenzen, stellt die Praxis des Feminisierens anderer dar, die im

Folgenden anhand von historischen Beispielen im Kontext der USA beleuchtet werden soll. Durch Feminisierung wird ein Kontrast etabliert, nach Connells Konzept werden feminisierte Männer untergeordnet.

Während z.B. Gründungsvater Thomas Jefferson dem Ideal eines »natürlichen« Aristokraten als Führungspersönlichkeit anhing,[41] wurde zu Zeiten der Amerikanischen Revolution die *British manhood* feminisiert, also mit (negativ besetzten) Attributen der Weiblichkeit konnotiert. Kimmel äußert dazu:

> British manhood and, by extension, aristocratic conceptions of manhood ... were denounced as feminized, lacking manly resolve and virtue, and therefore ruling arbitrarily. Critiques of monarchy and arisocracy (*sic*) were tainted with a critique of aristocratic luxury as effeminate. (*Manhood in America*, S. 14)

Später grenzte sich die junge Nation von den Indianern ab. Die Presse forcierte nach Greenberg die Idee der »wahren« Maskulinität der (weißen) Amerikaner, während die Indianer weibliche Attribute erhielten (und zusätzlich als bestialisch beschrieben wurden). Dadurch gelang es den Weißen, sie als nicht rechtmäßige Besitzer des Landes zu kennzeichnen (s. »Männlichkeiten, territoriale Expansion und die amerikanische *Frontier* im 19. Jahrhundert«[42] (2007), S. 110).

Als das Ideal der *self-made manhood* in der Mittelklasse populär wurde, war es Praxis, »unmännliches« Verhalten eines Mannes als ein typisches Verhalten von Frauen und/oder Jungen zu deklarieren (s. *American Manhood*, S. 20).

Gail Bederman stellt fest, dass das viktorianische Männlichkeitsideal (*manliness*) zunächst von den Mitgliedern der Arbeiterklasse als Ausdruck von Verweiblichung und Verweichlichung angesehen worden ist. Seit den 1820ern hatten die Befürworter einer »rauen« Männlichkeit (die in ihrer Arbeiterschicht dominant war) die Männer der Mittelschicht als »verweiblicht«

---

[41] Zur Auseinandersetzung mit »künstlicher« und »natürlicher« Aristokratie vgl. den Brief von Thomas Jefferson an John Adams von 1813 (http://www.gutenberg.org/files/16784/16784-h/16784-h.htm#2H_4_0115, letzter Zugriff: 19.01.12). Darüber, dass man die künstliche (europäische) Aristokratie ablehnte, war man sich einig. Adams propagierte die Notwendigkeit der Formung einer (besitzenden) Elite, die das Land regieren sollte, für Jefferson jedoch entstand ein natürlicher Aristokrat durch »virtue und talents«.

[42] Der Text liegt mir in deutscher Fassung vor.

(»effeminate«) bezeichnet, später bezeichnete die Mittelschicht sich selber so (s. *Manliness & Civilization*, S. 17f.).

Im Mexikanisch-Amerikanischen Krieg wurden dann z.B. mexikanische Männer als »unmännlich« und »schwach« und mexikanische Frauen als »attraktiv« stereotypisiert (»Männlichkeiten, territoriale Expansion und die amerikanische *Frontier* im 19. Jahrhundert«, S. 113). Während die amerikanische Nation als mächtiger Mann verstanden wurde, wurden die lateinamerikanischen Nationen mit einer Frau verglichen – diese Metapher implizierte, dass das weibliche Mexiko schon bald Gefallen an dem männlichen Gegenpart (an den zunächst Gewalt anwendenden Vereinigten Staaten) finden würde (ebd.). Hier wird ein (weibliches) Territorium inkorporiert, dies ist zugleich ein Teil von Kolonialdiskursen.

Die Kennzeichnung eines politischen Gegners durch Attribute der Weiblichkeit ist ebenfalls im Kontext des Nord-Südstaaten-Konflikts aufgetreten, und zwar auf beiden Seiten. Nina Silber hat die Männlichkeitsideale der Nord- und Südstaaten untersucht.

In den Jahren vor dem Bürgerkrieg wurde die *sectional debate* nach Silber nicht nur durch die unterschiedlichen Ansichten von Nord und Süd, sondern auch durch die damit verbundenen Männlichkeitsideale bestimmt. Die Männer der Südstaaten hoben ihre kämpferische Natur heraus, während sie die Nordstaaten-Männer und Abolitionisten als kraft- und tatenlos bezeichneten (s. »Intemperate Men, Spiteful Women, and Jefferson Davis« (1992), S. 287).

Als 1856 die Wahl des Präsidenten anstand, schickten die Republikaner einen besonderen Mann ins Rennen, wie Greenberg aufzeigt. John C. Frémont hatte den Oregon-Trail bereist, Fauna und Flora beschrieben und mit seinem Bericht viele Menschen bewegt, in den Westen zu ziehen. Die Republikaner setzten sich für die Frauenrechte und Abschaffung der Sklaverei ein. Frémont sei ausgewählt worden, da der politische Gegner diese Anliegen der Partei als »unmännlich« bezeichnete. Der Kandidat Frémont, der den »amerikanischen territorialen Expansionismus« verkörperte, sollte dem etwas entgegensetzen (s. »Männlichkeiten, territoriale Expansion und die amerikanische *Frontier* im 19. Jahrhundert«, S. 104).[43] Frémont, der »pathfinder«, kann

---

[43] Hine und Faragher beschreiben die Wirkung des Mannes folgendermaßen:
Frémont's report became a bestseller among easterners as well as emigrants, exciting talk in New York drawing rooms and Missouri barns. Western writer Joaquin Miller later recalled reading the report as a boy. »I fancied I could see Frémont's men, flags in the air, Frémont at the head, waving his sword, his horse neighing wildly in the mountain wind, with unknown and unnamed empires on every hand.« Thousands

nach Greenberg als Beispiel einer »martialischen Männlichkeit« verstanden werden.[44]

Wie Silber herausstellt, wurde nach Beendigung des Bürgerkrieges und nach Abraham Lincolns Ermordung ein Hass der Nordstaatler auf die Südstaatler offenkundig. Die Elite der Männer der Nordstaaten stellten zwei konkurrierende Modelle von Männlichkeit (des Nordens und des Südens) auf. Die Nordstaatler kritisierten das unzeitgemäße Männlichkeitsideal der Südstaatler. Ihr eigenes Mannsein wurde ihrer Meinung nach durch fleißiges Arbeiten und Selbstverbesserung erzeugt, der Sieg über die Südstaaten hatte damit für sie auch die Überlegenheit des Ideals des Nordens bewiesen (s. »Intemperate Men, Spiteful Women, and Jefferson Davis«, S. 283f.). Männlichkeit ist in diesem Beispiel regional codiert. Das Verfahren der Nordstaatler kann als ein Streben nach Hegemonie gewertet werden. Das Ideal der Südstaaten wurde vor allem mit Vorstellungen von Ritterlichkeit in Verbindung gebracht:

> Northern men, especially of the middle and upper classes, attacked the manhood of southern leaders, chiding the ›chivalry‹ for their dissipative, idle, and intemperate ways and suggesting that southern masculinity lacked the quality of restraint which was one hallmark of northern manliness. (S. 283)

Die Idee von Ritterlichkeit (die wir auch in den Westerngeschichten wiedertreffen) ist nach T.J. Jackson Lears bereits vor dem Bürgerkrieg – durch die Romane des Schotten Sir Walter Scott – in die Südstaatenkultur gelangt (und dort insbesondere in die Südstaatenaristokratie[45], s. *No Place of Grace*, S. 99). Auch Mark Twain beispielsweise stellte diesen Zusammenhang her. Er hatte in einer Satire nur bitterböse Worte für Scott übrig und machte u.a. den Entwurf dieses ritterlichen Ideals für den Ausbruch des Bürgerkrieges verantwortlich. Susan-Mary Grant konstatiert:

---

of pioneers carried Frémont with them as they set out for the empire of the far West. (*The American West*, S. 191f.)

[44] Amy S. Greenberg zufolge gab es »[i]n den 1850er Jahren ... kein konkretes, allgemeingültiges Männlichkeitsideal, wie etwa die ›primitive manhood‹ der 1890er oder die ›gentry masculinity‹, die die Erwartungen an die Männer des 18. Jahrhunderts bestimmte« (»Männlichkeiten, territoriale Expansion und die amerikanische *Frontier* im 19. Jahrhundert«, S. 107f.). Zu Zeiten des *manifest destiny* habe es zwei konkurrierende Männlichkeitsmodelle gegeben; die »zurückhaltende« und die »martialische« Männlichkeit. Die Vertreter der martialischen Männlichkeit zog es nach Aussage der Autorin an die *frontier*, sie wollten die Expansion vorantreiben (s. S. 109).

[45] Aristokratie meint hier die Klasse der Sklavenhalter.

In *Life on the Mississippi* [1883] Twain blamed Sir Walter Scott for setting »the world in love with dreams and phantoms; with decayed and swinish forms of religion; with decayed and degraded systems of government; with the silliness and emptiness, sham grandeurs, sham gauds, and sham chivalries of a brainless and worthless society long vanished.« Scott's writings, Twain declared, did »measureless harm,« especially in the South, where such ideas »flourish pretty forcefully still.« In the South, Twain argued, »the genuine and wholesome civilization of the nineteenth century is curiously confused and commingled with the Walter Scott Middle-Age sham civilization; ... mixed up with the duel, the inflated speech, and the jejune romanticism of an absurd past that is dead, and out of a charity ought to be buried.« Indeed, Twain went so far as to declare that Sir Walter Scott »had so large a hand in making Southern character, as it existed before the war, that he is in great measure responsible for the war.« (»Southern Writers and the Civil War«, S. 95f.)

Es wurde von den Nordstaatlern also besonders die Klasse der Sklavenhalter der Südstaaten angegriffen. Wie Silber schreibt, wurde weiterhin von den Nordstaatenmännern behauptet, dass das System ein von Frauen regiertes war, und man ging davon aus, dass die Südstaatenfrauen die Konföderation mit vollen Kräften unterstützten. In die Populärkultur gelangte die Idee von den verweiblichten Südstaaten unter anderem durch Berichte von dem nach seiner Flucht angeblich in »Frauenkleidern« aufgegriffenen Jefferson Davis, die in u.a. in Liedern, Geschichten und Zeichnungen verarbeitet wurden. Abb. 1 zeigt das Beispiel eines Cartoons über Davis.[46] Wie ich unten zeigen werde, können »Frauenkleider« als »sexuierte Objekte« begriffen werden.

---

[46] Silber beschreibt den Cartoon so: »the cartoon pictured Davis with skirt drawn back, legs parted, a phallic-like sword between his legs, and a menacing Union soldier standing above him« (S. 297). Hier wird auch eine sexuelle Komponente angedeutet, die im Grunde der *restrained manhood* der Nordstaatler entgegenstand (bei Rotundo tritt die *passionate manhood,* die sexuelle Potenz beinhaltet, erst gegen Ende des 19. Jahrhunderts auf). Zuvor war die Zurückhaltung der Nordstaatler noch dadurch betont worden, dass sie kein ausschweifendes Leben, wie es der Südstaatenaristokratie nachgesagt wurde, führten.
Später sah man es als Möglichkeit einer Vereinigung von Nord und Süd an, wenn Männer aus den Nordstaaten die »verärgerten« Frauen der Südstaaten heirateten – diese Idee wurde ab den 1870ern bis ins 20. Jahrhundert in z.B. Bühnenstücke hineingetragen. Sie beinhaltete »a romantic plot which saw the initially spiteful southern belle tamed and subdued by the love of a Union Officer« (S. 303).

"Don't provoke the President, or some of you may get hurt!!"

Published by HILTON & Cº 124 Nassau S N.Y.

THE HEAD OF THE CONFEDERACY ON A NEW BASE.

Abb. 1 Cartoon Jefferson Davis: Der Anführer der Konföderierten in »Frauenkleidern«. (Quelle: »Intemperate Men, Spiteful Women, and Jefferson Davis«, S. 298)

Silber schreibt, dass sogar eine Wachsfigur des früheren Präsidenten der Konföderierten aufgestellt wurde, und Phineas T. Barnum, ein Mann, der in New York sein Massenpublikum mit fragwürdigen Attraktionen lockte, verwendete einen in Frauenkleider gesteckten Jefferson Davis in seiner Ausstellung:

> The United States Sanitary Commission presented a wax figure of Davis dressed in the clothes of an old woman at their June fund-raising fair in Chicago. P.T. Barnum, always eager to take advantage of a cultural phenomenon, exhibited the unfortunate Confederate at his New York museum in a tableaux showing a hoop-skirted Davis surrounded by his captor-soldiers. (S. 297)

Die Idee einer regional konnotierten Verweiblichung lief also nicht nur über die Printmedien, die bereits vor dem Bürgerkrieg durch die verbesserten Drucktechnologien einen Aufschwung erhalten hatten, sondern wurde auch durch andere Medien, wie z.B. Barnums Ausstellung, die ab der Mitte des 19. Jahrhunderts durch gelungene Werbeaktionen und geringe Eintrittspreise einen großen Zulauf in der Bevölkerung erhielt, in der Kultur verbreitet.

Nina Silbers Aufsatz zeigt, dass weiblich konnotierte Kleidung Unmännlichkeit und Unfähigkeit von Männern symbolisieren sollte. Dazu wurde von den Nordstaaten behauptet, dass die »emasculated southern men« »unter dem Pantoffel« gestanden hätten, während die Nordstaatenmänner selbst ihre Manneskraft (Potenz) behalten hatten. Bis heute kann auf die Nord-/Südstaaten-Thematik und damit verknüpfte Feminisierungen rekurriert werden (s. dazu die Diskussion des Films *The Assassination of Jesse James by the Coward Robert Ford* (2007)).

Gegen Ende des 19. Jahrhunderts wurde Kuba als ein hilfloses weibliches Wesen portätiert (was nach Greenberg männliche Ritterideale heraufbeschwor), um für den Spanisch-Amerikanischen Krieg zu werben. Die Eroberung der Philippinen sollte »die amerikanische Männlichkeit reanimieren« und nur »›weibische‹ Anti-Imperialisten« und »Kriegsgegner [,] ... rückgratlose Feiglinge« würden sich einer solchen Idee in den Weg stellen, wie die Befürworter des Krieges vernehmen ließen (»Männlichkeiten, territoriale Expansion und die amerikanische *Frontier* im 19. Jahrhundert«, S. 119).

Nach Rotundo verwischte sich der Unterschied der beiden Geschlechter am Ende des 19. Jahrhunderts »from ›opposite‹ to merely ›different‹« (*American Manhood*, S. 6).[47] Im Laufe des 20. Jahrhunderts ist diese Unterscheidung, mit unterschiedlichen Konsequenzen, weiter aufgehoben worden.[48] Verschiedene Diskurse deuten nun laut Rotundo eine zugrunde liegende Ähnlichkeit beider Geschlechter an. Meines Erachtens besteht die Idee von der Opposition der Geschlechter aber in der Praxis des Feminisierens fort.

Wie gezeigt worden ist, ist das Feminisieren als Mittel der Kontrastierung in der (hier: amerikanischen) Kultur fest verwurzelt. Diese Praxis ist nicht allein auf die Mittelklasse und deren Anspruch auf die hegemoniale

---

[47] Heirat beispielsweise bedeutete nun nicht mehr den Bund von zwei gegensätzlichen, sondern von zwei einzigartigen Individuen (S. 6).

[48] Rotundo schreibt dazu:
Different critics have aimed at different problems. Some charge that modern concepts of manhood have alienated men from each other, while others emphasize the alienation of men from women. Certain critics focus on the damage done to men who have lost touch with their own senses of tenderness and care, and other detractors stress the damage done to women by the unfair distribution of power between the sexes. Still others have identified ways in which concepts of manhood have swayed public policy and political choice in the twentieth century. (S. 6)

Männlichkeit beschränkt. Welche Rolle stereotype Zuschreibungen der Geschlechter für die Repräsentation von Männlichkeit im Medium (hier: Film) spielen, wird im zweiten Kapitel ausgeführt. In den Analysen der Westernwerke werde ich – wie bereits erwähnt – Feminisierung als Abgrenzungsmuster herausstellen und auf Veränderungen hinweisen. Zuvor geht es aber noch einmal um ein Ethos, das das Handeln der Westernmänner beeinflusst; um den *Code of the West*.

1.4 Der Code des Westens

In den vorhergehenden Ausführungen sind bereits verschiedene Männlichkeitsideale und Komponenten einer *manhood* beschrieben worden. Was hält die – für meine Studie so wichtige – Region des Westens diesbezüglich für Besonderheiten bereit?

Im kolonialen Amerika war die staatliche Etablierung von Recht und Gesetz schwierig. Es gab Machtkämpfe zwischen verschiedenen Gruppen um Autorität und Land. Gewalttätige Auseinandersetzungen können als Teil dieser Kämpfe betrachtet werden. Ein »selbstständiges« (amerikanisches) Handeln im Westen – auch gegen etwaige Gesetze – tritt nach Robert V. Hine und John Mack Faragher erstmals im Anschluss an die 1763 verfasste *Royal Proclamation* auf. Dieser Beschluss des britischen Königs sicherte den Indianern zu, dass das Land jenseits der Appalachen »Indian country« bleiben sollte. Mit diesem Versprechen war eine Reihe der Pioniere nicht einverstanden. In der Folge kam es zu anarchischen Zuständen und Lynchmorden an Indianern.[49] Auch den *outlaws* wurde durch sogenannte *regulators*[50] nachgestellt:

> Miscreants were often captured and, when tried in Charleston, almost as often pardoned. The established law thus seemed to be in the wrong place producing the wrong results. And so men of the frontier began to take law into their own hands. When they were able to identify an outlaw group, farmers would band together to descend on the hideout and scatter the outlaws. The governor was upset and called the farmers licentious spirits, but the settlers banded together and called themselves Regulators. (*The American West*, S. 92)

---

[49] Vgl. hierzu die Taten der Paxton Boys (*The American West*, S. 90f.).
[50] Der Begriff *regulator*, der zunächst in South Carolina benutzt wurde, wurde in den 1850er Jahren unpopulär, dann verwendete man – zunächst in San Francisco – den Ausdruck *vigilante* oder *vigilance committee*.

Im 19. Jahrhundert fand eine Weiterentwicklung der Schusswaffen statt, die die Gewalttätigkeit begünstigte; Samuel Colt entwickelte 1836 einen Revolver. Hine und Faragher weisen darauf hin, dass der Revolver nicht für die Jagd bestimmt war, sondern allein auf den Kampf Mensch gegen Mensch ausgerichtet war. Colt bediente sich Werbemitteln, um den Verkauf seines Produktes anzukurbeln: Auf Bildern wurde beispielsweise gezeigt, wie ein Mann seine Familie mit Hilfe der Waffe gegen angreifende Indianer schützen konnte. Vor dem Bürgerkrieg gelangte der Colt in großen Mengen zu den Bewohnern des ländlichen Westens und Südens (s. S. 225).

Verbunden mit dem Bild des Wilden Westens ist die Figur des schießwütigen Cowboys. Der Legende nach waren sie wilde Burschen. Tatsächlich gab es in den *cattle towns*, wie z.B. Dodge City in den 1870er Jahren, eine hohe Rate an Mordopfern. Dodge City

> had a homicide rate of 50 on today's Federal Bureau of Investigation scale (the number of killings per 100,000 persons), ten times higher than the rate in New York City during the same decade, twice as high as the famously violent American cities of the early 1990s. (S. 308)

Diese hohe Mordrate wird darauf zurückgeführt, dass die jungen, ledigen Männer in den *cattle towns* Zugang zu Alkohol und Prostitution hatten und eben auch im Besitz der tödlichen Waffen waren (ebd.). Zudem schien sie der harte Arbeitsalltag kampfbereiter und gewalttätiger werden zu lassen.[51] Der *Code of the West* wird von Richard Maxwell Brown als eine Variante der Idee von männlicher Ehre beschrieben, die im gesamten Gebiet der USA im 19. Jahrhundert vorgeherrscht haben soll:[52]

---

[51] Auch wenn der Cowboy nicht so gewalttätig war, wie der Mythos es uns glauben machen will (Hine und Faragher weisen u.a. darauf hin, dass es in den Zeitungen der *cattle towns* keine Berichte über Duelle, wie sie in den Westernfilmen präsentiert werden, gegeben hat), war sein Leben doch ein hartes. Die Vorgehensweise beispielsweise, mit der die Kälber gebrandmarkt wurden, war äußerst brutal und blieb nicht ohne psychische Folgen; »such hard and callous experiences can breed hard and callous men« (*The American West*, S. 310).

[52] Als Beispiel führt Brown hier Geschehnisse um den Präsidenten Andrew Jackson an, der sich mehrfach duelliert hat. Auf dem Totenbett seiner Mutter musste er ihr angeblich versprechen, stets seine Ehre zu verteidigen und die Dinge selbst zu regeln:
> In American frontier history Andrew Jackson, who was reared on the South Carolina frontier and established himself in frontier Tennessee, recounted how his mother's 1781 deathbed admonition to him as a youth of fourteen had been never »to tell a lie, nor take what is not yours, nor sue ... for slander« but to »settle them cases for

> Nineteenth-century America was obsessed by masculine honor – North, South,
> East and West. The Code of the West was a variant of the national emphasis on
> honor, a variant that was responsive to the particular conditions of western society
> in which the actuality or threat of gunplay was pervasive. (»Violence«, S. 395)

Der Code des Westens ist ein Ethos unter Männern, in dem Frauen nur Beiwerk sind. Er ähnelt deshalb dem Credo *a man has got to do what he has got to
do*. In vielen Westerngeschichten der Populärkultur werden die Frauen von
den Helden gerettet, in manchen geht der Held eine Bindung mit ihnen ein.
John G. Cawelti schreibt dazu:

> The »Code of the West« is in every respect a male ethic and its values and pre-
> scriptions relate primarily to the relationships of men. In theory the code pre-
> scribes a role for women as an adjunct to masculine honor. (*The Six-Gun Mystique*,
> S. 91)

Im Code des Westens sind (zumindest in der Populärkultur) daher auch Anteile von mittelalterlicher Ritterlichkeit, die uns oben im Zusammenhang mit
der Sonderkultur der Südstaaten bereits begegnet ist, enthalten.

Das erste Kapitel kann wie folgt zusammengefasst werden: Das Konzept
der hegemonialen Männlichkeit ist eingeführt worden, es sind Komponenten unterschiedlicher weißer amerikanischer Männlichkeitsbilder unter den
Kategorien Klasse und Region vorgestellt und Beispiele für die Feminisierung als Mittel der Etablierung dominanter Männlichkeiten gefunden worden.

---

yourself« – advice by which the future president, who had killed an opponent in a
duel, lived. (»Violence«, S. 394)
Diese Praxis der »self-redress«, wie Brown sie nennt, ist eine der Strömungen in den
USA, die ab Mitte des 19. Jahrhunderts mit dem Westen verknüpft worden ist. Zu dem
Code gehört weiterhin die *doctrine of no duty to retreat*. Die »doctrine of no duty to retreat« erklärt Brown folgendermaßen: Nach englischem Gesetz war es zunächst vor-
gesehen, nach einer persönlichen Auseinandersetzung zu fliehen. 1876 beschloss das
höchste Gericht in Ohio, »that a ›true man‹ was ›not obligated to fly‹ from an assailant«
(S. 393). Das englische Gesetz wurde somit als unpassend deklariert – für eine ameri-
kanische Vorstellung von Männlichkeit. Diese Einstellung, nicht zu fliehen, sondern
sich zu stellen, spiegelt sich auch in einem *folk song* wider, den Brown zitiert:
 Wake up, wake up darlin' Corrie
 And go and get my gun
 I ain't no hand for trouble
 But I'll die before I'll run (ebd.).
Außerdem gab es eine Affinität zu (leichtsinnigem) Mut (»courage«, »bravado«, »code
of honour«), s. S. 394f.

Erste Grundlagen für die Analyse der Western sind somit geschaffen. Bislang ging es hauptsächlich um historische Männer und Männlichkeiten. Nun sollen die Konstruktionsmöglichkeiten von *sex* und *gender* in Alltag und Film ergründet werden.

2. Alltags- und Filmwelt

Die Filmwissenschaftler Hißnauer und Klein konstatieren, dass Männlichkeit im Film an einem als männlich eingeordneten Körper und an männlich konnotierten Eigenschaften, die über die Handlung dargestellt werden, erkannt wird (s. »Visualität des Männlichen«, S. 34). Es soll in dieser Studie gezeigt werden, dass einige Praktiken zur Konstruktion von Männlichkeit sowohl in der Realität[53] als auch in den Welten der Westernliteratur und des Westernfilms Verwendung finden. Das, was Menschen sehen, ist immer auch eine Konstruktionsleistung der Wahrnehmung, die u.a. sozial und kulturell geschult worden ist.[54]

In diesem Kapitel wird außerdem – gewissermaßen als Vorgriff – auf die Besonderheiten der filmischen Darstellung eingegangen, um für die literarischen Werke vergleichbare Analysekriterien (für die Personencharakterisierung und Erzählperspektive) zu finden.

2.1 Geschlecht und *gender* in der Alltagswelt

Dass das Ideal von Männlichkeit in Opposition zu Weiblichkeit gestellt wird, ist u.a. anhand der (angeblich) in den Körpern manifestierten Geschlechterdichotomie erkennbar. Wie werden nun also die Unterschiede der Konzeptionen von Männern und Frauen, von Männlichkeit und Weiblichkeit durch Wissenschaft und *mainstream*-Kultur begriffen?

2.1.1 Stereotype Eigenschaften der Geschlechter

Seit mehr als 100 Jahren werden die psychischen Eigenschaften wie z.B. die mentalen Fähigkeiten, Gefühle, Denkweisen sowie Persönlichkeitseigenschaften von Männern und Frauen untersucht. Manche Wissenschaftler finden entweder keine oder nur sehr geringe Unterschiede bei diesen Eigenschaften – zumindest nicht im Vergleich zu den Unterschieden innerhalb der

---

[53] Hißnauer und Klein bemerken zum Realitätsbegriff: »Realität und Wirklichkeit stellen eine soziale, das heißt im Interaktionsprozess (re)produzierte, Konstruktion dar, die durch Verobjektivierung als vermeintliche Realität wahrgenommen wird« (»Visualität des Männlichen«, S. 45).

[54] Vgl. hierzu auch das Experiment vom blinden Fleck in Heinz von Foersters »Das Konstruieren einer Wirklichkeit« (S. 40f.).

Geschlechter, s. hierzu auch die Aussagen aus psychologischer und biologischer Sicht von Claudia Quaiser-Pohl und Kirsten Jordan (*Warum Frauen glauben, sie könnten nicht einparken – und Männer ihnen Recht geben*, S. 56). Quaiser-Pohl und Jordan gehen mit ihrer Untersuchung von 2004 auf populärwissenschaftliche Bestseller zum »kleinen Unterschied« ein, hier auf den von Barbara und Alan Pease.[55]

Es ist bis heute nicht abschließend geklärt, ob etwaige Geschlechtsunterschiede (wie z.B. dass Frauen ein besseres Sprachvermögen haben und Männer ein besseres räumliches Vorstellungsvermögen, oder dass Jungen lieber mit Autos spielen und Mädchen mit Puppen) eher durch biologische Prozesse oder durch (Selbst-)Sozialisation verursacht werden. Ich führe hier zunächst beispielhaft kurz jeweils eine/n Vertreter/in für einen der Standpunkte auf.

Der britische Psychologe Simon Baron-Cohen, der heute das Autismus-Forschungszentrum (ARC) in Cambridge leitet, weist auf einen für ihn fundamentalen – im Wesentlichen durch fetales Testosteron erzeugten – Unterschied im Gehirn von Männern und Frauen hin. Baron-Cohen äußert in seinem Werk *The Essential Difference*[56]: »The female brain is predominantly hard-wired for empathy. The male brain is predominantly hard wired for understanding and building systems« (S. 1). Das durchschnittliche Gehirn der Frauen sei das *female brain*, das durchschnittliche männliche Gehirn sei das *male brain*. Fehlende Empathie ist laut Baron-Cohen auch die Ursache dafür, dass Männer vergewaltigen und töten. Insgesamt geht der Autor von einem Kontinuum der Werte aus, das *extreme male brain* sei daher bei vom Asperger-Syndrom und Autismus Betroffenen zu finden (die in der Regel aber nicht gewalttätig sind). Die unterschiedlichen Gehirntypen würden die Geschlechter aber auch für unterschiedliche (berufliche) Tätigkeiten prädestinieren:

> People with the female brain make the most wonderful counsellors, primary-school teachers, nurses, carers, therapists, social workers, mediators, group facilitators or personnel staff. ... People with the male brain make the most wonderful scientists, engineers, mechanics, technicians, musicians, architects, electricians, plumbers, taxonomists, catalogists, bankers, toolmakers, programmers or even lawyers. (S. 185)

---

[55] Der Text heißt *Warum Männer nicht zuhören und Frauen schlecht einparken*. Er liegt mir in der deutschen Version vor.

[56] Ursprünglich erschienen 2003, mir liegt die Ausgabe von 2004 vor.

Cordelia Fine trägt in *Delusions of Gender*[57] Forschungsergebnisse der Neurowissenschaften zusammen. Sie möchte u.a. Baron-Cohen und dem biologischen Determinismus widersprechen und macht soziokulturelle Umstände für die Unterschiede zwischen Männern und Frauen aus.

Für die Entstehung differierender Geschlechterrollen im Tierreich findet sie folgende Erklärung: »Perhaps the action of prenatal testosterone on the genitalia plays an important part in explaining how primate infants come to learn the idiosyncratic traditions of their group« (S. 128).[58] Das bedeutet, dass diese Tiere, sobald sie ein neugeborenes Individuum als männlich oder weiblich identifiziert haben, es spezifisch aufziehen könnten. Fine stellt heraus, dass menschliche Eltern ihren Nachwuchs (selbst wenn er sich noch im Mutterleib befindet) oft unbewusst geschlechtsspezifisch behandeln (z.B. mit einem Jungen anders reden als mit einem Mädchen) – sobald sie wissen, um welches Geschlecht es sich bei ihrem Kind handelt. Selbst wenn Eltern es wollten, könnten sie ein Kind kaum wirklich *gender*-neutral erziehen. Denn die aufwachsenden Kinder lernen als erstes die beiden Kategorien männlich und weiblich. Diese Kategorien werden durch Stereotypien bestimmt, die im sozialen Kontext/kulturellen Umfeld (z.B. in der Familie, in der Werbung, in Filmen) auftreten, die sich ins unbewusste Denken einschleichen, Verhalten und Ziele von Individuen beeinflussen und im aktiven Selbstkonzept Platz finden, was einer Gleichberechtigung von Frauen im Weg stehen kann (s. *Delusions of Gender*, S. 4ff.).

Es gibt also unterschiedliche Ansätze, etwaige Geschlechtsunterschiede zu erklären. Für die Repräsentationen von männlich und weiblich konnotierten Individuen in Literatur und Film ist das Alltagswissen relevant. In Kulturen existieren stereotype Zuschreibungen, die dominieren. In einer Untersuchung, die 1990 vorgenommen worden ist und von Hißnauer und Klein aufgeführt wird, werden »stereotype maskuline« und »stereotype feminine«

---

[57] Ursprünglich erschienen 2010, mir liegt die Ausgabe von 2011 vor.

[58] Sie bezieht sich dabei auf eine Untersuchung von Frances D. Burton (der volle Titel lautet: »Ethology and the Development of Sex and Gender Identity in Non-Human Primates« (1977)) über die Entwicklung der Geschlechterrollen bei nicht-menschlichen Primaten und zitiert Burton folgendermaßen:

In most monkey societies, the neonate is a strong attraction: all members of the troop rush over; attempt: to touch or hold it, sniff it, lick it, and otherwise exhibit interest in it. Through visual and olfactory stimuli, the sex of the individual is as much registered as its maternity. (ebd.)

Eigenschaften, »die in … 20 von 25 untersuchten Staaten der Welt« (inklusive der USA und Deutschland) eine Übereinstimmung aufweisen, aufgelistet.

Die stereotypen maskulinen Eigenschaften sind:

anmaßend	grausam	selbstherrlich
abenteuerlustig	grob	stark
aggressiv	hartherzig	streng
aktiv	klar denkend	stur
dominant	kräftig	tatkräftig
egoistisch	kühn	unabhängig
ehrgeizig	laut	überheblich
einfallsreich	logisch denkend	unbekümmert
emotionslos	maskulin	unerschütterlich
entschlossen	mutig	unnachgiebig
erfinderisch	opportunistisch	unordentlich
ergreift die Initiative	rational	unternehmungslustig
ernsthaft	realistisch	weise
faul'	robust	
fortschrittlich	selbstbewusst	

Die stereotypen femininen Eigenschaften sind:

abergläubig	feminin	schwach
abhängig	furchtsam	sanft
affektiert	gefühlvoll	sexy
attraktiv	geschwätzig	träumerisch
charmant	liebevoll	unterwürfig
einfühlsam	milde	weichherzig
emotional	neugierig	

(»Visualität des Männlichen«, S. 26)

Hat sich seit den 1990er Jahren an diesen stereotypischen Zuschreibungen etwas verändert? Als neuere Untersuchung kann hier beispielhaft Renate Valtins Zusammenfassung zweier Studien (2011) angeführt werden. Ihre Fragestellung war folgende:

> Was macht Männer aus? Fragt man das Erwachsene, so werden überwiegend Eigenschaften rund um Dominanz, Prestige und Kompetenz genannt. Zum stereotypen Bild von Frauen gehören dagegen Attraktivität und Fürsorglichkeit. Denken Kinder auch noch gemäß dieser Rollenstereotype? Angesichts »moderner, aufgeklärter« Erziehungspraktiken der Eltern und der gleichen Erziehung in der Schule ist die Frage von Interesse, ob auch bei Mädchen und Jungen überhaupt noch Unterschiede in der Einstellung zum eigenen Geschlecht vorliegen und

wenn ja, auf welche Inhalte sich etwaige Geschlechts(rollen)stereotype beziehen. (»›Warum ich gern ein Mädchen oder ein Junge bin.‹ Selbstbilder und Stereotype von Mädchen und Jungen«, S. 102)

Valtin ließ Mädchen und Jungen im Altern von ca. zehn Jahren Aufsätze an deutschen Schulen schreiben – im Jahr 1980 und 2010. Die Aufsätze sollten zwar in der Ich-Form geschrieben werden, doch »das Thema scheint bei den meisten Befragten Geschlechtsrollenstereotype provoziert zu haben« (ebd.). Körperlich fühlten die Jungen sich in beiden Jahren in Bezug auf Kraft, auf technischem Gebiet durch Geschick, im sozialen Bereich durch »Dominanz« überlegen. Jungen bezeichneten sich durchweg als mutiger, besser im Sport, gaben an, dass sie im Gegensatz zu Mädchen muskulöser wären und größere Gehirne hätten. Die Mädchen stellten bei ihrem Geschlecht 1980 vier Fähigkeiten besonders heraus: die in der Hausarbeit, die des Einkleidens, körperliche oder sportliche Fähigkeiten (Gummitwist, Puppenspiel) und Kompetenz/Stärken im sozialen Bereich. 2010 wurden die Fähigkeiten in der Hausarbeit nicht mehr erwähnt, die Attraktivität/Schönheit geriet in den Vordergrund. Valtin schreibt: »Mit deprimierender Regelmäßigkeit liest man: ›Ich bin gern ein Mädchen, weil ich lange Haare habe‹, ›weil ich mich schminken kann‹, ›weil ich schöne Sachen anziehen kann‹« (S. 103). Auch das Gebären und spätere Versorgen eines Kindes wird aufgezählt, sowie ein neuer Faktor; man sei gerne Mädchen, weil die besser »shoppen gehen« könnten als Jungen.

Die Jungen fühlen sich weiterhin den Mädchen überlegen, und es kommt zu einer »Abgrenzung von weiblichen ›Schwächen‹« (Mädchen werden als »Heulsusen« bezeichnet), von »weiblichen Merkmalen« (Frauenstimmen) und »Mädchenaktivitäten« (wie z.B. Ballett) (S. 104). Die Mädchen hingegen meinen, dass die männliche Rolle/Position Vorteile mit sich bringe. Deshalb wären manche von ihnen – zumindest zeitweise – lieber ein Junge. Große Veränderungen hat es also in den 30 Jahren – außer bei den Mädchen in den Bereichen Schönheit und Haushaltsarbeit – nicht gegeben. Valtin erklärt, warum eine so starke Orientierung an Rollenstereotypen erfolgt. Sie argumentiert ähnlich wie Fine:

In allen Kulturen gilt das Geschlecht als wichtige Kategorie für die soziale Differenzierung. Mit ihr verbindet sich eine Vielzahl geschlechtsbezogener Erwartungen und Vorschriften. Kinder lernen schon sehr früh, welche Merkmale in ihrer

Kultur als »männlich« und welche als »weiblich« angesehen werden – und welches Verhalten vor diesem Hintergrund als abweichend gilt. (»›Warum ich gern ein Mädchen oder ein Junge bin.‹ Selbstbilder und Stereotype von Mädchen und Jungen«, S. 105f.)

Jugendliche können sich nach Valtin zwar bewusster mit den Geschlechtsstereotypen befassen, der Einfluss des (kindlichen) Selbstbildes zeige sich jedoch weiterhin. Weibliche Jugendliche würden sich (noch stärker) vom Schönheitsideal (der Erwachsenen) leiten lassen, weniger Selbstvertrauen haben und sich typische Frauenberufe aussuchen, die kaum Aufstiegschancen aufweisen.[59]

Durch das kulturelle Gedächtnis können in den Medien Figuren, die mit stereotypen Eigenschaften behaftet sind, vom Rezipienten als »männlich« oder »weiblich« identifiziert werden. Wenn sich beispielsweise ein Mann als »schwach« darstellt, kann er somit feminisiert werden und gegebenenfalls als Folie für ein härteres Männlichkeitsmodell dienen.

2.1.2 Die (körperliche) Geschlechterdifferenz

Es gibt Ansätze, auch *sex* als eine kulturell konstruierte Kategorie (und nicht als eine biologische »Tatsache«) zu sehen.

Als ein Werk, das sich mit der Idee von *sex* beschäftigt, ist Thomas Laqueurs *Making Sex*[60] zu nennen. Der Historiker hat darin Konzeptionen des Körpers untersucht und ist u.a. auf verschiedene Körper-Modelle gestoßen (Ein-Körper- und Zwei-Körper-Modell), die durch verschiedene gedankliche Konstrukte entstanden sind. In Laqueurs Einleitung heißt es:

> This book, then, is about the making not of gender, but of sex. I have no interest in denying the reality of sex or of sexual dimorphism as an evolutionary process. But I want to show on the basis of historical evidence that almost everything one wants to *say* about sex – however sex is understood – already has in it a claim

---

[59] Die Autorin hält Mädchen deshalb auch für schlechter auf das Leben vorbereitet als Jungen:

> In konservativen Kreisen ist es heute üblich, die Jungen als Opfer des Schulsystems zu betrachten und zu beklagen. Wenn man aber nicht nur auf die Schulabbrecher und die Anzahl der Haupt- und Sonderschüler schaut, sondern auf die Persönlichkeitsentwicklung allgemein, dann ist festzustellen, dass weibliche und männliche Jugendliche am Ende der Schulzeit nicht gleichermaßen gut auf das Leben vorbereitet sind. (»›Warum ich gern ein Mädchen oder ein Junge bin.‹ Selbstbilder und Stereotype von Mädchen und Jungen«, S. 106)

[60] Ursprünglich erschienen 1990, mir liegt die Ausgabe von 1992 vor.

about gender. Sex, in both the one-sex and the two-sex worlds, is situational; it is explicable only within the context of battles over gender and power. (S. 11)

Laqueur stellt heraus, dass Frauen über tausende von Jahren körperlich als nach innen gekehrte Männer angesehen worden sind. Die Sicht der Medizin wurde durch das soziale Wissen bestimmt: »Die weiblichen Geschlechtsmerkmale wurden als nach innen gestülpte männliche Geschlechtsmerkmale betrachtet; die Vagina war ein nach innen gestülpter Penis«, wie Körpersoziologin Paula-Irene Villa unter Hinweis auf Laqueur schreibt (*Sexy Bodies*[61], S. 100). Zu dieser Zeit herrschte die Vorstellung vom Ein-Körper-Modell.

Im 18./19. Jahrhundert vollzog sich dann ein Wandel der medizinischen Auffassung von Geschlecht. Frauen wurden in Gegensatz zu Männern gestellt, und von da an gab es eine klare körperliche Dichotomie, aus der auch die Geschlechterrollen abgeleitet wurden. Laqueur zeigt, dass die geistigen Vorstellungen immer vor den medizinischen Belegen existiert haben.

Die Idee von der Körper-Dichotomie führt u.a. zu einer (radikalen) Einteilung in Prototypen. Dabei kommt von 100 Babys ungefähr eines auf die Welt, das diesen Prototypen nicht entspricht, wie Penelope Eckert und Sally McConnell-Ginet feststellen (*Language and Gender*[62], S. 11). Die Geschlechtsteile dieser Kinder werden dahingehend verändert, dass sie wieder genau zwei Geschlechtern zugeordnet werden können:

When »anomalous« babies are born, surgical and/or endocrinal manipulations may be used to bring their recalcitrant bodies into closer conformity with either the male or the female category. Common medical practice imposes stringent requirements for male and female genitals at birth – a penis that is less than 2.5 centimeters long when stretched, or a clitoris that is more than one centimeter long are commonly subject to surgery in which both are reduced to an »acceptable« sized clitoris. (ebd.)

Naturwissenschaftlich wird heute das Körpergeschlecht in vier Kategorien unterteilt: in chromosomales Geschlecht, gonadales/Keimdrüsengeschlecht, hormonelles Geschlecht und morphologisches Geschlecht (s. *Sexy Bodies*, S. 73).[63]

---

[61] Ursprünglich erschienen 1999, mir liegt die überarbeitete Auflage von 2006 vor.
[62] Ursprünglich erschienen 2003, mir liegt die Ausgabe von 2007 vor.
[63] Wenn die äußeren Geschlechtsmerkmale nicht mit dem chromosomalen Geschlecht, dem gonadalen Geschlecht oder dem hormonellen Geschlecht übereinstimmen, wird dieses als Anomalie eingestuft, als »Intersexualität« (s. »›Wann ist die Frau eine Frau?‹ ›Wann ist der Mann ein Mann?‹«, S. 36).

Wenn also das Geschlecht nicht nur an der (äußerlichen) Erscheinung des Körpers festgemacht wird, sondern z.B. auch an »›männliche[n]‹ und ›weibliche[n]‹ Hormone[n]«, die gleichzeitig in unterschiedlichen Konzentrationen im gesamten Körper umherfließen (ein Individuum also immer gleichzeitig männlich und weiblich ist) (s. *Sexy Bodies*, S. 74), kann man sagen, dass sich für die Wissenschaft die Wichtigkeit des (sichtbaren) Körpers reduziert hat. Die »Rolle des Körpers [wird] ... immer umstrittener«, wie Stefan Horlacher konstatiert (»›Wann ist die Frau eine Frau?‹ ›Wann ist der Mann ein Mann?‹«, S. 7). Der wissenschaftliche Diskurs unterscheidet sich jedoch vom Kulturgedächtnis; auch wenn die Bedeutung des Körpers für die Konstruktion des Geschlechts z.B. heute z.T. in Frage gestellt wird – im Alltag wird Männlichkeit u.a. durch Körper und Zeichen konnotiert, konstruiert und wahrgenommen. Villa macht vor allem drei Faktoren dafür verantwortlich:

> Die Naturalisierung (Konstruktion der Natürlichkeit) der Geschlechterdifferenz umfasst ... Prozesse der Darstellung (Hirschauer), der diskursiven Konfiguration (Butler) und der leiblichen Empfindung (Lindemann). Diese verschiedenen Dimensionen tragen alle dazu bei, dass die Geschlechterdifferenz alltagsweltlich als natürliche Tatsache wahrgenommen wird. (*Sexy Bodies*, S. 259)

Nach Judith Butler ist es für Menschen heute kaum mehr möglich, sich selbst und andere zu betrachten, ohne von den idealisierten Körpervorstellungen, die durch die Diskurse von Heterosexualität und Zweigeschlechtlichkeit geformt worden sind, abhängig zu sein (s. dazu z.B. Villas Ausführungen in *Judith Butler*, S. 95).

Für die Darstellung des Geschlechts (im Rahmen der Dichotomie) stehen einem Individuum (codierte) »Ressourcen« (z.B. Stimme, Mimik, Wortwahl, Gesten, Kleidung und Gegenstände) zur Verfügung (s. *Sexy Bodies*, S. 91ff.).[64] Bei Bourdieu wird für dauerhaft erworbene Körperhaltungen usw., also für die äußerliche Ausprägung des Habitus, der Begriff der Hexis verwendet (s. *Bourdieu Handbuch*, S. 125).

---

[64] Zu kulturellen Ressourcen gehören aber auch z.B. Räume. Villa schreibt:
Wenn Individuen sich z.B. interaktiv gegenseitig zum Geschlecht machen (»doing gender«), dann tun sie dies einerseits mit Hilfe von sozialen Ressourcen wie Kleidung, Nutzung von Räumen, kulturellen Objekten usw. und andererseits in Interaktionssettings, die eben durch handlungsrelevante soziale Ungleichheit konstituiert sind. Doing gender ist immer auch verknüpft mit doing inequality. (S. 258)
Auch im Western gibt es Räume, wie z.B. den Saloon, die Ranch, die für die Inszenierung des Geschlechts im Rahmen sozialer Ungleichheit genutzt werden können.

Die Wahrnehmung des Geschlechts geschieht beim Menschen (präreflexiv) durch Körpermerkmale und Zeichen, mit denen wir ein Geschlecht zuordnen. Im Alltag kann es passieren, dass ein Individuum ein anderes auf den ersten oder zweiten Blick nicht als Mann oder Frau einordnen kann (also nach dem »Scannen« auf relevante, im Alltagswissen verankerte Merkmale und Zeichen). Generell können Verwechslungen aber auch beabsichtigt sein, wie beispielsweise auf Werbefotos von Calvin Klein (s. Abbildungen in *Sexy Bodies*, S. 95f.). Das Genre Western kann ebenfalls mit Verwechslungen spielen, wie ich zeigen werde.

Außerdem werden heute verschiedene Accessoires – wie z.B. Ohrringe – auch von Männern getragen, so dass mit diesen (ehemals) »sexuierten« Gegenständen ein Geschlecht nicht mehr eindeutig zugeordnet werden kann (S. 49). Villa erklärt (unter Hinweis auf Stefan Hirschauer), dass ein Objekt durch »Sexuierung« einem Geschlecht zugeordnet wird:

> Die Sexuierung geschieht ... in Form eines zirkulären Prozesses: ist der Nagellack ein traditionellerweise von Frauen benutzter Körperschmuck, wird der Nagellack zu einem weiblichen Objekt, woraufhin die Personen, die ihn benutzen, weiblich bzw. verweiblicht werden. (S. 91)

Geschlecht wird aber auch durch die eigene Erfahrung verortet. Gesa Lindemann differenziert deshalb zwischen Körper und Leib: »Aus dieser Sicht steht der Begriff des Leibes für die Dimension des Binnenlebens, für das subjektive Fühlen und Spüren«, wie Villa äußert (S. 207). Der Körper wird als Zeichen verstanden – durch Objektivierung werden Körperformen zum Geschlecht. Signifikante Körperformen sind Penis/Hoden, Vagina und Busen – »affektive Verinnerlichungen« dieser Körperformen werden zu »Leibesinseln« (S. 220). Dort werden beispielsweise – veränderbare – geschlechtsspezifische erogene Zonen erlebt. Das Alltagswissen und das leibliche Empfinden sind dabei miteinander verwoben (S. 221).

Laut Mitchell macht eine komplizierte Mixtur von körperlichen Charakteristika und Verhaltensweisen einen Mann im Western aus. Dazu gehören nicht nur verschiedene Ethoi und Männlichkeitsideale – auch das hier beschriebene soziale Wissen muss in der Konstruktion der literarischen und filmischen (Western-)Figuren von Bedeutung sein, wie in der nachfolgenden Besprechung der Besonderheiten filmischer Repräsentation ersichtlich wird.

2.2   Repräsentationen von Männern und Männlichkeit im Film

Für die Herstellung von Männlichkeit im Medium Film ist sowohl das Alltagswissen der Produzenten als auch das (vermutete) Alltagswissen der Rezipienten relevant, wie Hißnauer und Klein schreiben (s. »Visualität des
Männlichen«, S. 38f.). Dementsprechend orientiert sich Film meistens an der
Zweigeschlechtlichkeit und an den stereotypen Eigenschaften der Geschlechter. Auch körperliche Merkmale (also beispielsweise dass Frauen
kleiner sind als Männer – wobei es sich hierbei um einen Durchschnittswert
handelt, der zur Stereotypie verkommen kann) spielen eine Rolle. Wenn die
Darstellung im Film von alltagsweltlichen Sehgewohnheiten (oder von etwa
der Konvention, dass Frauen sich meistens Männer suchen, die größer sind
als sie selbst[65]) abweicht, ist dies in der Regel relevant. Das Wissen um signifikante Körperformen beispielsweise kann sich wiederum auch in den Einstellungen im Film widerspiegeln, z.B. bei der Amerikanischen Einstellung,
s. unten.

Film kann nicht nur Repräsentationen aus den Praxen der Realität (oder
z.B. der visuellen Kultur wie Buffalo Bills Wild-West-Show) übernehmen.
Gerade für den Westernfilm sind die literarischen Vorläufer von Bedeutung.
Für Mitchell sind gutaussehende Männer in Westernfilmen eingesetzt worden, weil sie die Nachfahren der Charaktere aus den (Western-)Romanen
sind. Er schreibt dazu Folgendes:

---

[65] S. dazu Bourdieus Äußerungen in *Die männliche Herrschaft*, S. 66ff. Aber es geht auch
anders; vgl. kleinere (mächtige) Männer, die sich mit jüngeren, großgewachsenen
Frauen (oft Models) »schmücken«, wie z.B. Nicolas Sarkozy mit Carla Bruni oder Ber-
nie Ecclestone mit Fabiana Flosi. Eine solche Konstellation sorgt oft für Häme in den
Medien. Candace West und Don H. Zimmerman haben ebenfalls auf die Besonderheiten von Paarbildungen hingewiesen:

> Assortative mating practices among heterosexual couples afford ... means to create
> and maintain differences between women and men. For example, even though size,
> strength, and age tend to be normally distributed among females and males (with
> considerable overlap between them), selective pairing ensures couples in which
> boys and men are visibly bigger, stronger, and older (if not »wiser«) than the girls
> and women with whom they are paired. (»Doing Gender«, S. 14)

Solche Praktiken würden auch dazu führen, dass männliche Individuen Handlungen
ausüben würden, die beispielsweise mehr Kraft und Größe erforderten – und weibliche Individuen würden eben dieses an ihnen schätzen (ebd.).

the Western so obviously celebrates the male body, ... that tall, handsome, bright-eyed, broad shouldered figure who rides through our national dream ... But here we should recall the obvious: that film Westerns are descendents of literary Westerns, whose equally »shocking« celebration of the male body descends straight from Wister. The vision of the handsome man returns as if an obsession. Zane Grey (having read *The Virginian*) opens *Riders of the Purple Sage* (1912) with a description of Venters »tall and straight, his wide shoulders flung back, with the muscles of his bound arms rippling and a blue flame of defiance in [his] gaze« ... Two pages later, the heroine's own »strained gaze« literally conjures up the novel's second hero out of the landscape – leather-clad Lassiter, who demounts from his horse with a »lithe forward slipping action« that matches the Virginian's first movements a decade before, »climb[ing] down with the undulations of a tiger, smooth and easy, as if his muscles flowed beneath his skin.« Later, Lassiter is described as »looking like a man in a dream« – a motif sustained by Grey in most of his other Western novels, where he depicts with a lingering gaze men who are »good to look at.« (*Westerns*, S. 161)

In diesem Zitat[66] wird zudem deutlich, dass die Hauptpersonen in Wisters *The Virginian* (1902) und Greys *Riders of the Purple Sage* (1912) bereits Männer sind, die ihren Körper beherrschen. Die Körper der Helden sind männlich konnotierte (muskulöse) Körper, die in Szene gesetzt werden. Es macht Spaß, sie anzusehen, auch während sie sich bewegen. War Coopers Natty Bumppo noch nicht wesentlich über Körperlichkeit definiert (wie ich zudem zeigen werde, wird er als eher »schmal« beschrieben), findet sich schon in den *dime novels* ein muskulös geformter Körper. Dies deutet auf ein verändertes männliches Körperideal, das am Ende des 19. Jahrhunderts auftritt, bzw. auf das Ideal der Arbeiterklasse hin.

Im Roman kann das noch näher zu spezifizierende Aussehen und das Handeln der Westernfigur durch Fremd- oder Eigencharakterisierung bzw. durch den Erzähler (neutralen, auktorialen, Ich-Erzähler, personalen Erzähler)[67] vermittelt werden. Im Film wird »die Funktion eines Erzählers/einer

---

[66] In den entsprechenden Kapiteln dieser Studie werden die von Mitchell zitierten Textpassagen hinsichtlich Darstellung und Perspektive genauer untersucht.

[67] Ich orientiere mich mit dieser Einteilung an Alice Bienk (*Filmsprache*) und an Arnold Heinrich Müller (*Geheimnisse der Filmgestaltung*). Sie kann sowohl für das Medium Film als auch für die Analyse literarischer Texte benutzt werden. Unter auktorialer Erzählperspektive verstehe ich einen Erzähler, der allwissend ist, das Innenleben der Figuren kennen kann und sich z.B. durch eine Ansprache an den Leser bemerkbar macht. Der personale Erzähler berichtet (in der Er-/Sie-Form) aus dem Blickwinkel einer oder mehrerer Personen. Der neutrale Erzähler ist ein unsichtbarer Beobachter und kennt die Gedanken und Gefühle der Personen nicht. Der Ich-Erzähler berichtet in der 1. Person. Er kann auktorial oder personal sein.

Erzählerin ... durch die Vielzahl der filmsprachlichen Mittel übernommen. Allen voran ist hier die Montage zu nennen, die die von der Kamera eingefangenen Bilder zu einer Geschichte zusammenfügt«, so Alice Bienk (*Filmsprache*, S. 117). Im ersten Unterkapitel erörtere ich einige formale Aspekte des Films. Im zweiten Unterkapitel diskutiere ich noch einen weiteren Faktor, der die Konstruktion von Figuren in diesem Medium beeinflusst: Schauspieler und ihre Verknüpfungen. Denn Darsteller und Film beeinflussen sich gegenseitig, wie Barry Keith Grant herausstellt (s. *Film Genre*, S. 19). Im dritten Unterkapitel beschäftige ich mich mit den Beziehungen der Figuren. Mich interessieren im Western sowohl Verhältnisse von Mann und Frau als auch homosoziale Aspekte (Mann/Mann), wobei ich die Gemeinschaftlichkeit der Männer unter dem Aspekt der Machtbeziehungen untereinander sowie die Funktion dieser Zusammenschlüsse (in Bezug auf den Ausschluss der Frauen) untersuchen will.

2.2.1 Formale Aspekte und der männliche/weibliche Blick

Welche Mittel werden im Medium Film benutzt, um Repräsentationen darzustellen? Nach André Bazin kann Film dies zum einen über die Gestaltung des Bildes, zum anderen über die Montage tun. Bazin schreibt: »Unter Gestaltung [des Bildes] ist der Stil des Dekors und der Schminke zu verstehen, in gewissem Maße auch der des Spiels sowie die Beleuchtung und letztendlich der Bildausschnitt (cadrage), der die Komposition abschließt« (»Die Entwicklung der kinematographischen Sprache«, S. 256). Benshoff und Griffin wählen eine andere Einteilung. Sie fassen die formalen Aspekte des Films in fünf Kategorien zusammen: in »literary design, visual design, cinematography, editing and sound design« (*America on Film*, S. 4). Das visuelle Design und die Kinematografie zusammen ergeben die *Mise en Scène* (ebd.). Der Begriff der Montage wird oft mit dem des Schnitts gleichgesetzt. Durch den Schnitt werden Bild- und Tonteile zu einem Film zusammengefügt, wie James Monaco und Hans-Michael Bock feststellen (s. *Film verstehen, das Lexikon*, S. 161).[68]

Für die in dieser Studie ausgewählten Standbilder aus Filmen sind vor allem zwei Aspekte ausschlaggebend: die Bildkomposition und die Einstel-

---

Selbstverständlich kann in einem Text die Erzählperspektive wechseln.

[68] Für den Filmsemiotiker Christian Metz entsprach die *Mise en Scène* einer paradigmatischen Achse, die Montage einer syntagmatischen Achse (s. *Film verstehen*, S. 447f.).

lung. Die Bildkomposition benutzt u.a. Codes, die bereits im Medium Malerei oder Fotografie entwickelt worden sind. Personen und Gegenstände können (als bildgewichtige Elemente) im Vorder-, Mittel- und Hintergrund so positioniert werden, dass eine Bedeutung insinuiert werden kann. Arnold Heinrich Müller schreibt dazu:

> Das bildgewichtige Element sollte im Vergleich zu den weniger wichtigen Bildteilen eine oder mehrere der folgenden Eigenschaften besitzen: Es sollte
>
> - größer sein,
> - heller,
> - farblich hervorgehoben,
> - höher stehen,
> - rechts stehen,
> - im perspektivischen Fluchtpunkt liegen,
> - schärfer abgebildet sein,
> - sich bewegen,
> - sprechen,
> - die stärkere Emotion zeigen. (*Geheimnisse der Filmgestaltung*, S. 92f.)

Durch die Platzierung (Konfiguration) der Akteure kann außerdem eine Charakterisierung der Figuren bzw. der Beziehungen vorgenommen werden. Alice Bienk zitiert Johannes Diekhans folgendermaßen:

> Ob die im Bild dargestellten Personen einander zugewandt oder voneinander abgewandt sind, großen oder geringen Abstand einhalten, zu gleichen oder verschiedenen Teilen zu sehen sind, kann nicht nur das Verhältnis der dargestellten Personen zueinander, sondern auch die Person selbst charakterisieren. So kann eine Person, die den räumlichen Abstand zu einer anderen Person verringert, je nach Situation als zudringlich oder als einfühlsam dargestellt werden. Figuren im Bildvordergrund können dominanter, Figuren im Bildhintergrund schwächer, gleichsam aus dem Bild gedrängt erscheinen. (*Filmsprache*, S. 31f.)

Intertextuelle Referenzen, also auch die Wiederholungen visueller Muster, können dem Rezipienten weiterhin eine Einordnung der Charaktere erleichtern. Barry Keith Grant schreibt zu visuellen Konventionen, die sich auf Gruppen von Männern im Gangsterfilm beziehen:

> Genre movies allow for an economy of expression through conventions and iconography. Colin McArthur provides a vivid example of the shorthand of generic expressivity in his comparison of specific shots from two gangster films from different periods ... Both films offer an image of three men in doorways wearing »large hats and heavy coats« and standing in triangular formation, the dominant character at the front and flanked by two underlings behind. As McArthur notes,

the repetition of certain visual patterns in genre movies allows audiences to know »immediately what to expect of them by their physical attributes, their dress and deportment. It knows, too, by the disposition of the figures, which is dominant, which is subordinate.« (*Film Genre*, S. 8)

In ähnlicher Form kann dies auch im Westernfilm vorkommen, s. z.B. den in dieser Studie diskutierten *Jesse James* (1939, 0:02). Dort steht der Anführer der *railroad agents*, Barshee, vor seinen Männern. Hinter ihm befinden sich drei seiner Schergen, so dass sich ebenfalls eine dreieckige Formation bildet. Diese Art der Repräsentation mag aus dem Gangstergenre Einzug gehalten haben.

Im Bild des Filmes kann die räumliche Position einer Figur in Beziehung gesetzt werden zur Position einer anderen Figur. Diese Positionen können also den Polen solcher Begriffspaarungen wie »oben/unten«, »hoch/tief«, »vorne/hinten« zugeordnet werden. Die Elemente dieser Paarungen sind positiv/negativ (und oftmals auch männlich/weiblich) konnotiert (s. *Die männliche Herrschaft*). Es geht also nicht nur darum, dass die Figur im Vordergrund dominanter ist oder dass das bildgewichtige Element (das im Zentrum des Interesses steht) herausgehoben wird; besonders die (räumliche) höhere Positionierung eines Schauspielers im Verhältnis zu einer anderen Person (auf gleicher Bildebene) stelle ich als charakteristisch für die filmische Repräsentation von Dominanz heraus.

Sie kann bei der sprachlichen Darstellung im Roman z.T. ähnlich umgesetzt werden,[69] im Film wirkt dies allerdings anschaulicher. Zahlreiche Beispiele von Standbildern belegen im Verlauf dieser Arbeit, dass die Positionierung der Figuren im Kader der sozialen Relation zueinander entspricht.

---

[69] Als Beispiel führe ich hier eine Passage aus der Romanvorlage *The Assassination of Jesse James by the Coward Robert Ford* (1983) von Ron Hansen an. Im Text ist Jesse bereits mehrfach demontiert worden, dann ändert sich auch sein Machtverhältnis zu Frauen. Als er seine Mutter besucht, heißt es:

> She was four inches taller than Jesse, a giant of a woman, but she made him seem even smaller, made him seem stooped and spiritless. She made him kiss her on the mouth like a lover and rub her neck and temples with myrtleberry oil as he avowed his affection for her and confessed his frailties and shortcomings. (S. 178)

Was für ein Bild wird hier beim Rezipienten evoziert? Stehen die beiden Figuren nebeneinander, so dass die Größe wirklich »ablesbar« wird?

Wenn dann die Körpergröße metaphorisch verarbeitet wird oder es sich um die Innensicht einer Figur handelt, werden die Relationen weiter ins Ungewisse verschoben. Über Jesses Frau Zerelda heißt es z.B.: »She had shrunk into a maiden who was deferential and daughterish« (S. 52). Oder: Sie »was feeling dwarfed by her husband, subsidiary to him« (S. 68).

Die Kamera mit der Wahl ihrer Einstellungsgrößen ist nach Bienk von großer Bedeutung für die Rezeptionslenkung (s. *Filmsprache*, S. 52). Müller definiert acht Einstellungsgrößen. Sie haben verschiedene Funktionen. Bei der Detaileinstellung beispielsweise, bei der der Rezipient nur einzelne Teile des Gesichtes erkennen kann, wie z.B. den Mund, kann Nähe suggeriert werden. Die Weite Einstellung hingegen kann dem Filmseher einen Überblick über Ort oder Atmosphäre verschaffen.[70]

Des Weiteren gibt es im Bereich der Filmsemiotik eine Unterteilung der Zeichen. Peter Wollen hat – in Anlehnung an Charles S. Peirce – eine Einteilung in Icon, Index und Symbol sowie in verschiedene Tropen (wie Metonymie und Synekdoche) vorgenommen (s. dazu *Film verstehen*, S. 162ff.).

Die Codes, mit denen Filme arbeiten, sind nicht nur fotografischer oder bildlicher Natur. Sie können kulturell abgeleitet sein. Für den Western vgl. z.B. die Art, wie auf ein Pferd aufgestiegen wird (diese Art unterscheidet sich im Film z.B. dann, wenn ein weißer Mann stereotyperweise auf ein gesatteltes Pferd aufsteigt, ein Indianer stereotyperweise auf ein ungesatteltes). Wenn eine bestimmte Musik im Film ertönt, ist das ein musikalischer Code. Für den Aufbau des Filmes ist die Montage entscheidend, aber im Grunde nicht spezifisch, wie Monaco konstatiert: »Sicherlich betont und benutzt der Film sie mehr als die anderen Künste, aber so etwas wie die Montage hat immer im Roman existiert. Jeder Geschichtenerzähler ist fähig, mitten in der Erzählung die Szene zu wechseln« (*Film verstehen*, S. 181).

Die Montage der Einstellungen bzw. Sequenzen folgt ebenfalls einem Code. Der geübte Filmseher kann Handlungszusammenhänge deuten, wie z.B. eine solche Abfolge: In einer Einstellung sieht man links im Bild einen

---

In einem literarischen Text kann zudem auch z.B. ein »Aufsehen« zu einem Idol vermittelt werden, ohne dass für diese Beschreibung eine räumliche Komponente explizit zur Hilfe genommen werden muss (vgl. die Diskussion von *The Virginian* unten).

[70] Die sechs verbleibenden Einstellungen zwischen Detail- und Weiter Einstellung sind: Groß (Close-Up), Nah, Halbnah, Amerikanisch, Halbtotal, Total (s. *Geheimnisse der Filmgestaltung*, S. 185ff.). Nach Müller zeigt die Große im Wesentlichen den Kopf (der vor der Kamera stehenden Person), die Nahe zeigt ungefähr Kopf und Schultern/Brust, die Halbnahe geht bis zur Hüfte, die Amerikanische beschreibt Faulstich folgendermaßen: Sie »zeigt den Menschen vom Kopf bis zu den Oberschenkeln, wo im Western der Colt zu hängen pflegt« (*Grundkurs Filmanalyse*, S. 118). Die Halbtotale geht nach Müller von Kopf bis Fuß (heute seien die Füße allerdings oft beschnitten), die Totale darüber hinaus. Auf diese Definitionen greife ich in meinen weiteren Ausführungen zurück. Achtung – die Einstellungen werden bei verschiedenen Autoren z.T. unterschiedlich definiert.

Sheriff stehen, der mit dem Revolver nach rechts zielt. In der nächsten Einstellung sieht man mittig einen Mann stehen, der die Hände über den Kopf hält. Obwohl sich durch den Schnitt Leerstellen bezüglich der Interpretation eröffnen, weiß der geübte Filmseher nun, dass der Sheriff die Waffe auf den Mann richtet.

Im klassischen amerikanischen Hollywoodkino wird die Geschichte »häppchenweise« erzählt (s. *America on Film*, S. 23). Ein Film dieses »unsichtbaren« Stils[71] ist zumeist klar strukturiert, er hat einen Anfang, einen Höhepunkt und ein Ende (im Hollywoodkino oftmals ein Happy End). Selten gibt es hier Rückblicke, und wenn doch, soll der Zuschauer sie als solche erkennen können (S. 24f.). Das Hollywoodkino transportiert damit in der Regel eine Ideologie.[72] Benshoff und Griffin schreiben:

> Since the ideological status quo of American society is white partriarchal capitalism, it should come as no surprise that most Hollywood films (throughout its history and still today) encode white patriarchal capitalism as central and desirable via both Hollywood narrative form and the invisible style. (S. 25)

Das Medium Film kann die Erzählperspektive (neben der Tonebene) mit den Mitteln der Kamera umsetzen. Müller schreibt dazu:

> Bei den meisten Filmen liegt eine mehr oder weniger neutrale, objektive Erzählperspektive vor, die dann abwechselnd in die Sichtweise der handelnden Personen umschwenkt. An gewissen Punkten sieht man jedoch immer wieder eine auktoriale Erzählperspektive: Diese ist oft daran zu erkennen, dass die Kamera eine Position einnimmt, die außerhalb des Aktionsradius der handelnden Personen liegt. (*Geheimnisse der Filmgestaltung*, S. 101)

---

[71] Dieser Stil kann sich auch auf die Ausleuchtung beziehen. Beim Normalstil erscheinen die Objekte so, wie es ungefähr normalem Tageslicht entspricht. Vgl. im Gegensatz dazu die *low-key*-Ausleuchtung, wie sie für den *Film Noir* charakteristisch ist.

[72] Für Benshoff und Griffin gibt es zwischen dem *mainstream*-Kino und dem Independentfilm u.a. folgenden Unterschied: »Broadly speaking, independent, foreign, avant-garde and documentary films tend to represent a broader spectrum of humanity than do Hollywood films« (*America on Film*, S. 22). Die Autoren geben folgenden Tipp, um ein Werk einordnen zu können:

> One of the best ways to distinguish between independent and Hollywood films is to see *where* the film is playing. If it is playing on 3,000 screens in America at once, at every multiplex across the nation, it is probably a Hollywood film. If it is playing at one theater in selected large cities, it is probably an independent film. Because Hollywood films reach far wider audiences than do most independent films ..., it might be said that they have a greater ideological impact on American culture (and arguably, the world). (S. 23)

Als auktoriale Perspektive kann gelten, wenn beispielsweise die Kamera von hoch oben im Himmel zu den handelnden Personen in die Tiefe herabgleitet.[73] Wird währenddessen eine Person gezeigt, kann so die personale Erzählperspektive vermittelt werden:

> Eine ganz andere Wirkung wird erzielt, wenn man die Phase, in der die Kamera sich von oben herabsenkt, in mehrere Einstellungen unterteilt. Zum Beispiel könnte ein Flugzeug eingefügt werden und ein Passagier, der aus dem Fenster schaut. Dann ist durch die Kombination der einzelnen Bilder eine *personale* Erzählperspektive entstanden: Wir sehen die Welt nun mit den Augen des Passagiers. (*Geheimnisse der Filmgestaltung*, S. 102)

Außerdem können Techniken wie z.B. der innere Monolog oder der *stream of consciousness* im Film umgesetzt werden (s. dazu *Filmsprache*, S. 121f.).

Es gibt die Theorie, dass Frauen im (Hollywood-)Film aus einer männlichen Perspektive (*male gaze*) gezeigt werden. Und dies nicht nur, weil die Regisseure und Kameraleute zum großen Teil männlich sind; durch die Montage wird dem Zuschauer häufig der Blick des männlichen Protagonisten aufgezwungen: »In classical Hollywood films, objective shots of the male protagonist are often followed by subjective shots of what he is looking at, a formal pattern that directly ties the spectator to the protagonist's point of view«, wie Benshoff und Griffin äußern (*America on Film*, S. 243).[74] Die weiblichen (Neben-)Figuren stellen somit Objekte dar, sie werden oftmals zu »things to be looked at« (S. 245).

Für männliche Darsteller, die ja ebenfalls durch den Blick der Kamera eingefangen werden, kann dieses in unserer Kultur zu einem Problem führen:

---

73 Das Medium Film erzählt multiperspektivisch. So heißt es bei Werner Kamp und Manfred Rüsel: »Die klassische Erzählweise des Films ist auktorial. Sie wird durch eine neutrale Kamera vermittelt« (*Vom Umgang mit Film*, S. 100).

74 Grundlegende Arbeiten zur männlichen Perspektive bzw. zum männlichen Blick sind in den 1970er Jahren entstanden, z.B. von John Berger (s. *America on Film*, S. 239ff.) und Laura Mulvey: »Visual Pleasure and Narrative Cinema«. Mulveys Idee des männlichen Blicks beruht auf der Annahme, dass sich der Zuschauer mit dem Betrachter identifiziert und daher die psychoanalytischen Konzepte des Narzissmus und Voyeurismus zum Tragen kommen. Ich schließe mich dieser Vorstellung nicht an, sondern gehe (wie z.B. Hißnauer und Klein) davon aus, dass der Rezipient sich z.B. mit (Teilen) der Handlung verschiedener Figuren identifizieren kann. Der Rezipient ist meiner Ansicht nach trotzdem in der Lage zu erkennen, ob filmsprachlich eine Figur zum Objekt gemacht – also degradiert – wird. Je direkter der Blick, desto stärker kann degradiert werden.

From silent film stars such as Rudolph Valentino and Douglas Fairbanks, to Clark Gable and Rock Hudson, to Tom Cruise and Brad Pitt, male stars in Hollywood have also been carefully packaged and represented for the voyeuristic pleasure of the viewer. Indeed, this trend has only increased in recent decades as Hollywood has come to recognize that women (and gay men) in the audience might enjoy the spectacle of a man's objectified body. However, in our culture, the very act of placing the male body on display is often seen as feminizing, precisely because such a procedure is so closely tied to female bodies. (S. 253)

Es galt daher für das Medium Film von Anbeginn, Männer vom Objektstatus zu befreien: »Hollywood needed to create male stars without implicitly turning them into feminized objects of an erotic gaze« (*America on Film*, S. 262). Wie ich zeigen werde, müssen auch in den literarischen Western, die ebenfalls die Körperlichkeit der Männer betonen, Bestrebungen in diese Richtung unternommen werden.[75]

Aber zurück zu den Filmen: Benshoff und Griffin weisen darauf hin, dass Frauen und Männer in Filmen unterschiedlich dargestellt werden. Dieses betrifft z.B. den Aspekt des Schminkens: Alle Schauspieler seien geschminkt, aber Männer (heute) so, dass man es nicht sieht, weil es sonst (zu) weiblich konnotiert wäre (s. dazu auch die Diskussion der Schönheitspraxen im nächsten Unterkapitel). Wenn die nackten Körper der weiblichen Figuren im Film gezeigt werden, stehen diese oft passiv da. Männer hingegen bewegen sich nach Benshoff und Griffin dabei in der Regel (z.B. im Kampf). Dass Männer im Film zu Objekten des *female gaze* (der subjektiven Einstellung/Kamera) werden, geschieht eher selten. Eine Ausnahme bildet nach Aussage der Autoren eine Szene aus *Thelma and Louise* (1991), in der Brad Pitt so gezeigt wird (s. *America on Film*, S. 253f.).[76] Müller führt auf, was bei der subjektiven Einstellung zu beachten ist:

---

[75] Auch Mitchell stellt sich der Frage, wie die Betrachtung des Mannes im Western bewertet werden soll: »Given such consensus about the male gaze and the female body, it may seem odd that he western so obviously celebrates the male body« (*Westerns*, S. 161). Mitchell »entschärft« den Blick zum einen mit der Begründung, dass die filmischen Helden die Nachfahren der literarischen wären (s.o.), zum anderen wird der Blick auf den männlichen Körper im Western zu einem »strained gaze« (der weiblichen Hauptfigur Jane Withersteen, s.o.) oder zu einem »aimless gaze« (z.B. *Westerns*, S. 195) umformuliert.

[76] Benshoff und Griffin schreiben: »In one scene, director Ridley Scott inverts the usual Hollywood form and allows Geena Davis's character to erotically objectify Brad Pitt's. Between objective shots of her lustful gazing, the film offers the audience her subjective shot of Pitt's glistening torso« (S. 254).

Dabei gehört es zu den Aufgaben des Kameramannes, darauf zu achten, dass nicht nur die Blick*richtung*, sondern auch der Blick*winkel* stimmt. Wenn eine Person ein Objekt anschaut, das sich nicht in gleicher Höhe befindet, dann muss dieses für die subjektive Einstellung in dem Winkel aufgenommen werden, den auch die Blickrichtung des Betrachtenden hat. Die Kamera muss also dessen Blickrichtung nachahmen. Nur dann hat der Zuschauer das Gefühl, mit den Augen dieser Person zu sehen. (*Geheimnisse der Filmgestaltung*, S. 114)

In *Thelma and Louise* gibt es eine Sequenz, in der Pitts Charakter und Thelma (gespielt von Geena Davis) herumalbern und danach Sex haben. Auf diese Szene spielen Benshoff und Griffin wahrscheinlich an. Ich kann dort allerdings keine »reine« subjektive Einstellung entdecken, da die Perspektive von Geena Davis' Charakter (Blickwinkel) nicht wirklich eingenommen wird (in den Einstellungen blickt Pitt an ihr vorbei). Joseph V. Mascelli schreibt zur subjektiven Kamera:

> Difficulties do arise ... when the camera replaces a player who must relate *with other players* in the scene. Whenever other players in the scene look into the eyes of the subjective player they *must look directly into the lens*. (*The Five C's of Cinematography*, S. 15)

Benshoff und Griffin gehen daher wahrscheinlich von einer anderen Definition der subjektiven Einstellung aus.[77] Wenn also der Blinkwinkel der betrachtenden Figur nicht mit dem im nächsten dargestellten Bild übereinstimmt, soll in dieser Studie der Begriff der indirekten subjektiven Einstellung verwendet werden. Um etwaigen Missverständnissen vorzubeugen, habe ich als Beispiel eine andere Szene aus *Thelma and Louise* ausgewählt, als die, auf die Benshoff und Griffin vermutlich anspielen.[78] In Abb. 2a liegt zunächst in dieser objektiven Einstellung der Fokus auf der aktiven, betrachtenden Person (hier auf der im Auto sitzenden Thelma, gespielt von Geena Davis). Die Blickrichtung zielt auf den Spiegel, den Thelma verstellt. Dann sehen wir in der nächsten Einstellung (Abb. 2b), was Thelma im Seitenspiegel des Wagens erblicken soll – den Mann (Brad Pitt) als (Lust-)Objekt. Aber

---

[77] Es ist allerdings davon auszugehen, dass es sich beim männlichen Blick (*gazing*) auf Frauen im Film ebenfalls oftmals um eine andere Definition der subjektiven Kamera handelt.

[78] Es gibt noch eine weitere Szene in *Thelma and Louise*, die lustvolles *gazing* von Frauen zeigt. Thelma und Louise blicken dabei Pitts Charakter, der aus dem Auto gestiegen ist, hinterher; in der nächsten (indirekten subjektiven) Einstellung wird der Mann von hinten gezeigt, wie er die Straße entlanggeht. Der weibliche Blick fällt also auf Gesäß, Gang usw. (s. *Thelma and Louise*, 0:49).

es handelt sich nicht wirklich um ihre Perspektive. Um das gezeigte Bild zu erhalten, muss die Kamera rechts außen vom Auto positioniert sein. Also ist es im Grunde keine »echte« subjektive Einstellung, ein objektiverer Eindruck verbleibt. Damit entfällt auch zu einem gewissen Teil die Degradierung des Mannes. Durch den Spiegel wird der Blick doppelt indirekt – das *female gazing* abgeschwächt.

Abb. 2a Objektive Einstellung in *Thelma and Louise* (1991).

Abb. 2b Indirekte subjektive Einstellung in *Thelma and Louise* (1991).

Für die »echte« subjektive Einstellung habe ich ein Beispiel aus dem Genre-mix *Kill Bill: Vol. I* (2003) ausgewählt, in der Blickrichtung und Blickwinkel übereinstimmen. Zunächst ist die objektive Einstellung zu sehen (Abb. 3a): The Bride (Uma Thurman) und Vernita Green (Vivica A. Fox) unterbrechen

ihren Messerkampf, als Vernitas Tochter hereinkommt. Dann folgt der Um-
schnitt auf eine »echte« subjektive Kamera: Von unten wird die Perspektive
von Vernitas Tochter eingenommen. Die zum Kind sprechende Mutter blickt
direkt in die Kamera (Abb. 3b).

Abb. 3a Objektive Einstellung in *Kill Bill: Vol. I* (2003).

Abb. 3b Subjektive Einstellung in *Kill Bill: Vol. I* (2003).

Die (indirekte) subjektive Kamera tritt außerdem in Zusammenhang mit Dialogen auf. Dabei sind sich zwei Charaktere oftmals gegenüber positioniert.
Dadurch ergibt sich die Handlungsachse. Der *Mastershot* zeigt die Ge-
sprächspartner zusammen, einzeln können sie entweder im Schuss/Gegen-
schuss, in der *Over Shoulder*-Aufnahme oder in der (indirekten) subjektiven
Kamera gezeigt werden (s. *Geheimnisse der Filmgestaltung*, S. 254f.).

Diese Einsichten machen neugierig; für die Textarbeit dieser Studie stellt sich die Frage, wie der Blick auf die männlichen Figuren in literarischen und filmischen Western vermittelt wird. Und: Gibt es (indirekte) subjektive Einstellungen im Westernfilm, die Männer zeigen?

2.2.2 Körper, Kostüme, Konnotationen: Attraktive Männer im Westernfilm

Dass Körper für die Darstellung von Männlichkeit im Film verwendet werden, ist bereits erörtert worden. Aber was für einen Körper braucht ein Westernheld? In diesem Unterkapitel geht es um Schönheit bzw. Attraktivität als Merkmal der Westernhelden und um die Assoziationen der Schauspieler mit Rollen und inszeniertem »Privatleben«.

Schönheitsideale als kulturelle Konstrukte wandeln sich im Laufe der Zeit. Allerdings sind Frauen und Männer davon unterschiedlich stark betroffen, wie Otto Penz schreibt:

> Schon die Unterschiedlichkeit der Schönheitsikonen im Verlauf der letzten 200 Jahre, also im Entwicklungsprozess westlicher Industrie- und Konsumgesellschaften, führt die Variabilität kultureller Standards deutlich vor Augen. Die fragile, blasshäutige Schönheit der bürgerlichen Gesellschaft im 19. Jahrhundert unterscheidet sich ganz wesentlich von dem athletischen, sonnengebräunten Ideal der Spätmoderne, und der Bruch mit traditionellen Vorstellungen zeigt sich besonders deutlich in den 1960er Jahren, als Twiggy anstelle Marilyn Monroes zum Idol wird. Wenn der Konjunkturzyklus männlicher Schönheit im selben Zeitraum weniger ausgeprägt ist, so liegt das vor allem daran, dass Männer in weit geringerem Maße dem Diktat der Schönheit und modischen Anpassungszwängen unterworfen sind. (*Schönheit als Praxis* (2010), S. 13).

Den »sozialen Druck zur Verschönerung« bekommen die Männer erst in den letzten Jahrzehnten zu spüren,[79] er zeige sich u.a. darin, dass sie nun z.T. auch Körperhaarentfernungen vornehmen, ihre Ernährung kontrollieren

---

Als Grund dafür gibt Penz das veränderte Geschlechterverhältnis seit den 1960/70er Jahren an (s. S. 33). Während Männer der unteren »Klassen« z.B. hauptsächlich ihren Schweißgeruch bekämpfen würden, nähmen Männer der oberen »Klasse« heute differenzierte Schönheitspflege vor. Penz stellt fest, dass sich mit »steigender Klassenlage« die Praktiken der Geschlechter angleichen:

> Die Schönheitshandlungen der Frauen nehmen tendenziell ab, jene der Männer zu. In der oberen Klasse bildet sich damit eine Art »androgyner« Männertypus aus. Angesichts der scheinbaren »Feminisierung« des männlichen Verhaltens grenzen sich diese Männer argumentativ strikt gegen den Verdacht der Verweiblichung ab, um zugleich die Normalität ihres Tuns zu betonen. (S. 198)

und sich plastischen Operationen unterziehen.[80] Oder er zeige sich z.B. in der Diskussion über die sogenannte Metrosexualität[81] (s. *Schönheit als Praxis*, S. 34ff.).

Die Filmwestern der letzten Jahrzehnte aber scheinen sich keinen Körpertrends wie der Metrosexualität oder dem *Heroin-Chic* zu unterwerfen. (Der *Heroin-Chic* beeinflusste in »der Mitte der 1990er Jahre das Bild in der Mode ... und [fand] sich bei den Frauen in Kate Moss ... [wieder], ... [und führte] beim Mann zu einer Vorliebe androgyner Typen, der Kultivierung langer Haare und schmaler Silhouetten«, so Nadine Barth in »Was ist männlich?«, S. 7.) Eventuell unterwirft sich der Western diesem Diktat nicht, weil sich in ihm die Helden so deutlich vom weiblich Konnotierten abgrenzen und die eben genannten Strömungen eher feminin codiert sind.

In dieser Studie geschieht es (wie auch in der Sekundärliteratur) häufig, dass das Attribut »attraktiv« für bestimmte Männer verwendet wird, ohne dass es näher spezifiziert wird. Es ist schwer zu erfassen, was Attraktivität oder Schönheit ausmacht. Preisvergaben an Schauspieler eignen sich nur bedingt als Hinweis. Betrachtet man z.B. den seit 1985 jährlich vom *People Magazine* gekürten *Sexiest Man Alive* (der in der Regel ein Schauspieler ist), so stellt man fest, dass die wenigsten dieser Männer mit einem »Western-Image« verknüpft sind (was auch auf eine schwindende Popularität des Genres hindeuten kann – die meisten Western wurden in den 1950er Jahren produziert).[82] Der Blick auf die seit 1929 vergebenen Oscars gibt vor allem über

---

[80] Auch männliche Schauspieler unterliegen diesem Druck. Von Michael Douglas, Mickey Rourke oder Sylvester Stallone beispielsweise ist bekannt, dass sie Schönheitsoperationen/Körpermodifikationen vornehmen ließen.

[81] Dieser Terminus wurde durch den britischen Schriftsteller Mark Simpson in den 90ern geformt. Der Ausdruck setzt sich zusammen aus den Begriffen »metropolitan« und »heterosexuell«. Er bezeichnet einen Lebensstil und auch eine Schönheitspraxis, die vorher oftmals als typisch für homosexuelle Männer angesehen worden ist. Als Personifizierung dieses Stils gilt in den Medien der Fußballer David Beckham:

David lässt die Muskeln ... im Hochglanzmagazin »Attitude« spielen. Und balanciert gekonnt sein Image zwischen hartem Fußballkerl und Schwulenikone, trifft sich nach dem Training – Küsschen links, Küsschen rechts – zum Tratsch mit Busenfreund Elton John und trägt auch mal ein Röckchen. Metrosexuell nennt man das im Fachjargon und David ist dafür der Prototyp: Ein ganzer Kerl mit Pediküre und Nagellack. (http://www.gala.de/starbase2/index/profile/name/David+Beckham/biografie/David+Beckham, letzter Zugriff: 14.07.11)

[82] Die Preisträger (bis 2010) sind: Mel Gibson, Mark Harmon, Harry Hamlin, John F. Kennedy jr., Sean Connery, Tom Cruise, Patrick Swayze, Nick Nolte, Richard Gere, Brad Pitt, Denzel Washington, George Clooney, Harrison Ford, Richard Gere, Brad Pitt,

die Popularität eines Schauspielers Aufschluss.[83] Die 2011 in Hamburg stattgefundene Ausstellung *Traummänner – Starfotografen zeigen ihre Vision vom
Ideal* zeigt Bilder von 50 internationalen Fotografen – von diesen selbst ausgesucht – die nach Aussage der Kuratorin Barth heute maßgeblich daran beteiligt sind, die Idee vom Mann u.a. in Medien und Werbung zu formen. Unter diesen »Traummännern« befinden sich auch etliche Schauspieler.[84] Anhand der Auswahl der Fotografien, die eine große Bandbreite von männlichen Individuen in unterschiedlichen Kontexten abbilden, könnte man
schließen, dass Schauspieler insgesamt etwas »konservativer« männlich dargestellt werden als manche Musen der Modewelt (vgl. z.B. auch den Erfolg
des *transgender*-Models Andrej Pejić) oder der künstlerischen Fotografiekul-
tur (s. den Bildband *Traummänner – Starfotografen zeigen ihre Vision vom Ideal*).

Wie auch immer man solche Preisvergaben oder Listen bewerten will,
es muss zumindest ein gewisser *mainstream*-Konsens (in der Populärkultur)
über Schönheit/Attraktivität/Männlichkeit existieren. Und Filmemacher
wählen – bedingt durch ökonomische Interessen – ihre Schauspieler dementsprechend aus (s. »Visualität des Männlichen«, S. 37).

Der Körper des Schauspielers spielt dabei eine entscheidende Rolle.
Hißnauer und Klein schreiben:

Pierce Brosnan, Ben Affleck, Johnny Depp, Jude Law, Matthew McConaughey, Matt
Damon, Hugh Jackman, Johnny Depp, Ryan Reynolds.
In *People – 20 Years of Sexiest Man Alive* findet sich bei der Diskussion des Jahres 1992
und seiner Kandidaten für die Preisvergabe eine Erklärung dafür, dass Daniel Day-
Lewis, der in diesem Jahr Leatherstocking in *The Last of the Mohicans* gespielt hat, den
Preis nicht gewann. Es geht darin um seine – zu diesem Zeitpunkt scheinbar nicht
populäre – Kostümierung: »Get me a pair of Calvin Kleins and a six-pack. On second
thought, do you have anything in a nice buckskin?« – und zu Daniel Day-Lewis: »*The
Last of the Mohicans* star won hearts by pledging his love to costar Madeleine Stowe –
›Just stay alive, no matter what occurs! I *will* find you!‹ – but curiously, his outfit failed
to inspire designer knockoffs« (S. 66f.).

[83] Die Kategorie »bester Hauptdarsteller« ist in einem Westernfilm von folgenden Männern gewonnen worden: Warner Baxter (1930), Gary Cooper (1953), Lee Marvin (1966),
John Wayne (1970). Aber auch andere Schauspieler, die man mit Western (wenn auch
evtl. im Nachhinein) in Verbindung bringen kann, haben einen Oscar als bester Hauptdarsteller erhalten, wie z.B. James Stewart (1941), Yul Brynner (1951), Burt Lancaster
(1961), Gregory Peck (1963), Henry Fonda (1982), Paul Newman (1982), Daniel Day-
Lewis (1990, 2008), Russell Crowe (2001).

[84] Dies sind beispielsweise George Clooney, John Malkovich oder Heath Ledger, und es
gibt auch solche, die in Western gespielt haben, wie z.B. Brad Pitt, Daniel Day-Lewis,
Sam Shepard, Robert Mitchum. Neuerdings gehört auch Daniel Craig dazu (s. *Cowboys
and Aliens* (2011)).

Der Körper im Film ist in der Regel Körper eines Schauspielers. Mit der Wahl des Darstellers wird somit schon ein bestimmtes Bild von Köperlichkeit/Männlichkeit gezeichnet. Man stelle sich vor, Dustin Hoffman spiele Rambo oder Arnold Schwarzenegger Travis, den Taxi Driver. Nicht nur für weibliche Darsteller gilt daher, dass zunächst Körperlichkeit zur Schau gestellt wird. (»Visualität des Männlichen«, S. 32)

Im Film können weiterhin »ideale« Körper »z.B. durch die Zuhilfenahme von Bodydoublen zur Inszenierung von Attraktivität oder Stuntdoublen/Puppen zur Inszenierung von körperlicher Leistungsfähigkeit« verwendet werden (S. 33).

Im (traditionellen) Western ist körperliche Stärke vonnöten.[85] Jane Tompkins bemerkt in ihrer Einleitung von *West of Everything* über das Genre: »It represents physical strength as an ideal. It says that the hero is tough and strong, that the West made him that way« (S. 11). Der Westernheld benötigt diese physische Stärke und auch andere Qualitäten (wie z.B. Ausdauer und Geschick), um den »fully saturated moment«, den »ultimative test« (S. 14) zu erleben, um in der Umwelt bestehen zu können oder sie zu bezwingen (s. S. 12).

Die Körperlichkeit des Helden tritt umso mehr in den Vordergrund, als dass er nach Tompkins ein Mann ist, der wenig spricht.[86] Bei dieser Autorin kann der Sprechakt direkt mit dem Körper verbunden werden. Sie sagt etwas provokativ: »to speak is literally to open the body to penetration by opening an orifice« (*West of Everything*, S. 56). Ein Mann, der nur sparsam spricht, steht damit im Kontrast zu einer Frau, die – dem Klischee nach – viel redet.[87]

---

[85] Muskulösität und Aussehen der Westernhelden variieren, allerdings kann ein Dustin Hoffman nur eine Hauptfigur in einem revisionistischen Film (*Little Big Man* von 1970) spielen (s. unten). Der hypermuskulöse Arnold Schwarzenegger, dessen Rolle als Terminator in den 1980er Jahren begann, spielt erst als gealterter Mann in einem Film, den man als Post-Western bezeichnen könnte. Die *Internet Movie Database* zählt *The Last Stand* (2013) jedoch zu den Genres Action, *Crime* und Thriller (s. http://www.imdb.com/title/tt1549920/?ref_=sr_1, letzter Zugriff: 21.01.13).

[86] Diese Stummheit taucht allerdings erst in den Filmwestern der 1920er/1930er Jahre auf, man beachte hierzu den Unterschied zwischen dem Roman (1902) und dem Film *The Virginian* (1929) mit Gary Cooper, s. unten. Die Fernsehserie *Deadwood* (2004-2006) z.B. dreht dieses Klischee wieder völlig um: Hier reden alle unaufhörlich.

[87] Dieses zeigt sich in verschiedenen Westernfilmen folgendermaßen: In *Red River* (1948) z.B. hält der Heißsporn Matthew der weiblichen Hauptfigur den Mund zu, weil diese ihm zu viel redet. Oder es zeigt sich nach Tompkins z.B. dadurch, dass John Wayne als Ethan in *The Searchers* (1956) einer Frau – als diese zu reden anfängt – sagt, sie möge sich kurz fassen, oder dadurch, dass er schlichtweg gar nicht mehr auf die Ansprache

Tompkins schreibt: »The hero is a man of few words who expresses himself through physical action« (S. 39). Die physische Handlung verläuft ebenfalls weitgehend reduziert. Der Westernheld bewegt sich in der Regel ruhig, außer wenn er kämpft. Die Bilder, die wir im Western von Männern und Männlichkeit zu sehen bekommen, stellen auch bewegte Körperlichkeit zur Schau.[88] In diesem Zusammenhang ist ebenfalls der typische »Western-Gang« zu betrachten.[89] Als exemplarisches Filmbeispiel fällt mir hier der Gang von Yul Brynner (als Chris Adams) in *The Magnificent Seven* (1960) ein.

---

einer Frau reagiert (s. S. 51). Tompkins erwähnt, dass Frauen im 20. Jahrhundert unter dieser Art von Männlichkeitsdemonstration im häuslichen Umfeld gelitten hätten. Sie zitiert Frauen, die darüber verzweifeln, dass ihre Männer nicht mit ihnen (z.B. über ihre Gefühle) reden. S. dazu *West of Everything*, S. 58ff. Als Rollenmodell für diese Handlungsweise macht Tompkins das Männlichkeitsmuster in den Western verantwortlich. Nach Tompkins entstehen im Westernfilm so zwar Männer, die optisch attraktiv wirken (sie führt als Beispiel Alan Ladd in *Shane* an), aber, wie sie sagt, sind es solche Männer, mit denen niemand würde zusammenleben wollen – auch heute nicht. Tompkins schreibt: »The model of heroism Westerns provide may help men to make a killing in the stock market, but it doesn't provide much assistance when they go home for dinner at night.« (S. 128)

[88] Oftmals wird Männlichkeit noch potenziert durch mehrere Männer, die sich zum gleichen Zweck zusammenfinden bzw. formieren – man denke hierbei beispielsweise an die Gruppe von *gunfighters* um Frank Miller, wie sie im Schulterschluss in der Westernstadt in *High Noon* (1952) die Straße heraufgehen, um den einsam kämpfenden Marshall Kane zu treffen. Als weiteres Beispiel kann hier auch eine Szene aus *Tombstone* (1993) dienen: Die drei Earps und Doc Holliday gehen in langen schwarzen Mänteln und Hüten nebeneinander her. Ähnliche Kleidung führt dabei visuell zu einem Bündnis zwischen den Männern, das dem Zuschauer auch eine Zuordnung ermöglichen kann.

In Leones *Once upon a Time in the West* von 1968 tragen die Männer des *outlaw* Cheyenne lange Mäntel. Solche Mäntel werden von den Männern des *gunfighter* Frank ebenfalls getragen, um die Morde Cheyenne anzuhängen. Hier bietet also die optische Verbindung eine Möglichkeit der Verschleierung (und Verwirrung für den Zuschauer). Außerdem haben die Mäntel noch Einzug in die Mode gehalten, wie Howard Hughes schreibt: »the film was still very popular, especially in France, where the dusters became the height of fashion« (*Stagecoach to Tombstone*, S. 166).

Ein Beispiel für eine gebündelte Manneskraft gerade bei *gunfighter*-Figuren findet sich auch im Vorspann von *The Long Riders* (1980), wo sieben Personen nebeneinander her reiten und auf die Kamera zukommen. Man denkt dabei unweigerlich an *The Magnificent Seven* (1960). Doch dieses Muster gab es bereits im Westernroman: In *Riders of the Purple Sage* (1912) kommt eine (bedrohliche) Gruppe von sieben Männern auf Pferden auf die weibliche Hauptfigur zu galoppiert (s. S. 11).

[89] Walter Erhart nennt ihn in seiner Abhandlung den »charakteristischen breitbeinigen *western*-Gang« (s. »Männlichkeit, Mythos, Gemeinschaft – Nachruf auf den Western-Helden«, S. 329).

Yul Brynner bewegt sich wie eine Raubkatze, gleichmäßig und geschmeidig – und wirkt dabei lässig.[90]

Mitchell beschreibt Körperlichkeit als Mittel, um (im traditionellen Western) die Selbstkontrolle darzustellen:[91]

> the Western signals restraint always *through* the body, in its vacillations and hesitations under the threat of danger – in eyes alert to peril, or shoulders stiffened in response to a verbal slight, or the gesture of a hand hovering over a gunbelt. (*Westerns*, S. 183)

Auch die Attraktivität trage zur Darstellung der Selbstkontrolle bei:

> From the beginning, Western stars have been celebrated for their physical attractiveness – for clear eyes, strong chins, handsome faces and virile bodies over which the camera can linger to disclose what it is that supposedly contributes to self-restraint. (S. 158)

Während der Autor die körperliche Attraktivität von z.B. Gary Cooper[92], Gregory Peck, Rock Hudson, Burt Lancaster, Paul Newman oder Robert

---

[90] Die von Yul Brynner dargestellte Figur wird von Robert Moore und Douglas Gillette in ihrem 1990 erschienenen Buch als Idealbild (Archetyp) eines Kriegers dargestellt:
> The Warrior never spends more energy than he absolutely has to. And he doesn't talk too much. Yul Brenner's (*sic*) character in the movie *The Magnificent Seven* is a study in trained self-control. He says little, moves with the physical control of a predator, attacks only the enemy, and has absolute mastery over the technology of his trade. (*King Warrior Magician Lover*, S. 83)

Moore und Gillette stellen für diesen Charakter keinen Bezug zu japanischen Kriegern her, der aufgrund der Entstehungsgeschichte des Films durchaus berechtigt wäre. Absichtlich oder nicht, erwähnen sie hier doch die typische Selbstkontrolle der klassischen Westernhelden.

[91] Allerdings sieht er das Handeln der Figur als wichtiger an. Über Geschlecht und *gender* im Western schreibt Mitchell – nach einer Bezugnahme auf die Gestaltung im Horrorfilm:
> Carol J. Clover has intriguingly observed of gendered roles in the horror-film: »Sex, in this universe, proceeds from gender, not the other way around. A figure does not cry and cower because she is a woman; she is a woman because she cries and cowers. And a figure is not a psychokiller because he is a man; he is a man because he is a psychokiller.« If Westerns seem less forthright, it is because they oscillate between sex and gender, between an essentialism that requires the display of the male body and a constructivism that grants manhood to men not by virtue of their bodies but of their behaviour. (*Westerns*, S. 155)

[92] 1926 spielte Gary Cooper in *The Winning of Barbara Worth* seine erste Hauptrolle im Western und setzte Akzente in der modischen Erscheinung des Helden. Bei Jean-Louis Rieupeyrout in *Der Western* heißt es: »Das Cowboy-Kostüm kleidete den gutaussehenden ›longlegs-fellow‹ vortrefflich« (S. 56) – und Walter C. Clapham schreibt in *Western*

Redford beschreibt (S. 156f.), erwähnt er auch einen Filmdarsteller, der trotz körperlicher »Mängel« bestehen konnte. Mitchell erklärt John Waynes Erfolg als (eigentlich unerotischen) Westernhelden folgendermaßen:

> The one possible exception to the Western's erotic deployment of male features is no less a figure than John Wayne, perhaps America's most important postwar symbol of masculinity (as Hollywood's number one box-office star from 1950-1965). Certainly, his trademark dark-flannel shirt with its placket front forms an icon of male power – its buttoned panel creating the illusion of a fortified chest. Yet even in the earlier, youthful roles, the camera lingers on Wayne less out of sheer aesthetic delight (as it does upon Cooper, Fonda, or Eastwood) than as an investigation of the paradoxical gentleness of a figure who, at 6 feet 4 inches, 220 pounds, regularly dwarfs everyone around him. The mask-like cragginess of his features (hooded, slanting eyes; blunt, large nose; furrowed brow; thin lips) and the massive inflexibility of his frame (broad shoulders, thick neck, undefined waist) are repeatedly undercut by his surprisingly expressive eyes and highly inflected voice. (S. 158)

Diese Aussage kann auch so gelesen werden, dass John Wayne, obwohl er nicht als besonders »schön« galt, einem männlichen Ideal trotzdem durch einige körperliche Merkmale (die maskulin konnotiert sind) genügen konnte: Nämlich durch seine Größe, mit der er alle anderen überragte, und durch seine ausdrucksstarke Stimme.[93]

Movies (1974): »Cooper always looked as if he'd been born to wear buckskin« (S. 22). Man beachte den Unterschied zur Schelte, die Day-Lewis 1992 für seinen Auftritt in Wildleder erhielt!

[93] Männliche Härte (Komponente der *masculinity* nach Bederman) dokumentierte John Wayne außerhalb des Filmes angeblich z.B. mit Trinkfestigkeit. Wie eine z.B. von Martin Weidinger in *Nationale Mythen – männliche Helden* (2006) zitierte Anekdote aus *John Wayne – American* (1995) von Randy Roberts und James S. Olson zeigt, in der Chruschtschow – angeblich ein Fan Waynes – und der Schauspieler (dessen Spitzname *the Duke* ist) aufeinandertreffen:

> Now, *that* was a meeting! Two opinionated men in their primes: John Wayne, America's leading cowboy star and anticommunist, and Nikita Khrushchev, the world's most powerful communist. For years the Soviet premier had enjoyed pirated copies of John Wayne films, insisting that Russian film editors dub them for him. When the formalities were concluded, Khrushchev took Duke by the arm, walked him over to a bar, and mumbled a few sentences to his translator: »I am told that you like to drink and that you can hold your liquor.« »That's right,« Wayne replied. Khrushchev offered that he too was known to enjoy a drink or two. Wayne acknowledged that he had heard as much. For a few minutes they compared the virtues of Russian vodka and Mexican tequila, talk that worked up a considerable thirst. Then they began to match each other drink for drink – on and on, eventually leading to a true Cold War draw. Three months later a large wooden crate, boldly stamped with the

Die Filmwissenschaftlerin Annette Brauerhoch reduziert die Helden im Westernfilm ganz auf ihre Körper. Sie stellt in »The Good, the Bad and the Beautiful: Warum der Western eigentlich für Frauen erfunden wurde« (2002) den Körper als wichtigstes Merkmal der Helden heraus. Hier greift der Grundgedanke vom *female gaze*. Nach Brauerhoch färbt im Genre Western

> die erhabene Schönheit der endlosen Weiten, tiefen Schluchten, gebieterischen Felsen, wilden Flüsse und Wälder auf den Helden ab und verleiht ihm Glanz. Gleichzeitig »erniedrigt« sie ihn aber auch zum physischen Material: Selten sind wir am »Charakter« des Helden interessiert; im Vordergrund steht seine körperliche Erscheinung, die Vorstellungen von Männlichkeit unmittelbar anschaulich macht. (S. 238)

Brauerhoch hat in ihrer Abhandlung die historische Entwicklung des Westerns und Elemente der Handlung nicht berücksichtigt. Sie beschreibt allein die lustvolle Komponente:[94] »Manchmal ist das Genre für mich wie Fußball:

> Russian letters *CCCP* (USSR) and shipping instructions written in Russian, arrived at Duke's offices in Beverly Hills. Wayne's secretary was uncertain what to do with the box. »Hell, open it,« Duke said when he arrived for work. »It's too damn big for a bomb.« ... inside, cushioned in straw, were several cases of top-quality Russian vodka and a note: »Duke. Merry Christmas. Nikita.« Wayne laughed from his gut and told his secretary to send Khrushshev a couple of cases of Sauza Conmemorativo tequila and sign it, »Nikita. Thanks. Duke.« (*John Wayne – American*, S. 1f.)

Eine Erklärung, warum Trinkfestigkeit oder z.B. das Rauchen einer Zigarette als männlich »hart« verstanden wird, versucht Lionel Tiger in *Men in Groups* (2005) zu finden:

> Drinking certainly functions as a means of validation. Rules governing the entry of minors to places of public drinking are fairly widespread. But perhaps it is most markedly in North America ... that there is such a strong popular correlation between manliness and the ability to drink a great deal of alcohol. Why the ingestion of a mild poison should be regarded as the test of the manly virtues is curious, except in so far as response to other circumstances involving noxious food, odour, sights, etc. A comparable situation is the smoking of cigarettes and the frequent association of smoking with manliness, both in life and in films. It is particularly interesting that smoking is so frequently depicted in advertisements in association with hunting or fishing, or with some »tough« enterprise. (S. 185)

[94] Verschiedene (männliche) Autoren stellen ebenfalls die lustvolle Komponente der Westernrezeption für Frauen heraus, z.B. Frank Gruber, der u.a. die Vorlagen für verschiedene Westernfilme geschrieben hat. Er sagt in einem Interview mit Rieupeyrout: »Ich glaube, es gibt da eine Affinität zwischen Sex und Western. Die Frauen lieben ihn aus demselben Grund, aus dem sie sich gerne Boxkämpfe anschauen: sie sehen gerne solide, gut gebaute Männer« (*Der Western*, S. 164). Hine und Faragher vermuten gar eine Sehnsucht der Frauen nach männlicher Dominanz:

Ich verstehe die Konflikte nicht, die Männer bleiben unter sich und tragen ihr Spiel aus, ich verstehe das Spiel nicht, aber sie spielen schön und haben starke Schenkel.« (S. 248)

Brauerhoch erwähnt weiterhin verschiedene Typen von Männern in Western. Bei ihr heißt es, dass die (weißen)[95] »Protagonisten der amerikanischen Western der 40er Jahre, wie sie beispielsweise von Gary Cooper oder James Stewart verkörpert werden, in der Regel sauber und anständig [sind], im konkreten wie im übertragenen Sinne« (S. 240).

Als »viele andere schöne Männer«, die im Western auftreten, bezeichnet die Autorin z.B. Paul Newman, Burt Lancaster, Marlon Brando, Gregory Peck, Glenn Ford und Robert Redford (S. 245). Als »harte Typen« bezeichnet sie u.a. Henry Fonda, Lee Van Cleef und Clint Eastwood (S. 246).

Wie zu sehen ist, finden sich in Brauerhochs Aufzählung Überschneidungen mit der Einteilung von Mitchell. Bei Annette Brauerhochs »harten Typen« ist davon auszugehen, dass sie diese Männer zwar nicht unbedingt als »schön« empfindet, jedoch als männlich.

Die filmischen Nachfahren der literarischen Westernhelden sehen nicht nur gut aus, was sie weiterhin auszeichnet ist eine gewisse Körpergröße (biometrisches Maß). In Texten werden sie häufig als »tall« beschrieben. In vielen, von mir gesichteten Westernfilmen spielen Männer über 1,80 m den Helden (dies scheint als eine Art Gardemaß zu fungieren).[96] Und: Das Medium Film vermag es vorzugaukeln. Eine herausragende Körpergröße kann

---

surely an actor like Cooper – lithe and sexually smoldering – was equally the object of an admiring »female gaze.« The strong man with a gun certainly has sexual connotations, and as the roles of women changed and broadened in the twentieth century there may have been women as well as men who looked on images of male dominance with a shiver of nostalgia. (*The American West*, S. 506ff.)

[95] Die Autorin macht darauf aufmerksam, dass schwarze Darsteller des Westerns wie z.B. Woody Strode, Sidney Poitier, Sammy Davis Jr., Ralph Nelson und Melvin und Mario van Peebles oft unerwähnt bleiben. Über das Vergessen der schwarzen Schauspieler schreibt sie: »Dies nicht berücksichtigt zu haben ist nur eines der Versäumnisse des Genres und Ausdruck seines Hauptmotivs eines weißen, männlichen, angloamerikanischen Traums« (S. 246). Weiterhin verweist die Filmwissenschaftlerin auf den (revisionistischen) Film *Posse* von Mario van Peebles (1993), der sich mit Schwarzen im Western auseinandersetzt und in dem Schwarze die Hauptrollen spielen.

[96] Die Durchschnittsgröße der männlichen Amerikaner (20-74 Jahre alt) lag 1960 bei 5'8" (1,73 m) und ist bis 2002 auf 5'9½" (1,77 m) angestiegen, s. »Mean Body Weight, Height, and Body Mass Index, United States 1960-2002« (http://usgovinfo.about.com/gi/o.htm?zi=1/XJ&zTi=1&sdn=usgvinfo&cdn=newsissues&tm=36&f=00&su=p284.13.342.ip_& tt=2&bt=0&bts=0&zu=http%3A//www.cdc.gov/nchsdata/ad/ad347.pdf, letzter Zugriff: 27.04.12).

durch geschickte Kameraführung oder Aufstellung der Personen inszeniert werden, wenn die gewünschte Körpergröße tatsächlich nicht vorhanden ist. Ich vermute, dass am Anfang der Filmgeschichte tatsächliches Körpermaß noch von größerer Bedeutung war.

Ein geschicktes Positionieren zeigt sich z.B. hier: In *Shane* von 1953 steigt (der muskulöse, »nur« 1,68 m große) Ladd nach seiner Ankunft vom Pferd und wirkt dabei nicht kleiner als Van Heflin (1,83 m), der im gleichen Film mitspielt (s. Abb. 4).[97]

Abb. 4 Vorgegaukelte Körpergröße über das Arrangieren der Charaktere im Bild: Shane (Alan Ladd, 1,68 m) und Joe Starrett (Van Heflin, 1,83 m) in *Shane* (1953).

Ironisch verarbeitet wird diese Körperinszenierung z.B. in Sophia Coppolas *Somewhere* (2010), der sich mit der *celebrity*-Kultur auseinandersetzt. Die

---

[97] Zu Alan Ladd s. den Eintrag in der *Internet Movie Database*, http://www.imdb.com/name/nm0000042/bio, letzter Zugriff: 14.05.11. Zu Van Heflin s. den Eintrag in der *Internet Movie Database*, http://www.imdb.com/name/nm0001336/bio, letzter Zugriff: 14.05.11.
Als weitere Beispiele können hier andere Schauspieler, denen es an Körpergröße »fehlt« und die in anderen Genres zu Hause sind (wie z.B. im Actionfilm) genannt werden: Tom Cruise (1,70 m, s. den Eintrag in der *Internet Movie Database*, http://www.imdb.com/name/nm0000129/bio, letzter Zugriff: 16.05.11) oder Kiefer Sutherland (1,75 m, s. den Eintrag in der *Internet Movie Database*, http://www.imdb.com/name/nm0000662/bio, letzter Zugriff: 16.05.11) als Jack Bauer in den 24-Staffeln. Diese Männer gelten durch gutes Aussehen (sportlich, muskulös) als männlich. Sie werden filmisch so geschickt inszeniert, dass die (mangelnde) tatsächliche Körpergröße nicht auffällt.

Hauptfigur dieses Werks, ein Filmstar, der von dem nur 1,70 m großen Stephen Dorff[98] verkörpert wird, muss für einen Fototermin auf ein kleines Podest gestellt werden, damit die neben ihm stehende Frau ihn nicht überragt (s. Abb. 5).

Abb. 5 In *Somewhere* (2010) wird der (hier zu kleine) Johnny Marco (Stephen Dorff) für gemeinsame Fotos mit seiner Kollegin auf einen Sockel gestellt.

Innerhalb der Gruppe der Westernschauspieler finden sich solche, die einem eher schlanken und schmalen Typ entsprechen, aber dennoch bemuskelt und groß sind. Aus meiner Sicht gehören Schauspieler wie z.B. Gary Cooper (1,91 m[99]), Henry Fonda (1,85 m[100]) oder Clint Eastwood (1,88 m[101]) dazu.[102]

Oftmals werden jedoch auch Darsteller, die kräftig sind und breite Schultern haben, im Westernfilm eingesetzt – sie bilden für mich damit einen zweiten Typus, ohne dass ich von einem veränderten Körperideal sprechen würde. Als Beispiel können hier die Figuren aus dem Film *3:10 to Yuma* von 1957 gesehen werden. Dan Evans/Van Heflin (1,83 m) wird ein männlicher

---

[98] Zu Stephen Dorff s. den Eintrag in der *Internet Movie Database*:
http://www.imdb.com/name/nm0001151/bio, letzter Zugriff: 20.11.11.

[99] S. dazu den Eintrag in der *Internet Movie Database*:
http://www.imdb.com/name/nm0000011/bio, letzter Zugriff: 16.05.11.

[100] S. dazu den Eintrag in der *Internet Movie Database*:
http://www.imdb.com/name/nm0000020/bio, letzter Zugriff: 16.05.11.

[101] S. dazu den Eintrag in der *Internet Movie Database*:
http://www.imdb.com/name/nm0000142/bio, letzter Zugriff: 16.05.11.

[102] Dazu muss erwähnt werden, dass nicht immer die Schauspieler für einen Film eingesetzt werden, die der Regisseur ursprünglich haben will (z.B. war Clint Eastwood nicht für die *Dollar*-Trilogie geplant). Es kann so unter Umständen auch zu Brüchen in einer Figur kommen, die eigentlich vom Drehbuch nicht vorgesehen waren.

Gegenspieler entgegengesetzt, der ebenfalls körperlich »gut gebaut« ist: Ben Wade/Glenn Ford (1,80 m[103]). Die Liste wird bis heute fortgeführt: Kevin Costner (1,85 m[104]) spielt die Hauptfigur in *Open Range* von 2003, Russell Crowe (1,80 m[105]) spielt Ben Wade in *3:10 to Yuma* von 2007, und Brad Pitt (1,80 m[106]), der mehrfach als *Sexiest Man Alive* ausgezeichnet worden ist, spielt Jesse James in *The Assassination of Jesse James by the Coward Robert Ford* von 2007. Für die relative Konstanz des muskulösen männlichen Körperideals vom Ende des 19. Jahrhunderts bis heute vgl. die Fotografien vom Schwergewichtsboxer Jim Jeffries um 1900 (http://coxscorner.tripod. com/jeffries.html, letzter Zugriff: 18.01.12), von dem dem hegemonialen Ideal nacheifernden Clint Eastwood, 1956 (http://www.gettyimages. de/detail/nachrichtenfoto/actor-clint-eastwood-works-out-with-dumbells-at-home-nachrichtenfoto/74269940, letzter Zugriff: 18.01.12) und von Ryan Reynolds, Schauspieler, »Sexiest Man Alive 2010« (http://munfitness blog.com/how-to-build-body-like-ryan-reynolds/ letzter Zugriff: 18.01.12).

Russell Crowe hat zuvor bereits einen Gladiator dargestellt. Die Männerkörper bringen teilweise aus ihrer früheren Verwendung in anderen Filmen (im Gedächtnis des Zuschauers) etwas mit. Man denke auch an Clint Eastwood und sein Dirty-Harry-Image,[107] an den Auftritt des Pop-Stars Elvis in *Flaming Star* (1960) oder an Westernfilme mit dem amerikanischen Kriegshelden Audie Murphy. Bereits in den 1920er Jahren wurden die Filmstars zu »cultural authorities«, wie LeRoy Ashby schreibt (s. *With Amusement for All* (2006), S. 195). Das Publikum stellte Fragen zu den Schauspielern, und Produktionsfirmen begannen, die Darsteller zu vermarkten – z.B. über Sammel-

---

[103] S. dazu den Eintrag in der *Internet Movie Database*:
http://www.imdb.com/name/nm0001229/bio, letzter Zugriff: 16.05.11.

[104] S. dazu den Eintrag in der *Internet Movie Database*:
http://www.imdb.com/name/nm0000126/bio, letzter Zugriff: 16.05.11.

[105] S. dazu den Eintrag in der *Internet Movie Database*:
http://www.imdb.com/name/nm0000128/bio, letzter Zugriff: 16.05.11.

[106] S. dazu den Eintrag in der *Internet Movie Database*:
http://www.imdb.com/name/nm0000093/bio, letzter Zugriff: 16.05.11.

[107] S. hierzu die Filme *Dirty Harry* (1971), *Magnum Force* (1973), *The Enforcer* (1976), *Sudden Impact* (1983) und *The Dead Pool* (1988).

karten und durch fingierte Hintergrundgeschichten, die über die Stars erfunden wurden (s. S. 195).[108] Auch Westernschaupieler machten sich die Neugier des Publikums[109] zunutze: In *The BFI Companion to the Western* heißt es über die Selbstinszenierung von Tom Mix, der damit an das Männlichkeitsideal seiner Zeit anknüpfte:

> No less fantastic than any of the plots in his films was the biography that Mix constructed for himself over the years. At various times he asserted that he had charged up San Juan Hill with Teddy Roosevelt, fought in China and the Philippines, joined the Boers to fight the British and campaigned against Diaz in Mexico. None of this was true. (S. 31)

Das Phänomen der Vermischung der Rolle des Schauspielers mit seiner (fiktiven) Biografie gipfelt nach Richard Slotkin später in der Figur John Waynes,

> whose role as movie hero became so important to our culture after the Second World War that Congress authorized a medal honoring him as the embodiment of American military heroism – although he had never served a day in uniform. (*Gunfighter Nation*, S. 243)

Hißnauer und Klein bringen die Begleitvorstellungen, die mit den Darstellern einhergehen, wieder mit ihrer Köperlichkeit, mit der materialisierten Männlichkeit in Verbindung:

> Die Körperinszenierung im Kontext der darstellerischen Umsetzung kann zudem mit der Rollengeschichte des Schauspielers und dessen Star-Image zusammenhängen. Die wiederholte Verwendung eines Schauspielerkörpers erfüllt oft den Zweck, eine Kontinuität der Erscheinung auf der Leinwand zu gewährleisten – und das nicht nur im Hollywoodkino. Andererseits erscheint der Star-Körper auch immer wieder in seiner dekonstruierten Form, wenn Kino selbstreflexiv über die eigenen Bedingungen und damit auch über die Konstruktion von Männer-Bil-

---

[108] Die Bewerbung spielt auch heute eine bedeutsame Rolle:
Der Star wird ... nicht nur über den Film an sich, sondern auch über Werbemechanismen kreiert, über die Beobachtung und Auswertung eines Marktes von potentiellen Zuschauerwünschen, der Körperbilder und auch über den Körper hinausgehende personale Merkmale immer wieder neu hervorbringt. (»Visualität des Männlichen«, S. 33)

[109] Ashby verweist darauf, dass Sensationsgier schon früh in Verbindung mit der Populärkultur stand: »Sensationalism had, of course, defined popular culture since the days of P.T. Barnum's Joice Heth exhibit and the penny press« (S. 161). Joice Heth war eine alte, schwarze Frau, die ab 1835 von Barnum ausgestellt wurde. Er behauptete u.a., dass sie die Ziehmutter von George Washington gewesen sei und fingierte geschickt widersprüchliche Geschichten über sie, die die Neugier des Publikums weckten.

dern zu erzählen beginnt. Beide Inszenierungsstrategien, gleichsam Pole zahlreicher Variationen, treten insbesondere im Genre-Film zutage. Hier spielen körperliche Attribute eine zentrale Rolle zur Etablierung, Fortsetzung und Dekonstruktion von Star-Paradigmen. (»Visualität des Männlichen«, S. 32)

Im Film selbst stehen die Protagonisten auch von der körperlichen Statur her oftmals im Kontrast zu ihren Gegenspielern. Dies bildet also eine andere Variante als die Konkurrenz zweier »gleichwertiger« Männer. In *3:10 to Yuma* von 2007 wird Russell Crowe ein hagerer Dan Evans entgegengestellt.[110] Diesem Dan Evans fehlt als Kriegsveteran ein Bein, so dass er körperlich zusätzlich nicht »vollständig« ist (vgl. in diesem Zusammenhang die Diskussion über *dis/ability*, die auch eine Diskussion über Marginalisierungspraktiken ist). Der gesamte Film erhält – auch durch die Charakterisierung und den Körper des Gegenspielers – einen anderen Unterton als das Original von Regisseur Delmer Daves.

Eine körperliche Demontage der Westernhelden kann z.B. durch körperliche Versehrtheit, durch mangelnde Körpergröße, durch Alter und Verfall oder durch eingeschränkte Köperkontrolle (beispielsweise als Folge von Alkoholkonsum/-abhängigkeit) vorgenommen werden.

High Noon (1952) wurde von John Ford und John Wayne seinerzeit als »unamerikanisch« bezeichnet,[111] und Mitchell erkennt bei dem Hauptdarsteller Gary Cooper Zeichen des körperlichen Verfalls (vgl. den Unterschied zum jungen Cooper, wie er oben beschrieben worden ist). In *Westerns* schreibt er:

> Gary Cooper's very demeanor – an aging face that Godard once claimed belonged »to the mineral kingdom« – already confirms the film's premise: Will Kane is retiring and is clearly old enough to do so. The dark shadows under his eyes; the lack of makeup; the black-and-white film that literally drains color from his cheek: all lend to Cooper's haggard expression a sense of grim determination in the Oedipal struggle that aligns them all. (S. 201)

Im Film geht Gary Cooper als Marshal William Kane (vor Angst und/oder vor Hitze) schwitzend die staubige Straße der Stadt entlang. Cooper wird

---

[110] Der Darsteller ist Christian Bale (1,83 m), der z.B. in *Batman Begins* von 2005 oder auch als Yuppie-Mörder in *American Psycho* aus dem Jahre 2000 deutlich durchtrainierter (muskulöser) ausgesehen hat. Zu Christian Bale s. den Eintrag in der *Internet Movie Database*: http://www.imdb.com/name/nm0000288/bio, letzter Zugriff: 16.05.11.

[111] Der Film löste in Amerika eine Welle der Entrüstung aus. Chuck Berg beschreibt ihn als »a cautionary tale warning of the destructive forces of McCarthyism as seen through the prism of the classical western« (»Fade out in the West«, S. 214).

dabei z.T. von oben gefilmt. Diese Kameraperspektive lässt ihn als einen einsamen Kämpfer erscheinen, der von der Gemeinschaft keine Unterstützung erhält. Aber er wird auch von unten gefilmt. Erhart schreibt: »Immer öfter zeichnet die Kamera sein Bild von unten, gegen den Himmel aufragend, in Heldenpose« (»Männlichkeit, Mythos, Gemeinschaft – Nachruf auf den Western-Helden«, S. 334f.). Kane erweist sich dennoch als männlich – aufgrund seines Handelns; er tut das, was er tun muss, und tötet die *gunfighters* um Frank Miller und seinen Widersacher Frank Miller selbst (allerdings mit Hilfe seiner Quäker-Frau Amy, die einen Kontrahenten von hinten erschießt).

Gary Cooper ist bei Entstehung des Filmes 51 Jahre alt und ihm wird in *High Noon* der Heißsporn Harvey an die Seite gestellt. Kane ist derjenige, der die junge Braut Amy (Grace Kelly) heiratet, die *outlaws* bekämpft und von dem die rassige Mexikanerin Helen Ramírez immer noch beeindruckt ist.[112]

Es deutet sich hier an, dass eine Initiierung im Western nicht immer »vom Jungen zum Mann« (wie sie z.B. Erhart bei *Stagecoach* entdeckt, s. unten) verläuft. Oftmals wird gezeigt, wie ein erwachsenes, männliches Individuum zum männlichen (»wahren«) Mann wird. Jane Tompkins stellt fest: »the main character is always a full-grown adult male« (*West of Everything*, S. 38).[113] Die Idee eines *rite of passage*[114] muss hier zwar sicherlich mitgedacht

---

[112] Walter Erhart schreibt in seinem Aufsatz weiterhin, dass Harveys Männlichkeit zerfällt:

> Er ist nicht zum neuen Sheriff gewählt worden, und Helen Ramirez lacht ihn aus, als er sich mit Kane vergleicht. Daraufhin geht Harvey in den Saloon, um Whisky zu trinken, wo seine »Männlichkeit« – vormals gekennzeichnet durch Sheriffstern, aufrechtem Gang, Colt und kurz aufblitzender Vater-Sohn-Intimität mit Kane – buchstäblich zu zerfallen scheint. (»Männlichkeit, Mythos, Gemeinschaft – Nachruf auf den Western-Helden«, S. 334)

[113] Es lässt sich vermuten, dass der Western hinsichtlich der Jugendlichkeit etwas vom heutigen Schönheitsideal abweicht. Penz schreibt: »Auf dem Gebiet der Schönheit charakterisieren Jugendlichkeit, Schlankheit und Fitness das zeitgenössische Idealbild« (*Schönheit als Praxis*, S. 37).

[114] Nach Horlacher verweisen solche Riten darauf, Männlichkeiten als kulturell konstruiert aufzufassen: »Zwar gilt, dass fast überall auf der Welt Initiationsriten existieren, doch variieren diese kulturell genau wie auch die Männlichkeiten, die sie initiieren« (»Überlegungen zur theoretischen Konzeption männlicher Identität aus kulturwissenschaftlicher Perspektive«, S. 202).

werden. In Literatur und Film bezieht sich eine solche Initiierung aber auch auf die Figurenentwicklung.[115]

Revisionistische Filme gehen zum Teil ebenfalls auf Körperlichkeit ein. In Arthur Penns Film *Little Big Man* von 1970 geht es um einen kleingewachsenen Mann (»a runt«, wie sich die Hauptfigur an einer Stelle selbst bezeichnet), gespielt von Dustin Hoffman (selbst nur 1,66 m groß[116]). Für das Kontrastieren der von Hoffman gespielten Figur Jack Crabb mit einem »wahren« Helden des Wilden Westens s. Abb. 6. Die unscharfen Getränkeflaschen vorne indizieren zudem Weichheit (Limonade, links) und Härte (Whiskey, rechts).

Abb. 6 Kontrastieren: Anti-Held Jack Crabb (Dustin Hoffman, 1,66 m) als The Soda Pop Kid in seiner »*gunfighter*-Phase« neben Wild Bill Hickok (Jeff Corey, 1,84 m) in *Little Big Man* (1970).

---

[115] TV-Serien haben im Gegensatz dazu häufig Figuren benutzt, die sich nicht entwickeln, also statisch sind, wie Matthew Weiner, Produzent von *The Sopranos* (1999-2007) und *Mad Men* (seit 2007) in einem *Der Spiegel*-Interview (05.11.12) zu verstehen gibt:
   Das Entscheidende ist, dass wir mit einer eisernen Fernsehregel gebrochen haben. Sie hieß: Deine Hauptfigur darf sich nicht entwickeln, sie darf nichts dazulernen, sie darf sich nicht ändern. Der durchschnittliche Serienzuschauer einer eher konventionellen Serie wie »Friends« schaltet sechsmal pro Jahr ein. Dieser Zuschauer will sich sofort orientieren können, sich zu Hause fühlen, deshalb muss alles sein wie immer, wenn er auf die Fernbedienung tippt. Bei den »Sopranos« aber wird plötzlich jemand ermordet, den die Zuschauer liebgewonnen haben, und auch sonst ist alles im Fluss. Automatisch entsteht so eine romanhafte Struktur. Und dadurch verändert sich auch das Zuschauerverhalten: Nicht sechsmal pro Jahr wird eingeschaltet, sondern bei jeder Folge. (»Schatz, was kann ich tun?««, S. 138)

[116] S. dazu den Eintrag in der *Internet Movie Database*:
   http://www.imdb.com/name/nm0000163/bio, letzter Zugriff: 16.05.11.

Auch der Filmkritiker Philip French weist in seinem Buch auf die Auswirkungen von Körperbildern anhand zweier Verfilmungen von *(The) Alamo* –
ein Mal unter der Regie von John Wayne (1960) und ein Mal von Lee Hancock (2004) – hin:

> Whether for commercial reasons or deliberate effect, efficient actors of no great
> heroic presence were cast in the leads. The roles played back in 1960 by Wayne,
> Richard Widmark, Laurence Harvey and Richard Boone, all imposing stars, were
> taken in the 2004 film by low-key, physically unimpressive figures – Billy Bob
> Thornton (Crockett), Jason Patric (Jim Bowie), Patrick Wilson (garrison com-
> mander Lt. Colonel William Travis), and Dennis Quaid (Sam Houston, first Presi-
> dent of Texas). (*Westerns*, S. 162)

Eine radikale Zerstörung der Körper der (Anti-)Helden in den revisionistischen Western wird jedoch (wahrscheinlich aus kommerziellen Gründen)
kaum vorgenommen, obwohl dieses in Bezug auf Aussehen und Alter heute
problemlos möglich wäre – und früher in einem gewissen Rahmen auch bereits möglich war.[117]

Im Film können für die (visuelle) Inszenierung einer Figur auch die Kostüme verwendet werden. Zur Kleidung im Westernfilm heißt es in *The BFI
Companion to the Western*:

> The Western is remarkable for the consistency and rigour in which costumes are
> assigned to particular roles. Contrary to the caricature, the good guys have never
> been restricted to white hats and the bad guys to black (only those who have never
> seen Hopalong Cassidy can believe that). But it remains true that a character in a
> black frock coat, bootlace tie and embroidered waistcoat will be likely to carry a
> deck of cards about him. As for the cowboy himself, the basic outfit of wide-
> brimmed hat, jeans and boots has remained constant, despite the subtle but sig-
> nificant variations which modulate between the authentic historical costume and
> the dictates of contemporary fashion. Nor is dress any less codified for women.
> The respectable married woman may, it seems, wear one sort of costume and one
> only: a dress of some sturdy material, typically in a check pattern, buttoned up to

---

[117] Es gibt Filme (in anderen Genres), wo eine (starke) körperliche Veränderung der
Hauptfiguren vorgenommen wird – s. das Beispiel von *Monster* (2003), wo eine radikal
veränderte Charlize Theron die Hauptrolle spielt. Sie wird von einer Schönheit nach
Hollywood-Maßstäben zu einer nach Hollywood-Maßstäben hässlichen Frau modifiziert (sie spielt nach biografischen Vorgaben eines echten »Falles« eine homosexuelle
Prostituierte, die außerdem als »männlich« dargestellt wird).
Der Film *The Curious Case of Benjamin Button* (2008) zeigt die Veränderung der weiblichen und der männlichen Hauptperson von Kindheit an bis ins Alter (und umgekehrt). Hierbei wird ebenfalls eine radikalere Form von körperlicher Demontage vorgenommen.

the neck, close-fitting round the waist and with a full skirt. The more the costume is deviated from, the further from respectability does its wearer stray. (S. 16)

Männer und Frauen unterscheiden sich im Western u.a. durch die Kleidung. Als Faustregel kann man sagen, dass Männer dort Hosen tragen und Frauen Kleider/Röcke.[118] Das *setting* des 19. Jahrhunderts reproduziert eine Ungleichheit der Geschlechter (u.a. über die *separate spheres*).

Eine männliche Figur kann im Film aber auch als weiblich markiert werden. Als Beispiel soll hier der vermeintliche Held des Filmes *The Man Who Shot Liberty Valance* (1962) von John Ford angeführt werden. Der »Held« ist Anwalt Ransom Stoddard, gespielt von James Stewart (der Mann, der den Schurken Liberty Valance in Wirklichkeit erschossen hat, ist Cowboy Tom Doniphon, gespielt von John Wayne). Stoddard wird als unmännlich oder schwach (weiblich) gekennzeichnet, indem er u.a. in der Küche eine Schürze (dies ist ein Zeichen, das sexuierte Kleidungsstück einer Frau) trägt, beim Abwaschen hilft und dann noch servieren soll. Schließlich tritt er in diesem »Aufzug« sogar seinem Kontrahenten entgegen (s. dazu Abb. 7 und 8).

Abb. 7 Ransom Stoddard (James Stewart) mit sexuiertem Objekt (Schürze) in *The Man Who Shot Liberty Valance* (1962).

---

[118] Wild-West-Legende Calamity Jane oder die Kunstschützin Annie Oakley haben in einigen Filmen zunächst weniger feminin codierte Kleidungen getragen, haben sich aber gerade in einigen Filmbeispielen aus den 1950ern (s. die Musicals *Annie Get Your Gun*, *Calamity Jane*) im Laufe der Handlung zur »Dame« gewandelt.
In Walter Hills revisionistischem Film über Bill Hickok (*Wild Bill* (1995)) wird dieses Muster nicht beibehalten – Calamity Jane bleibt dort eine (dreckig gekleidete) Trinkerin (und Hure).

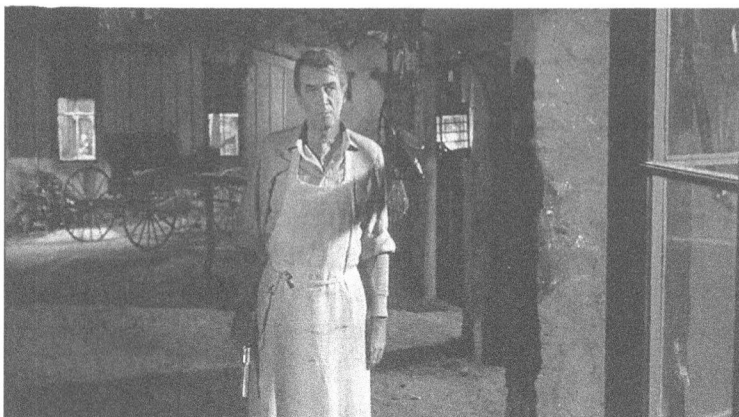

Abb. 8 In »Frauenkleidern« zum Duell: Ransom Stoddard (James Stewart) in *The Man Who Shot Liberty Valance* (1962).

Wie sehr das Objekt »Schürze« in der Kultur mit einer Frau verbunden ist,[119] veranschaulicht folgende Aussage von Cordelia Fine:

> A classic study published in 1972 analysed picture books awarded the prestigious Caldecott Medal; in particular the eighteen winners and runners-up for this award between 1967 and 1971. The authors point out the absurdity of the fact that 40 percent of women (at that time) were in the labour force, and yet »*not one* woman in the Caldecott sample had a job or profession.« Many classic books that children still enjoy were written during this period, in which the unwritten rule seems to be that a woman character should be illustrated wearing an apron, or not at all. (*Delusions of Gender*, S. 219)

Kostüme markieren aber auch den Westernhelden als ein (amerikanisches) Produkt, das zwischen Zivilisation und Wildnis steht, wie Cawelti schreibt:

> An important distinction marks off both hero and villain from the townspeople. The townspeople usually wear the ordinary street clothing associated with the later nineteenth century, suits for men and long dresses for women. On the whole this clothing is simple as compared to the more elaborate fashions of the period and this simplicity is one way of expressing the Westernness of the costume. ... The costumes associated with the heroes and outlaws or savages are more striking. Paradoxically they are both more utilitarian and more artificial than those of the townspeople. The cowboy's boots, tight-fitting pants or chaps, his heavy shirt and bandana, his gun and finally his ten-gallon hat all symbolize his adaption to the wilderness. But utility is only one of the principles of the hero-outlaw's dress.

---

[119] Die Untersuchung von Valtin oben allerdings zeigt, dass die jetzige Generation von (hier: deutschen) Mädchen sich nicht mehr unbedingt mit häuslicher Arbeit in Verbindung bringt.

The other is dandyism, that highly artificial love of elegance for its own sake. (*The Six-Gun Mystique*, S. 72)

Nach Cawelti bringen die auffälligen Kostüme also auch immer ein wenig *dandyism* mit sich.[120] Dies deutet darauf hin, dass das bewusste Kleiden von Männern, das auf »Schönheit« ausgerichtet ist, auch schnell negativ bewertet werden kann. Revisionistische Filme können daran anknüpfen und die Kostümierung der Westernhelden ironisch verarbeiten, wie hier am Beispiel von Mel Brooks' *Blazing Saddles* (1974) aufgeführt werden soll. Mitchell schreibt:

the camera introduces the newly appointed Sheriff Bart (Cleavon Little) by focusing in closeup first on his embroidered Gucci saddle, then ... sliding up slowly from his pearl-handled holster past his open suede shirt to his brightly smiling, handsome face. (*Westerns*, S. 158)

Dass Kleidung (bzw. gutes Kleiden als Schönheitspraxis) mit Homosexualität konnotiert wird, kann am Beispiel des Gangsterfilms *The Public Enemy* (1931) und dem Inkrafttreten des *Production Code*[121] verdeutlicht werden. Als sich die Hauptfigur in *The Public Enemy* beim Herrenausstatter befindet, tritt ein Schneider auf, der an die Figur des *pansy*-Charakters angelehnt ist: »the film was re-released in 1941 after the Production Code was put into effect. Three scenes of the film were cut because of the Code. One is of a markedly effeminate tailor measuring Tom [die Hauptfigur] for a suit«.[122]

Wie in diesem Unterkapitel veranschaulicht worden ist, haben die (Inszenierungen der) Schaupieler einen wesentlichen Anteil an der Konstruktion von Maskulinität im Film. Dieses Kapitel schließt nun mit Erklärungen zu der in dieser Studie verwendeten Interpretation der Beziehung der Geschlechter ab.

2.2.3 Die Beziehungen der Figuren (Mann/Mann und Mann/Frau) im Western

Wie ich oben aufgeführt habe, gibt es verschiedene Spekulationen über die Geschlechtsunterschiede. Zu diesen Spekulationen gehört auch der Gedanke

---

[120] Selbst Molly, die Geliebte der Hauptfigur in *The Virginian*, sagt zu ihrem Mann: »You are fonder of good clothes than I am« (*The Virginian*, S. 355).

[121] Der *Production Code* (oder Hays-Code) empfahl den Hollywood-Filmproduzenten vor allem ab 1934, die Darstellung von u.a. Homosexualität und Rassenmischung in ihren Werken zu unterlassen. Der *Production Code* wurde 1968 vom *rating*-System abgelöst.

[122] Quelle: http://en.wikipedia.org/wiki/The_Public_Enemy, letzter Zugriff: 27.04.12.

des *male bonding*. Der Ausdruck geht auf den Soziobiologen Lionel Tiger zurück. Tiger und andere Wissenschaftler der 1970er Jahre formten geradezu ein Genre, wie Connell schreibt:

> An early example of this genre, Lionel Tiger's *Men in Groups*, offered a biological-reductionist theory of masculinity based on the idea that we are descended from a hunting species. ... According to these theorists, men's bodies are bearers of a natural masculinity produced by the evolutionary pressures that have borne down upon the human stock. We inherit with our masculine genes tendencies to aggression, family life, competitiveness, political power, hierarchy, territoriality, promiscuity and forming men's clubs. (*Masculinities*, S. 46)

Meuser und Scholz erklären, dass für verschiedene Wissenschaftler (wie Tosh, Kimmel) die Relation Mann/Mann für die Konstruktion von Männlichkeit wichtiger ist als die Relation Mann/Frau. Sie zitieren Pierre Bourdieu folgendermaßen: »Konstruiert und vollendet wird der männliche Habitus nur in Verbindung mit dem den Männern vorbehaltenen Raum, in dem sich, *unter Männern*, die ernsten Spiele des Wettbewerbs abspielen« (»Hegemoniale Männlichkeit«, S. 218).

Der Westernroman und der Westernfilm beinhalten ebenfalls homosoziale Aspekte. Dies ist nahezu unausweichlich, da auch dort die Wildnis mit Männlichkeit, die Zivilisation (und die häusliche Sphäre) mit Weiblichkeit konnotiert wird. Für eine aktionsgeladene Handlung (auch in Bezug auf Wettbewerb) muss der männliche Held in Kontakt mit anderen männlichen Figuren treten. Leslie Fiedler stellte bereits in den 1960er Jahren die Wichtigkeit des Themas Männerfreundschaften in der amerikanischen Literatur heraus: Er bezeichnet es als typisch für klassische amerikanische Geschichten wie *The Last of the Mohicans* (1826), *Moby Dick* (1851) und *Huckleberry Finn* (1884), dass der weiße Protagonist der Zivilisation (und der Zusammenkunft mit Frauen) den Rücken kehrt und in die Wildnis zu seinem Freund mit dunkler Hautfarbe entflieht:

> Ever since, the typical male protagonist of our fiction has been a man on the run, harried into the forest and out to sea, down the river or into combat – anywhere to avoid »civilization,« which is to say, the confrontation of a man and a woman which leads to the fall to sex, marriage and responsibility. ... To be sure, there is a substitute for wife or mother presumably waiting in the green heart of nature: the natural man, the good companion, pagan and unashamed – Queequeg or Chingachgook or Nigger Jim. (*Love and Death in the American Novel*, S. 26)

Allerdings kann in der historischen Entwicklung der USA – und damit anhand der hier diskutierten Werke – eine Veränderung dieser Verhältnisse von Männern zueinander beobachtet werden. Terry L. Martin und Kenneth J. Doka schreiben (unter Hinweis auf Rotundo):

> early in the 19th century, men often shared intimate, caring relationships with other men. Since men were expected to invest much time in public and social affairs, relationships between men were perceived as natural and productive. This began to change later in that century for three reasons. With industrialization, the work role becomes more fundamental to one's identity. There were limited opportunities to bond with other men outside of work. Second, the concurrent rise of individualism also isolated men from their peers. As men became older, established in their work and marriage, there was little time for sharing feelings and thoughts with other men. Congregating with other males began to be considered a mark of the boy, not the man. Finally, homophobia reared its unlovely head. Since homosexuals had been labeled as »unmanly,« it was difficult to acknowledge feelings for other men that would allow one to build supportive connections with one another. By the 20th century, contemporary visions of the male role had taken root, emphasizing the male as a rugged individual. (*Men Don't Cry ... Women Do*, S. 107)

Worauf kann ein Zusammenschluss von Männern im 20. Jahrhundert hindeuten? Im 20. Jahrhundert tritt im amerikanischen Film die Ausformung des sogenannten *buddy movie* zutage. Nach Benshoff und Griffin war dies zunächst während des Zweiten Weltkriegs der Fall. Die Frauen wurden als Arbeitskräfte an den Fließbändern der Rüstungsindustrie gebraucht (vgl. das Propagandaposter »Rosie the Riveter«). Das Erstarken der weiblichen Individuen provozierte anschließend einen (männlich-patriarchalischen) Rückschlag, der sich z.B. in diversen Kriegs-*buddy*-Filmen äußerte (s. *America on Film*, S. 267ff.). Im Zuge der Zweiten Frauenbewegung in den USA traten wieder einige Filme dieses Typs in Erscheinung. Als Westernbeispiel kann hier *Butch Cassidy and the Sundance Kid* (1969) genannt werden. Benshoff und Griffin verweisen auf einen Unterschied zur ersten Welle der *buddy movies*:

> Unlike the buddy films of the World War II era, however, these new pictures were far from joyous affairs. They often wistfully recreated earlier eras where »men were real men« and/or pessimistically suggested that American culture was coming undone because American masculinity itself was in decline. The fact that the heroes of many of these films die in the final reel is one indication of this pessimism. Women were usually peripheral to these films, and some critics referred to them as platonic love stories between men, because most of them do posit male homosocial bonds as stronger and more important than any other type of relationship, including heterosexual coupling. (*America on Film*, S. 281)

Im 21. Jahrhundert ist diese »platonische Liebesbeziehung« der Männer im Western von Ang Lee zu einer explizit homosexuellen uminterpretiert worden – und für viele Amerikaner ist damit ein Tabu gebrochen worden: »the release of *Brokeback Mountain* was far more culturally significant than that of the occasional Hollywood drag-queen farce precisely because *Brokeback Mountain* queers traditional concepts of U.S. masculinity and the film genre most closely tied to its representation, the Western«, wie Benshoff schreibt (»Brokering *Brokeback Mountain* – a Local Reception Story«[123]). Nach Claudia Liebrand haben Western schon immer einen homoerotischen Subtext enthalten, aber dieser sei nun erstmals mit *Brokeback Mountain* an die Oberfläche gelangt, werde »nun offen verhandelt, der traditionelle Subtext wird zum Text« (»›John Wayne Wouldn't like gay Cowboys.‹ Ang Lees Western *Brokeback Mountain* und die Genretradition« (2008), S. 9).[124]

Der Film von 2005, der nicht in die Kategorie der in dieser Studie behandelten Western fällt, da seine Handlung in eine Zeit nach 1900 gelegt worden ist,[125] kritisiert u.a. die von der (amerikanischen) Gesellschaft geforderte Heteronormativität und die vorherrschende Homophobie. *Brokeback Mountain* porträtiert die daraus resultierenden Ängste derer, die von der (institutiona-

---

[123] Quelle: http://www.ejumpcut.org/archive/jc50.2008/BrokbkMtn/text.html, letzter Zugriff: 28.04.12.

[124] Dabei ziehen sich die Protagonisten auch aus. Sie entfernen die Kleidung, die nach Mitchell den Blick vom Körper abwendet, wie Liebrand bemerkt, und richten »scheu« den »begehrliche[n] Blick auf einander« (S. 12). Es lohnt sich, die »Nacktszenen« in *Brokeback Mountain* genauer zu betrachten. Als Ennis sich im Hintergrund wäscht (nur mit einem Cowboyhut »bekleidet«), schaut Jack ihn gerade nicht an (s. 0:19). Der Zuschauer sieht Jack (nur Cowboy-Stiefel tragend) am Fluss ein Hemd waschen (0:30). Wir und auch Ennis sehen, dass etwas von Jacks nackter Haut durch den Zelteingang scheint, worauf Ennis zu ihm geht, und es folgt eine Kussszene (0:32). An einem anderen Tag albern beide (mit bloßem Oberkörper) im Camp herum (0:35), dieses wird aus der Perspektive des Arbeitgebers gezeigt. Aber in der Sexszene (0:27) sind die Männer »angezogen«, und es gibt keine subjektiven Einstellungen, die mit dem Begehren eines nackten Mannes durch einen Mann in Verbindung stehen. *Brokeback Mountain* erzählt dieses »heikle Thema« also distanziert und vermeidet es, Männer direkt (wie Frauen) zu Objekten zu machen.

[125] Er spielt in den 1960er bis 1980er Jahren und wäre damit ein Post-Western. Weitere filmische Post-Western sind z.B. *The Hi-Lo Country* (1998), *All the Pretty Horses* (2000) (nach einem Roman von Cormac McCarthy), *The Three Burials of Melquiades Estrada* (2005), *No Country for Old Men* (2007) (nach einem Roman von Cormac McCarthy) oder *Blackthorn* (2011). Solche Filme bilden schon allein aufgrund des Anachronismus eine gesonderte Kategorie und können daher nicht in diese Studie mit einbezogen werden.

lisierten) Norm abweichen und das damit verbundene Leben im homosexuellen *closet* (s. *America on Film*, S. 406f.). Connell weist darauf hin, dass in unserer Gesellschaft homosexuelle Beziehungen verweiblichend wirken
(»which our culture believes produce effeminacy« (*Masculinities*, S. 32)).
Brokeback Mountain widerspricht diesem Klischee. So bestätigen die Hauptfiguren Ennis und Jack auf gewisse Weise den Typus der *mainstream*-Masku-
linität.

In den Textanalysen werde ich auf das homosoziale Verhältnis
Mann/Mann eingehen. Wie oben bereits angedeutet, interessiert mich an der
Gemeinschaftlichkeit der Männer deren Funktion und deren Konzeption
(also die Frage, ob es sich hier um gleichwertige Freundschaften handelt
usw.). Ein ebenso großes Augenmerk lege ich jedoch auf das Geschlechterverhältnis (Mann/Frau). Nach Tompkins sind die Ideen der Gegensätzlich-
keit von Wildnis und Zivilisation und die Notwendigkeit, einen Ort für die
Regeneration zu finden, männliche Ideen. Der Western(-Roman) sei damit
zunächst die Antwort auf die *domestic novel* (Populärkultur, die weiblich dominiert war und die die weibliche Sphäre – das Haus, die Küche usw. – in
den Mittelpunkt rückte) gewesen (s. *West of Everything*, S. 38). Für die Autorin stellt das gesamte Genre Western eine Gegenreaktion der Männer dar,
eine Antwort auf das Vordringen der weiblichen Bevölkerung in öffentliche
Bereiche. Tompkins schreibt:

> The Western doesn't have anything to do with the West as such. It isn't about the
> encounter between the civilization and the frontier. It is about men's fear of losing
> their mastery, and hence their identity, both of which the Western tirelessly rein-
> vents. (S. 45)

Wie ich zeigen werde, wird in vielen Westerntexten die Herrschaft der Männer durch die Frauen wieder anerkannt.

3. Die Entstehung und Veränderung der Westernhelden

Für die Betrachtung der Westernhelden sind verschiedene Faktoren wichtig. Zum einen orientieren sich die Figuren der filmischen Western (als Nachfahren, wie Mitchell sie bezeichnet, s.o.) an denen der literarischen Western und/oder an den historischen Westernmännern.[126] Zum anderen mussten die Helden der jeweiligen Populärkultur angepasst werden. LeRoy Ashby schreibt im Vorwort seines 2006 erschienenen Buches zur Populärkultur: »Popular culture must enjoy at least fairly broad support from ordinary people and be accessible to them« (*With Amusement for All*, S. vii).[127] Wie Ashby konstatiert, haben die Hersteller oder Vertreiber von Massenunterhaltung das Anliegen, Profit aus ihren Produkten zu erzielen (zu dem Aspekt der Vermarktung gehört auch der der Werbung). Neue Wege, den Verkauf eines Produktes (bei Ashby Unterhaltung) oder Texts/Kunstwerks für ein Publikum mit anderen Mitteln aufzubereiten, wurden in den USA vor allem in den ersten 30 Jahren des 19. Jahrhunderts beschritten.[128] Die Verbreitung einer Massenkultur nahm unaufhaltsam ihren Lauf:

---

[126] Neben den im Folgenden näher besprochenen *dime novels* und dem Wirken der Person William F. Cody weist Mitchell in den 1860ern Jahren z.B. auch dem deutschen Maler Albert Bierstadt eine wichtige Rolle für die Aufbereitung des Westens und des Westerns für die Populärkultur zu (*Westerns*, S. 57). Laut Mitchell entdeckte Bierstadt den Wilden Westen als einen Ort, der die Möglichkeit zur Transformation bot, lange bevor Frederick Jackson Turner der Wildnis eine solche Funktion zuschrieb. Turners Worte von 1893 waren:

> The wilderness masters the colonist. It finds him a European in dress, industries, tools, modes of travel, and thought. It takes him from the railroad car and puts him in the birch canoe. It strips off the garments of civilization and arrays him in the hunting shirt and the moccasin. (»The Significance of the Frontier in American History«, S. 4)

[127] In meiner Studie unterscheide ich nicht zwischen dem Begriff Populärkultur und Massenkultur. Michael Kammen beispielsweise trifft diese Unterscheidung sehr wohl. Für ihn kann man in den USA erst ab den 1950er Jahren – vor allem nach Einführung des Fernsehers – von Massenkultur sprechen (s. *American Culture, American Tastes*, S. 18ff.).

[128] Zuvor hatte sich nach Ashby im 18. Jahrhundert eine Unterhaltung für die Elite (in Virginia z.B. Pferderennen für die Mitglieder der *gentry*) und für die *lower class* (Glücksspiele wie Kartenspiel und Hahnenkämpfe in den Tavernen der Stadt) herausgebildet. Zeitweise wurden auch verschiedene Unterhaltungsformen verboten (beispielsweise mit dem *Connecticut's Act for the Suppressing of Mountebanks* von 1773). Gegen Ende des Jahrhunderts fanden aber viele Veranstaltungen wieder statt (s. S. 6).

> Dramatic changes nevertheless hastened its development. A rapidly expanding population, increased per capita wealth, and the growth of cities were major factors. So too were spectacular developments in transportation and communication. ... By the 1830s, railroads were starting to form what over the next several decades would become a giant web of tracks tying cities and towns together, facilitating as never before the transport of goods and people. Improvements in printing and literacy rates were spawning a host of new publications, a number of which by the 1830s enticed« ordinary readers with cheap prices and attention to popular amusement. (S. 8)

Diese Art von populärer Unterhaltung (z.B. auch *dime museums*, Zirkusshows) war zunächst auf die Arbeiterklasse ausgerichtet (und sie wurde von der Elite und der sich entwickelnden Mittelschicht sorgenvoll beäugt (s. *With Amusement for All*, S. 11)). Aber sie fand ihren Weg vom Rande ins Zentrum der amerikanischen Gesellschaft. (Hier lassen sich also ähnliche Tendenzen feststellen, wie sie von Bederman beschrieben worden sind; Teile des Männlichkeitsideals der Arbeiterschicht haben sich bis in die Mittelschicht verbreitet.) Mehr und mehr sollte die Unterhaltung der Unterschicht – vor allem die Theater – auch der Mittelschicht (mit ihrer Kaufkraft) zugänglich gemacht werden, wozu es nach Ashby einer »Zähmung« der Unterhaltung bedurfte (s. S. 41ff.). Bis zum Ende des 19. Jahrhunderts entwickelte sich die Massenunterhaltung zu einem großen Geschäft; die Unterhaltungsindustrie entstand.

James Fenimore Coopers erste Lederstrumpf-Geschichten sind sozusagen Frühwerke der Populärkultur. Die Aufbereitung für die Massen ist hier noch nicht konsequent vorgenommen worden – z.B. war das Ideal des Aristokraten als Führungspersönlichkeit bei dem Autor noch vorhanden (jedoch nicht unbedingt bei der Leserschaft). Dieser Prä-Western eröffnet eine neue Welt; die Wildnis (oder später den Westen). Die Welten/Territorien in den Texten scheinen sozialen Feldern gleichzukommen; feldintern oder feldübergreifend können Figuren eine Art von dominanter Position einnehmen. Meuser und Scholz haben angedeutet (s. oben), dass wahrscheinlich mehrere hegemoniale Männlichkeiten in verschiedenen sozialen Feldern existieren. Dass die Felder in der Literatur- und Filmwelt (selbst bezogen auf vergleichbare Gebiete wie z.B. Wirtschaft) nicht die Komplexität annehmen, wie sie in der »Realität« vorherrscht, versteht sich von selbst. Auf den Begriff der hegemonialen Männlichkeit soll innerhalb des textlichen Bezuges verzichtet werden, außer er bezieht sich auf den Kontext des *mainstream*,[129] also auf die Mittelklassenmännlichkeit (der »Realität«). Die Einordnung der Figuren in dominante/untergeordnete Männlichkeiten erfolgt analog zu den Ideen und Praxen der Entstehungszeit der Werke. Die Vorstellung von Feldern in den Texten, die sich sicherlich (auch im Bourdieuschen Sinne) weiter ausarbeiten ließe, soll in den Analysen dieser Studie vor allem den Gedanken verstärken, dass innerhalb der Literatur- und Filmwelten des Westerns neben klassischen, thematischen Dichotomien wie z.B. Gut und Böse oder Wildnis und Zivilisation eben auch immer soziale Relationen und Diskurse, die herkunftssoziologisch und ideologisch gefärbt sind, aufgefunden werden können. Felder können auch erklären, warum im Western verschiedene Männlichkeiten erfolgreich sein können, wie oben erwähnt. Die Idee von Klassen (manchmal auch Kasten) soll parallel dazu bestehen bleiben.

Nicht nur der nachfolgend analysierte Text von Cooper weist eine Affinität zum aristokratischen Ideal auf – Wisters *The Virginian* (1902) liegen ebenfalls wieder elitäre Vorstellungen zugrunde. Bei den *dime novels* oder Zane Greys Roman hingegen ist eine deutlich populärere Konzipierung des Helden spürbar. Die Veränderungen der Versatzstücke der Heldenkomposition sowie die Konservierung als auch die Veränderung einiger Komponenten des Männlichkeitsideals (von *manliness* und *masculinity*) können in den in diesem Kapitel diskutierten literarischen Werken (von 1826-1912) beobachtet werden.

Die Entwicklung des Westernhelden wird hier also chronologisch verfolgt, aber es handelt sich dabei nicht unbedingt um eine »lineare« Veränderung. Vielmehr ist das Genre von verschiedenen Seiten benutzt worden, um unter anderem Männlichkeitsideale zu konstituieren und zu bestätigen, sie zu kritisieren oder – im Fall einer vermuteten Krise – einen Impuls, eine Art Aufruf an die (männliche) Leserschaft zu senden.

---

[129] Ich gehe davon aus, dass der *mainstream* keinem (bestimmten) Feld zugeordnet wird. Für die Mitglieder der verschiedenen Felder ist die Notwendigkeit, sich mit Anteilen des männlichen *mainstream*-Ideals zu verknüpfen, wahrscheinlich unterschiedlich stark ausgeprägt. Vgl. dazu die Männlichkeitsinszenierungen von Vladimir Putin oder George W. Bush (aus der politischen Kultur) und die von Johannes Paul II. oder Benedikt XVI. (aus der Kultur der (katholischen) Religion).

3.1 Prä-Western

3.1.1 James Fenimore Coopers Natty Bumppo

Die Entwicklung der amerikanischen Nation ist stets vom geschriebenen Wort begleitet worden. Die erste eigene literarische Gattung der Puritaner im 17. Jahrhundert waren die *Indian War Narratives*[130] und die *Captivity Narratives*[131]. Der Indianerkämpfer Benjamin Church, der der Elite Neuenglands angehörte, beschrieb sich nach Slotkin in seinen Erzählungen erstmals als Held und Jäger (Gott stand hier im Gegensatz zu den früheren Geschichten nicht mehr im Mittelpunkt) und betrachtete auch die Indianer mit anderen Augen. Er stellte sich über die Indianer und Puritaner und erhielt, mit seiner im Gegensatz zu den *captives* freiwillig unternommenen Reise, »an initiation into the kingship of the American wilderness« (*Regeneration Through Violence*, S. 174).

Der später entstandenen Figur des Daniel Boone[132] wird von Slotkin – und zwar hauptsächlich durch die Erzählungen von John Filson, der im Jahr 1784 die erste Boone-Biografie *The Discovery, Settlement and present State of Kentucke* verfasst hat – die Rolle des ersten wichtigen mythischen Helden der jungen Republik zugewiesen. Er begründete den Mythos der *frontier*:

---

[130] Slotkin schreibt, dass in diesen Geschichten im Wesentlichen keine Einzelhelden zu finden sind: »God, never man, is the hero, and the community is the central human subject« (*Regeneration Through Violence*, S. 92).

[131] Als Beispiel kann hier die 1682 veröffentlichte Erzählung – kurz *Captivity and Restoration* genannt – von Mary Rowlandson dienen. Rowlandson berichtet darin von ihrer selbst erlebten Entführung durch die Indianer und verarbeitet ihre Erlebnisse aus dem *King Philip's War*. Slotkin schreibt in *Regeneration Through Violence*, dass diese Geschichten als Mythos fungiert haben. Eine Figur (meist eine Frau), die für die gebeutelte puritanische Gesellschaft steht, wartet darin auf die Erlösung durch Gott und muss gegen Widrigkeiten bestehen (z.B. in der bedrohlichen Natur, gegen indianischen Kannibalismus oder sie muss der Versuchung einer Heirat mit einem Indianer widerstehen).

[132] Der historische Daniel Boone wurde 1734 in Pennsylvania geboren und begann 1769 mit der Erschließung des heutigen Kentucky. Dazu zog er über einen Pass in den Cumberland Mountains, der einige Jahre zuvor von Dr. Thomas Walker entdeckt worden war. Joe Hembus zitiert einen *folksong*, in dem diese Geschichte weitergegeben wird:
The first white man in Cumberland Gap
Was Doctor Walker, an English chap.
Daniel Boone on Pinnacle Rock,
He killed Indians with his old flintlock. (*Western Geschichte 1540-1894*, S. 32)

> But it was the figure of Daniel Boone, the solitary, Indian-like hunter of the deep woods, that became the most significant, most emotionally compelling myth-hero of the early republic ... The values, beliefs, and experience of life for which the captives and Indian-killers or -converters had spoken were concentrated in this new figure and in the narratives that define his ways of relating to the cosmos. (*Regeneration Through Violence*, S. 21)

Slotkin zufolge musste der amerikanische Held eine Verbindung zwischen der europäischen Vergangenheit und der »indianischen Gegenwart« darstellen. Boone blieb den Indianern dabei überlegen; er schoss besser mit der Waffe und hielt seine Lebensauffassung von *self-reliance* und *self-restraint* aufrecht (s. *Regeneration Through Violence*, S. 287). Verschiedene andere Schriftsteller nutzten die Figur des Boone.

Die heranwachsende Generation von Siedlern hatte zwar immer noch mit der Wildnis zu kämpfen, aber sie war selbstbewusster als die Puritaner; diese Siedler hatten nun Geschichten und Legenden, die ihnen Halt gaben (S. 412). Außerdem existierte jetzt auch ein Einzelheld (in der Literatur). Der Westernheld besaß u.a. Attribute und Fähigkeiten, die zuvor dem Indianer zugesprochen worden waren (z.B. Geschicklichkeiten in der *woodcraft*). Da die Indianer in Gebiete westlich der Appalachen zurückgedrängt worden waren, konnten sie auch auf eine gewisse Weise idealisiert werden (was ihnen aber nicht zu mehr Rechten verhalf).

Eine weitere Ausformung des Helden im »Western style« war Col. David Crockett (s. S. 414). Er wurde von den Whigs als Gegenpol zum Demokraten Jackson propagiert. Sein Leben wurde u.a. in einem von ihm selbst geschriebenen Buch dargestellt[133] und in den Erzählungen der *Southwestern Humorists*, die die Menschen der *Appalachian-* und *Trans-Appalachian Frontier* beschrieben, zugespitzt (S. 415).[134]

---

[133] Dort beschreibt er sich als raubeinigen Mann. Er tötet viele Tiere aus Lust. Auch Frauen sind nur Trophäen auf seinem Weg.

[134] Bereits ab 1835 wurde Davy Crockett (1786-1836) mit seinen Taten für die Massen aufbereitet, insbesondere über die *Crockett Almanacs*. Diese wurden im Laufe der Zeit immer drastischer illustriert und von neuen Erzählern zu *tall tales* aufgebauscht (s. dazu *The Tall Tales of Davy Crockett*). Die Figur Crockett stand nach Ashby im Gegensatz zur Figur des Aristokraten. Hine und Faragher sehen Crockett als Gegenentwurf zur viktorianischen (Mittelklassen-)Maskulinität, s. *The American West*, S. 477. Dieser Mann war in der Lage, viel Alkohol zu vertragen und zu kämpfen, wie Ashby es aus den *Almanacs* folgendermaßen beschreibt:
> He touted his ability to outdrink and outfight anyone. As a child, he supposedly consumed a pint of whiskey with his breakfast and a quart with his lunch. In one fight, he reportedly bit his opponent's big toe off. After another, he »picked up three

Der Schriftsteller Fenimore Cooper betrachtete diese anarchische Form des Westernhelden mit Missfallen (s. *Regeneration Through Violence*, S. 417). Cooper kreierte einen Helden, auf den sich alle späteren beziehen sollten – den an Boone angelehnten Natty Bumppo: »His vision of the mythic hero became a figure in the popular imagination, to which all subsequent versions of the hero had perforce to refer, whether in emulation or denigration.« (S. 468)

---

heads and half a dozen legs an [*sic*] arms, and carried 'em home to Mrs. Crockett to kindle fire with.« Once, just as he prepared to pop an adversary's eye out (»like taking up a gooseberry in a spoon«), the fight ended. (*With Amusement for All*, S. 16) Männlichkeit wird hier mit Gewalt und Härte assoziiert. Andererseits gab es im Hinterland der *frontier* nach Ashby tatsächlich eine Art von »no-holds-barred, rough-and-tumble kind of fighting«, die nicht in den Bereich eines Mythos fällt. Es war dort gang und gäbe, den Gegner zu beißen, seinem Gegenüber die Augen aus den Höhlen zu drücken oder ihm die Finger abzureißen. In der Stadt hingegen – in New York – gab es die »zahmere« Variante der Kämpfe in Form von »bare-knuckle boxing«. Diese Art des Boxens war aber immer noch gefährlich (S. 65).
Nach 1838 galten im Boxring dort aber zumeist die neuen Regeln des Londoner Preisboxens. Wir finden also bereits hier bei den *blood sports* oder in der Art der Kämpfe einen Unterschied zwischen der zivilisierten Welt (Osten der USA) und dem Wilden Westen (ebd.).
Davy Crockett ist das Beispiel eines historischen Mannes (der z.B. auch Volksvertreter im *House of Representatives* war) und für die Populärkultur verformten Westernhelden. Er kämpfte gegen die Creek-Indianer und fiel in der Schlacht um Alamo (1836). Dieses Ereignis wird auch in der »Ballad of Alamo« verarbeitet (geschrieben von Dimitri Tiomkin für den Film *Alamo* von 1960, s. ebd.):
> In the southern part of Texas
> In the town of San Antone
> Is a fortress all in ruins
> That the weeds have overgrown.
> You may look in vain for crosses
> And you never see a'one,
> But some time between the setting
> And the rising of the sun,
> You can hear a ghostly thunder
> As the men go marching by,
> You can hear the massive answer
> To the roll-call in the sky:
> Colonel Travis? - Here!
> Davy Crockett? - Here!
> And a hundredeighty more,
> Captain Dickinson - Here!
> Jim Bowie! - Here!
> Present and accounted for!

Lederstrumpfs Erfolgsgeschichte begann in den 1820er Jahren – in einer turbulenten Zeit für das amerikanische Volk. Im Norden verdrängte die Industrialisierung das Handwerk, die Schere zwischen Wohlhabenden und der Arbeiterklasse vergrößerte sich. James Fenimore Cooper, Sohn eines Großgrundbesitzers,[135] begann in dieser Zeit, Romane nach dem Vorbild der historischen *Waverley*-Bücher des Schotten Sir Walter Scott zu schreiben, mit denen es ihm gelang, verschiedene Seiten der zunehmend polarisierten politischen Kultur anzusprechen: »His success, moreover, defied party lines, appealing as fully to Whigs as to Democrats, confirming his genius at resolving ideals that would otherwise have seemed mutually exclusive«, so Mitchell (*Westerns*, S. 49).

Von Seiten der zeitgenössischen Kritik gab es gegensätzliche Urteile; manche waren der Ansicht, Cooper sei zu amerikanisch, von anderen ist ihm u.a. vorgeworfen worden, dass er zu europäisch, zu sehr »Easterner« und Aristokrat sei (s. *The Great American Adventure*, S. 23f.). Ein wichtiger Unterschied zu den *Waverley*-Romanen liegt in der »Gestaltung eines Nebenhelden aus niederem Stand, der die Haupthelden bald an Bedeutung übertreffen sollte«, wie Helmbrecht Breinig und Susanne Opfermann schreiben (»Historischer Roman und Gesellschaftsroman«, S. 78). Die zeitgenössische Konvention war eine andere: »according to the literary conventions of the day, heroes had to be men of genteel birth«, so Hine und Faragher (*The American West*, S. 475).

Lederstrumpf – Natty Bumppo – tritt mit Coopers Roman *The Pioneers* 1823 erstmals in Erscheinung. Natty ist darin selbstlos und Wegbereiter für die Aristokratie.[136] Der Autor von *The Pioneers* benutzt in seinem Buch Körperlichkeitsdarstellungen, um andere Charaktere von seiner bevorzugten »aristo-military caste«, wie Martin Green sie bezeichnet, abzugrenzen:

> Cooper draws marked physical distinctions between the people of this caste – who have the right shape and size – and members of the other castes, who are physically exaggerated or contorted in a caricatural way ... Thus Remarkable Pettibone, for example, has a »tall, meagre shapeless figure, sharp features, and a somewhat acute expression in her physiognomy« ... Elnathan Todd stands six feet four

---

[135] Der Vater von James Fenimore war Begründer der Stadt Cooperstown, New York.

[136] Martin Green schreibt, dass Cooper Bumppo als edlen Einzelgänger sieht. Wenn Natty das Land verlassen muss, um weiterzuziehen, kann der Aristokrat Amerikas (in *The Pioneers* Edwards) das Land von ihm übernehmen (s. *The Great American Adventure*, S. 34).

inches, with shoulders »so narrow that the long dangling arms that they supported seemed to issue out of his back« ... Mr Doolittle »belonged physically to a class of his countrymen, to whom nature has denied, in their formation, the use of curved lines« ... And Cooper denies them full human sympathy; he has Natty shoot Doolittle in the behind for our amusement. (*The Great American Adventure*, S. 31)

Green deutet an, dass Natty ursprünglich gar nicht als Held geplant war, da er am Anfang des Buches (*The Pioneers*) körperlich ähnlich unattraktiv (»schief«) wie die Charaktere der »unteren Kasten« beschrieben wird.[137] Slotkin spricht in diesem Zusammenhang ebenfalls von Kasten; die höchste Kaste sei »the military aristocrat« (*The Fatal Environment*, S. 102). Der Begriff Kaste verweist auf soziale Immobilität, die Cooper mit seinen Romanen wiederbelebt. In *The Last of the Mohicans* (1826) haben wir es mit Männlichkeiten aus unterschiedlichen Bereichen zu tun. Dem militärischen (aus den Südstaaten stammenden) Aristokraten Heyward ist es gestattet, zu heiraten. Für den 1789 geborenen Cooper wird das militärische Ideal einen hohen Stellenwert besessen haben. Die »reinweißen« Charaktere in der Erzählung dürfen sich fortpflanzen, womit deutlich wird, dass Rasse ein zentrales Thema von Coopers Büchern ist. Die Rezipienten jedoch hatten ein größeres Interesse an den Nebenfiguren – Hine und Faragher schreiben:

> Most readers have little interest in the leading characters of *The Last of the Mohicans* ... It is the supporting cast that fascinates: strong and resourceful Cora, condemned by her heritage of mixed blood; noble Indian warrior Uncas, instinctively understanding Cora's worth and loving her for it; brave and honest Hawkeye, nature's aristocrat. (*The American West*, S. 475f.)

Nattys Abenteuer inspirierten und prägten nach Green die heranwachsenden Generationen von Jungen, die ihrem Idol nacheiferten:

> Natty Bumppo was immensely popular. For a century and a half, according to the testimony of many autobiographies, American boys spent their formative years

---

[137] Green schreibt:
It seems likely that the reader was originally intended to identify more completely with Judge Temple; for in the early passages Natty is presented in caricatural terms that align him with the other low-caste characters. After his first speech, he »drew his bare hand across the bottom of his nose, and again opened his enormous mouth with a kind of inward laugh« ... He is tall and thin to the point of emaciation, with a single tooth (tusk), and makes a thick hissing noise when he laughs. When he walks, at every step, »his body lowered several inches, his knees yielding with an inclination inward« ... (S. 33)

imagining themselves as his disciples and followers, stealing through the forest, skimming down the streams, shooting across the lakes, tracking hostile Indians, protecting white maidens, bringing down eagles and deer with a single shot, pledging deathless love to one redskin comrade. The boys who became America's politicians, businessmen, and soldiers – but also those who became her historians, preachers, writers – prepared themselves for manhood in Cooper's gymnasium of the heart. (*The Great American Adventure*, S. 23)

Diese neuen Generationen waren offenbar nicht mehr so fasziniert vom militärischen Ideal einer Elite wie Cooper es gewesen war. Natty Bumppo ist ein natürlicher Aristokrat im Sinne Jeffersons (durch »virtue and talents«).

3.1.2. The Last of the Mohicans (1826)

In dem populärsten Band der Lederstrumpf-Geschichten, *The Last of the Mohicans* von 1826, spielt die Handlung im Jahre 1757, d.h. während des *French and Indian War*. Figuren, die in diesem Roman auftreten, sind Angehörige der britischen und französischen Armee, die Töchter des britischen Colonel Munro, Alice und Cora, der junge Offizier Duncan Heyward, Indianer und der Waldläufer Natty Bumppo. Alice und Cora sollen von Heyward und dem hinterlistigen Huronen Magua zu ihrem Vater, der sich in Fort William Henry aufhält, gebracht werden. Natty und seine Indianerfreunde werden zu der Gruppe stoßen. In einem der ersten Kapitel werden Natty Bumppo und sein Adoptivvater Chingachgook, der edle Wilde, beschrieben. Sie schlendern gemeinsam durch den Wald. Über Natty heißt es:

The frame of the white man, judging by such parts as were not concealed by his clothes, was like that of one who had known hardships and exertion from his earliest youth. His person, though muscular, was rather attenuated than full, but every nerve and muscle appeared strung and indurated by unremitted exposure and toil ... The eye of the hunter or scout, whichever he might be, was small, quick, keen, and restless, roving while he spoke, on every side of him, as if in quest of game, or distrusting the sudden approach of some lurking enemy. Notwithstanding these symptoms of habitual suspicion, his countenance was not only without guile, but at the moment at which he is introduced, it was charged with an expression of sturdy honesty. (*The Last of the Mohicans*, S. 33f.)

Ein Mann, der so naturverbunden lebt, muss zäh sein. Natty Bumppos Körper wird hier als drahtig und schlank beschrieben, so wie es eher dem Körperideal (der Elite) zu Coopers Zeit, am Anfang des 19. Jahrhunderts, entspricht. Im Roman *The Last of the Mohicans* wird die Körpergröße Nattys nicht erwähnt. Allerdings ist in *The Pioneers* zu finden, dass Natty zumindest ca. 1,80 m groß ist: »He was tall, and so meager as to make him seem above even the six feet that he actually stood in his stockings« (S. 22). Von der von Green erwähnten körperlichen Verzerrung Nattys (vgl. *The Pioneers*) ist in *The Last of the Mohicans* nichts mehr zu finden, was aber (auch) daran liegen kann, dass die Bücher als Serie nicht chronologisch konzipiert sind und Natty nun jünger ist.

Die Art der »schiefen« Darstellung wird in *The Last of the Mohicans* bei der Beschreibung des singenden Calvinisten David Gamut eingesetzt (s. S. 18). Der unbeholfene Gamut, der sich der Gruppe um Heyward anschließt, »kämpft« geradezu mit seinem Körper (und mit seinem Pferd) – man vergleiche im Gegensatz dazu die pantherartigen Bewegungen der späteren Westernhelden:

> the person of the ungainly man, ..., came into view, with as much rapidity as he could excite his meager beast to endure without coming to an open rupture. ... If he possessed the power to arrest any wandering eye when exhibiting the glories of his altitude on foot, his equestrian graces were still more likely to attract attention. Notwithstanding a constant application of his one armed heel to the flanks, the most confirmed gait that he could establish was a Canterbury gallop with the hind legs, in which those more forward assisted for doubtful moments, though generally content to maintain a loping trot. ... The industry and movements of the rider were not less remarkable than those of the ridden. (S. 25)

Gamut ist groß (»tall«, ebd.). Überdurchschnittliche Körpergröße schien für Cooper also nicht unbedingt ein Kriterium für einen Helden zu sein. Die Figur Gamut, seine religiösen Vorstellungen und sein Wesen werden von Cooper als lächerlich und unpassend für die Wildnis – oder das neue Amerika – dargestellt. Gamut ist körperlich so untüchtig,[138] dass »sogar« (so möchte der Text suggerieren) die Frauen Alice und Cora Munro fitter sind als er. Ein wenig später erklärt Lederstrumpf, dass es nicht von Gott gewollt sein könne, dass ein Mann eine Fähigkeit (das Singen) stark entwickele (was dazu wahrscheinlich von einer Frau gefördert worden sei), während alle anderen Fähigkeiten (die einen Mann ausmachen) verkümmerten (s. *The Last of the Mohicans*, S. 265). Gamut wird in die Nähe von Weiblichkeit gerückt. Der Calvinist verkörpert eine Form der untergeordneten Männlichkeit.

---

[138] Dies signalisieren beispielsweise seine Fußstapfen, die von Hawkeye und einer Gruppe von Verfolgern gefunden und gelesen werden. Natty sagt:
> Now, the singer was beginning to be foot-sore and leg-weary, as is plain by his trail. There, you see, he slipped; here he has traveled wide, and tottered; and here, again, it looks though he journeyed on snowshoes. Aye, aye, a man who uses his throat altogether, can hardly give his legs a proper training. (*The Last of the Mohicans*, S. 258)

Obwohl Bumppo im obigen Zitat als ehrlich beschrieben wird, sind seine Augen unruhig. Es fehlen die Kühle und die Attraktivität, die den späteren Westernhelden zu eigen sind.

Duncan Heyward scheint immerhin eine schöne Stirn zu besitzen. Der (zu diesem Zeitpunkt auktoriale[139]) Erzähler beschreibt sie folgendermaßen: »the handsome, open, and manly brow of Heyward« (S. 26). Womöglich spielt der Erzähler hier auf die (inzwischen widerlegte) Idee an, dass eine starke Stirn ein Zeichen von Intelligenz sei (man beachte auch den später verwendeten Begriff *highbrow* für einen Intellektuellen).

Heyward wird also nicht zum Objekt des weiblichen Blicks (z.B. durch Cora oder Alice). Bei einer anderen Figur des Romans hat Cooper jedoch einen beeindruckenden Körper (allerdings vor allem mit einem detailliert beschriebenen Kopf/Gesicht) und Kleidung eingesetzt; bei dem jungen Indianer Uncas. Hier finden sich auch der bewundernde Blick einer Frau (womit die Geschichte ebenfalls eine Angst der Weißen vor der Virilität der Indianer implizieren könnte) und der bewundernde Blick eines Mannes:

> At a little distance in advance stood Uncas, his whole person thrown powerfully into view. The travelers anxiously regarded the upright, flexible figure of the young Mohican, graceful and unrestrained in the attitudes and movements of nature. Though his person was more than usually screened by a green and fringed hunting shirt, like that of the white man, there was no concealment to his dark, glancing, fearless eye, alike terrible and calm; the bold outline of his high, haughty features, pure in their native red; or to the dignified elevation of his receding forehead, together with the finest proportions of a noble head, bared to the generous scalping tuft. ... The ingenuous Alice gazed at his free air and proud carriage as she would have looked upon some precious relic of the Grecian chisel, to which life had been imparted by the intervention of a miracle; while Heyward, though accustomed to see the perfection of form which abounds among the uncorrupted natives, openly expressed his admiration at such an unblemished specimen of the noblest proportions of man. (*The Last of the Mohicans*, S. 61)

Dieses Betrachten des Körpers wird (wieder) über den auktorialen Erzähler vermittelt. Es wird weder Coras noch Heywards Perspektive eingenommen. Cooper benutzt die Ebenmäßigkeit und Schönheit des Körpers (und seiner Proportionen), um die moralische Integrität der Figur darzustellen. Im Falle

---

[139] Der auktoriale Erzähler gibt sich zuvor z.B. durch folgende Äußerung zu erkennen: »It has already been mentioned that ...« (S. 15). Der Erzähler wendet sich also an den Leser, macht den Erzählvorgang kenntlich (anders als beim neutralen Erzählen). Der personale Erzähler wird erst ab Mitte des 19. Jahrhunderts bzw. in der Moderne eingesetzt.

von Uncas gehört dies zur Darstellung des »edlen Wilden«. Hier deutet sich an, dass Cooper körperliche Attraktivität nicht als Teil der zivilisierten Männlichkeit begriffen hat.

In *The Last of the Mohicans* wird Wert auf die Beschreibung von Nattys Kleidung und Zubehör gelegt, die Ausdruck eines Kombinierens/Balancierens von/zwischen Wildnis und Zivilisation ist, wobei Cooper die Zivilisation letztendlich als überlegen darstellt:

> He wore a hunting shirt of forest green, fringed with faded yellow, and a summer cap of skins which had been shorn of their fur. He also bore a knife in a girdle of wampum, like that which confined the scanty garments of the Indian, but no tomahawk. His moccasins were ornamented after the gay fashion of the natives, while the only part of his underdress which appeared below the hunting frock was a pair of buckskin leggings that laced the sides, and which were gartered above the knees with the sinews of a deer. A pouch and horn completed his personal accouterments, though a rifle of great length, which the theory of the more ingenious whites had taught them was the most dangerous of all firearms, leaned against a neighboring sapling. (S. 33)

John G. Cawelti zieht bei der Beschreibung von Lederstrumpfs Kleidung (der Charakter ist, wie Cawelti betont, sogar nach dieser benannt worden) Vergleiche zu der späteren Kleidung der Cowboys in den Western:

> it is important to note that Leatherstock's (*sic*) costume is not that of the Indians, but rather a more utilitarian wilderness version of the settler's dress. Thus, costume exemplified the mediating role of the hero between civilization and savagery. Later the formula cowboy's costume developed along the same lines. In its basic outlines it resembled town dress more than that of the Indian, yet it was more functional for movement across the plains than that of the townspeople. (*The Six-Gun Mystique*, S. 73)

Lederstrumpf besitzt neben anderen Ausrüstungsgegenständen ein Gewehr, das (durch die Anmerkungen des Erzählers) als Jagdgewehr gekennzeichnet und später »Kill-deer« genannt wird. Als Bumppo sich mit Chingachgook über die eigenen Vorfahren und den Gebrauch von Waffen (Pfeil und Bogen der Indianer, die Feuerwaffen der Weißen) unterhält, sagt der Weiße: »For myself, I conclude all the Bumppos could shoot, for I have a natural turn with a rifle, which must have been handed down from generation to generation« (*The Last of the Mohicans*, S. 35). Hier zeigt sich die Idee der Vererbung von erworbenen Eigenschaften, die auf Lamarck zurückgeht (die Evolutionstheorie Darwins gab es 1826 noch nicht).

Lederstrumpf wird im gesamten Buch als guter Schütze präsentiert, als jemand, der ohne zu zielen treffen kann, als ein »marksman fit for the borders« (S. 353f.). Die Figur Natty besitzt damit Eigenschaften, die auch die späteren Westernhelden als solche kennzeichnen (vgl. auch das Schießen aus der Hüfte in späteren Westernfilmen).

In *The Last of the Mohicans* wird Männlichkeit – wie es von Rotundo für das 19. Jahrhundert herausgestellt worden ist – noch stark mit Vernunft in Zusammenhang gebracht. Zu Beginn des Buches verweist der Erzähler darauf, dass die Auseinandersetzungen zwischen den Franzosen und Engländern und Kolonisten dazu führten, dass die Bewohner New Yorks (nicht aber die männlichen Hauptfiguren des Romans) in Angst und Schrecken versetzt werden: »In short, the magnifying influence of fear began to set at naught the calculations of reason, and to render those who should have remembered their manhood, the slaves of the basest of passions« (S. 14).

Den im Text vorkommenden Indianerstämmen (Mohikanern, Huronen und Delawaren) werden (nachfolgend von Lederstrumpf) unterschiedliche Eigenschaften zugewiesen. Die bösen Huronen können so als Folie für die guten Indianer und die weißen Hauptfiguren dienen. Besonders der Hurone Magua wird von Lederstrumpf misstrauisch beäugt. Magua handelt später arglistig – auch als er gegen Ende des Buches erst droht, Cora zu töten und dann Uncas sein Messer in den Rücken bohrt (s. S. 399). Dies steht dem späteren Ehrenkodex im Western entgegen – dort schießen nur Feiglinge in den Rücken.[140]

Die Delawaren bzw. Mohikaner sind hingegen nach Lederstrumpfs Ansicht von den Macquas (Huronen, Mingos) in eine missliche Lage versetzt worden, obwohl sie ehrliche und »wahre« Krieger seien. Lederstrumpf sagt:

> »And I tell you that he who is born a Mingo will die a Mingo,« ... »A Mohawk! No, give me a Delaware or a Mohican for honesty; and when they will fight, which they won't all do, having suffered their cunning enemies, the Macquas, to make them women – but when they will fight at all, look at the Delaware, or a mohican, for a warrior!« (S. 43)

---

[140] Dass Huronen insgesamt im Kampf nicht so mutig sind, zeigt sich z.B. im 31. Kapitel, als Cora Magua überlassen worden ist. Uncas und die Delawaren folgen ihnen, die Huronen, die Magua schützen, weichen: »most of the Hurons retired of themselves when they found they had been discovered« (S. 381). Diese Aussage impliziert weiterhin, dass sie sich vorher (wie Feiglinge) versteckt haben.

Die Delawaren und Mohikaner sind also von ihren unehrenhaften Feinden degradiert worden. Es lässt sich vermuten, dass die vom Autor an manchen Stellen verwendeten (abwertenden) Formulierungen (»Männer sind Frauen«[141]) in seinem Zeitalter (dem 19. Jahrhundert) verwurzelt sind. Es wird an dieser Stelle also z.B. nicht ein Mann als »weich« beschrieben (denn das harte Männlichkeitsideal passt eher zur Arbeiterklasse), sondern er wird als das »gegenteilige« Geschlecht bezeichnet, als Frau. Hier werden mit dem Geschlechterverhältnis Machtverhältnisse symbolisiert.

Auch kann ein Mann zur Frau gemacht werden, wenn er solche Taten nicht vollbringen kann, die männlich konnotiert sind. Als Magua sich (absichtlich) im Wald verlaufen hat und Natty nun die Führung übernimmt, will Magua sich verabschieden. Heyward, der damit nicht einverstanden ist, sagt zu ihm: »But what will the Mohawks say? They will make him petticoats, and bid him to stay in the wigwam with the women for he is no longer to be trusted with the business of a man« (S. 48). Mit »petticoat« wird dem Indianer ein sexuiertes Kleidungsstück der Zivilisation zugeordnet.

Redseligkeit wird in Coopers Roman den Frauen zugeschrieben (obwohl die weißen Männer wie Heyward und Hawkeye gerne lange Reden von sich geben). Heyward sagt zu Magua: »We have a few moments to spare; let us not waste them in talk like wrangling women« (S. 48).[142] Auch wenn Männer sich laut verhalten, obschon sie besser leise sein sollten, um vom Gegner nicht gehört zu werden, heißt es, dass sie sich wie Frauen benehmen würden:

> »The knaves know our weakness,« whispered Hawkeye, who stood by the side of Heyward, in deep shade, looking through an opening in the logs, »or they wouldn't indulge their idleness in such a squaw's march. Listen to the reptiles! Each man among them seems to have two tongues, but a single leg.« (S. 154)

---

[141] Wenn ein Mann zur Frau gemacht wird, kann dies als Trope gesehen werden. Genauer handelt es sich dabei um eine Metonymie, der Mann wird mit weiblichen Attributen versehen.

[142] Der (feindselige) Indianer Magua benutzt noch eine andere Metapher, um Unmännlichkeit zu insinuieren: »The palefaces make themselves dogs to their women,« muttered the Indian, in his native language, »and when they want to eat, their warriors must lay aside the tomahawk to feed their laziness.« (S. 48)
Auch in einem späteren Westernroman (*Riders of the Purple Sage* (1912)) wird an einer Stelle die Befürchtung kundgetan, der Held Lassiter würde der weiblichen Hauptfigur wie ein Hund folgen, s. unten.

Eine Äußerung von Magua zielt in eine ähnliche Richtung; durch ihre Sprache wären die weißen Männer wie Frauen, die Indianer hingegen kämen mit weniger Worten aus: »›Yes,‹ muttered the Indian in his native tongue, ›the palefaces are prattling women! They have two words for each thing, while a redskin will make the sound of his voice speak for him‹« (S. 107). In *The Last of the Mohicans* ist Beredsamkeit noch nicht unbedingt ein Zeichen von fehlender Männlichkeit (außer für den feindseligen Indianer). Natty ist rhetorisch sehr bewandert, ja sogar poetisch veranlagt (s. *The Great American Adventure*, S. 34). Er redet viel. Diesen Widerspruch, dass Gesprächigkeit einen Mann ein Mal zu demontieren vermag und ein anderes Mal nicht, löst die Erzählung nicht auf.

Wenn ein Mann als männlich (an)erkannt werden soll, muss er sich in Coopers Roman angemessen verhalten. In *The Last of the Mohicans* wird das Männlichkeitsideal vor allem durch Selbstkontrolle bestimmt. Zurückhaltung soll einem männlichen erwachsenen Individuum – im Gegensatz zu Frauen und zu Kindern – möglich sein. Der junge Uncas erscheint erstmalig, als er sich zu Chingachgook und Hawkeye gesellt. Im Text heißt es:

> No exclamation of surprise escaped the father, nor was any question asked, or reply given, for several minutes; each appearing to await the moment when he might speak, without betraying womanish curiosity or childish impatience. (S. 38)

Im 19. Jahrhundert war es Praxis, fehlende Selbstkontrolle als ein typisches Verhalten von Frauen und/oder Jungen zu deklarieren, wie Rotundo schreibt (s. *American Manhood*, S. 20).

Rache wird von Natty als ein Gefühl beschrieben, von dem die Indianer befallen seien und nicht der weiße Mann. Der böse Magua verfolgt mit der Entführung von Alice und Cora ein Ziel: Er will sich an Munro rächen. Als Bumppo und die Indianer jedoch zum Schlachtfeld bei Fort William Henry gelangen, bekommt Natty ebenfalls Rachegefühle, die sich gegen den Kommandeur der französischen Armee, Montcalm, richten.[143] Natty muss daher versichern, dass in ihm kein indianisches Blut fließt:

---

[143] Ich habe mich entschieden, in dieser Arbeit zwischen Rache und Vergeltung zu unterscheiden, da im Englischen »revenge«, »retaliation« und »vengeance« häufig synonym verwendet werden. Der Duden erklärt »Rache« folgendermaßen: »persönliche, oft von Emotionen geleitete Vergeltung einer als böse, besonders als persönlich erlittenes Unrecht empfundenen Tat« (Quelle: http://www.duden.de/rechtschreibung/Rache, letzter Zugriff: 21.03.12). Rache ist dieser Definition nach eher leidenschaftlich (und somit weniger mit Zurückhaltung) konnotiert.

>Revenge is an Indian feeling, and all who know me know that there is no cross in my veins; but this much will I say – here, in the face of heaven, and with the power of the Lord so manifest in this howling wilderness – that should these Frenchers ever trust themselves again within the range of a ragged bullet, there is one rifle shall play its part, so long as the flint will fire or powder burn! ... «

A gleam of resentment flashed across the dark lineaments of the Mohican chief: he loosened his knife in his sheath; and then turning calmly from the sight, his countenance settled into a repose as deep as if he never knew the instigation of passion.

>Montcalm! Montcalm!« continued the deeply resentful and less self-restrained scout. (*The Last of the Mohicans*, S. 216)

In ähnlicher Weise werden wieder Emotionen bei Natty hervorgerufen, als er im 29. Kapitel gegen Heyward zu einem Schießwettbewerb antreten soll. Natty kann aber seine Empfindungen besiegen und äußert, dass ihm dieses nur aufgrund seiner Hautfarbe möglich sei (s. S. 352). Die weiße Hegemonie wird in *The Last of the Mohicans* des Weiteren durch das tragische Schicksal von Cora, Uncas und Magua, die sich einer Rassenmischung annähern, aufrechterhalten.

Lederstrumpf ist ein Mann, der sich insgesamt »ritterlich« verhält (er ist an der Rettung der »weißen« Frauen beteiligt). Diese Verbindung zum mittelalterlichen Ritter, die ein Kennzeichen der späteren Westernhelden ist, wird aber in Bezug auf Natty Bumppo nicht explizit erwähnt. Es ist Duncan, der u.a. wegen seiner Verbindung zur (Südstaaten-)Aristokratie als Ritter bezeichnet wird.[144] Dies ist ein erneuter Hinweis darauf, dass Cooper eigentlich

---

[144] Duncan Heyward wird nach der Ankunft in Fort William Henry von Alice als Ritter bezeichnet, allerdings als ein abtrünniger (wobei sie ihre Vorwürfe nicht allzu ernst meint):

>Ah! Thou truant! You recreant knight! He who abandons his damsels in the very lists!« she cried. »Here have we been days, nay, ages, expecting you at your feet, imploring mercy and forgetfulness of your craven backsliding, or, I should rather say, back-running – for verily you fled in a manner that no stricken deer, as our worthy friend the scout would say, could equal!« (S. 175)

Etwas später wird Ritterlichkeit erneut mit Heyward in Verbindung gebracht, wegen seiner ursprünglich schottischen Herkunft. Munro sagt:

>Your mother was the only child of my bosom friend, Duncan; and I'll just give you a hearing, though all the knights of St. Louis were in a body at the sally port, with the French saint at their head, craving to speak a word under favor. A pretty degree of knighthood, sir, is that which can be bought with sugar hogsheads! And then your twopenny marquisates! The thistle is the order for dignity and antiquity; the veritable ›nemo me impune lacessit‹ of chivalry! Ye had ancestors in that degree, Duncan, and they were an ornament to the nobles of Scotland.« (S. 185)

seine aristokratischen Figuren in den Vordergrund stellen wollte (was ihm seine Leserschaft der *Jacksonian Era*, die den *common man* und die *equality* feierte, übelnahm). Duncan, der Südstaatler mit schottischen Wurzeln, heiratet später Alice. Beide gehören zur Zivilisation. Offenbar hat Cooper Heirat/Fortpflanzung als erstrebenswert angesehen. Der Sexualpartner selbst kann als eine Form von Ressource angesehen werden.[145]

Für Natty ist die Beziehung zu einer Frau nicht so wichtig. Die Unverzichtbarkeit von Männerfreundschaften jedoch – auch jenseits der »Rasse-Grenzen« (hier zu Uncas und Sagamore (das ist Chingachgook)) – macht Natty in folgendem Zitat deutlich:

> »I have heard ... that there is a feeling in youth which binds man to woman closer than the father is tied to son. It may be so. I have seldom been where women of my color dwell; but such may be the gifts of natur' in the settlements. ... As for me, I taught the lad the real character of a rifle; and well has he paid me for it. I have fought at his side in many a bloody scrimmage; and so long as I could hear the crack of his piece in one ear, and that of the Sagamore in the other, I knew no enemy was on my back. Winters and summers, nights and days, have we roved the wilderness in company, eating of the same dish, one sleeping while the other watched ... « (S. 315)

Diese Charakterisierung des Verhältnisses Natty/Chingachgook steht mit der oben erwähnten Feststellung, dass es zu Beginn des 19. Jahrhunderts für Männer noch völlig normal war, enge und liebevolle Bündnisse einzugehen, in Einklang.

Die zentrale Bedeutung der Männerfreundschaft zeigt sich auch am Schluss, als Natty und Chingachgook um Uncas trauern. Hier berühren sich die beiden Männer[146] und weinen gemeinsam:

> Chingachgook grasped the hand that, in the warmth of feeling, the scout had stretched across the fresh earth, and in that attitude of friendship these two sturdy and intrepid woodsmen bowed their heads together, while scalding tears fell to their feet, watering the grave of Uncas like drops of rain. (S. 414)

---

[145] Heute geht damit die Idee von (darwinscher) Fitness einher. Sie ist nach Jochen Graw »ein Maß für den relativen Fortpflanzungserfolg eines bestimmten Genotyps in einer bestimmten Umwelt« (*Genetik*, S. 512).

[146] Physische Intimität gehörte zur Männerfreundschaft im viktorianischen Amerika dazu, wie in *American Masculinities* zu lesen ist. Dort wird beispielsweise auch ein Foto (von ca. 1870) abgebildet, auf dem ein Mann bei einem anderen auf dem Schoß sitzt, s. S. 279.

Zu Coopers Zeit waren diese »männlichen Tränen« nicht ungewöhnlich.[147] In der Filmadaption von *The Last of the Mohicans* (1992) von Michael Mann hingegen weinen »Nathaniel« und Chingachgook nicht, als sie an Uncas' »Grab« stehen (s. Abb. 9). Dies ist ein Zeichen dafür, dass die Charaktere in der filmischen Umsetzung für den Zuschauer dieser Zeit als zu weich emp-funden worden wären, wenn sie sich so viel Gefühl zeigen würden. Die Männlichkeitsentwürfe sind an das härtere Männlichkeitsideal des 20. Jahr-hunderts angepasst worden. Auch sind dort Nattys optische »Qualitäten« andere. Die Hauptfigur Nathaniel wird von Daniel Day-Lewis dargestellt, der nicht nur z.T. in Wildleder gekleidet, sondern auch mit nacktem Ober-körper gezeigt wird. Dieser »Natty« strahlt sexuelle Potenz aus; er hegt Ge-fühle für Cora und schläft mit ihr. Cora fungiert somit für ihn als *love interest*, die typische Funktion eines weiblichen Charakters im Hollywoodfilm. Benshoff und Griffin schreiben: »Hollywood narrative ... usually pairs the

---

[147] Thomas Dixon stellt heraus, dass Tränen in der Literatur im 18. Jahrhundert weitläufig als »signs of sympathy and sensibility« galten (s. »The Tears of Mr Justice Willes«, S. 5. Ich danke Thomas Dixon für die Einsicht in seinen noch unveröffentlichten Artikel, der im *Journal of Victorian Culture* erscheinen wird). Auch Tom Lutz weist auf literari-sche Beispiele männlicher Empfindsamkeit in dieser Zeit hin, z.B. auf Goethes *Die Lei-den des jungen Werther* oder Henry Mackenzies *The Man of Feeling*. Im 19. Jahrhundert nahm die Romantik Tränen wieder in ihre Darstellungen auf, auch als Bestandteil ei-nes religiösen Rituals und als Zeichen des Glaubens (s. *Crying*, S. 52). In Heldenge-schichten (von den Griechen bis ins Mittelalter) haben Männer oftmals geweint. Aber ab einer gewissen Zeit wurde dies nicht mehr gern gesehen. Nach Dixon war das ab der Mitte des 19. Jahrhunderts der Fall. Auch bei Lutz findet dieser Trend zur gleichen Zeit Einzug, er erwähnt ein Beispiel aus dem »realen Leben«, das von Rotundo stammt: Ein amerikanischer Geschäftsmann schrieb 1852 jeweils einen Brief an seine Mutter und an seinen Vater: »In his letter to his mother, he represented himself as a traditional gentleman; in that to his father, as a modern businessman. And while the gentleman might still weep, the new businessman did not« (*Crying*, S. 181). Später wa-ren männliche Tränen noch stärker verpönt. Lutz stellt fest:

> The prohibition against male tears, in fact, only takes center stage in the middle of the twentieth century, and even then it was not fully observed, as we can see in the weeping of film stars and crooners. ... heroic tears have continued to be shed ... One notable example is the scene of heroic weeping at the end of *First Blood*, in which Sylvester Stallone sheds tears of grief at his lost comrade-in-arms and in anguish at his own dubious place in history. Rambo was an ambiguous hero, of course, not the tough John Wayne type (who would get a little glassy-eyed on occasion, and some-times wipe away a tear before it fell) or the neotough Clint Eastwood. (*Crying*, S. 64)

In den USA haben in der heutigen Zeit auch Politiker öffentlich geweint (z.B. Bill Clin-ton, George Bush, Barack Obama), »also, of course, the sporting arena is a well-known context for male weeping«, wie Thomas Dixon schreibt (E-Mail an die Verfasserin vom 09.06.11).

protagonist with a love interest, who either accompanies the main character in reaching the goal, or functions *as* the protagonist's goal« (*America on Film*, S. 24f.). Die Hauptfigur im Hollywoodfilm ist zumeist männlich.

Abb. 9 Keine »männlichen Tränen« an Uncas' »Grab«: Chingachgook, Nathaniel (Daniel Day-Lewis) und *love interest* Cora in *The Last of the Mohicans* (1992). Die weibliche Figur erscheint weniger wichtig, sie steht abseits, die beiden Männer sind sich nah. Der Unterschied zur Romanvorlage jedoch ist frappierend: Dort hat Natty keine Herzensdame, und in der entsprechenden Szene ist gar keine Frau anwesend.

Ein so inniges Verhältnis (Berührungen und gemeinsames Weinen) zwischen zwei männlichen Individuen, wie es hier im Roman *The Last of the Mohicans* aufgezeigt worden ist, ist in den nachfolgenden – in dieser Arbeit diskutierten – Western nicht mehr zu finden, was als Zeitphänomen gedeutet werden kann.

Zum Verhältnis Natty/Chingachgook muss gesagt werden, dass es sich nicht um eine gleichwertige Freundschaft handelt. Chingachgook nimmt nicht mehr als einen *sidekick*-Status ein. Die beiden wichtigen Männer – die erstrebenswerten Männlichkeiten – im Buch, die von Natty und Heyward verkörpert werden, sind (rein)weiß.

Männliche Figuren werden in Coopers Roman ihrerseits zu den Frauen abgegrenzt. Unmännliche/feminisierte Männer können als Hintergrund für die Hauptfiguren dienen: Sie werden zu Frauen gemacht, stehen unter dem Einfluss einer Frau (wie mutmaßlich der singende David Gamut), benehmen sich wie Jungen (Kinder) oder Hunde, sie sind unvernünftig, neugierig, laut, d.h. also sie werden mit Leidenschaften/Benehmen ausgestattet, die/das sie nicht kontrollieren können. Erstrebenswerte Männlichkeit fordert ein ehrenhaftes Verhalten.[148] Männer im Sinne des Ideals können kämpfen (körperliches Geschick aufweisen) und besitzen eine Schläue, mit der der (böse indianische) Gegner (aber auch David Gamut) an der Nase herum geführt werden kann.[149] Duncan Heyward besitzt militärische und vornehme Anteile. Dadurch, dass er die Herzensdame erhält, ist er den anderen Männern auf gewisse Weise überlegen.[150] Aber er ist in der Wildnis auf Natty Bumppo (und »Kill-deer«) und sein Wissen sowie auf dessen befreundete Indianer angewiesen. Der natürliche Aristokrat oder »the American Adam«[151] erscheint mit der Populärkultur. Der Westen eröffnet ein neues soziales Feld, in dem (weiße) amerikanische Männer zu Dominanz gelangen können.

---

[148] Dabei sind auch Notlügen erlaubt, wenn sie einem höheren Ziel dienen. Als Natty und Heyward die verschleppte Alice aus der Höhle heraustragen wollen, in der sie gefangen gehalten worden ist, geben sie vor, sich um eine kranke Indianerin kümmern zu wollen. Natty sagt zu Heyward: »Practyse all your cunning, for it is a lawful undertaking« (S. 312).

[149] Rednerisches Geschick und Schläue können (beim Gegenspieler) aber auch negativ bewertet werden, wie z.B. im Falle der Schmeicheleien, die Magua einsetzt, um den Delawaren Informationen über Hawkeye und seine Freunde zu entlocken.

[150] Es gilt also nicht nur für den Hollywoodfilm, dass eine Hauptfigur für eine Angebetete kämpft und/oder die Frau als Belohnung bekommt. Die Existenz einer Herzensdame verweist in der Regel auf den Plot einer Liebesgeschichte. Nach Hißnauer und Klein werden Filme inhaltlich speziell auf das Geschlecht der Rezipienten ausgerichtet:

Vor allem Filme, die ein möglichst großes Publikum erreichen sollen, werden bewusst so angelegt, dass möglichst viele Gruppen sich in ihnen wieder-entdecken können. So entstehen Filme wie TITANIC (USA 1998, James Cameron), der vom (imaginierten) männlichen Publikum eher als Action-/Katastrophenfilm, von (imaginierten) weiblichen Rezipienten hingegen eher als Drama/Liebesfilm rezipiert werden kann. (»Visualität des Männlichen«, S. 38)

Titanic ist inzwischen von *Avatar* (2009) als erfolgreichster Film aller Zeiten abgelöst worden. *Avatar* (auch von James Cameron) entspricht ebenfalls diesem Muster. Es ist davon auszugehen, dass – zumindest aus Sicht der Produzenten – Westernfilme ebenfalls bei einem männlichen und weiblichen Publikum Anklang finden, wenn sie Actionanteile und die einer Romanze verarbeiten (allerdings verweisen die Äußerungen z.B. Brauerhochs oder Grubers darauf, dass Western auch aus anderen Gründen für Frauen interessant sein können).

Auch die in dieser Studie diskutieren Westernromane enthalten romantische und spannende Komponenten und sprechen somit – wenn man der hier ausgeführten Idee folgen will – allein aus diesem Grund (stereotyperweise) beide Geschlechter an. Diese können daraus Leitbilder und Verhaltensmaßnahmen ableiten; Mitchell bezeichnet (hier: Greys) Westernliteratur als »Benimm-Bücher« für Männer und Frauen (s. *Westerns*, S. 151).

[151] Dieser Begriff stammt ursprünglich von R.W.B. Lewis, der den amerikanischen Adam als eine unschuldige Figur sieht, die in »freiem« Gebiet uneingeschränkte Möglichkeiten zur Entfaltung hat. Lewis schreibt in seinem zuerst 1955 erschienenen Buch: »The

In Coopers *The Last of the Mohicans* finden sich bereits die Rollen, die verschiedene Charaktere typischerweise im Western einnehmen können. Cawelti benennt diese Gruppen als »the townspeople or agents of civilization, the savages or outlaws who threaten this first group, and the heroes who are above all ›men in the middle‹« (*The Six-Gun Mystique*, S. 73).

Die nachfolgend analysierten Texte bieten Beispiele für die unterschiedliche Konzipierung des Mannes in der Mitte.

3.2 Literatur für die Massen

3.2.1 *Dime novel*-Western

Die *dime novels*, die erstmals 1860 von Irwin P. Beadle verlegt wurden, waren ein Phänomen der Produktion für eine breite (und inzwischen auch häufig alphabetisierte, aber nicht wohlhabende) Bevölkerungsschicht. In Bill Browns Einleitung einer Anthologie von Groschenheften, *Reading the West*, heißt es: »Dime novels were not simply popular; they were written and marketed specifically for a mass audience and thus help us see the configurations of an emerging mass culture in America« (S. v). Die Firma Beadle wollte nach Bill Brown Literatur »for the million« herstellen und bewarb und vertrieb sie dementsprechend.[152] Entgegen der bisherigen Art und Weise, wie (teure) Bücher gelesen wurden (z.B. in der Familie und/oder, um sich zu bilden), sollten diese neuen, kleinen und handlichen Hefte auf billigem Papier in die Tasche passen und zu jeder Gelegenheit an jedem Ort gelesen werden können (s. »Reading the West: Cultural and Historical Background«, S. 20).

Obwohl die Lektüre auf die Arbeiterklasse ausgerichtet war, fanden die *dime novels* ihre Leserschaft schließlich doch in verschiedenen Schichten.[153] Slotkin schreibt dazu:

---

evolution of the hero as Adam in the fiction of the New World – an evolution which coincides precisely, as I believe, with the evolution of *the* hero of American fiction generally – begins rightly with Natty Bumppo« (*The American Adam*, S. 91). Lewis bezieht sich hier allerdings auf *The Deerslayer* (1841 erstmals veröffentlicht), den letzten Band der Lederstrumpf-Geschichten, in dem Natty am jüngsten ist.

[152] Die Produktion der billigen Hefte war aufgrund neuer Technologien – dazu gehörte z.B. die Entwicklung einer dampfbetriebenen Presse (die die Produktions- und Arbeitskosten senkte) – möglich. Verbesserte Transportbedingungen trugen zur (massenhaften) Verbreitung der Bücher bei (S. 20).

[153] Bei den *dime novels* sind verschiedene Genres zu finden, wie beispielsweise auch Detektiv- und Liebesgeschichten, Mysterygeschichten und andere (s. dazu die Ausführungen des Herausgebers J. Randolph Cox in der Einleitung von *Dashing Diamond Dick*

The proprietors of the fiction factories sought the broadest possible audience, and the low cost of their wares made them available to the lowest income levels of society. But this did not forbid their enjoyment by the relatively well-to-do; and even if a cultural bias against vulgar literature may have made them unappealing to adults of the educated elite, dime novels appealed to the unsupervised young of all classes. The potential market for cheap fiction was as large as American democracy itself, comprehending all those who belonged to the »producing classes« – excluding only slaves barred from literacy at one end of the spectrum and the snobbish aristocrat at the other. (*Gunfighter Nation*, S. 126)

Bill Brown sieht die *dime novel*-Western als Nachfolger der *captivity narratives* und von Coopers Lederstrumpf-Erzählungen und als Wegbereiter für die Kurzgeschichten von beispielsweise Bret Harte.

Der erste erfolgreiche Groschenroman aus dem Hause Beadle war *Seth Jones*. Hine und Faragher schreiben über dessen Konzeption:

Seth Jones; or, The Captives of the Frontier... , by Edward S. Ellis, tells the story of a white girl captured by Mohawks on the frontier of late eighteenth-century New York – a locale familiar to Cooper's readers. In a stirring finale, she is rescued by Seth Jones, a lovable scout in buckskin, who knows the wilderness and its native inhabitants as he knows the back of his hand. Ellis reveals Seth to be a gentleman in disguise, thus neatly combining the roles of frontier scout with well-born hero, suggesting the gradual democratization of American cultural forms. (*The American West*, S. 477)

Von Brown wird das Groschenheft als das Medium angesehen, das den Westen für die Oststaatler als Ort entwirft, an dem Gewalt und Abenteuer und *action* zu finden sind. Gleichzeitig wurde nun die Idee des Westens als *safety valve* verwendet. Slotkin weist darauf hin, dass zumeist eine Figur wie Hawkeye (»the man who knows Indians«) in den Geschichten vorkam, die die Mitglieder einer Gemeinschaft rettete. Die Erzählungen konnten aber auch in einen zeitnaheren gesellschaftlichen Rahmen gesetzt werden

to adress concerns and difficulties arising from life in the metropolis, such as the defrauding of an honest youth by a greedy uncle or a crooked financier. The character's experience of the Frontier has been both violent and regenerative, and the

---

and Other Classic Dime Novels). Die Westerngeschichten wurden nach Brown für ein männliches Publikum geschrieben. Weil der *dime novel*-Western so populär wurde, verdrängte er auch weibliche Schriftstellerinnen (die einige der ersten *dime novels* geschrieben hatten) aus dem Geschäft. Brown schreibt: »because of the popularity of the Western genre, the dime-novel enterprise increasingly became an enterprise of men writing for men about men« (»Reading the West: Cultural and Historical Background«, S. 32).

West has functioned (metaphorically) as a safety valve for metropolitan social conflicts. (*Gunfighter Nation*, S. 127)

Ab den 1870ern gab es auch Banditencharaktere in den *dime novels*. Die Verbrecher wurden dabei, wie Cawelti schreibt, in einem romantischen Licht gesehen und rehabilitiert:

> Typically in these stories the outlaw was represented as a decent person who had been unjustly treated by the rich and powerful, or by women. Often these stories represented the benevolent outlaw's discovery, judgment and punishment of the respectable villains whose treachery had originally branded him an outlaw. (*The Six-Gun Mystique*, S. 104)

Besonders berühmte *outlaw*-Charaktere waren die James-Brüder (s.u.). Oftmals wurde die Figur des *outlaw* mit der Figur des mittelalterlichen englischen Helden Robin Hood verknüpft. Cawelti schreibt weiter:

> the benevolent outlaw, like the earlier mythical Robin Hood, not only proved to be the most honorable and moral character in the story, but he also usually defeated those who tried to use the cloak of respectability and legality to justify their evil acts. It was this pattern of the marginal hero exposing the corruption and decadence of the seemingly respectable members of society that eventually developed into the contemporary Western. (S. 104f.)

Es ist wieder eine Form der Ritterlichkeit des Helden in den *dime novels* vorzufinden. J. Randolph Cox schreibt im Vorwort des von ihm herausgegebenen Buches am Beispiel von William F. Cody: »The fictional Buffalo Bill adheres to a code of chivalric behaviour in his quest for justice« (*Dashing Diamond Dick and Other Classic Dime Novels*, S. xi). Und die äußere Erscheinung der Figuren? Nach Brown ist der Westernheld der *dime novels* ein gutaussehender und physisch starker Mann:

> In these frontier settings, law appears as a mere luxury, major and minor disputes are resolved violently, and the moral order is momentarily stabilized only by the superior strength and intelligence of a handsome, well-built hero. (»Reading the West: Cultural and Historical Background«, S. 2)

Der männliche Körper ist dabei das konstanteste stereotype Element der Geschichten:

> In Buntline's *Buffalo Bill*, Wild Bill Hickok is »six feet and one inch in height, straight as an ash, broad in shoulder, round and full in chest, slender in the waist, swelling out in muscular proportions at hips and thighs, with tapering limbs, small hands and feet, his form ... a regular study,« with his face »open and clean,«

with »regular features, the nose slightly aquiline.« When Buntline goes on to write that the »same picture will do for Buffalo Bill,« he makes it clear how the specificity serves in the name of stock generality. (S. 37)

Die Helden des *dime novel*-Autoren Ned Buntline sind großgewachsene und gut proportionierte Männer; die Beschreibungen deuten zudem einen muskulösen und nicht einen schmalen, drahtigen Körpertypen an. Dieser Körpertyp entspricht dem Ideal der Arbeiterklasse (bzw. ab den 1890er Jahren auch dem Schönheitsideal der Mittelklasse).

Bill Brown bemerkt, dass die frühere Literatur sich von den Groschenromanen hinsichtlich der Bindung der Geschlechter unterscheidet; Natty Bumppo blieb alleinstehend, Seth Jones heiratet, was auf das Vorhandensein einer weiblichen Figur mit der Funktion *love interest* hinweist.

In den *dime*-Western existieren Männerfreundschaften – Brown beschreibt das Verhältnis zweier Männer (hier das von Buffalo Bill und Wild Bill Hickok) anhand von Ned Buntlines *Buffalo Bill*:

Characteristic of the Western paradigm, the effort to save a woman from villainous hands establishes a bond between Wild Bill Hickok and Buffalo Bill, which intensifies as *Buffalo Bill* progresses: »Mate, I loved you before better than I loved my own life – I don't know now how I can love you more … « (»Reading the West: Cultural and Historical Background«, S. 36)

Diese Ausformung männlicher Zuneigung – eine Bekundung, die heute befremdlich anmutet – findet sich auch in *The Virginian* (1902) und wird später im kritischen Westernfilm (in Sam Fullers *I Shot Jesse James* (1949)) negativ bewertet.

In Zeiten, in denen die Selbstbestimmung der Frau durch »genteel conventions« beschnitten wurde, gab es in den *dime novels* bereits Charaktere, die aus diesem Korsett ausbrachen und für damalige Verhältnisse unerhörte Möglichkeiten andenken ließen, wie Hine und Faragher schreiben. Ein Beispiel dafür ist die Fiktion der »woman with a whip«. Sie ist eine Frau, die sich wie ein Mann kleidete und »feminine gentleness and masculine firmness« vereinigen konnte (*The American West*, S. 478).[154] In Teilen ist diese

---

[154] Doch kam in diesem Genre auch der umgekehrte Fall vor; Bill Brown führt als Beispiel eine Geschichte um den Helden Deadwood Dick an, der sich einmal als Mädchen verkleidet hat. Dies zeigt bereits zu diesem Zeitpunkt nach Brown »how theatrical, rather than natural, gender is« (*Reading the West: Cultural and Historical Background*, S. 38). Es wäre interessant, die Konstruktion des Helden Deadwood Dick zu überprüfen, also inwiefern dieses *cross dressing* den Helden demontiert. Dass sich z.B. ein Junge als

Fiktion durch eine real existierende *frontier*-Frau, Martha Jane Canary – »Calamity Jane« – inspiriert worden.

Zum Ende des 19. Jahrhunderts verlor der *dime novel*-Western an Popularität, lebte aber im Film und in der *mainstream*-Literatur weiter. Brown schreibt: »Owen Wister, and Zane Gray, among others, transformed the frontier, once again, into the setting for the historical novel and the Western romance« (»Reading the West: Cultural and Historical Background«, S. 39).

3.2.2 Beispiel eines *dime novel*-Western: *Dashing Diamond Dick; or, The Tigers of Tombstone* (1889 bzw. 1898)

Die ursprünglich 1889 als erste ihrer Serie in der *Nugget Library* von Street und Smith erschienene Westerngeschichte *Dashing Diamond Dick; or, The Tigers of Tombstone* von W.B. Lawson ist in der von Cox herausgegebenen

---

Mädchen verkleidet, kommt in der amerikanischen Unterhaltung des 19. Jahrhunderts auch an anderer Stelle vor; z.B. bei dem Lausbuben Huck Finn. Ashby verweist außerdem auf das Maskeradenspiel des »weiblichen« Schlangenbändigers in Barnums und Baileys Show:

> Victorian prescriptions for proper and true womanhood were wavering. Female snake charmers in the circus also poked fun at such prescriptions. »To see her lithesome figure, her strong muscular arms and shapely limbs bravely caressing the huge squirming boa constrictors, never fails to produce a great impression,« wrote one press agent of one snake charmer. ... Startled audiences sometimes discovered that the »women« were, in fact, men in drag, further confounding gender lines and suggesting the illusion of appearances. Similarly, grease-painted male clowns, wearing women's clothes and gargantuan rubber breasts, toyed with gender norms. (*With Amusement for All*, S. 79)

Scheinbar ist das »Verkleiden« eines männlichen Individuums in der amerikanischen Unterhaltungskultur oftmals mit Komik verbunden, s. dazu auch die Filmbeispiele *Tootsie* (1982) oder *Transamerica* (2005). Wobei *Transamerica* sicherlich noch dadurch entschärft wird, dass die Mann-zu-Frau transsexuelle Hauptfigur Bree von einer Frau (Felicity Huffmann, inzwischen verknüpft mit der Figur der Lynette der Fernsehserie *Desperate Housewives* (2004-2012)) gespielt wird. Gefährliche Ausnahmen bilden z.B. der Serienmörder mit Spitznamen Buffalo Bill in *The Silence of the Lambs* (1991) oder Norman Bates in *Psycho* (1960). Benshoff und Griffin schreiben über *gender*-Irritationen im Film:

> psycho-killer Norman Bates is a slightly effeminate young man who dresses in women's clothes and murders naked women. Is Norman meant to be a homosexual? A heterosexual transvestite? A transsexual? One ideological message of these films, and thousands like them, is that people who exhibit traditional patriarchal gender identities are heterosexual heroes and heroines, whereas queer men and women are likely to be villainous or crazy. (*America on Film*, S. 317)

Weibliche Figuren, die sich als Männer verkleiden, wirken – zumindest im Western – eher bedrohlich, s. unten.

Sammlung von klassischen *dime novels* zu finden.[155] Wie im vorangegangenen Unterkapitel aufgezeigt worden ist, wurden auch historische Figuren
wie z.B. Buffalo Bill in den Groschenheften verarbeitet. Der Western *Dashing
Diamond Dick* hingegen präsentiert eine fiktive Hauptfigur. Ich habe mich für
die Analyse dieses Groschenheftes entschieden, um zum einen einen breiteren Kontext für die Westernfiguren herzustellen. Zum anderen kommt in
dieser Geschichte eine Frau vor, die sich verkleidet und für einen Mann gehalten wird. Dieses Maskeradenspiel wird (anders gelagert) in einem weiteren hier diskutierten Roman (*Riders of the Purple Sage*) thematisiert, so dass
an dieser Stelle darauf vorbereitet werden kann. In den nun folgend diskutierten literarischen Werken gewinnen die weiblichen Figuren im Vergleich
zu Coopers Literatur an Bedeutung, weil gegen Ende des 19. Jahrhun-
derts/am Anfang des 20. Jahrhunderts das Geschlechterverhältnis (also die
dominante Position des Mannes) stärker in Frage gestellt wird.

Dashing Diamond Dick (Richard Wade) ist ein Revolverheld in Gestalt
eines Spielers.[156] Über die Bedeutung des Glückspiels in der amerikanischen
Kultur des 19. Jahrhunderts ist im Lexikon *American Masculinities* zu lesen:

> For working-class men, who had little autonomy in the nineteenth-century indus-
> trial workplace, gambling served as a declaration of financial independence and
> mocked the middle-class standard of manhood based on thrift and sobriety.
> Equally important, gambling was one of the primary leisure activities around
> which all-male sociability coalesced. ... Gambling's most fertile ground was the
> western frontier. Removed from the emotional comforts of home, frontiersmen
> forged bonds in a common culture that celebrated risk-taking as the quintessential
> masculine activity. (S. 183)

Diamond Dick begibt sich mit seinem Sohn Bertie in ein Abenteuer, in dem
er die schöne Sängerin Alice vor seinem Gegenspieler – Tornado Tom – retten muss (dies ist ein Zeichen von Ritterlichkeit, Dick wird an einer Stelle

---

[155] Sie ist 1898 erneut in der Reihe *Diamond Dick, Jr.* erschienen. Aus Gründen der Verfüg-
barkeit hat Cox den Text aus dieser Reihe gewählt. Cox schreibt weiterhin, dass die
Erzählungen der Diamond-Dick-Geschichten in der gleichen Zeit, in der die Hefte erschienen sind, spielten:
> The stories were set in the contemporary West so that as times and modes of trans-
> portation changed, the stories kept pace. The series that began in 1889 ended in 1911
> with automobiles and balloons alongside horses. (*Dashing Diamond Dick and Other
> Classic Dime Novels*, S. 3f.)

[156] Nach Mitchell ist der *gambler* (aus Bret Hartes Geschichten) der Vorläufer der *gunfighter*-Figur.

auch als »faithful ... knight« bezeichnet, s. *Dashing Diamond Dick,* S. 64[157]).
Alice wird zu einer Art von *love interest.* Der Ort der Handlung ist die Stadt
Tombstone in Arizona.[158] Außerdem gibt es in dieser Geschichte noch
Thomas K. (Kate) Cat, den Anführer der Tiger von Tombstone. Die Tiger sind
eine Bande in Kostümen, die Diamond Dick das Leben schwer macht. Später
wird sich herausstellen, dass der Anführer in Wirklichkeit eine Frau ist, eine
ehemalige Geliebte von Dick, die sich an ihm rächen will. Eine uneindeutige
Kennzeichnung der Figur wird vom Autor absichtlich verwendet, um Spannung und ein Versteckspiel aufzubauen. Weiterhin zeigt dies, dass man sich
am Ende des 19. Jahrhunderts mit *gender*-Konstruktionen beschäftigt hat. Im
Text wird die Anführerin Kate (von einer Figur) zunächst folgendermaßen
beschrieben: »the chief war a little, slim-built cuss, with a soft, cooing voice,
almost like a woman's« (S. 11) und (vom auktorialen Erzähler): »This thing,
whatever it was« (S. 22).[159] Kate ist keine »woman with a whip«, die unwi-
derstehlich ist oder die im positiven Sinne die Dinge tatkräftig in die Hand
nimmt. Die Vermutung liegt nahe, dass mit dieser Figur auf die *New Woman*
angespielt werden sollte. Das war ein historischer Frauentypus (vor allem
der Mittelklasse), der sich vom viktorianischen Frauenideal abwendete und
in Bereiche vordringen wollte, die bis dahin den Männern vorbehalten waren
und damit (für männliche Individuen) als Bedrohung wahrgenommen werden konnte.[160] Kate nimmt als schießender Anführer der Bande die Rolle eines Mannes ein. Sie verhält sich »männlich« und ist von ihrer Erscheinung

---

[157] Eine Südstaatenherkunft wird hier nicht angedeutet, es gibt keine Verbindung Dicks
zur Aristokratie.

[158] Tombstone ist mit verschiedenen Etablissements, die dem Amüsement dienen, ausgestattet. Also finden sich dort Theater, Saloons und *free-and-easies* – Hallen, in denen
geraucht, getrunken und getanzt wird. Tombstone wird weiterhin als eine Stadt beschrieben, in der das Glücksspiel großen Zulauf hat. Diamond Dick spielt aber in dieser Geschichte nicht. Die Straßen von Tombstone sind nachts hell erleuchtet und von
Musik und Gelächter erfüllt, manchmal hört man die Schreie eines Betrunkenen. Die
Männer tragen Waffen. In dem Text wird der Eindruck eines *lawless west* vermittelt,
zumal die Fremden (Dick und sein Sohn Bertie), die keine Männer des Gesetzes sind,
sich auf Verbrecherjagd begeben müssen.

[159] Um die Verwirrung zu verstärken, wird Kate später (vom eher neutralen Erzähler) in
anderer Verkleidung als »fellow« und mit dem Personalpronomen »he« bezeichnet (s.
S. 47). Nachdem das Rätsel gelöst ist, gibt Dick schließlich zu verstehen, dass sie eine
wunderschöne Frau mit bösem Herzen sei (s. S. 64).

[160] Das Ideal der *New Woman* trat gegen Ende des 19. Jahrhunderts in Erscheinung. Ashby
weist darauf hin, dass auch in Barnums und Baileys Show etliche Frauen auftraten, die

her geschlechtlich nicht zu identifizieren (dieses Muster wird im Roman *The Virginian* auf die Henne Em'ly angewendet, s. unten). Dass das wilde Spiel der Anführerin Spaß macht, wird durch ihr gehässiges Lachen, das mehrfach im Text beschrieben wird, signalisiert. Gleichzeitig wird Kate in Kontrast gestellt zur jungen, kleinen, hilflosen und unschuldigen Sängerin Alice, die als »beautiful girl« leicht einzuordnen ist und die mit folgenden Worten assoziiert wird: »Purity ... hair of ... gold; ... truth ... clear depths of the eyes« (*Dashing Diamond Dick*, S. 13). Somit insinuiert dieser Text, wie eine Frau »wirklich« sein soll.

Aber zurück zu den männlichen Figuren. Als der Protagonist Dashing Dick seinen Namen preisgibt und sich erstmals in ganzer Pracht den Einwohnern von Tombstone und dem Leser zeigt, heißt es:

> And as he stood thus revealed, there burst simultaneously from the spectators a cry of wonder and surprise.
> The stranger was a magnificent specimen of manhood. He was tall of form and straight as a lance, his every motion distinguished by a lithe, panther-like grace. His face was very handsome, a strange, white pallor contrasting curiously with the dark, brilliant eyes and hair, and mustache of raven hue. (S. 18)

Der auktoriale Erzähler vermittelt die körperliche Erscheinung und Beweglichkeit des Mannes. Außerdem trägt Dashing Dick noch eine auffällige, mit Diamanten besetzte Kleidung[161] und die Ausrüstungsgegenstände der populären Westernhelden: Revolver. Im Text heißt es:

> He was dressed like a Spanish hidalgo, but the fanciful costume was adorned in a manner such as never before was seen. All about his person a myriad of diamonds flashed and burned, and sparkled, and shot out star-like rays of mystic light ... In the silken scarf wound time and again about his waist, the ends trailing gracefully down at the side, were thrust two revolvers with diamond sights. (S. 18f.)

---

viel Körper zeigten und diesem Leitbild zuzurechnen waren, das weniger Kinder bekommen wollte und mehr Rechte außerhalb der Familie forderte (s. *With Amusement for All*, S. 79).

[161] Dicks Gegner, Tornado Tom, bringt diese extravagante Kleidung mit *dandyism* (und Mexikanern) in Verbindung. Er sagt: »that bespangled dandy in the Greaser dress – who the devil is he?« (S. 23) In der amerikanischen Unterhaltungskultur ist eine solche Kleidung aber nicht mit Unmännlichkeit in Verbindung gebracht worden, vgl. dazu manche Kostüme der Show-Stars (wie z.B. Elvis Presley) in Las Vegas.

Dieser Revolverheld verfügt außerdem über übernatürliche Kräfte,[162] die er mutig einsetzt, um Schwächeren zu helfen, was dazu führt, dass ihn die Einwohner von Tombstone bewundern. Diese Zitate zeigen, dass eine Entwicklung bezüglich der Darstellung von männlicher Attraktivität stattgefunden hat. Jetzt darf (im Gegensatz zum Roman *The Last of the Mohicans*) die »Schönheit« eines Weißen, dieses »cool, handsome man« (*Dashing Diamond Dick*, S. 19), beschrieben und bewundert werden.

Auch diese Hauptfigur benötigt Folien. Der Leser wird am Anfang der Geschichte in ein Hotel und »first class drinking saloon« geführt. Dieses Hotel gehört Heinrich Schwauenflegle, einem übergewichtigen Deutschen, der – vor einer Menge von Zuschauern – einen Streit mit einem anderen Mann austrägt. Im Text wird er folgendermaßen beschrieben:

> One of these men was a perfect mountain, or, rather, let us say, a hill of flesh. He was not tall, but the short-coming in height had been amply compensated for in girth of body. He was a perfect shape of fat, out of which short arms and legs stuck like cloves in a lemon.
>
> It needed but a look to judge his nationality. The round, stolid face, the thin, light hair and solemn owl-like eyes could only belong to a child of the Teutonic race. (S. 7)

Schwauenflegle wird ethnisch kodiert.[163] Somit wird der Rassegedanke aufgegriffen, was wiederum vor allem für den Zeitgeist am Ende des 19. Jahr-

---

[162] Übernatürliche Kräfte, die den Helden der *dime novels* zu eigen sind, waren zuvor auch schon dem legendären Davy Crockett zugeschrieben worden.

[163] Auch Dialoge werden eingesetzt, um diese Kodierung zu intensivieren. Im Text heißt es: »›Say, you! Doan'd you do me dot some more,‹ the German cried, in a voice in which anger, pain and fear were curiously blended« (S. 8).
Cox schreibt in seinen Anmerkungen, dass ein – z.B. ausgeprägter – deutscher Akzent charakteristischerweise in *dime novels* eingesetzt wird, zum einen um der Geschichte eine gewisse Komik zu geben und gleichzeitig, um den Rang des Individuums in der Gemeinschaft festzulegen (s. *Dashing Diamond Dick and Other Classic Dime Novels*, S. 339).
Mexikaner werden in der Geschichte häufig als *greasers* bezeichnet und als niederträchtig dargestellt. Als einer der Banditen wegen des Mordes an einem Postkutschenfahrer von Jack Hamilton, einem Angestellten des Transportunternehmens, verhört wird, heißt es:
»Will you let me go free if I will tell you where the band has its hiding place?« the Mexican asked, eagerly.
»I will,« Jack Hamilton answered, a look of contempt upon his face.

hunderts typisch ist, da die angloamerikanische »Rasse« als überlegen dargestellt werden sollte (der Autor des Groschenheftes scheint allerdings nicht
mit Theodore Roosevelt übereinzustimmen, der die Teutonen als indirekte
Vorfahren der Angloamerikaner angesehen hat, s. *Gunfighter Nation*, S. 44
und die Ausführungen zu Roosevelt weiter unten). Der Hotelbesitzer ist ein
harmloser Mann.

Der Widersacher Dashing Dicks heißt Tornado Tom, er ist ein zwielich-
tiger Geselle. Toms Körper wird im Gegensatz zu Schwauenflegles als attraktiv beschrieben. Hier wird eine gewisse Ebenbürtigkeit mit Dick angedeutet.[164] Über Tornado Tom heißt es:

> The other was a finely formed fellow of thirty, richly dressed, and with a face
> darkly handsome, but sadly marred by the indelible imprints of hot passions and
> unbridled vices.
>
> He was booted and spurred, as if just from horseback, and was savagely
> flourishing a heavy riding-whip.
>
> This man's name was Thomas Hart, better known as »Tornado Tom.« He was
> a wealthy gambler and mine-owner, but was known throughout all that region as
> a »bad man« when in liquor. (*Dashing Diamond Dick*, S. 7)

Tornado Tom ist gutaussehend und ist offensichtlich zu Reichtum gekommen. Tom ist kein leuchtendes Beispiel für einen Mann mit Besitz (er repräsentiert einen Mann der Mittelklasse). Es fehlt ihm an Zurückhaltung, er
zeigt sich unbeherrscht.

Tornado Tom ist der »bully« der Stadt. Als er sich an die Sängerin Alice
Marr heranmacht – so als ob er sich alles nehmen könnte, was ihm gefällt –
sind Dick und Bertie zur Stelle und helfen ihr. Die beiden erwachsenen Männer wollen die Angelegenheit schließlich durch ein Duell regeln (innerhalb
des sozialen Feldes des *lawless west* haben die Kontrahenten im Kampf die
gleichen Chancen). Alice bittet Dick, von seinem Vorhaben abzulassen:

The Mexican's readiness to betray his comrades disgusted him. (*Dashing Diamond Dick*, S. 56)
Die Figur des Verräters (der einen Code verletzt) findet sich auch bei Geschichten um
Jesse James oder bei dem »Cowboy Judas«, der Sam Bass hintergangen hat, s. dazu das
Kapitel über Jesse James.

[164] An einer späteren Stelle, nachdem Tom und Dick aufeinandergetroffen sind, wird dies
explizit erwähnt: »Even Tornado Tom, in whose heart burned a fierce hatred of the
man who had placed the mark of his hand upon him, could not but admit that he had
an adversary every inch his equal« (*Dashing Diamond Dick*, S. 19).

»Oh, how unfortunate I am!« she continued, clasping her hands together. »I have been the cause of it all. Oh! let me beg of you not to peril your life on my account.«

»Nonsense; you overestimate the danger,« said Dick, cheerfully. »But come, they are getting impatient over there; I must ask you not to detain me longer.«

The tone of voice in which he finished convinced the girl that further words would only be thrown away upon this unflexible man. (S. 20f.)

Hier setzt sich Dick gegen den Willen der Sängerin durch. Wie zu sehen sein wird, wird eine solche Szene typisch für die Westerngeschichten werden. Das Duell findet nicht statt, weil der/die Anführer/in der Tiger es vereitelt.

Dick benutzt seine großen Kräfte, als Tornado Tom während einer Vorstellung im Theater von Tombstone Alice Marr in seine Gewalt bringt. Er eilt zur Rettung: »But now, he saw Alice struggling in the arms of Tornado Tom, and heard her appeal for help, he uttered a hoarse cry of rage, and with a superhuman effort of strength he burst through all restraint, and sprang upon the stage.« (S. 31) Dieses Zitat kann so gelesen werden, dass der Protagonist nicht nur die Kräfte überwinden muss, die ihn zurückhalten (ein paar von Toms Bergleuten versuchen, ihn in Schach zu halten), sondern auch die eigene Zurückhaltung, die er im Gegensatz zu Tornado Tom besitzt,[165] aufgeben muss, um seine physischen Kräfte einsetzen zu können. In einer wilden Schießerei gelingt Tornado Tom aber dennoch die Flucht. Er entführt Alice Marr.

---

[165] Die mangelnde Zurückhaltung von Tornado Tom wird auch an folgender Stelle ersichtlich, im Wortwechsel zwischen ihm und der sich in seiner Gewalt befindenden Alice:

»Oh, take me back!« she pleaded. »What have I done that you should persecute me so?«

A fierce, wild light leaped into the eyes of Tornado Tom.

»Done!« he cried, in a voice intense with passion. »You have bewitched me with your fatal beauty. ... See – I love you so passionately – so madly that no sacrifice save that of losing you, will I not make for your sake.« (S. 35f.)

Im Kontrast dazu steht die »edle« Liebe (Ritterlichkeit), die Diamond Dick mit Alice verbindet. Als sie sich um ihn kümmert, als er nach der Jagd und ihrer Rettung verletzt ist, heißt es:

»How brave and noble you are to undertake such a long and dangerous pursuit alone, and all for my poor sake!«

»Hush! You are worthy of all risks I ran, and I would have followed, though peril a hundred-fold greater stood in my path. I could not bear to think of you in that villain's power, for your fair, pure face has become very dear to me, Alice.«

A beautiful color came into the face of the girl, and a great joy descended upon her heart. It was as she believed – as she hoped; he loved her. (S. 59f.)

Nach einer schnellen und blutigen Jagd mit Pferd und Hund spürt Diamond Dick Tornado Tom und seine Mitstreiter auf und tötet mehrere Männer mit seiner Winchester, was als Ausdruck seiner Schießkunst gewertet
werden kann. Der »noble« Bluthund[166] erlegt schließlich Tornado Tom, und
dem »Gehilfen« Pferd wird dabei ebenfalls eine besondere Bedeutung zugemessen. Die Verbindung Mann/Pferd wird in vielen nachfolgenden Western
herausgestellt.[167] Bei Natty Bumppo, der in *The Last of the Mohicans* meist zu
Fuß unterwegs ist, fehlt dieses Element noch (im Gegenteil, er tötet mit Uncas
sogar David Gamuts Füllen), und zwar u.a. deshalb, weil die Stereotypisie-
rung der Indianer in diesem Sinne noch nicht so weit fortgeschritten ist. Zudem sind es vor allem die *plains*-Indianer, die reiten, s. unten.

Dick bringt seinen Widersacher zur Strecke und steigt damit zum Helden auf.

---

[166] Als Dick und Alice in die Hände der Tiger gelangen, greift der Bluthund mit dem Namen El Rey wieder an. Es wird deutlich, dass die, die mit Dick kämpfen, ebenfalls
noble (noble – keine aristokratischen!) Züge haben (und dazu mit Wildheit verbunden
sind. Zwar gehören sie zu einer anderen Spezies, aber man könnte hier einen Vergleich
zu Nattys Freunden, den edlen Indianern, ziehen):
> Diamond Dick spoke sharply to him, but the dog paid no heed.
> He had tasted human blood the night before, and the taste was sweet to his lips. He
> fought now with all the savage instinct of his breed aroused, and tore and bit great
> mouthfuls of flesh from his assailants, and fought till the cruel bullets cut his heart
> in two; and then he stretched out his great black body, gave a whine or two, and
> died.
> Brave El Rey, two of your foes will never wear those queer catfaces again. They are
> dead, and you have avenged yourself nobly. (S. 62)

[167] In *Dashing Diamond Dick* heißt es:
> he turned away and his gaze fell upon the noble steed who had stood by him so well
> in his need.
> The horse was quietly cropping the scanty grass that grew here and there and gave
> a whinny of recognition as Diamond Dick came up.
> And to his joy he found that the brave animal had recovered in a great measure from
> his terrible race of the night before. (S. 60)

Auch in dem in dieser Studie ebenfalls bearbeiteten Roman *Riders of the Purple Sage*
wird ein wildes Rennen zu Pferd geschildert, und die dann individuell beschriebenen
Pferde spielen eine größere Rolle. Dieses Phänomen zeigt sich beispielsweise auch bei
den »Wunderpferden« späterer Westernfilmhelden, wie z.B. bei Gene Autry und seinem »Champion« (s. *Gene Autry* von Peter Kranzpiller).

Nach Jane Tompkins erschienen Pferde zu der Zeit im Genre Western, als sie im »wirklichen« Leben als Arbeitstiere zu verschwinden begannen (s. *West of Everything*, S. 94f.).
Dieses lässt sich mit der Wandlung des Cowboys vom Arbeiter zum Helden in Zusammenhang bringen.

Diamond Dick findet jedoch kein glückliches Ende mit seiner Liebe zu Alice; die Anführerin der Tiger – Kate/Thomas K. Cat – erschießt die Sängerin. An dieser Stelle gerät Dick außer sich und schwört Rache. Rache ist eigentlich ein Element, das der Zurückhaltung entgegensteht. Für die Arbeiterklasse, die als Zielgruppe der *dime novels* gilt, aber ist Zurückhaltung eigentlich nicht Bestandteil des Männlichkeitsideals, vgl. z.B. die oben angesprochene Inszenierung von Männlichkeit über Alkoholkonsum.[168] Offenbar gehört die Selbstkontrolle aber zum Ideal des Westernhelden. Bei Cooper ist Rache im Wesentlichen noch eine Emotion, die den Indianern zugeschrieben wird. In diesem Groschenheft findet also in gewisser Weise eine Aufwertung des Rachegedankens statt. Im Text wird dieser »Ausbruch« folgendermaßen dargestellt:

> Diamond Dick was swaying from side to side now like a drunken man, there was a terrible tightness across his chest, a hideous hammering in his head, and objects wavered and took curious shapes before his eyes. If this did not cease soon he would either go mad or die.
>
> »I swear by the living God above, who hears this oath, and the blood of that sweet-voiced young girl, that I will enact upon you a terrible retribution. I will be a bloodhound upon your trail a thousand times more fierce and relentless than was the brute lying yonder there dead. For that what you have done today, I will forget that you are a woman entitled to the respect of men, and think of you only as an adder that must be crushed. For what you have done, I will tear pity and mercy from my heart, and become to you the destroying angel more remorseless that the Danite dogs of the Mormon Church. Hide where you will, flee where you may, I will find you and strike you down, even though it is the sacristy that I defile with your blood. And this I swear I will do as sure as my name is Diamond Dick.« (S. 65f.)

In dieser Passage gibt sich Diamond Dick hasserfüllt. Der an Kate gerichtete Schwur wird ausgesprochen ausführlich dargelegt. Bei den späteren Westernhelden wäre ein so langer emotional beladener Monolog undenkbar. Auffällig aber ist, dass diesem Gefühlsausbruch ein körperlicher Zusammenbruch folgt (also die Aufgabe des *self-restraint* nicht »unbestraft« bleibt). Man erinnere sich daran, dass man (zumindest in der Mittelklasse) im 19. Jahrhundert davon ausgegangen war, dass sich die Zurückhaltung durch wiederholte Unterdrückung/Kontrollübungen entwickeln sollte, um den Charakter wie einen Muskel auszubilden (s. oben). Im Text fällt Diamond Dick

---

[168] Ob sich Mitglieder der Arbeiterklasse als nicht selbstkontrolliert definieren würden, kann hier nicht beantwortet werden.

zu Boden. Hier zeigen sich zusätzlich die melodramatischen Aspekte der *dime novels*, was für den heutigen Leser etwas absurd wirken mag. In der Geschichte heißt es:

> His voice ended in a scream, and, like one stricken with quick, sudden death, he fell forward on his face, and lay there upon the ground without motion.
> »My Heaven! this is awful!« the woman cried, her face ghastly with terror and dismay. »Is he dead?«
> One of the masked men was bending over Diamond Dick, and it was to him she addressed the question.
> »No,« the man answered; »he's overworked himself, and has burst some small blood-vessel. He'll be all right in a day or two.« (S. 66)

Es dauert einige Zeit, bis Dick sich erholt. Damit wird die »hitzige« Rache problematisiert.

Diamond Dick werden in dieser Geschichte andere Varianten von Männlichkeit entgegengestellt. Vor allem die von Tornado Tom oder auch Heinrich Schwauenflegle, aber auch die der untätigen und hilflosen Männer von Tombstone. Diese Männer werden jedoch nicht explizit durch weibliche Attribute gekennzeichnet. Dafür scheint hier kein Platz zu sein, denn es gibt die Figur der Kate, die besonders durch ihr Verhalten (sie beherrscht die Kunst des Schießens, führt eine Bande an, ist verantwortlich für die Ermordung eines Postkutschenfahrers und Alice Marrs) männliche Konnotationen erhält. Mit dieser Charakterisierung bezieht der Text Stellung: Von der »männlichen« Kate, der *New Woman*, geht eine echte Gefahr aus.

Dicks Sohn Bertie bietet als Junge ebenfalls eine Möglichkeit zur Differenzierung. In einer Szene macht Bertie Unsinn, er ärgert den deutschen Hotelbesitzer und schießt mit seiner Waffe umher. Diamond Dick maßregelt seinen Sohn nicht, sondern muss über die »Schelmenhaftigkeit« des Jungen lachen. Bertie wird als eine Art Heißsporn (ohne Selbstkontrolle) dargestellt, als einer der *gunfighter*, die wahrscheinlich jung sterben müssen (ein späteres Klischee in Westernfilmen).

Im achten Kapitel von *Dashing Diamond Dick* wird klar, dass Diamond Dick seinen Nachwuchs auf ein Leben an der *frontier* vorbereitet hat. Der Vater und Lehrer dieses jungen *gunman* hat ihm offensichtlich auch zu seiner Geistesschärfe verholfen:

> Then his brain began to work, and gradually a curious expression came over his face.

> He was older, by far, than his years in experience; he had never had any child-
> life, such as other children have.
> The revolver had been his toy from infancy; his horse his only playmate. That
> he could read and write was due to his father's teaching, for he had never seen the
> inside of a schoolhouse. (S. 48f.)

Geistesschärfe (diese war in gewissem Maße auch schon bei Hawkeye vor-
handen) ist das Kennzeichen eines Volkshelden (vgl. dazu die Aussage von
Edward G. White bzw. Mody Boatright weiter unten). Bertie ist nicht aristo-
kratisch oder gebildet im klassischen Sinn. Berties Verstand hilft ihm, das
Rätsel zu lösen: Er kommt selbst zu der Erkenntnis, dass es sich bei Thomas
K. Cat um eine Frau handelt und erkennt sie, als diese als »fellow« verkleidet
in die Stadt kommt. Nun möchte er den Anführer/die Anführerin stellen.
Mit dem Entschluss zu handeln, verändert sich auch seine Erscheinung –
Dicks Sohn wird zu einem gutaussehenden Helden (zu einem fast erwachse-
nen Mann, der wieder durch den auktorialen Erzähler beschrieben wird):

> Meanwhile the gawky-looking youth had got some distance from town.
> But there was nothing gawky about him now.
> He was walking with a free, easy stride, his form straight and graceful.
> His eyes were bent upon the ground, but his face had upon it a look of intelli-
> gence – nay, his face would have been positively handsome had it not been for the
> dirt and freckles upon it. (S. 49)

Es gelingt Bertie jedoch nicht, die Anführerin festzuhalten. Es ist davon auszugehen, dass es nicht im Interesse des Autors liegen konnte, Bertie »ganz«
erwachsen werden zu lassen, da er als Kontrast – oder eine Art *sidekick* – zu
Dick (auch in den folgenden Geschichten der Serie) bestehen bleiben sollte.[169]

Wie wird Diamond Dick zur hegemonialen Männlichkeit des ausgehen-
den 19. Jahrhunderts in Amerika positioniert? In dieser Geschichte gibt es
(im Gegensatz zum Lederstrumpf-Roman) eine Art von Mittelstand; Tornado Tom verkörpert einen Minenbesitzer und hat Arbeiter, der deutsche
Schwauenflegle besitzt ein gut laufendes Hotel. Auch wenn Dick ihnen ökonomisch nicht das Wasser reichen kann; beide sind keine erstrebenswerten
Männlichkeiten. Dick, der als Außenseiter die Gemeinschaft beschützte,
kehrt dieser Gesellschaft den Rücken, obwohl er dort Dominanz erlangte. Er
hat noch etwas zu erledigen, als er ernst und entschlossen die Stadt verlässt,

---

[169] Später erhielt Bertie jedoch eine eigene Serie als Diamond Dick, Jr.

um die Spur der entflohenen Kate aufzunehmen. Das (»ungehörige«) Verhalten dieser Frau muss bestraft werden und wird zu einer Art *quest*[170]. Wahre Männlichkeit wird in dieser Geschichte – neben moralischer Überlegenheit – durch Unabhängigkeit,[171] Kraft und Geschick erlangt. Letztere Attribute gehören zum Männlichkeitsbild der Arbeiterklasse, deren Ideal somit bestätigt wird. In Dicks Männlichkeitskonstruktion finden sich noch weitere Anteile; Ritterlichkeit und eigenständiges Handeln sind auf den Code des Westens zurückzuführen, das Streben nach Zurückhaltung, dem doch ein gewisses Maß an Bedeutung zugemessen wird, mag über die Orientierung am Westernhelden Natty Bumppo in diesen Groschenroman gelangt sein. Die Idee von der Selbstkontrolle, die erst die Aristokratie und dann die Mittelklasse für sich beansprucht hat, verliert für letztere am Ende des 19. Jahrhunderts z.T. an Bedeutung und ist zugleich gültig (es gab einerseits Lockerungen des Ethos, was z.B. die sexuelle Aktivität oder den Konsum von Gütern betraf, andererseits wurde beispielsweise der Körper penibel trainiert und ausgemessen, s.o.).

Die Geschichte dieses Groschenheftes schreibt durch die Orientierung am Archetyp des Westernhelden auf ihre Weise den Mythos des Wilden Westens fort. Owen Wisters Cowboy-Roman, der zu Beginn des 20. Jahrhunderts entsteht, benutzt die Idee vom Westen als Ort der Revitalisierung. Der Text dient weiterhin dazu, einen Impuls und Appell auszusenden, um die sich als degeneriert verstehenden Männer einer Elite/der Mittelklasse mit neuer Kraft zu versehen und zum Handeln aufzufordern.

3.3   Die Cowboy-Figur, die Oststaatler und der Westen

Der Cowboy gilt heute als eine typische Westernfigur im Film. Doch wo sind ihre Ursprünge zu finden? Nach Cox wurden die ersten Cowboy-Charaktere

---

[170] So ein *quest*, der den Wunsch nach Rache/Vergeltung beinhaltet, kann oftmals als Handlungsantrieb des Helden gesehen werden und sein Töten im Wilden Westen rechtfertigen. Auf die Spitze getrieben wird dieses Muster beispielsweise in dem Italo-Western *Once Upon a Time in the West* (1968) von Sergio Leone.

[171] Unabhängigkeit war mit dem Entwurf des *artisan* (des späten 18. und frühen 19. Jahrhunderts) verbunden. Dieser Handwerker war gut ausgebildet, besaß evtl. ein kleines Geschäft und konnte z.B. Lehrlinge beschäftigen. Seine Männlichkeit wurde zu anderen Gruppen abgegrenzt; »women, children, wage earners (who relied on other men for their livelihood), and African-American slaves were without these advantages« (*American Masculinities*, S. 502). Die Unabhängigkeit ging dem Handwerker/Arbeiter im Zuge der Industrialisierung verloren.

in den *dime novels* ab 1882 eingesetzt. Der Cowboy war dort ein ungebunde-
ner Mann; er zog umher und war bereit, Abenteuer zu erleben (s. *Dashing
Diamond Dick and Other Classic Dime Novels*, S. xii). Auch Buffalo Bill Cody,
der ab den 1880er Jahren seine Wild-West-Show startete und dem Publikum
den Wilden Westen im Stil eines Zirkusprogramms nahebrachte, kann für
die Popularität der Cowboy-Figur verantwortlich gemacht werden. Paul
Fees, Kurator des Buffalo Bill Historical Center,[172] weist darauf hin, dass
Cody dem Cowboy ein spezielles Kostüm zuwies[173] und ihn mit Ritterlichkeit verband. Er sagt:

> The cowboy wasn't always a hero. The cowboy was a stock person, he was some-
> body who herded cows. In the same way that early on in American history pig
> boys and turkey boys had herded pigs and turkeys. In Buffalo Bill's Wild West the
> cowboy was presented as a knight on horseback, a knight of the plains. He was
> somebody who wore fancy clothing, a sort of a uniform, almost armor – if you
> think about chaps and vests and hats and cuffs and those things as being armor.
> He became a figure of romance. (*Wild Wild West: Buffalo Bill*, 0:08)

Des Weiteren benutzte Cody für die Figur des Cowboys einen großgewachsenen Mann – Buck Taylor, »the six foot five inch King of the Cowboys«
(0:33).[174] Die Bezeichnung Taylors als König verweist wieder auf eine Auseinandersetzung mit der Idee von Aristokratie, die sich hier am Ende des 19.
Jahrhunderts in der amerikanischen Kultur wiederfindet – obwohl doch die
Nation u.a. aus dem Gedanken der Ablehnung der künstlichen Aristokratie
heraus entstanden war. Eventuell war es aber vor allem Codys Bedürfnis,
eine amerikanische Entsprechung für diese Form einer Elite zu finden.[175]

Der Entertainer selbst wird mit einem Zitat über seine Show aus dem
Jahr 1910 folgendermaßen wiedergegeben: »If I have succeeded in bringing
to the youth of America the cowboy, the indian, the buffalo, the covered
wagon and the Deadwood coach, then my efforts have not been in vain«
(*Wild Wild West: Buffalo Bill*, 0:07).

---

[172] Für eine Fallstudie über das Buffalo-Bill-Museum s. *West of Everything*, S. 179ff.

[173] Jane Tompkins macht darauf aufmerksam, dass Cody den später populären *ten-gallon
hat* erfand. Die Firma Stetson habe ihn nach seinen Angaben gefertigt. Auf den meisten
Fotos posiert Cody mit einem Stetson-Hut.

[174] Für Fotos von historischen Cowboys s. *Cowboy Life* von William W. Savage.

[175] Allerdings finden sich solche Bezeichnungen auch noch im 20. Jahrhundert in der
amerikanischen Populärkultur, vgl. »The King of Rock and Roll« (Elvis), »The King of
Pop« (Michael Jackson) oder »The Queen of Pop« (Madonna).

Die Typisierungen, die so entstanden, prägten das Bild des Wilden Westens in der Phantasie der Zuschauer. Dieses Bild scheint vom Publikum in großen Teilen als wahr übernommen worden zu sein. Die »Show-Indianer« wurden von Cody mit Stereotypien behaftet (zu ihren Kostümen gehörte oftmals ein aufwendiger Kopfschmuck). Tompkins schreibt:

> That was where people got their ideas of what the characters looked like. Though many Indian tribes wore no feathers and fought on foot, you will never see a featherless, horseless Indian warrior in the movies, because Bill employed only Sioux and other Plains tribes which had horses and traditionally wore feathered headdresses. (*West of Everything*, S. 199f.)

William G. Simon und Louise Spence konstatieren, dass die Indianer »were often imitating imitations of themselves«, sie stellten die »weiße Version« der Geschehnisse dar (s. »Cowboy Wonderland, History, and Myth«, S. 91). Dadurch wurde auch eine Form von Rassismus forciert (s. *With Amusement for All*, S. 84).[176]

Am Ende des 19. Jahrhunderts zeigten sich die weißen Männer einer Elite/der Mittelklasse besorgt: Wie oben bereits angedeutet, sahen viele ihre Männlichkeit in einer Krise und sich zu handeln veranlasst. Es ist also kein neues Phänomen, dass z.B. die Mitglieder der Männerbewegung der 1990er Jahre um Robert Bly[177] zurück zur Natur fanden.

Als vor mehr als 100 Jahren u.a. der Oststaatler und spätere Präsident Theodore Roosevelt fürchtete, dass die amerikanische Nation einer »Verweiblichung« und »Überzivilisierung« unterliegen würde, wollte er diesem entgegenwirken. Um erfolgreich zu sein, musste er sich für seine politische

---

[176] Gleichzeitig ist die Wild-West-Show multikulturell, sie bringt erstmals Indianer und Weiße zusammen.

[177] Vgl. hierzu Blys Werk *Iron John*, zuerst erschienen 1990. In dieser Geschichte muss sich ein junger Königssohn von seiner Mutter lösen und findet Kontakt zu einem wilden Mann, der eine Art Mentor für ihn wird. Mark Simpson schreibt über Bly, der empfehle, sich von Frauen und »Weicheiern« nichts sagen zu lassen und zurück zur »wilden« Männlichkeit zu finden:

> Bly's ideas, which may appear bizarre and even comical to an English readership, have gained a remarkable popularity in the United States. Since the mid-1980s tens of thousands of American males have attended weekends in the forest based around his Wild Man masculinity and the ›need‹ to counteract the ›feminization‹ of modern man. As *Iron John* became a best-seller, the American men's movement went mainstream and gained respectability, its representatives often consulted on the burning men's issues of the day and involved in prisoner rehabilitation schemes ... (»Iron Clint«, S. 255)

Karriere zunächst selbst als männlich inszenieren. Der amerikanische Westen und der Western sind für solche Anliegen benutzt worden, wie beispielsweise Bederman in *Manliness & Civilization* (1995) aufzeigt. Unterstützung erfuhr Roosevelt dabei vor allem auch durch seine Freunde Frederic Remington[178] und Owen Wister, die dazu beitrugen, dass ihre Vorstellungen von Männlichkeit, die durch eigene Erfahrungen im Westen geprägt worden waren, in die amerikanische Mittelklasse transportiert wurden. Jeder von ihnen tat dies auf seine Art und Weise, wie G. Edward White in dem erstmals 1968 erschienenen Buch *The Eastern Establishment and the Western Experience* schreibt:

> In the first decade of the twentieth century each man had reached the top of his profession and was among those individuals most influential in American life: Remington as the nation's leading illustrator and one of its most popular painters; Wister as author of the most widely read work of fiction in the decade of the 1900s; Roosevelt as President and »moral leader of all people.« (S. 7)

Im folgenden Unterkapitel demonstriere ich zunächst, dass es für eine Person der politischen Kultur – für Theodore Roosevelt – am Ende des 19. Jahrhunderts wichtig war, sich u.a. mit »Härte« (einer Komponente des Ideals der *masculinity*) zu verbinden. Die Diskussion der Ideen und Taten Roosevelts bildet auch eine Grundlage für das Verständnis von Owen Wisters Werk *The Virginian* (1902). Dieser Roman gilt als (weiterer) Schlüsseltext für das Genre des Westerns – seine Hauptfigur, der Virginier, ist ein Cowboy.

3.3.1 Theodore Roosevelt

Theodore Roosevelt bietet ein Beispiel für die Veränderungsmöglichkeiten einer Person durch Selbstinszenierung, und er hat nach Bederman durch die eigene Inszenierung und durch die Verbreitung seiner Theorien in Amerika einen entscheidenden Beitrag zu einer Verschiebung innerhalb der Bedeutungen von *manhood* (von *manliness* zu *masculinity*) am Ende des 19. Jahrhunderts geleistet.

---

[178] Der Maler Frederic Remington stellte Männer im Westen immer und immer wieder dar. Jane Tompkins schreibt über seine Bilder: »there are no women in them anywhere« (*West of Everything*, S. 183). Dies ist eine *exclusion* im Sinne Kimmels. Für eine kritische Betrachtung von Remingtons Werk s. *West of Everything*, S. 180ff. Zu Remingtons Erfahrungen im Westen s. G. Edward Whites Ausführungen in *The Eastern Establishment and the Western Experience*, S. 94ff.

Der in eine aristokratische Ostküstenkultur[179] hineingeborene Theodore Roosevelt war, wie Bederman schreibt, mit dem Verständnis aufgewachsen, dass für einen Mann »manly chivalry« und aggressive Gewalt zusammengehörten. Roosevelt begann sich früh für Abenteuergeschichten zu interessieren (s. *Manliness & Civilization*, S. 172). Seine Idee von der Wildnis war geprägt »by the genre of the Western adventure story. As TR saw it, nature was brutal and primitive – a proving ground of manly prowess – as epitomized by conflict with bloodthirsty, lurking Indians« (S. 174). Zu seinen Lieblingsbüchern gehörten auch James Fenimore Coopers Lederstrumpf-Geschichten (s. *Gunfighter Nation*, S. 33).

Als junger Abgeordneter von 23 Jahren gelangte Roosevelt 1882 nach Albany (New York). Wie Bederman schreibt, erhielt er trotz seiner Strebsamkeit und seiner Fähigkeiten zunächst keine Anerkennung; seine Gegner griffen ihn wegen seines »unmännlichen« Wesens an (unter anderem besaß er eine hohe Stimme und trug eng anliegende und zu schicke Hosen, deshalb wurde er z.B. mit Oscar Wilde verglichen, vom dem man wusste, dass er homosexuell war): »While TR might consider himself a manly man, it was becoming humiliatingly clear that others considered him effeminate« (*Manliness & Civilization*, S. 170). Aber kurze Zeit später sollte Roosevelt Wege finden, sich doch gemäß der (»neuen«) *mainstream*-Männlichkeit zu inszenieren und als maskulin wahrgenommen zu werden.

Denn der schwächliche junge Mann kaufte sich eine Ranch im Ödland der Dakotas. Er begann, die in den Büchern seiner Jugend beschriebenen Abenteuer nachzuleben. Wie White schreibt, wollte Theodore Roosevelt sich schon kurz nach seiner Ankunft für das Land passend kleiden: TR wollte einen Wildlederanzug – und stellte somit eine Verbindung zu den alten amerikanischen Helden wie Daniel Boone und Davy Crockett her.[180] Wie oben

---

[179] Auch die Oststaaten der USA können mit der Idee von Aristokratie verbunden werden. Dort bildete sich eine Elite: »the preindustrial eastern upper class – families of established wealth and long-standing prominence ... – and the ›new rich‹ – families of less distinguished origins to whom the industrial era had brought great wealth« (*The Eastern Establishment and the Western Experience*, S. 6). Durch verschiedene Institutionen wie z.B. die *ivy league*-Universitäten, Clubs und das *Social Register* (in dem die Mitglieder der führenden Gesellschaft aufgelistet waren, s. S. 28ff.) wurde der Fortbestand dieses elitären Status sichergestellt.

[180] White schreibt:
   Soon after his arrival in Dakota he confessed to his frontier companion Lincoln Lang that he was »most anxious to get a buckskin suit.« Buckskin to Roosevelt was »the most picturesque and distinctively national dress ever worn in America. It was the

ausgeführt worden ist, kann Kleidung als Zeichen, das zur Inszenierung dient, verstanden werden – und offenbar verstand Roosevelt dies ebenfalls so.

Theodore Roosevelt verfasste dann Bücher über Jagdabenteuer, wie z.B. *Ranch Life and the Hunting Trail*. Der Rancher im Westen – und auch Roosevelt selbst – wird hier zu einem neuen Westernhelden, der (immer noch) zwischen Wildnis und Zivilisation steht.[181] Für eines seiner Bücher ließ Roosevelt sich ablichten; das Foto vereinte nach Bederman Selbstbeherrschung, Entschlossenheit, Zivilisation und Wildnis. Hier findet sich der Wildlederanzug wieder. Roosevelt (der bei seiner Ankunft im Westen als *tenderfoot*,[182] auch als *Four-Eyes* bezeichnet wurde) nahm dafür seine Brille ab und eine Waffe zur Hand. Bederman beschreibt das Bild folgendermaßen:

> Sans eyeglasses (which would mark his body as imperfectly evolved), TR stands in a woodland setting, wearing a fringed buckskin suit. His face is grave, restrained, resolute – manly – and he grips a long rifle. Yet, although he bears the weapons and manly demeanor of a civilized man, he wears the clothing of savages. (*Manliness & Civilization*, S. 176)

Roosevelts selbstinszenierte Veränderung verlief erfolgreich; als er 1886 für das Bürgermeisteramt in New York kandidierte, wurde von ihm nicht mehr als »Oscar Wilde« gesprochen, sondern man nannte ihn den »Cowboy of the Dakotas« – »even the Democratic *New York Sun* lauded his zest for fighting and his ›blizzard-seasoned constitution‹« (*Manliness & Civilization*, S. 176f.). White gibt ebenfalls die Aussage eines Zeitzeugen weiter, der das Erstaunen über Roosevelts »Männlichkeitserhöhung« bekundet:

> That previous summer the same correspondent for the Pittsburgh *Dispatch* had chanced to run into the pale, slim, piping-voiced dude he had described only four months before. »What a change!« exclaimed the reporter. »He is now brown as a

---

> dress in which Daniel Boone was clad when he first passed through the trackless forests of the Alleghenies and penetrated into the heart of Kentucky. ... the dress worn by grim old Davy Crockett when he fell at the Alamo.« (*The Eastern Establishment and the Western Experience*, S. 83f.)

[181] Roosevelt selbst war ein leidenschaftlicher Jäger. Er gründete zudem den *Boone and Crockett Club*, zu dem auch solche Persönlichkeiten wie Francis Parkman gehörten. Mit der Schaffung der Nationalparks sollten amerikanische Männer später die Gelegenheit haben, selbst Tiere zu erlegen und ihren Frauen zur Zubereitung mit nach Hause zu bringen (s. *Gunfighter Nation*, S. 56).

[182] Dieser Begriff bezog sich ursprünglich auf importiertes Vieh, wurde aber dann für Menschen verwendet, die als Neulinge die Pioniergewohnheiten erlernen mussten.

berry and has increased 30 pounds in weight. The voice which failed to make an echo in [Albany] when he climbed upon his desk and shook his little pocket hand-kerchief and piped, ›Mistah Speakah‹ is now hearty and strong enough to drive oxen.« (*The Eastern Establishment and The Western Experience*, S. 90)

Theodore Roosevelt hat sich nicht nur selbst im Westen durch »frontier role-playing«[183] verändert, er wollte der ganzen amerikanischen Nation zu einer Gesundung und zu einer perfektionierten Zivilisation verhelfen. In den von ihm verfassten Bänden *The Winning of the West* stellte Roosevelt eine *frontier*-These auf, wie Richard Slotkin deutlich macht. Der Rassegedanke ist hierbei essenziell. Bederman schreibt, dass Roosevelt die weiße bzw. angelsächsi-sche »Rasse« als überlegen ansah:[184]

In *The Winning of the West*, an ambitious four-volume history of the late eighteenth-century American frontier, Roosevelt depicts the American West as a crucible in which the white American race was forged through masculine racial conflict. By applying Darwinistic principles to the Western tradition, Roosevelt constructed

---

[183] Diese Formulierung findet sich in *The Eastern Establishment and the Western Experience*, S. 94.

[184] Nach Thomas G. Dyer wurden Termini wie z.B. »race conflict«, »race problem«, »race question«, »race riot« während Roosevelts Lebenszeit verwendet. Sie deuten ein Selbstverständnis von der Überlegenheit der »weißen Rasse« an. Gegen Ende seines Lebens befürchtete TR auch den »race suicide« der weißen »old stock Americans«. Wie viele Zeitgenossen ging er weiterhin (nach Lamarck) davon aus, dass Individuen er-worbene Eigenschaften an ihre Nachkommen vererben. Bei Roosevelt hat sich die Ver-wendung des Begriffes »race« im Laufe seines Lebens verändert. Dyer schreibt:
The ways in which Roosevelt used the term *race* can be grouped into five principal divisions. Early in his life and primarily in his histories he repeatedly used *race* as a broad designation, appropriate to employ when discussing nearly any human group which appeared to possess social, phsysical, or cultural traits in common. A second general way in which Roosevelt utilized the term was a national label. Frenchmen belonged to a French race, Germans to a German race, Americans to an American race, and so on. This second level of meaning closely resembled a third which indi-cated that close ties of a racial nature existed between such peoples as the French and the French Canadians (both members of the French race); the English-speaking race (sharing cultural traits which Roosevelt regarded as racial), or the Latin and Teutonic races, which were historical races sharing common pasts as well as physical and behavioral similarities. Roosevelt also defined race on a color basis. At various times he recognized white, red, and black races in North America and also referred to a yellow race as a primary unit of human classification. And finally, Roosevelt conceived of race as the principal ethnic divisions of mankind. Roosevelt's funda-mental assumptions about race, therefore, were built into a belief system which stressed a plural concept of race, a concept which permitted a significant variety of human groups to be recognized as races. (*Theodore Roosevelt and the Idea of Race*, S. 29f.)

the frontier as a site of origins of the American race, whose manhood and national worth were proven by their ability to stamp out competing, savage races. (*Manliness & Civilization*, S. 178)

Mit den »savage races« sind hier vor allem Indianer und Schwarze[185] gemeint. Die Entwicklungsstufen in Amerikas Westen stellte Roosevelt folgendermaßen dar: Erst waren die Indianer da, dann kamen die weißen Jäger und verdrängten sie (weil sie besser gewesen seien). Die nächste Stufe in der Entwicklung sei der Cowboy gewesen, den Roosevelt auch über die Arbeiter in den Städten stellte. Aus den fähigsten der Cowboys habe sich dann die Klasse von *gentlemen-ranchers* entwickeln können, die Roosevelt, der eine Vorliebe für aristokratische Qualitäten in seinen Helden hatte, als herausragend empfand (s. *Gunfighter Nation*, S. 38f.).[186] Hier ist der natürliche Aristokrat also nicht (nur) einer durch »virtue and talents«, sondern vor allem einer, der Besitz hinterlassen kann (so wie es sich z.B. John Adams vorstellte).

Für Männer wie Theodore Roosevelt,[187] die in der Überzivilisiertheit eine große Gefahr sahen, sollte bei einem zivilisierten Mann neben den Instinkten aber auch weiterhin das rationale Handeln eine Rolle spielen.

Die dahinter stehende Ideologie machte den Weg frei für einen weiteren Schritt in Amerikas imperialer Expansion: »the American race needed to summon its manhood to face a new opponent in its struggle for racial expansion: the ›semi-civilized‹ mestizo races of Latin America« (*Manliness & Civilization*, S. 184). Als 1898 der Spanisch-Amerikanische Krieg begann, bot sich für TR erneut eine Chance zur Selbstinszenierung – er wurde Colonel. Für die Einheit, die er für den Einsatz auf Kuba rekrutieren sollte, die *Rough Rid-*

---

[185] Die Präsenz von Afroamerikanern im »eigenen« Land, die die Gefahr von Vermischung mit sich brachte, betrachtete Roosevelt nach Bederman als Fehler:
Yet although the manly American race was forged of various immigrant races, all of those contributing races were European. Black Americans played no part in TR's frontier history, nor did he consider them part of the American race. As he saw it, African Americans were racial inferiors whose presence in America could only damage the real (that is, white) American race. TR lambasted slave importers as »the worst foes, not only of humanity and civilization, but especially of the white race in America.« (*Manliness & Civilization*, S. 179)

[186] Bederman weist darauf hin, dass Roosevelt in *The Winning of the West* die *frontier*-Männer wie die Helden in den Westerngeschichten beschrieb, sie seien hart und stark gewesen, geprägt durch das Leben, das sie führten. Sie wären körperlich kräftig gewesen und hätten sich gegenseitig mit athletischen Wettkämpfen herausgefordert (z.B. mit einem Rennen oder einem Ringkampf). Diese Männer waren nach TR »every inch men« (*Manliness & Civilization*, S. 180).

[187] So auch für seinen Zeitgenossen G. Stanley Hall.

ers,[188] wählte er nur Männer aus, die seinem Ideal entsprachen. Dazu gehörten Cowboys und *frontier*-Männer, deren Väter und Vorväter die Indianer vernichtend geschlagen hatten. Außerdem wählte er noch Aristokraten und Athleten – Footballspieler – aus den *ivy league*-Colleges aus (s. S. 191).[189]

Nachdem die *frontier* in seinem Heimatland offiziell verschwunden war, bot sich in den kämpferischen Auseinandersetzungen (und in weiteren »Rassenkriegen«) für Roosevelt eine Möglichkeit, die Virilität und Wettbewerbsfähigkeit der amerikanischen Männer unter Beweis zu stellen (s. *Gunfighter Nation*, S. 51ff.). Roosevelt propagierte das Ideal des *strenuous life*.[190] Die Idee vom *strenuous life* hat auch Owen Wister in *The Virginian* (1902) aufgenommen (s. unten).

---

[188] Nach G. Edward White wurde durch diese Truppe auch eine Vereinigung von Nord und Süd, West und Ost vorgenommen und damit ein vereintes oder gemeinsames amerikanisches Männlichkeitsideal (wie im Roman *The Virginian*) kreiert, s. hierzu *The Eastern Establishment and the Western Experience*, S. 149ff. Dass Härte zu diesem Zeitpunkt bereits ein Element des Männlichkeitsideals war, verrät der Slogan der *Rough Riders*. Er lautete: »Rough, tough, we're the stuff«.

[189] Auch William F. Cody hat mit seiner Show die Expansion der Vereinigten Staaten begleitet. Das war nicht nur Teil seines Programms Mitte der 1880er Jahre gewesen (in dem die nationale Expansion unterstützt wurde), sondern auch 1899 (in dem imperiale Tendenzen der USA befürwortet wurden). Von einem Reporter wurden nach Ashby die Zirkus- und Wild-West-Shows auch als »moral cheerleaders of expansion« bezeichnet (s. *With Amusement for All*, S. 83). Dabei kennzeichnete Cody beispielsweise die amerikanischen Kämpfer auf Kuba (Roosevelts Truppen) im Spanisch-Amerikanischen Krieg als männlich, die spanischen Feinde bzw. die fremdländischen Männer aus den neuen Überseekolonien als unmännlich. Ashby schreibt:

> By 1899, Cody's Wild West show – by then known as Buffalo Bill's Wild West and Congress of the Rough Riders of the World – invited spectators to see »Strange People from Our New Possessions.« The show also included a reenactment of the Battle of San Juan Hill, which celebrated the victorious charge of Theodore Roosevelt and his Rough Riders against Spanish troops in Cuba. According to the program's notes, Roosevelt's troops were courageous, »virile,« and »manly,« while the Spanish were »wine-soaked« cowards. (S. 83)

[190] Der Ausdruck *the strenuous life* wurde mit einer bestimmten Idee von Männlichkeit in Verbindung gebracht: »the phrase ... soon began to connote a virile, hard-driving manhood, which might or might not involve foreign relations, at all« (*Manliness & Civilization*, S. 184). Das *strenuous life* sollte der weiblichen Überzivilisierung entgegenwirken und den Amerikanern dazu verhelfen, zur virilsten und überlegensten »Rasse« der Welt zu werden.

3.3.2 Der Cowboy-Roman

Bevor im nächsten Unterkapitel Wisters Roman *The Virginian* (1902) diskutiert werden wird, gehe ich an dieser Stelle u.a. auf Wisters Leben und Ideen
und die Folgen für den Western ein, die durch sein Wirken entstanden sind.

Ähnlich wie Roosevelt erlebte auch Owen Wister den Westen als einen
Ort, der ihn persönlich voranbrachte, ja ihm zu einer Art Initiation verhalf.
Der gesundheitlich angeschlagene Owen (der aus einer wohlhabenden Familie des Ostens, aus der *aristocracy* stammte), hatte sich zuvor schon erfolg-
los an einem Roman versucht und war zwischen einer Karriere als Musiker
und einer Karriere als Büroangestellter in Boston (die sein Vater für ihn vorgesehen hatte) hin- und hergerissen. Ein Freund der Familie riet dem kränk-
lichen jungen Mann, in den Westen zu gehen, um sich zu erholen:

> At the VR Ranch on Deer Creek in central Wyoming, Wister slept outdoors in a
> tent, bathed in the icy creek every morning, spent hours in the saddle, hunted,
> fished, and worked in the roundup, helping to brand calves, castrate bulls, and
> delivered foals. Inside three weeks he was fully recovered. He stayed all summer.
> (*West of Everything*, S. 136)

Wie auch Roosevelt nutzte Wister den Westen, um sich neu zu finden, neu
zu inszenieren (in Tompkins Text heißt es, Wister »created himself«, s.
S. 137). Owen wurde im Westen aber auch zum Manager einer großen Ranch,
deren Eigentümer zwei ehemalige Kommilitonen der Harvard-Universität
waren. Sowohl White (*The Eastern Establishment and the Western Experience*,
S. 127ff.) als auch Slotkin (*Gunfighter Nation*, S. 170) machen deutlich, dass
Wister mit einigen Mitgliedern der Wyoming Stock Growers Association
(WSGA) bekannt war und sympathisierte. Der Cheyenne Club galt als Mittelpunkt dieser Organisation. Mit diesem Bündnis war man in der Lage, sich
z.B. gegen Eisenbahnen, kleinere Rancher oder Arbeiter durchzusetzen (s. S.
170). Slotkin beschreibt die Mitglieder folgendermaßen:

> In their approach to cattle business the members of the WSGA were more like
> captains of industry than Texas cowboys. They brought to their operations the
> skills and biases of big businessmen; and when the cattle business finally dried
> up, they returned to become managers of corporations like the Morgan Bank,
> U.S. Steel, the Seligman Bank, the American Surety Company, the First National
> Bank of New York, and the North American Copper Company. (*Gunfighter Nation*,
> S. 171)

In *The Virginian* hat Wister die Ereignisse um den *Johnson County War* von 1892 in Wyoming verarbeitet.[191] Diesem Weidekrieg waren zwei große Cowboy-Streiks in den 1880er Jahren vorangegangen. Nach Slotkin wehrten sich die Mitglieder der WSGA gegen *rustlers*, die ihr Vieh stahlen, aber sie schadeten auch bewusst kleineren Ranchern. Um Macht zu erhalten, taten sich diese mit der Demokratischen Partei zusammen. Die den Republikanern nahestehende WSGA reagierte darauf, indem sie die Regeln des Gesetzes durchbrach. Die WSGA betrieb Selbstjustiz und stellte eine Truppe aus ihren Cowboys und texanischen Revolvermännern zusammen. Es wurden nicht nur die vermeintlich führenden Köpfe der Viehdiebe getötet; die Mitglieder der WSGA schrieben auch eine »Todesliste« und ließen ihre Gegner so systematisch ausschalten. Slotkin verweist darauf, dass mit dieser Art von *vigilantism* (auch) eine Verbindung zu den Aktionen der *regulators* des 18. Jahrhunderts hergestellt werden kann (s. *Gunfighter Nation*, S. 173f.). In seinem Roman macht Wister nun nicht nur (wie Roosevelt) klar, dass die *frontier* zu einer neuen, besseren »Rasse« von angelsächsischen Amerikanern geführt habe; sein Held wird zu einem Mitglied der herrschenden Rasse, die sich mit ihrer Macht über das Gesetz stellt (denn der Virginier beteiligt sich an Lynchmorden).

Mit dem – Theodore Roosevelt gewidmeten – Roman *The Virginian* hat Owen Wister den Cowboy als Nachfahren der angelsächsischen Krieger und Ritter dargestellt.

In diesem Zusammenhang ist auch Wisters Aufsatz »The Evolution of the Cow-Puncher« von Interesse, der sieben Jahre vor *The Virginian* veröffentlicht worden ist. Darin heißt es, dass der *Saxon* sein Pferd mit sich führte, »from the tournament at Camelot to the round-up at Abilene« (S. 604). Nach Wisters Einschätzung dauerte es einige Zeit, bis der Angelsachse (Amerikaner) in Amerika wieder zum Pferd (das ursprünglich von den Spaniern nach Südamerika eingeführt worden ist) gekommen war.

Bereits im Titel seines Aufsatzes hat Wister darwinistisches Gedankengut verwendet. Der angelsächsische Amerikaner, der Cowboy und Pferdemann, wird in seinen Ausführungen zum Angehörigen einer überlegenen »Rasse«. Nur diese Rasse kann im *cattle country* überleben, Expansion betreiben und ist hart (»tough«) und mutig. Angehörige anderer »Rassen« (der

---

[191] Für eine andere Sicht der Dinge vgl. den revisionistischen Film *Heaven's Gate* von Michael Cimino (1980).

Autor nennt hier z.B. Teutonen, Portugiesen, russische Juden) seien zur damaligen Zeit zu »zahm« geworden. Wister schreibt in »The Evolution of the Cow-Puncher«, dass Amerika – da Cooper und andere, die die Idee einer nationalen amerikanischen Literatur und Kultur vorangetrieben hatten, nicht mehr lebten – einen neuen Sir Malory[192] brauche (s. S. 606). Der Autor deutet an, dass der (weiße) Cowboy sich nicht durchsetzen werde, obwohl er ein guter Kämpfer sei. Slotkin schreibt:

> They leave neither estates nor institutions behind them, and their politics are tainted with populism. The line of racial heritage is therefore rooted in the aristocratic ranchers, who are the end product of »The Evolution of the Cow-puncher« ... (*Gunfighter Nation*, S. 171)

Es ist also (wieder) der Ranchbesitzer, einer, der eine Aristokratie formen kann, der an die Stelle des Cowboys tritt. Weiterhin war Wister genau wie sein Freund Theodore Roosevelt der Meinung, dass das *strenuous life* der Nation zu einer Revitalisierung verhelfen konnte – und dass der Weste(r)n einen kulturellen Beitrag dazu liefern konnte. *The Virginian* war sehr populär, innerhalb der ersten zwei Monate verkauften sich 50.000 Exemplare, wie Lonn Taylor und Ingrid Maar feststellen (s. *The American Cowboy*, S. 72).

Nach Tompkins brauchte Amerika einen Helden, der die Nation vereinte: »a huge and diverse population split along class lines needed a classless (if not racially and ethnically neutral) male hero who could stand for ›everyone‹« (*West of Everything*, S. 43). Auch die Vereinigung von Nord und Süd sollte sich im Leben des Helden (des Virginiers) im Westen niederschlagen. Dabei besitzt dieser, auch wenn er aus einem ärmlicheren Haus stammte, von vornherein eine Art von Nobilität: »Virginians had been identified in the historical romances of Cooper and his imitators as the Americans closest in status and breeding to British nobility« (*Gunfighter Nation*, S. 176). White erklärt die Konstellation der Figur des Virginiers (u.a. nach dem Folkloristikforscher Mody Boatright) folgendermaßen:

> According to Mody Boatright, the Virginian is a »folk hero,« in that he possesses »prowess and cleverness,« qualities which are deemed »universally heroic« in the American imagination. »Prowess, when accompanied by the virtues of bravery, skill and loyalty, is a romantic ideal, aristocratic in its indifference to material gain, and accessible only to those who have economic security or are indifferent to it.«

---

[192] Thomas Malory hat die Legende um King Arthur aufgeschrieben. Sein bekanntes Werk, das erstmals 1485 erschienen ist, heißt *Le Morte d'Arthur*.

»Cleverness,« on the other hand, »is the middle classes' weapon against the aristocracy, realistic and often cynical.« (*The Eastern Establishment and the Western Experience*, S. 140)

Im Virginier sind also sowohl Anteile der amerikanischen hegemonialen Männlichkeit zu finden, als auch Ideale einer *upper class*, die über die Südstaatenherkunft legitimiert werden. Solchen Eigenschaften wie Mut und Schneid, die bis zum Ende des 19. Jahrhunderts zu einem Westernhelden gehörten und die bereits aus Coopers Romanen oder den *dime novels* bekannt waren, werden mit dem Roman *The Virginian* weitere hinzugefügt (z.B. Härte). Die Darstellung des Virginiers forciert außerdem die Idee von der Überlegenheit des Patriarchats. *The Virginian* entstand genau in der Zeit, in der die Frauenbewegung das Wahlrecht einforderte, s. dazu auch Mitchells Äußerungen (*Westerns*, S. 152). Dies zeigt, dass *gender*-Konstruktionen aus Angst gebildet werden können.

3.3.3 *The Virginian* (1902)

Nach Slotkin folgt den literarischen Werken des 19. Jahrhunderts (wie z.B. *The Last of the Mohicans* als »seriöser« oder »vornehmer« Populärliteratur auf der einen Seite und den *dime novels* als weniger seriöser Literatur auf der anderen Seite) eine Art von *red-blooded fiction* (1895-1910), die auch als Realismus oder Naturalismus bezeichnet wird. Zur *red-blooded fiction* zählt er Bücher von Hamlin Garland, Jack London und auch Owen Wister und Thomas Dixon[193] (s. *Gunfighter Nation*, S. 162ff.). Nach Rotundo spiegelt sich in Garlands und Londons Werken auch teilweise die Ideologie der *primitive manhood* wider, die eine Verbindung zu Wilden (*savages*) und Tieren (»animal instincts«, »animal energies«) herstellt, was zum einen auf Einflüsse des Darwinismus hinweist, zum anderen einen Wunsch nach Revitalisierung andeutet (s. *American Manhood*, S. 229).

Der Virginier, der in Wisters Roman beschrieben wird, ist der beste Mann im Westen. Und dies nicht nur, weil er als Südstaatler schon mit einem aristokratischen System verknüpft werden kann. Er ist ein starker Mann, der die Idee des *survival of the fittest*[194] gewissermaßen verkörpert. Slotkin

---

[193] *The Clansman. An Historical Romance of the Ku Klux Klan* von Thomas Dixon, erschienen 1905, ist die Vorlage für D.W. Griffiths Stummfilm *The Birth of a Nation* (1915).

[194] Dieser Terminus stammt von Herbert Spencer, der versucht hat, gesellschaftlichen Wandel mit Hilfe von Darwins Evolutionstheorie zu erklären. Tina Roth schreibt:

schreibt zum »Lebensraum« des Virginiers: »The cattle range is represented as a Social Darwinian laboratory, perfect for testing hypotheses about human nature« (*Gunfighter Nation*, S. 175). In dieser Studie kann der Westen zudem wieder als ein Ort angesehen werden, an dem soziale Relationen entstehen und Vertreter unterschiedlicher Männlichkeiten mit einander kämpfen.

Wisters Protagonist stammt aus dem ländlichen Virginia.[195] Er ist nicht überzivilisiert wie die Männer, die in den Städten ihren Bürojobs nachgehen. Der Virginier hat eine vornehme Art – nach Tompkins ist er ein Mann mit »gentle manner and southern courtesy« (*West of Everything*, S. 139). Im Roman erhält er die Anerkennung verschiedener Vertreter der (»emasculated«) *genteel tradition* der Oststaaten; Slotkin führt in diesem Zusammenhang den Ich-Erzähler, der zur Erholung in den Westen kommt, Judge Henry, der eine große Ranch besitzt, und Molly Stark Wood an (s. *Gunfighter Nation*, S. 176). Im Buch verliebt sich der Held in Molly, die eine Lehrerin – also eine Frau des Wissens und der Worte – ist. Trotz alledem betont der Erzähler in *The Virginian*, dass Molly Wood keine *New Woman* sei, die z.B. für das Frauenwahlrecht eintrete (wobei in Wyoming das Frauenwahlrecht bereits 1869 eingeführt worden ist). Im Text steht: »it is said that Molly Stark, in her day, was not a New Woman« (*The Virginian*, S. 82). Molly verhält sich anders als die verkleidete Kate in dem im vorangegangenen Abschnitt diskutierten Groschenroman. Molly ist eine Frau, die für die Männer in *The Virginian* keine Bedrohung darstellt. Über Reformerinnen wird sich in Wisters Werk an verschiedenen Stellen abfällig geäußert. Dass Weiblichkeit in einem – von einem

---

Darwin akzeptierte den Begriff des »survival of the fittest« eher zögernd, nachdem er ihn von Spencer übernommen hatte, setzte ihn aber dennoch mit seinem eigentlichen Leitbegriff »selection« gleich. Und obwohl Darwin »selection« als das »survival of the fittest« definiert, umgeht er damit das Problem, ob die Überlebenden auch immer die Tüchtigsten sind. Der Begriff kommt ursprünglich aus einem gesellschaftstheoretisch-ökonomischen Kontext, aus dem bei Spencer die Kriterien der Fitness bezogen werden ... Bei Darwin hingegen wird Anpassung (adaption) zum Kriterium der Fitness. (*Darwin und Spencer – Begründer des Sozialdarwinismus?*, S. 31f.) Ich habe mich dafür entschieden, *the fittest* im Westernkontext als »der Beste« zu bezeichnen. Und das auch, weil mir die Idee von »the best of civilization« mehrfach begegnet ist (z.B. in Verbindung mit Buffalo Bill, dem Film *Hell's Hinges* (1916) usw., s. unten).

[195] Genauer beschreibt der Protagonist seine Herkunft folgendermaßen: »I am of old stock in Virginia. English and one Scotch Irish grandmother my father's father brought from Kentucky. We have always stayed at the same place farmers and hunters not bettering our lot and very plain« (*The Virginian*, S. 270).

Mann geschriebenen – Text durch die Kennzeichnung einer Frau mit männlichen Attributen demontiert werden kann, wird in der Episode um die
Henne Em'ly deutlich, die bereits recht früh im Buch auftritt. Das Tier wird,
so Tompkins, mit einer weiblichen Reformerin verglichen. Der Erzähler beschreibt die Henne mit bläulichen Beinen (nach Tompkins ein Wortspiel auf
blue-stocking), die keine Eier legt, als männlich aussehend (der Virginier sagt:
»She's sure manly-lookin« (*The Virginian*, S. 63)). Sich nicht fortzupflanzen,
wird als unnatürlich angesehen; Theodore Roosevelt, Wisters Freund, z.B.
sah es als Pflicht einer Frau an, Kinder zu bekommen. Die Henne Em'ly wird
insgesamt als ein »unansehnliches« Exemplar beschrieben, das zwischen
männlicher und weiblicher Erscheinungsform oszilliert. Der Text deutet an,
dass dieses Verhalten und das Aussehen nicht erstrebenswert sind, denn
Em'ly verliert gewissermaßen den Verstand und stirbt.

Der Virginier wird Molly zeigen, dass Demokratie im Herrschen einer
Elite besteht (s. *Gunfighter Nation*, S. 177f.). »Quality« steht über »equality«,
wie es mehrfach in *The Virginian* geschrieben steht. Es ist offensichtlich, dass
diese Elite männlich sein soll.

Der Protagonist aus Wisters Roman reiht sich in die Riege der hier besprochenen Helden ein. Er ist ein Mann, der in der Wildnis bestehen kann
und der eine Gemeinschaft (gegen die Viehdiebe) beschützt. *The Virginian*
wird aber auch als wichtiger Text für die Entwicklung des Westerns bezeichnet. Die Cowboy-Figur trägt eine Waffe, und gemeinhin gilt *The Virginian*
auch als der Text, der für den Western das Duell »erfunden« hat (es findet
eines zwischen der Hauptfigur und dem Bösewicht Trampas statt).[196] Als historisches Vorbild soll Wister das Duell zwischen Wild Bill Hickok und Dave
Tutt gedient haben.[197]

---

[196] Allerdings gibt es in *Dashing Diamond Dick* beispielsweise bereits (ein vereiteltes) Duell
zwischen der Hauptfigur und dem Bösling Tornado Tom, s.o., so dass diese Aussage
nur eingeschränkt gelten kann.

[197] Ob es sich hier um eine Legende handelt, oder ob diese Geschichte sich wirklich so
zugetragen hat, kann nicht beantwortet werden.
Der Mord an David Tutt in Springfield, Missouri, fand 1865 statt. Der Überlieferung
nach hatte Tutt Hickoks Uhr beim Glücksspiel gewonnen, und die beiden waren darüber in Streit geraten. Da Tutt die Uhr öffentlich tragen wollte, sah sich Wild Bill angeblich in seiner Ehre verletzt. Auf dem Marktplatz trafen sich die beiden dann vor
einer versammelten Zuschauermenge. Als sie ca. 50 Schritte von einander entfernt waren, zogen sie nahezu gleichzeitig ihre Revolver, und Tutt wurde tödlich getroffen.
Wild Bill wurde im Gerichtsverfahren freigesprochen. Zu weiteren Details s. *Wild Bill
Hickok – Westernmythos und Wirklichkeit* von Rainer Eisfeld.

Nach Tompkins zeigt sich in *The Virginian* erstmals, dass ein Mann einem Kodex entsprechend etwas tun muss (z.B. dass er sein Leben aufs Spiel setzen muss, indem er gegen einen anderen Mann kämpft) – und zwar gegen den Wunsch/Willen einer Frau (die er begehrt oder mit der er liiert ist). Das Thema der Westerngeschichte ist Mannwerdung und Männlichkeit, auch oder gerade weil dieses durch Abkopplung von einer Frau erlangt wird (was nach Tompkins gefahrlos verläuft, da die Frauen ihre Helden immer wieder zurücknehmen, s. *West of Everything*, S. 131 – oder wie Martin Weidinger es formuliert: »Frauen warten zu Hause auf ... [die] Rückkehr [der Männer] – mitunter jahrelang«, s. *Nationale Mythen – männliche Helden*, S. 106). Dieses Muster ist in zahlreichen traditionellen Westernfilmen zu finden, z.B. in *High Noon*, *The Searchers* und in vielen weiteren. Wie wir gesehen haben, gab es im Groschenroman *Dashing Diamond Dick* bereits eine ähnliche Szene.

In Wisters Geschichte reist der Ich-Erzähler aus seiner New Yorker Welt mit dem Zug nach Medicine Bow in Wyoming (Westen). Die Reisenden sehen aus dem Zugfenster einen außergewöhnlichen Mann, der mit einigen anderen Cowboys mit einem wilden Pony in einem Korral arbeitet:

> Then for the first time I noticed a man who sat on the high gate of the corral, looking on. For he now climbed down with the undulations of a tiger, smooth and easy, as if his muscles flowed beneath his skin. The others had all visibly whirled the rope, some of them even shoulder high. I did not see his arm lift or move. He appeared to hold the rope down low, by his leg. But like a sudden snake I saw the noose go out its length and fall true; and the thing was done. As the captured pony walked in with a sweet, church-door expression, our train moved slowly on to the station, and a passenger remarked, »That man knows his business.« (*The Virginian*, S. 13f.)

Bei diesem Cowboy ist es schön anzusehen, wenn er der körperlichen Arbeit nachgeht, die er beherrscht. Hier wird einem Mann wieder die Geschmeidigkeit einer Raubkatze[198] zugestanden. Eine augenscheinlich stereotype Zuordnung. Es ist zu beachten, dass sich dieser Mann bewegt. Das Bemerken der Attraktivität während seiner Aktivität darf also eher gewagt werden (wenn

---

[198] Im Deutschen würden wir die Bewegungsform wohl mit der Geschmeidigkeit eines Panthers beschreiben. Diese Geschmeidigkeit – das mühelose Bewegen des Körpers – ist als Zeichen von Männlichkeit ein Merkmal vieler Westernhelden (s. dazu die Beschreibung von Yul Brynner in *The Magnificent Seven* oben und die Bewegungen Diamond Dicks).

man den Aussagen Benshoffs und Griffins zum Film oben folgen will; Männer sollen eher in Bewegung als in Ruhe abgebildet werden). Dies scheint auch den direkten Blick des personalen Ich-Erzählers abzufedern.[199]

In Medicine Bow steigt der Ich-Erzähler aus und trifft auf den (24jährigen, 1,83 m großen) Virginier, der ein Gespräch mit einem älteren Mann führt. Erst etwas später erkennt der Mann aus dem Osten, dass es sich bei dem Cowboy, den er aus dem Fenster gesehen hat, um den Virginier handelte (S. 22). Der Erzähler tut seine Bewunderung und Begeisterung für den Körper und die Kleidung des Helden kund. Die Cowboy-Kleidung ist durch den Aufenthalt in der Natur staubig geworden. Im Text kann die staubige Kleidung als Symbol für eine Verschmelzung mit der Natur und der Landschaft gelten, nach der die Hauptperson stets sucht (diese Kleidung ist auch eine gänzlich andere als ein sauberer Anzug, den ein Stadtmensch aus den Oststaaten typischerweise trägt). Der Erzähler beschreibt den Anblick des Helden folgendermaßen:

> Lounging there at ease against the wall was a slim young giant, more beautiful than pictures. His broad, soft hat was pushed back; a loose-knotted, dull-scarlet handkerchief sagged from his throat, and one casual thumb was hooked in the cartridge-belt that slanted across his hips. He had plainly come many miles from somewhere across the vast horizon, as the dust upon him showed. His boots were white with it. His overalls grey with it. The weather-beaten bloom of his face shone through it duskily ... But no dinginess of travel or shabbiness of attire could tarnish the splendor that radiated from his youth and strength. ... Had I been the bride, I should have taken the giant, dust and all. (S. 15)

---

[199] Die Filmtheorie (nach z.B. Mulvey) besagt, dass einer Figur durch die subjektive Kamera ein Objektstatus zugewiesen werden kann. Die subjektive Kamera des Films lässt sich nicht uneingeschränkt mit dem personalen Erzähler der Literatur gleichsetzen. Im Roman bedeutet personales Erzählen, dass die Innensicht einer Figur beschrieben wird, gleichzeitig handelt es sich um eine Innenperspektive (im Gegensatz dazu herrscht beim auktorialen Erzählen trotz der Möglichkeit der Vermittlung einer Innensicht die Außenperspektive vor). Matthias Hurst schreibt: »Die Innenperspektive der kinematographischen Erzählsituation ist eine nach außen gewandte Perspektive« (*Erzählsituationen in Literatur und Film*, S. 97). Die subjektive Kamera des Films und das personale Erzählen im Roman sind jedoch beide von Unmittelbarkeit geprägt. In dieser Studie werden in den literarischen Westernwerken u.a. Textstellen, bei denen aus der Innenperspektive oder aus der Außenperspektive heraus auf eine andere Figur geblickt wird, untersucht. Es geht dabei um die Feststellung der (Un-)Mittelbarkeit und z.B. um Umstände, die eine etwaige Direktheit abschwächen können.

Hier findet sich ein »unverschämter« Blick einer Figur auf die Pracht eines ruhenden weißen Körpers. Es ist eine Studie der Männlichkeit. Da der Erzähler ebenfalls männlich ist, könnte hier auch eine homoerotische Komponente angedeutet werden. Der Text löst dieses »Problem«, indem der Erzähler am Schluss dieses Zitats herabgesetzt und feminisiert wird, denn er kann sich – zumindest für einen Augenblick – in die Rolle einer Frau versetzen und diesen Mann (sexuell) anziehend finden. Zum Objekt wird der Virginier nicht; er wird durch die Darlegung des Erzählers (bildlich) erhöht. In der Pose, die er – lässig an die Wand gelehnt – mit seinem umgeschnallten Patronengürtel einnimmt, wird eine ungeheure Kühle und Macht/Potenz (weil gefährlich) deutlich. Dieser Cowboy (er trägt typischerweise ein Halstuch) ist auch ein *gunfighter*.

Aus Sicht des Ich-Erzählers, der das Gefühl von Authentizität und Ehrlichkeit vermittelt, ist die (körperliche und machtvolle) Ausstrahlung des Cowboys sowohl für Männer als auch für Frauen zu spüren: »But in his eye, in his face, in his step, in the whole man, there dominated a something potent to be felt, I should think, by man or woman« (S. 19). Durch die Orientierung des Erzählers sowie anderer Nebenfiguren am Protagonisten wird er zum Leitbild für untergeordnete Männlichkeiten – und kann diese Funktion wohl auch für den männlichen Leser anbieten. Dass ein Freund der Hauptfigur, Scipio, später seine Begeisterung für den Virginier, nachdem dieser eine Geschichte erzählt hat, folgendermaßen ausdrückt – »›Oh, I'm in love with you!‹ And he threw his arms round the Virginian« (S. 152) – erscheint da nur »natürlich«. Der oftmals bewunderte Virginier ist aber einem anderen Mann nicht mehr so nah wie beispielsweise Natty es Chingachgook war. Dies kann als Zeitphänomen gewertet werden. Weder der Erzähler noch andere Figuren können als *sidekick* des Virginiers gelten, er ist ein »singular man« (S. 79). Zudem geht der Virginier eine (dauerhafte) Bindung mit einer Frau ein.

Der Virginier ist dafür zuständig, den Neuankömmling (den Erzähler) in Medicine Bow in Empfang zu nehmen, da dessen Gastgeber Judge Henry ihn nicht persönlich abholen kann. Auch der Freund des Protagonisten, der Cowboy Steve, der später für eine Reihe von Viehdiebstählen von einer Gruppe um den Virginier gehängt werden soll, kommt hinzu.[200] Der Mann

---

[200] Der Virginier wird sich im Laufe der Geschichte aus Sicht des Erzählers als charakterlich integer erweisen, Steve hingegen ehrt den Besitz anderer nicht. Die Hauptfigur löst sich aus der Freundschaft mit Steve, als vermutet wird, dass dieser in Viehdiebstähle verwickelt ist.

aus dem Osten genießt die Gesellschaft des Duos, fühlt sich jedoch gleichzeitig wie ein Außenseiter – und er möchte von den zwei Freunden Anerkennung erhalten. Auf eine Stelle wie diese scheint Tompkins anzuspielen, wenn sie behauptet, dass im Western Männer dargestellt werden, mit denen man (und hier impliziert sie auch weibliche Rezipienten) gerne zusammen sein möchte. Sie schreibt über den Wunsch, sich einem besonderen Mann anschließen zu wollen:

> It is not one ideal among many, it is *the* ideal, certainly the only one worth dying for. It doesn't matter whether a man is a sheriff or an outlaw, a rustler or a rancher, a cattleman or a sheepherder, a miner or a gambler. What matters is that he be a *man*. That is the only side to be on. The most poignant expression of this sentiment, so characteristic of the genre, comes in the late, and in many ways uncharacteristic, film *The Wild Bunch*. Robert Ryan, leader of a gang of louts hired by the railroad to catch a gang of thieves to which he used to belong, has just heard one of his crew say something derogatory about the gang they're chasing. And he replies, »We're after *men*, and I wish to God I was with them.«
>
> That, I think, is the way the audience of a Western feels when things are going right. »I wish to God I was with them.« (*West of Everything*, S. 18)

Tompkins drückt damit aus, dass es eine Verbindung vom Ideal der *mainstream*-Männlichkeit zum Männlichkeitsideal des Genres Western geben muss. Auch das Streben nach Härte als Komponente der hegemonialen Männlichkeit Amerikas seit Ende des 19. Jahrhunderts wird in *The Virginian* mit dem Cowboy verknüpft. Steve fragt den Erzähler, wie ihm das Land gefalle. Der Erzähler mag das Land (den Westen), aber man einigt sich darauf, dass das Klima einen Mann durstig mache. Dieser Durst wird mit Weichheit gleichgesetzt. Wenn man erst hart genug wäre, würde man das Land aushalten können. Im Text sagt der Virginier zum Erzähler: »Yes, ... thirsty while a man's soft yet. You'll harden« (S. 29). Der Virginian (und auch Steve) sind also harte Männer. Dies lässt erkennen, dass es dem Erzähler an dieser Eigenschaft mangelt, und dass sich dieser Zustand durch den Aufenthalt im Westen »verbessern« kann – ganz so, wie es Roosevelt und Wister für sich erlebt haben.

Die Wirkung unterschiedlicher Männer auf Frauen führt die Erzählung gleich im zweiten Kapitel vor. Der Protagonist gilt somit wieder auf doppelte Weise als ein Ideal: Für die Frauen ist er der ideale Mann, andere Männer wollen ihm nacheifern. Der Virginier und der Erzähler suchen sich ein Nachtquartier (einen *public sleeping room*) in Medicine Bow (da es für eine Fahrt zur Ranch des Richters am selben Tag zu weit ist). Als sie sich nahe des

Speisehauses waschen, kommt die Betreiberin dieses Restaurants, Mrs. Glen,[201] zu den Männern heraus. Der Erzähler beschreibt die Situation folgendermaßen: »She came out, a pretty woman. Her eyes rested upon him for a moment, then upon me with disfavor, then they returned to his black hair« (S. 23). Es ist in diesem Fall die körperliche Attraktivität des Helden (sein Haar), die die Augen der Frau auf sich zieht. Hier wird zwar der Blick einer Frau aufgezeigt, die Perspektive liegt aber immer noch bei dem männlichen Erzähler. Dadurch, dass der Text nicht unmittelbar Mrs. Glens Sicht wiedergibt, entfällt der Objektstatus des Virginiers.

Dass die Wirtin eine schöne Frau ist, impliziert, dass der Virginier auch seinerseits körperlich attraktive Frauen »haben« kann. Mrs. Glen ist für viele andere Männer unerreichbar, sie lässt sie nicht an sich heran. Im Text heißt es über einen »Nebenbuhler«: »The noisy American drummer had met defeat, but this silent free lance had been easily victorious« (S. 47). Obwohl der Virginier hier als »still« beschrieben wird, kann diese Konzipierung nicht durchgehalten werden. Der Virginier redet teilweise viel und erzählt eine lange *tall tale*. Aber um sich von dem langen Akt des Sprechens zu erholen, fällt er anschließend »into a nine days' silence« (S. 154). Diese Erholung vom Reden erinnert an den Zusammenbruch von Dashing Dick, den dieser nach seinem Gefühlsausbruch erlitten hat.

---

[201] Der körperlich attraktiven (und den Andeutungen nach sexuell aktiven) Wirtin wird die Henne Em'ly (im übertragenen Sinne) entgegengesetzt. Der Erzähler sagt im Gespräch über die Henne: »›She's not much like the eating-house lady at Medicine Bow,‹ ... He [der Virginier] gave a hilarious chuckle. ›No, Em'ly knows nothing o'them joys. ... ‹« (S. 64).
Aber nicht nur die Wirtin, auch »ehrenwerte« Frauen sind vernarrt in die Art und das Aussehen des Virginiers. Als Beispiel kann hier Mrs. Henry angeführt werden, die Frau des Richters. Die Eheleute unterhalten sich über die Abreise und die Rückkehr des Virginiers von und zur Sunk Creek Ranch:
»And,« said Mrs. Henry, »he would never have left you if I had had my way, Judge H.!«
»No, Madam Judge,« retorted her husband; »I am aware of that. For you have always appreciated a fine appearance in a man.«
»I certainly have,« confessed the lady, mirthfully. »And the way he used to come bringing my horse, with the ridges of his black hair so carefully brushed and that blue spotted handkerchief so effectively round his throat, was something that I missed a great deal after he went away.« (S. 73f.)

Der Virginier ist in seinem Leben sexuell aktiv (gewesen),[202] er hat dabei die Oberhand behalten, nicht die Frauen. Denn als die Männer die kleine Stadt Medicine Bow verlassen, offenbart die Wirtin ihre (unterordnende) Hingabe, die mit einer kühlen Selbstverständlichkeit des Cowboys quittiert wird:

> As we drove by the eating-house, the shade of a side window was raised, and the landlady looked her last upon the Virginian. Her lips were faintly parted, and no woman's eyes ever said more plainly, »I am one of your possessions.« She had forgotten that it might be seen. ...
>
>   What look she may have received from him, if he gave her any at this too public moment, I could not tell. His eyes seemed to be upon the horses, and he drove with the same mastering ease that had roped the wild pony yesterday. (S. 47)

Wieder übermittelt der Text den Blick der Frau nicht aus weiblicher Sicht, sondern über den Erzähler.

Die Sexualität des Virginiers wird als etwas Natürliches beschrieben. Dies entspricht dem zeitgenössischen Konzept von *masculinity* (nach Bederman). In *The Virginian* berichtet der Erzähler: »And he [der Virginier] fell into the elemental talk of sex, such talk as would be an elk's or tiger's; and spoken by him, simply and naturally, as we speak of the seasons, or of death, or of any actuality, it was without offence« (S. 298).

Die Westernwelt, in die der Leser eintaucht, ist nicht mehr völlig frei vom Einfluss der Frauen. Der Text insinuiert, dass Frauen und Zivilisation zusammengehören. Die Sunk Creek Ranch, die im Besitz des Gastgebers Judge Henry steht, ist von der Ehefrau des Richters eingerichtet worden. Das Haus wird hier deutlich als Sphäre der Frau markiert. Der Erzähler berichtet: »After he married, I have been assured that his wife's influence became visible in and about the house at once. Shade trees were planted, flowers attempted« (S. 58f).

Durch das Vorrücken der Zivilisation/Frauen wird daher auf eine gewisse Art die Zerstörung des Westens – die Zerstörung der Männerwelt der unabhängigen Männer, die die Einsamkeit lieben – vorangetrieben. Im Buch wird die Siedlung Bear Creek in Wyoming beschrieben, die sich verändert.

---

[202] Dass der Cowboy sich in seinem Leben mit etlichen Frauen eingelassen hat, wird später in der Geschichte auch in einem Brief an die Mutter von Molly Wood deutlich. Dort äußert der Virginier:

> I am not a boy now, and women are no new thing to me. A man like me who has travelled meets many of them as he goes and passes on but I stopped when I came to Miss Wood. That is three years but I have not gone on. (S. 271)

Der Einzug der (zu dem Zeitpunkt zwanzigjährigen) Lehrerin Miss Mary Stark Wood aus Vermont steht nach der Fertigstellung des Schulhauses unmittelbar bevor.[203] Der Eindruck der Cowboys, der »bachelors of the saddle«, ist dieser:

> By the levels of Bear Creek that reach like inlets among the promonteries of the lonely hills, they came upon the schoolhouse, roofed and ready for the first native Wyoming crop. It symbolized the dawn of a neighbourhood, and it brought a change into the wilderness air.
>
> The feel of it struck cold upon the free spirits of the cow-punchers, and they told each other that, what with women and children and wire fences, this country would not long be a country for men. (S. 79)

Die Männer, die mit den Frauen leben, werden somit gleichzeitig als unmännlich gekennzeichnet, denn sie werden in der Bezeichnung *men* nicht mit eingeschlossen (s. hierzu auch die Charakterisierungen der verheirateten Männer in den Filmen *Shane* und *High Noon*).

Aber der Text *The Virginian* verdeutlicht, dass der (unberührte) Westen, das Leben dort, die Reisen, Abenteuer (und das *strenuous life*), auch einem Jungen zu einer Initiation verhelfen können;[204] als ein junger Mann in den

---

[203] Der Erzähler gibt für Molly Wood Vorfahren aus der *upper class* an (s. S. 75). Molly hält ihre Vorfahren zwar in Ehren, möchte aber in Vermont beispielsweise nicht gesellschaftlichen Treffen beiwohnen. Für Generationen soll sich Mollys Familie wie *gentlefolk* benommen und gekleidet haben (s. S. 77). Über die Verwandten wird eine Verbindung zur Gründung der Vereinigten Staaten hergestellt.

Molly benimmt sich für eine Frau (*lady*) unkonventionell, sie gibt Klavierstunden, macht Hausarbeit und weist einen wohlhabenden Verehrer zurück. U.a. weil sie blass und überarbeitet aussieht (Zeichen für eine Zivilisationskrankheit, s. S. 78), entscheidet sie sich über den Kontakt zu Mrs. Balaam (der Frau eines Pferdeschinders), in den Westen zu reisen und dort zu arbeiten. Hier nimmt sie einen »neuen« Weg – und reist nicht, wie Wisters Mutter im realen Leben, ins alte Europa.

Die Männer im Westen betrachten Mollys Ankunft mit Skepsis. Im Scherz wird Em'ly (erneut im übertragenen Sinne) vom Virginier als nächste Lehrerin vorgeschlagen. Damit wird wiederum indiziert, dass die Lehrerin ein ebenfalls »verqueres« Leben (das sich nicht für eine Frau gehört) führt. Die Männer stellen sich Molly als eine alte Jungfer vor. Der Henne Em'ly wird unterstellt, dass sie Hähne (also männliche Wesen ihrer Art) hasst (s. S. 65).

[204] An anderer Stelle berichtet der Erzähler über Cowboys auf der Sunk Creek Ranch, und er fasst die Gemeinsamkeiten dieses »Menschenschlages« zusammen:

> And they came from farms and cities, from Maine and from California. But the romance of American adventure had drawn them all alike to this great playground of young men, and in their courage, their generosity, and their amusement at me they bore a close resemblance to each other. (*The Virginian*, S. 59)

Gemüseladen in Medicine Bow, Wyoming, kommt, bezeichnet der Erzähler ihn als »the boy«. Der »cow-boy« verlässt den Laden, und es heißt weiter:

> And away he went jingling out of the door, to ride seventy-five miles. Three more months of hard, unsheltered work and he would ride into town again, with his adolescent blood crying aloud for its own. (*The Virginian*, S. 44)

Der Erzähler selbst verändert sich ebenfalls. Anfangs wird er von einem Charakter der Geschichte noch als »Prince of Wales« tituliert (S. 38), womit man sich über seine Art und »englische« Kleidung lustig macht, die Oststaatler mit Europäern assoziiert und somit degradiert.[205] An anderer Stelle wird der Unterschied zwischen dem Ich-Erzähler und den Männern des Westens auch als »matters of dress and speech« (S. 46) bezeichnet – wobei die Wichtigkeit der Kleidung bzw. die Einordnung von Menschen über ihre Kleidung erneut zum Tragen kommt.

Auf der Ranch des Richters arbeitet sich der Erzähler jedoch vom »Prince of Wales« zu einem *tenderfoot*[206] hoch. Der Virginier wird von Judge Henry dazu bestimmt, sich um den Grünschnabel zu kümmern; er ist ihm daher (in der Welt des Westens) überlegen. Jedoch gelingt dem Erzähler

---

Der Westen wird hier zum einen als ein Ort für Männer, zum anderen als ein Ort, der jungen Männern als Spielwiese (zum Erwachsenwerden) dient, definiert. Diese Ideen sind zu Wisters Zeit – im Gegensatz zum recht »frischen« Regenerationsgedanken – nicht neu. Horace Greely rief bereits junge Männer auf, in den Westen zu gehen, und der Westen als Raum für Abenteuer ist zuvor bereits in den *dime novels* forciert worden. Erzählungen wie die des »Original-Cowboys« Andy Adams (*A Log of a Cowboy* (1903)) definieren den Westen ebenfalls als einen Ort für Abenteuer. In seinem Buch berichtet Andy Adams als autobiografischer Ich-Erzähler über seine Erlebnisse aus den 1880er Jahren. Der Westen fesselte ihn aufgrund von Erzählungen seiner Brüder:

> Christmas in the South is always a season of festivity, and the magnet of mother and home yearly drew us to the family hearthstone. There we brothers met and exchanged stories of our experience. But one year both my brothers brought home a new experience. They had been up the trail, and the wondrous stories they told about the northern country set my blood on fire.
> Until then I thought I had had adventures, but mine paled into insignificance beside theirs. (S. 7f.)

[205] Außerdem waren viele Touristen, die zu dieser Zeit in den Westen reisten, Engländer. Über die *dudes* findet sich folgendes Zitat im Bildband *The Early Days in Jackson Hole* von Virginia Huidekoper:

> A dude is one who comes in for weeks or months, stays at a dude ranch or something like it, dresses more like a cowhand than a cowhand does, and in a kind of simple minded way tries to fit into the country. (S. 101)

[206] Er lernt u.a. Stallbau, die Arbeit mit Pferden und das Jagen.

durch die »Ausbildung« – zumindest in Teilen – eine Mannwerdung; als er sich später mit dem Virginier in Idaho treffen will, äußert er:

> I should arrive three days early at the forks – three days of margin seeming to me a wise precaution against delays unforeseen. If the Virginian was not there, good: I could fish and be happy. If he were there but not ready to start, good: I could still fish and be happy. And remembering my Eastern helplessness in the year when we had met first, I enjoyed thinking how I had come to be trusted. In those days I had not been allowed to go from the ranch for so much as an afternoon's ride unless tied to him by a string, so to speak; now I was crossing unmapped spaces with no guidance. The man who could do this was scarce any longer a »tenderfoot.« (S. 274)

Es gibt jedoch auch Individuen, die im Westen nicht zum Mann werden, wie der Virginier feststellt. Als Beispiel führt er Shorty aus Brooklyn an, der an einigen Stellen des Buches als hilfloser Hund beschrieben wird (der seinen Herren sucht und findet – im Gegenspieler des Virginiers; in Trampas).[207] Der Virginier sagt: »This hyeh country is no country for Shorty, for he will be a conspicuous novice all his days« (S. 290). Shorty wird immer als Neuling erkennbar sein – seine (fehlende) Fähigkeit und Selbstdarstellung werden dazu führen, dass andere diese Art von *tenderfoot* ausnutzen. Shorty macht in der ungeschützten Welt des Westens Fehler; er verkauft sein Pferd an einen Tierquäler, er schließt sich Trampas an und verrät die Bande anschließend aus Versehen durch ein Feuer, das er entzündet. Das Land lässt keinen Platz für Mittelmäßigkeit. Im zivilisierten Osten hätte Shorty als untergeordnete Männlichkeit trotz seiner Schwäche wahrscheinlich überlebt. In Wyoming nicht; Shorty wird von Trampas erschossen.

Wie der Erzähler feststellen muss, herrscht im Westen sprachlich ein rauer Umgangston (z.B. mit Kraftausdrücken). Der Virginier offenbart als Held auch einen »Makel« – er ist ungebildet; seine Sprache wird als »ungrammatical« beschrieben (s. S. 20). Aber der Erzähler betont, dass bei dem Virginier eine Grundvoraussetzung vorhanden ist: Er fühlt sich von einem Brief, den Molly Wood geschrieben hat, angezogen. Im Text heißt es: »here was a free language, altogether new to him. It proved, however, not alien to

---

[207] Diese Metapher ist – wie bereits aufgezeigt – in *The Last of the Mohicans* verwendet worden und wird auch in *Riders of the Purple Sage* benutzt. Sie bezeichnet einen Mann, der nicht sein eigener Herr ist, der anderen hinterher läuft (in Shortys Fall einem anderen Mann, einer falschen Leitfigur).

his understanding, as it was alien to Mr. Taylor's« (S. 56).[208] Der Virginier hat – als »natürlicher Aristokrat« – also eine gewisse Voraussetzung dafür, an dem Makel arbeiten zu können. Molly Wood wird ihm dabei als Lehrerin behilflich sein.

Das erste Zusammentreffen des Paares jedoch soll durch körperbetontes Handeln bestimmt sein. Die Hauptfigur wird als ein Mann der Tat charakterisiert und beeindruckt dadurch die Lehrerin. Die Szene spielt sich folgendermaßen ab: Die Postkutsche, in der sich die anreisende Molly befindet, setzt sich bei der Überquerung eines Flusses an der Furt fest und droht, zur Seite zu kippen. Der Virginier erscheint zur Rettung der Dame:

> Then a tall rider appeared close against the buried axles, and took her out of the stage on his horse so suddenly that she screamed. She felt splashes, saw a swimming flood, and found herself lifted down upon the shore. The rider said something to her about cheering up, and its being alright, but her wits were stock-still, so she did not speak and thank him. After four days of train and thirty hours of stage, she was having a little too much of the unknown at once. Then the tall man gently withdrew, leaving her to become herself again. She limply regarded the driver pouring round the slanted stage, and a number of horsemen with ropes, who righted the vehicle, and got it quickly to dry land, and disappeared at once with a herd of cattle, uttering lusty yells. (S. 83)

Anlässlich eines Barbeque/Tanzes treffen sich die beiden ein zweites Mal. Hier erfährt der Virginier, dass noch andere Männer Interesse an der Lehrerin haben. Er gerät mit dem ebenfalls anwesenden Trampas aneinander, der behauptet, dass sich zwischen einer Figur mit dem Namen Lin McLean und der Frau etwas entwickeln könne. Trampas wird von dem Virginier jedoch als Lügner entlarvt und die Ehre von Molly Wood als Dame wiederhergestellt. Der (zu diesem Zeitpunkt auktoriale) Erzähler betont hier die Tugendhaftigkeit (»virtue«) des Protagonisten, der in diesem Augenblick allerdings auch den anderen Männern verraten hat, dass ihm etwas an Molly liegt. Durch diese Aufgabe der Selbstkontrolle – im Angriff auf Trampas – hat sich der Sprecher geöffnet und damit verletzlich gemacht: »he had spoken; he had given them a peep through the keyhole at his inner man« (S. 90).

Der Virginier möchte Mollys Erwartungen an Höflichkeit entsprechen und lässt sich offiziell vorstellen. Er verhält sich ritterlich. Im Text heißt es

---

[208] Hier wird dem Männlichkeitsentwurf des Helden der eines (»minderwertigen«) Charakters der Nachbarschaft gegenübergestellt.

im Anschluss: »he had been her unrewarded knight even to-day« (S. 95).[209]
Auch als der Virginier Miss Wood auf einem Ausritt seine Liebe erklärt, und
sie zunächst erwidert, dass sie nicht die richtige Frau für ihn sei, wird die
Zurückhaltung deutlich. Der junge Mann geht davon aus, dass sie ihn wegen
des unterschiedlichen Bildungsgrades nicht haben will, aber dass er sich in
allem – auch im Beruf – verbessern kann und wird. Dies steht im Einklang
mit dem Erfolgsmythos Amerikas, mit der Idee, dass gesellschaftlicher Aufstieg prinzipiell möglich ist. Aber dafür, so suggeriert der Text, muss man
bestimmte Qualitäten aufweisen können. Es ist also nicht für jeden machbar.

Der Virginier ist teils Junge, teils Mann. Zu Beginn des Buches hat er
noch einigen Unsinn im Kopf, wie die Szene verdeutlicht, in der er mit Lin
McLean die Babys auf dem Ball vertauscht (s. S. 97). Einen gewissen Anteil
von Jungenhaftigkeit – der später mit Vitalität gleichgesetzt wird (vgl. die
Szene, als sich Molly und der Protagonist auf ihrer Hochzeitsreise auf der
»Insel« in den Bergen, in der regenerativen Natur, befinden, S. 353) – wird er
auch bis zum Schluss des Buches beibehalten. Die Hauptfigur gewinnt an
Ernsthaftigkeit und entwickelt sich im Laufe der Handlung, trotz Bindung
zu einer Frau bleibt er ungezähmt.

Die Szene, in der die Kinder vertauscht werden, zeigt, dass die anderen
(Männer) von dem Virginier angetan sind. Er ist ihr unausgesprochener und
unangefochtener Anführer (vgl. die Metapher »captain of horses« auf S. 101
– der Anführer einer Herde oder der, der die Pferde beherrscht, bzw. die
Ähnlichkeit zum Begriff »captain of industry«). Der Virginier stellt für sich
fest, dass er es einfach hat, dass ihm verziehen wird, nur wegen seiner
selbst.[210]

---

[209] White bezeichnet das Werben um Molly als »Victorian courtship« (s. *The Eastern Establishment and the Western Experience*, S. 139). Man könnte in diesem Kontext aber auch
Verbindungen zur mittelalterlichen *courtly love* oder hohen/niedrigen Minne, also
dem aristokratischen/ritterlichen Werben um eine Frau, ziehen.

[210] Auch an einer späteren Stelle im Buch, auf einer Zugfahrt, wird klar, dass die Menschen (hier die Männer, die einen Bund bilden) im Westen vom Virginier angetan sind;
dort gibt er die oben erwähnte *tall tale* zum Besten. Eine mitreisende Frau wendet sich
ab, als sie merkt, dass es sich um eine Lügengeschichte handelt. Ihr Mann aber bleibt
und ist wie die verschiedenen anderen männlichen Individuen auch von der Erzählung der Hauptperson gefesselt. Der Virginier passt die Inszenierung seiner Person an,
je nach dem, in welchem Umfeld er sich befindet. Wenn der Virginier mit Molly
spricht, wie beispielsweise auf einem ihrer zahlreichen Ausritte, unterhält er sie nicht
mit solchen Geschichten. Folgende Passage zeigt, wie er die Männer auf der Zugfahrt
»verzaubert«:

Molly erklärt allerdings, dass sich der Protagonist mit dem Vertauschen der Kinder nicht männlich (im Text heißt es »manly«, und damit meint sie vor allem erwachsen und verantwortungsvoll im Gegensatz zu jungenhaft/kindisch) verhalten habe (s. S. 104). Der Virginier aber verhält sich selbstbewusst bis dreist, wohl da er sich seiner Ausstrahlung bewusst ist. Er sagt: »You're goin' to love me before we get through« (ebd.). Hierin besteht ein Unterschied zu Mollys vorherigem Verehrer Sam aus Vermont. Letzterer ist nicht hartnäckig gewesen und hat keinen Schritt nach vorne gemacht, wie die Hauptfigur dieses Buches. Die Geschichte indiziert, dass man Frauen nicht ihren Willen lassen sollte, wenn man um sie wirbt, denn so käme man nicht zum Erfolg. Als Molly Wood Vermont verlässt, versucht der Mann, der sie zu dem Zeitpunkt verehrt, Sam Bannett, sie noch ein Stück zu begleiten. Als Molly dies nicht möchte, gibt er auf. Der (auktoriale) Ich-Erzähler berichtet:

> there before her stood Sam Bannett, asking if he might accompany her so far as Rotterdam Junction.
> »No!« she told him with a severity born from the struggle she was making with her grief. »Not a mile with me. Not to Eagle Bridge. Good-by.«
> And Sam – what did he do? He obeyed her. I should like to be sorry for him, but obedience was not a lover's part here. He hesitated, the golden moment hung hovering, the conductor cried »All aboard!« the train went, and there on the platform stood obedient Sam, with his golden moment gone like a butterfly. (S. 81)

> But her husband stayed. Indeed, the male crowd now was a goodly sight to see, how the men edged close, drawn by a common tie. Their different kinds of feet told the strength of the bond – yellow sleeping-car slippers planted miscellaneous and motionless near a pair of Mexican spurs. All eyes watched the Virginian and gave him their entire sympathy. ... Even the Indian chiefs had come to see in their show war bonnets and blankets. They naturally understood nothing of it, yet magnetically knew that the Virginian was the great man. And they watched him with approval. (S. 149f.)

Es ist möglich, dass Wister hier die Kleidung der Indianer angeführt hat, um den Effekt der bunten Versammlung in der Vorstellung des Lesers zu erhöhen. Dass die Indianer »natürlich« nicht verstehen, was der Virginier sagt, ist eine rassistische Bewertung, die Wisters und Roosevelts Vorstellung von der Überlegenheit der weißen Rasse veranschaulicht. Der Virginier selbst äußert rassistische Bemerkungen. White schreibt dazu:

> he sings a song deriding the intelligence of Negroes (»I never went to college, but I'se come mighty nigh – I peeked through de door as I went by«); calls Germans »Dutchmen,« Jews »Hebes,« and doesn't consider Indians humans. (*The Eastern Establishment and the Western Experience*, S. 143)

Durch den Gehorsam, den Sam einer Frau gezollt hat, ist er nicht an sein Ziel gekommen. Im Sinne des *survival of the fittest* hat sein mangelndes Durchsetzungsvermögen Folgen; »Obedient Sam« ist ein Mann, der sich (zumindest zu diesem Moment) nicht binden und fortpflanzen wird. »Obedient Sam« repräsentiert den weichen und kraftlosen Stadtbewohner der *upper class*. Einer Frau zu gehorchen kann in diesem Zusammenhang auch als ein Zeichen für Degeneration gewertet werden.

Der Erzähler führt dem Leser mit der Geschichte um den Virginier vor Augen, wie man erfolgreich um eine Frau wirbt. Der Protagonist wird zu Mollys »potent, indomitable lover« (S. 235), vor dem sie zunächst noch davon läuft. Aber Molly gefällt, dass der Virginier (im Inneren) ein Verlangen nach ihr hat. Fordernde Leidenschaft, als Teil der *masculinity* (nach Bederman), ist bei dieser Hauptfigur erkennbar. Folgende Textstelle offenbart Mollys Innensicht:[211]

> Sam Bannett did not have it in him to look as this man [der Virginier] could look, when the cold lustre of his eyes grew hot with internal fire. What color they were baffled her still. »Can it possibly change?« she wondered. It seemed to her that sometimes when she had been looking from a rock straight down into clear sea water, this same color had lurked in its depths. »Is it green, or is it gray?« she asked herself, but did not turn just now to see. She kept her face toward the landscape. (S. 111)

An dieser Stelle vermeidet die weibliche Hauptfigur geradezu verschämt, den Protagonisten näher zu betrachten. Die männliche Hauptfigur gerät nicht als Objekt in den weiblichen Blick. Ein anderes Mal wird der weibliche Blick über den auktorialen Erzähler vermittelt und zusätzlich durch das Medium Fotografie abgeschwächt. Molly zeigt ihrer Großtante ein Bild des Virginiers:

> she [Molly] ... sought that picture of the Virginian. It was full length, displaying him in all his cow-boy trappings, – the leathern chaps, the belt and pistol, and in his hand a coil of rope. ...
> She now brought it downstairs and placed it in her aunt's hand.
> »Mercy!«cried the old lady ...

---

[211] Diese Passage enthält Gedankenzitate von Molly, die durch ein *verbum sentiendi* bzw. *dicendi* und Anführungszeichen gekennzeichnet sind. Gedankenzitate können innerhalb der Figurenrede als eine direkte stumme Rede verstanden werden. Eine solche »stumme Rede« wird von Jochen Vogt als Vorläufer des inneren Monologes bzw. der Bewusstseinsstromtechnik verstanden (s. *Aspekte erzählender Prosa*, S. 182). Ich sehe dies als einen Hinweis auf die Affinität zum personalen Erzählen.

»Is that the way –« began the aunt. »Mercy!« she murmured; and she sat staring at the picture. (S. 192)

Der Erzähler jedoch darf sein Idol gründlicher ansehen, denn es ist ein Aufblicken. Als er den Virginier in Omaha wiedertrifft, ist aus ihm ein Mann geworden, der nichts von seiner Lebenskraft eingebüßt hat:

His appearance was changed. Aged I would scarcely say, for this would seem as if he did not look young. But I think that the boy was altogether gone from his face – the boy ... whose ... freak with the babies had outraged Bear Creek, the boy who had loved to jingle his spurs. But manhood had only trained, not broken, his youth. It was all there, only obedient to the rein and curb. (S. 117)

Die Fähigkeit zur Zurückhaltung ist nun ausgereift, in seinem Job ist der Virginier aufgestiegen. Parallel zur persönlichen Entwicklung erklimmt der Mann aus dem Süden die Karriereleiter. Judge Henry hat ihn zum stellvertretenden Vorarbeiter ernannt, der dafür verantwortlich ist, dass die Rinder seines Arbeitgebers auf Zügen nach Chicago transportiert werden. Bei dieser Tätigkeit erweist sich der Protagonist als gewissenhaft und durchsetzungsfähig (s. S. 124ff.).

Wisters Held befindet sich oft in einem Schlagabtausch – mit der Frau, die er liebt (hier werden Metaphern von Kampf/Sieg verwendet, s. auch S. 113: »Which of the two won a victory that day?«) – und auch mit dem Mann, der sein Gegner ist: Trampas. Dieser Gegenspieler wird beschrieben als »cow-puncher, bronco-buster, tin-horn, most anything« (S. 32). Ein »tin-horn«(-Spieler) ist jemand, der sich angeberisch gebärdet. So kann die Figur mit Minderwertigkeit behaftet und ein Gegenpol zum *gentleman*-Cowboy errichtet werden. Trampas verhält sich später unehrenhaft und feige, denn er erschießt seinen Kumpanen (oder besser: Untergebenen), den Viehdieb Shorty, von hinten: »The murder had been done from behind« (S. 303). Das Hinterrücks-Erschießen wird in verschiedenen Western thematisiert, so beispielsweise auch in dem Film *River of no Return* (1954) mit Marilyn Monroe und Robert Mitchum und in den in dieser Studie diskutierten Filmen um Jesse James. Während Trampas' Aussagen und Handlungen ausführlich geschildert werden, wird sein Äußeres kaum beschrieben.[212] Wister hat also eine andere Technik gewählt als beispielsweise Cooper oder der Autor des

---

[212] Eine Ausnahme findet sich hier, als der Schurke einmal einen Raum betritt, in dem der Virginier sich aufhält: »Once more the door opened. A man with slim black eyebrows, slim black mustache, and a black shirt tied with a white handkerchief was looking steadily from one to the other of us« (*The Virginian*, S. 128).

Groschenromans *Dashing Diamond Dick; or, the Tigers of Tombstone*. In *The Virginian* verschwinden die anderen Männer optisch, nur die Hauptperson sticht heraus (wobei Namen wie McLean, Scipio (lateinisch »Stock«) oder Shorty auch Bilder evozieren).

Beim »Ringen« mit den beiden Personen Molly und Trampas wird stets getestet, wer seinen Geist, seine Sprache und seinen Witz am geschicktesten einbringen kann. Nachdem der Virginier Trampas mit der *tall tale* (ein »trial of strength by not matter what test«, S. 170) »hochgenommen« hat, sinnt dieser auf Rache. Rache kommt also auch in dieser Westerngeschichte vor, in einem negativen Sinn: Trampas will sich rächen, der Virginier verteidigt seine Ehre. Der Schlagabtausch mit Trampas wird dann ernster. Aber auch als Trampas den Virginier provoziert, kann der Protagonist sich zurückhalten (s. S. 164f.).

Der Aufstieg des Mannes aus dem Süden geht weiter. Der Virginier wird von Richter Henry zum Vorarbeiter der Ranch ernannt. Neben dem Lesen von Romanen, die der Virginier von Molly erhalten hat, hat sich dieser auch mit Schreibkunst und Rechtschreibung auseinandergesetzt, so dass er nun die geschäftliche Korrespondenz des Richters erledigen kann und auch einen ersten Brief an seine Geliebte verfasst, die darin nur einen einzigen Rechtschreibfehler zu entdecken vermag. Später, als die beiden ihre Liebe öffentlich machen und Briefe nach Vermont schicken, kann der Cowboy sogar zusammenhängende Sätze verfassen und zu Papier bringen, während Molly nichts zustande bringt. Im Text heißt es: »At this set task in letter-writing, the cow-puncher had greatly excelled the schoolmarm!« (S. 266) Männlichkeit wird in *The Virginian* nicht nur im (ernsten) Spiel unter Männern erlangt.

Bezüglich der von der Lehrerin angebotenen Literatur hat der Virginier seine Präferenzen. Die Romane von Jane Austen interessieren ihn weniger (ein Hinweis auch auf den Gegenpol zur *sentimental novel*), Shakespeares Geschichten um Kämpfe zwischen Männern oder Geschichten von Sir Walter Scott[213] sind für ihn wichtiger.[214] Wister macht den Cowboy der Lehrerin

---

[213] Mit diesen Romanen wird wieder ein Bezug zu Ritterlichkeit hergestellt und auch eine Verbindung zu den Lederstrumpf-Geschichten geknüpft, da Cooper sie nach dem Vorbild der *Waverley*-Romane (von Scott) erstellt hat.

[214] Hier wird zudem die Idee verarbeitet, dass Frauen sich mehr für Liebesgeschichten und Männer sich mehr für aktionsgeladene Handlung interessieren würden (vgl. die Anmerkung von Hißnauer und Klein über den erfolgreichen Hollywoodfilm oben).

durch Bildung ebenbürtig; er kann sich nun an einer Diskussion über Literatur beteiligen. Mehr noch, er liefert der gebildeten Molly neue und andere Sichtweisen, die vor allem die Welt der Männer betreffen:

> Molly now burst into a luxury of discussion. She leaned toward her cow-puncher with bright eyes searching his; with elbow on knee and hand propping chin, her lap became a slant, and from it Browning the poet slid and toppled, and lay unrescued. For the slow cow-puncher unfolded his notions of masculine courage and modesty (though he did not deal in such high-sounding names), and Molly forgot everything to listen to him, as he forgot himself and his inveterate shyness and grew talkative to her. »I would never have supposed that!« she would exclaim as she heard him; or presently again, »I never had such an idea!« And her mind opened with delight to these new things which came from the man's mind so simple and direct. (S. 254)

Als die Lehrerin später bereit ist, den Virginier zu heiraten, sind die Klassen- und Bildungsunterschiede aus dem Weg geräumt – Molly erkennt an, dass, obwohl sie mehr Bildung besitzt und von höherem sozialen Stand ist, der Virginier trotzdem mehr »Wert« hat. Der auktoriale Erzähler stellt fest: »She knew her cow-boy lover, with all that he lacked, to be more than ever she could be, with all she had. He was her worshipper still, but her master, too« (S. 322). Im Gegensatz zu einem Mann wird Molly kein »Hund«, wenn sie einem »master« folgt. Für Frauen wird dieses als »natürlich« angesehen. Mit diesen Worten wird eine Hierarchie, eine Ideologie aufgestellt, die für die Welt in *The Virginian* gilt: Der ritterliche Cowboy (der sich später noch zum Rancher entwickeln wird) steht an der Spitze der (männlichen) Gesellschaft und über einer Frau (deren Bildung nicht ausreicht, um »besser« als der Virginier/Mann zu sein).

Was Steve und Ed angeht, so sind beide Männer vom rechten Weg abgekommen. Die Gruppe um den Virginier hängt die Viehdiebe.[215] Hier findet Selbstjustiz (im Zusammenhang mit dem *Johnson County War*) statt. Der Text rechtfertigt dieses Vorgehen durch die (moralische) Überlegenheit der Hauptfigur. In den Augen des Virginiers ist die Tötung solcher Männer unausweichlich (s. S. 286). Der verängstigte Ed stirbt aus Sicht des Protagonisten als Feigling und Steve als ein mutiger Mann. Steve wird als »chivalrous thief« bezeichnet (s. S. 282), auch weil er jemand ist, der die Namen seiner Mittäter nicht verrät. Mit Verachtung werden diejenigen im Western gestraft,

---

[215] Die Bande bestand aus Trampas, Steve, Ed und Shorty.

die ihre Gruppe verraten (vgl. die entsprechenden Passagen in *Dashing Diamond Dick; or, the Tigers of Tombstone*, die Taten Bob Fords usw.).

Die Idee von harter Männlichkeit und der Gedanke, dass Feigheit (Angst) eine Schande ist, werden sogleich an die nachwachsende Generation (von Jungen) in Bear Creek weitergegeben. Es hat die Runde gemacht, dass die Viehdiebe gehängt worden sind.[216] Die Lehrerin wird Zeugin, wie die Kinder die Situation nachspielen:

> »He's said his prayers and everything,« they all screamed out.
> »He's a rustler and we're lynchin' him. Jump, Bob!«
> »I don't want – «
> »Ah, coward, won't take his medicine!«
> »Let him go, boys,« said Molly. »You might really hurt him.« And so she broke up this game, but not without general protest from Wyoming's young voice.
> »He said he would,« Henry Dow assured her.
> And George Taylor further explained: »He said he'd be Steve. But Steve didn't scare.« (*The Virginian*, S. 307)

In *The Virginian* haben Männer ihre eigene Welt, in der sie nach eigenen Regeln leben (obwohl der Text den *lawless west* wohl als Spielwiese des Sozialdarwinismus konzipiert hat, lässt er sich also mit einem sozialen Feld vergleichen). Gerade als die Hochzeit zwischen dem Protagonisten und Molly kurz bevorsteht, treffen die beiden Kontrahenten aufeinander und Trampas fordert den Virginier auf, die Stadt bis zum Abend zu verlassen. Die Schießerei (*shoot-out*) ist für die Hauptfigur nun unausweichlich. Molly kann den Virginier nicht von dem abhalten, was er tun muss. Der Mann – den sie liebt – sagt, dass andere Männer ihn für einen Feigling halten würden, wenn er nicht seiner »Pflicht« nachgehen würde, und dass Trampas (der sich rächen will) die Entscheidung getroffen habe. Er impliziert damit, dass er nun selbst (aufgrund des Ehrenkodex bzw. wegen eines unbewusst wirkenden Habi-

---

[216] Da Molly unter dem Umstand, dass der Virginier Männer gelyncht hat, leidet – und der Roman dieses auch auf ihre Oststaatenmentalität zurückführt – trifft sich der Richter Henry zu einem Gespräch mit ihr. Für ihn ist das Hängen der Pferde- und Viehdiebe im Westen nicht mit den Lynchmorden an den Schwarzen im Süden zu vergleichen. Im Süden seien sie ein Zeichen dafür, dass diese Staaten »semi-barbarous« seien, und im Westen ein Zeichen dafür, dass die Staaten auf dem Weg zur Zivilisiertheit seien (s. *The Virginian*, S. 313). In diesen Zeilen wird eine Verachtung für die Südstaaten deutlich, die aber in diesem Fall nicht für ihre Ritterlichkeit gehasst werden, da diese Komponente ein wesentlicher Bestandteil des Virginiers und der vom Text idealisierten Männlichkeit ist.

tus) keine Wahl mehr habe, anders zu handeln, dass das Duell zwingend folgen müsse. Die Lehrerin aus Vermont kann den Mann aus den Südstaaten nicht verstehen, so dass er sie fragt: »Can't yu' see how it must be about a man? It's not for their benefit, friends or enemies, that I have got this thing to do« (S. 340). Diese Wichtigkeit der Ehre mag dem heutigen Leser befremdlich erscheinen, weil sie in unserer Kultur nicht mehr zum *mainstream* gehört (vgl. im Gegensatz dazu den oben von Richard Maxwell Brown erwähnten Stellenwert der Ehre im 19. Jahrhundert). In einigen Kulturen ist die Verteidigung der Ehre aber noch von großer Wichtigkeit – Meuser und Scholz weisen z.B. auf das Ehrverständnis einer Teilpopulation männlicher türkischer Migranten in Deutschland hin (s. »Hegemoniale Männlichkeit«, S. 219f.). Für ein amerikanisches filmisches Beispiel s. die Repräsentation des Gangstermilieus der schwarzen Drogenbosse und Gangs in Baltimore, Maryland, in der zeitgenössischen Fernsehserie *The Wire* (2002-2008).

Als Molly erwidert, dass die Beziehung zwischen ihnen beiden beendet wäre, wenn der Virginier bei seinem Vorhaben bleiben würde, bringt ihn das nicht von seinem Entschluss ab, und er geht davon. Wie Tompkins sagt, bleibt dies ohne Folgen für die Hauptfigur. Molly nimmt ihren Mann zurück, nachdem er Trampas getötet hat.

Der Virginier beweist, dass er in seiner Welt, im Wilden Westen Amerikas, der Beste unter allen Männern ist (er besiegt auch seinen Widersacher Trampas). Er verkörpert die dominante Männlichkeit. Molly fürchtet sich aber davor, den Mann, den sie liebt, in der Welt von Bennington (Vermont) ihren Verwandten zu präsentieren. Denn das, was ihn ausmacht, das Cowboy-Sein, würde dort nicht erkennbar werden. Molly hat Angst, dass auch sein Mann-Sein in anderer (Ver-)Kleidung und anderer Umgebung leiden würde:

> She could see the eyes of Bennington watching this man at her side. She could imagine the ears of Bennington listening for slips in his English. There loomed upon her the round of visits which they would have to make. The ringing of doorbells, the waiting in drawing-rooms for the mistress to descend and utter her prepared congratulations, while her secret eye devoured the Virginian's appearance, and his manner of standing and sitting. He would be wearing gloves, instead of fringed gauntlets of buckskin. In a smooth black coat and waistcoat, how could they perceive the man he was? (*The Virginian*, S. 263)

Am Ende, als der Virginier in den Osten fährt, sind diese Befürchtungen unbegründet; er hat bessere Kleidung an als die meisten Einwohner von Bennington und kann sich auf dem gesellschaftlichen Parkett bewegen.

Der Virginier wird Partner von Judge Henry und handelt vorausschauend, denn er kauft ein Grundstück, auf dem Kohle abgebaut werden kann. Für die Eisenbahn, deren Streckennetz ausgebaut wird (im Western auch immer wieder ein Zeichen für den Fortschritt, für das Voranschreiten der Zivilisation und für die Industrialisierung des Landes, nachdem bereits Frauen und Stacheldraht Einzug gehalten haben), wird der Rohstoff benötigt. Dieser Mann hat erkannt, dass die Tage der Viehzucht und die des Cowboys gezählt sind – er agiert; er passt sich an die neue (Um-)Welt an, was im darwinistischen Sinn von Anpassung (*adaption*) gedeutet werden kann. Wie der Erzähler abschließend veranschaulicht, hat der Virginier es zu etwas gebracht, er besitzt Geld, um Molly alle Wünsche zu erfüllen, und er kann für seine Familie (seine Frau bekommt etliche Kinder) sorgen.

Im Protagonisten dieses Romans finden sich nun vermehrt Überschneidungen mit dem hegemonialen Männlichkeitsideal (der amerikanischen Mittelklasse). In Wisters Werk ist der Zeitgeist sowohl des 19. als auch des 20. Jahrhunderts zu spüren. Die Hauptfigur ist extrem attraktiv, wirkt auf Frauen wie Männer. Der Virginier setzt seinen Körper ein, er kann gut mit ihm arbeiten, er kann gut mit Fäusten kämpfen,[217] er kann gut schießen, er ist hart. Die Gefühle werden nun nicht mehr so offen gezeigt.[218] Auch die (erst leichten) Andeutungen von Leidenschaften, genauer von sexueller Potenz und Aggression, weisen auf Teile eines Männlichkeitsideals hin, das im 20. Jahrhundert und heute in den USA zu finden ist (*passionate manhood* nach Rotundo).[219]

---

[217] Der Virginier verprügelt in einer Szene den Tierquäler Balaam. In *The Virginian* sind die Pferde noch nicht namenlos und unwichtig, wie es Tompkins für die späteren Western beschreibt. Der Virginier spricht mit seinem Pferd Monte und verprügelt Balaam wegen Pedro, dem Pferd, das Shorty, der für seinen Umgang mit Tieren gelobt wird, unglücklicherweise an den Tierschinder verkauft hat.

[218] Der Protagonist weint nicht mehr so offen, wie Natty es in *The Last of the Mohicans* getan hat. Einmal ist er von Mollys Lektüre sehr berührt, ein anderes Mal ist er von Steves Tod getroffen. Der Ich-Erzähler berichtet: »He gave a sob« (*The Virginian*, S. 289).

[219] In *American Masculinities* heißt es:
Passionate manhood continues to influence cultural definitions of masculinity in contemporary U.S. society. Although no longer limited to men, this influence is evident in such body-leisure activities as mountain climbing and bicycling, as well as

Im Laufe der Handlung entwickelt sich der Virginier. Er kann sich beherrschen. Durch Bildung wird der weitgereiste Protagonist zum Mann, der auf allen Ebenen der Beste in Amerika ist. Mit diesem Wissen um die Welt kann er sich auch in anderen Welten (im Osten und im durch Zivilisation und Fortschritt veränderten Westen) mühelos bewegen und erfolgreich sein. Er kann dem Wettbewerb standhalten und ist daher auch ein *self-made-man*; man kann sagen, dass er erfolgreich in das Feld der Wirtschaft wechselt. Das Geschlechterverhältnis wird in diesem Text nicht in Frage gestellt. Eine (menschliche) Figur, die man als *New Women* bezeichnen könnte, gibt es nicht. Die Frauen möchten einen starken Mann, dem sie sich anschließen können. Und so formuliert Mollys Großtante nicht nur den Wunsch Mollys, sondern das vermeintliche Begehren aller Frauen: »And after the girl had gone back to Bennington, the great-aunt had this thought: ›She is like us all. She wants a man that is a man‹« (S. 193).

Der Held wird von allen in seiner Welt (außer von Trampas) als Anführer anerkannt. Der Virginier wird zur Krone der Schöpfung – oder in sozialdarwinistischer Terminologie: *the fittest*. Allerdings gehört er auch zur wahren *aristocracy*, wie es im Roman heißt (S. 114). Slotkin weist darauf hin, dass für die Rezeption eines Westerns durch die breite Masse die zugrunde liegende Ideologie Wisters noch einer Veränderung bedurfte, der elitäre Mann zu einem »uncommon common man« transformiert werden musste:

> »government by the quality« has clear limits in the arena of commercial popular culture, whose primary audience is, after all, the »equality.« Successful myth-making in the United States requires bridging or covering-over ideological dichotomies, like that between the democratic and the managerial models of good politics. When Wister's work was imitated by dime-novelists and pulp-novelists and adapted for the movies, the Virginian's lynching of Steve and his killing of Trampas appear as the triumphs not of a racial aristocrat but of an uncommon common man. (*Gunfighter Nation*, S. 185)

Der nun folgend analysierte Roman *Riders of the Purple Sage* (1912) hat eine volksnähere Figur zum Helden. Zentrale Themen sind auch in dieser aktionsgeladenen Westerngeschichte die Ideen von Rache und Ehre, Leidenschaft und die Erhaltung bzw. Erlangung der Selbstkontrolle. Die Unterord-

---

in the ongoing appeal of aggressive athletic competition. It is further reflected in Americans' consistent admiration of assertiveness and resolute action, particularly in their presidents. (S. 354)

nung der Frau wird (ähnlich wie in *The Virginian*) über eine Auseinandersetzung mit der »Problematik«, die die Paarbildung betrifft, in den romantischen Teilen des Romans erreicht.

3.4 Der demokratisierte Held

Zane Grey kam nicht aus der *upper class* des Ostens wie Roosevelt oder Owen Wister, er stammte aus der Mittelklasse im Mittleren Westen, aus Zanesville, Ohio.[220] Dieser Autor hat es sich nicht zum Ziel gemacht, mit seinem Text die Ideologie einer Elite zu verbreiten. Slotkin weist darauf hin, dass Grey im Gegensatz zu Cooper oder Wister keine Rassentheorie oder Geschichte der USA verfassen wollte. In seinen Western finden sich aber die bereits in der Literatur etablierten historischen Charaktere und ihre Kämpfe (wie z.B. Viehdiebe gegen Rinderzüchter) wieder. In Greys formelhaften Geschichten ist es oft eine (weiße) wohlhabende Frau von »›high‹ birth«, die einen mächtigen Gegenspieler hat, der ein Bösewicht ist. Sie wird dann von einem Fremden gerettet, der Gewalt einsetzt, und die Gerettete nimmt ihn anschließend zum Mann (s. *Gunfighter Nation*, S. 212).

Grey hatte als Junge Groschenhefte gelesen und dort seine Vorbilder gefunden. Auch fand er Leitfiguren unter seinen eigenen Vorfahren, von denen beispielsweise einige Fort Henry (im heutigen Bundesstaat New York) im *French and Indian War* im 18. Jahrhundert gegen die Indianer verteidigt hatten. Grey studierte an der Universität von Pennsylvania, wo er erfolgreich Baseball spielte und zu einem Collegehelden aufstieg. Seinen Beruf als Zahnarzt übte er aber anschließend nicht ernsthaft aus, er ging nach New York und versuchte sich als Schriftsteller. Grey wurde dabei u.a. von seiner Frau unterstützt, die ihm sein Vorhaben finanzierte und ihm beim Verfassen seiner Werke half (z.B. bei der Rechtschreibung) (s. *West of Everything*, S. 157ff.).

Zane reiste weiter in den Westen der USA, wie einige hier bereits erwähnte Männer vor ihm. Er nahm dort die Eindrücke auf, die er in seinen Büchern verarbeitete.[221] Auf späteren Reisen, die er hauptsächlich als Tourist

---

[220] Diese Stadt ist von einem Vorfahren Zane Greys gegründet worden.

[221] Von einem gewissen Colonel Buffalo Jones, der für die Kreuzung von Tieren warb (das Ergebnis, *the cattalo*, ein Hybrid zwischen Büffel und Kuh, sollte der Vorstellung nach den Büffel erhalten), wurde Grey mit auf einen Jagdausflug in den Westen genommen. Ziel war es, danach ein Buch über den Colonel zu schreiben, da die Leute, von denen dieser zur Unterstützung seines Vorhabens Geld erhalten wollte, im Osten lebten und nichts von dem anderen Teil des Landes wussten. Während seines Abenteuers im

unternahm, erkundete Grey die Wüste und die Berge. Er wollte möglichst viel Zeit allein in der Wildnis verbringen. Tompkins schreibt über Greys Erklärungen in seinem Aufsatz »What the Desert Means to Me« von 1924:

> Grey interpreted his experience in the terms evolutionary theory had made available, talking about the red blood of the ancestors that runs in every man and woman and »the ineradicable and unconscious wildness of savage nature in them.« But at the same time Grey declares that all his writing is addressed to the savage part of men, he speaks proudly of human evolution beyond the primitive ... (*West of Everything*, S. 166f.)

Laut Tompkins sehnte sich Grey nach einer Verbindung zur Wildnis. Dieser Schriftsteller lebte zu einer Zeit, als Vorstellungen von einer »primitiven« Männlichkeit zum amerikanischen Mittelklassenideal gehörten (Bederman und Rotundo beschreiben dies für das Ende des 19./zu Beginn des 20. Jahrhunderts). Im Text findet sich die Verarbeitung eines neuen zeitgenössischen Männlichkeitsideals, das, wie zu sehen sein wird, mit der Idee von Zurückhaltung nicht völlig vereinbar ist.

In *Riders of the Purple Sage* haben sich die Männer weiterhin über das Primitive hinaus entwickelt, da sie des Denkens fähig sind. Die Frauen in diesem Buch können jedoch oftmals keinen klaren Gedanken fassen und sind auf die Helden angewiesen.

3.4.1 *Riders of the Purple Sage* (1912)

Der Roman *Riders of the Purple Sage* beginnt im Jahr 1871 in Utah, wo eine Mormonengemeinde ansässig ist. Da die Mormonen die Frauen der *gentiles* (der Nicht-Mormonen) entführen, sie vergewaltigen und sie zur Praktizierung der Vielehe verpflichten, kann die Gemeinschaft der Mormonen nach Slotkin mit den Indianern assoziiert werden. Gleichzeitig greift der Roman ein aktuelles Thema vom Anfang des 20. Jahrhunderts auf, wie Richard Hutson bemerkt:

> this is a period shocked by what was called the »white slave trade« in women. The nation could read an official governmental report on the women drawn into prostitution ... And as Grey depicts the Mormons, they are in effect white slavers, capturing women as sex slaves. Mormon polygamy was seen by the outside world as enabling males to force women into sex slavery ... (»William S. Hart's *Hell's Hinges* in the Progressive Era«, S. 70)

Westen lernte Grey auch Jim Emmett kennen, einen Mann, »on whom most of his heroes would be based« (*West of Everything*, S. 161).

Der Held Lassiter zeige, so Slotkin, alle Merkmale des natürlichen Aristokraten wie Wisters Virginier, aber Lassiter sei ein populistischer Held, der die Leserschaft einer Massenkultur anspreche. Allein die gebundene Ausgabe des Romans *Riders of the Purple Sage* verkaufte sich über eine Million Mal (s. *Gunfighter Nation*, S. 211). Grund dafür war nach Hine und Faragher der Inhalt des Textes: »[f]illed with violence, intrigue, cross-dressing, hard-riding women, and plenty of sex« (*The American West*, S. 506).[222]

Die weibliche Hauptfigur des Romans, die Mormonin Jane Withersteen, ist nach Tompkins »modeled on the heroine of the nineteenth-century sentimental novel« (*West of Everything*, S. 174). Das Land der *frontier* ist zu dieser Zeit ein Land für Männer. Jane selbst beschreibt dieses Zeitalter als »no time ... for a woman« (*Riders of the Purple Sage*, S. 170). Jane Withersteen, die von ihrem Vater viel Land, eine Rinderranch und den Fluss Amber Spring geerbt hat, der die Gemeinschaft von Cottonwoods mit Wasser versorgt, wird durch das mormonische Oberhaupt Elder Tull unter Druck gesetzt. Tull will Janes Besitz und sie selbst zur Frau. Jane wird als großmütig beschrieben, sie unterhält Freundschaften zu den Nicht-Mormonen der Gegend und will das Mädchen Fay Larkin zu sich nehmen, dessen Mutter krank ist und im Laufe der Geschichte sterben wird.[223] Die Mormonen, vor allem ihre machtgierigen Anführer, fühlen sich vom Zuzug der *gentiles* bedroht, außerdem gibt es angeblich Viehdiebstähle in der Gegend. Wie sich herausstellen soll, ist Elder Tull selbst in diese Machenschaften verstrickt; er hat persönlich den verwegensten der Viehdiebe, den Masked Rider (in Wirklichkeit eine Frau) vor vielen Jahren zu dem Versteck des Oberhauptes der Viehdiebe – Oldring – in der Nähe des Deception Pass gebracht. Wie auch schon in *Dashing Diamond*

---

[222] Gemessen an heutigen Standards allerdings ist Sex hier nur in Andeutungen vorhanden.

Auch die folgenden Romane von Grey wurden erfolgreich. Seine Geschichten eigneten sich ebenfalls zur Adaption durch das neue Medium Film, wie Hine und Faragher konstatieren:

> Over the next twenty years Grey published a total of fifty-six westerns, sold at least seventeen million books, and his name was rarely absent from the best-seller list. His tales of violent action set in spectacular Bierstadtian landscapes of towering peaks and hidden valleys – making them perfect for adaption to the screen. Between the world wars more than a hundred Hollywood films were based on Grey's novels. (*The American West*, S. 506)

[223] Jane Withersteen ist eine Frau mit Besitz, in der patriarchalischen Welt (die durch die Religion der Mormonen noch stärker durch Männer geregelt wird) fehlt ihr jedoch die soziale und politische Macht.

Dick, gibt es in *Riders of the Purple Sage* einen maskierten Reiter, der von den Hauptfiguren – und vom Leser – anfangs für einen Mann gehalten wird. In Wirklichkeit handelt es sich bei dem Reiter hier um das (später völlig harmlose) Mädchen Bess.

Am Anfang des Romans will Elder Tull den Anführer der »Reiter« (Cowboys) von Jane Withersteen, Bern Venters, den er bereits aus Cottonwoods »verstoßen« hat, ganz aus Utah verbannen (um näher an Jane zu gelangen). Wir finden in diesem Text keinen auktorialen Erzähler vor, der sich an den Leser wendet. Auf den ersten Seiten handelt es sich um ein Gemisch aus personalem Erzählen (Janes Innensicht/Perspektive) und neutralem Erzählen, das szenisch anmutet und durch Dialoge belebt wird. In *Riders of the Purple Sage* wird mit Janes Reiter Bern Venters sogleich (neutral) ein attraktiver junger Mann beschrieben, zu dem Jane sich hingezogen fühlt.[224]

> Tull's men appeared under the cottonwoods and led a young man out into the line. His ragged clothes were those of an outcast, but he stood tall and straight, his wide shoulders flung back, with the muscles of his bound arms rippling and a blue flame of defiance in the gaze he bent on Tull. For the first time Jane Withersteen felt Venter's real spirit. She [Jane] wondered if she really loved this splendid youth. (S. 12)

Da Jane gerne friedlich leben möchte und nicht will, dass den Geistlichen ihres Glaubens etwas geschieht, hat sie Bern seine Waffen abgenommen. Tompkins schreibt, dass Jane ihm damit seine Männlichkeit genommen habe: »Bern Venters ... represents the men of the nineteenth century who have been enfeebled by the doctrines of a feminized Christianity. ... Jane Withersteen has symbolically emasculated him by taking his guns away« (*West of Everything*, S. 33).

Bern ist nun hilflos den Peitschenhieben ausgeliefert, die Elder Tull ihm androht, weil er Utah nicht verlassen will. Venters beweist durch seine anschließende Äußerung Härte,[225] er will die Strafe sogleich annehmen, gibt

---

[224] Im Text wird nicht deutlich, ob es sich hier um ein sexuelles Verhältnis handelt. Tull bezeichnet die Beziehung als Affäre (»fling«, s. S. 14), Jane und Bern bezeichnen sie später als eine Verlobung, mit der Intention, zu heiraten. Jane ist unentschlossen (sowohl in Bezug auf Venters als auch später auf Lassiter). Sie will sich nicht unbedingt an einen Mann binden. Hier zeigen sich ähnliche Muster wie bei der Charakterisierung von Molly in *The Virginian*. Beide Bücher haben das Binden einer Frau, die sich auf die eine oder andere Art wehrt, zum Inhalt.

[225] Die Härte, die Bern Venters besitzt, ist durch das Land (Westen) erzeugt worden. Im Text heißt es: »This country was hard on trees – and men« (*Riders of the Purple Sage*,

aber zu verstehen, dass dann aus ihm ein anderer Mann werden würde. Der Name der männlichen Hauptfigur fällt daraufhin das erste Mal. Bern sagt: »Tull, you'd better kill me outright. That'll be a dear whipping for you and your praying Mormons. You'll make me another Lassiter!« (*Riders of the Purple Sage*, S. 14).[226] D.h. Venters würde danach zu einem Mann werden, der nach dem *Code of the West* handelt. Schon hier deutet sich an, dass Bern ebenfalls ein Held ist, sozusagen der Nachwuchsheld des Buches, der einer Initiierung bedarf.

Der Auftritt des wirklichen Helden dieses Romans, der schon ein (39 Jahre alter) Mann ist, wird mit bereits bekannten Mitteln eingeführt. Während Jane Withersteen, Venters, Tull und seine Männer noch unschlüssig dastehen, naht Rettung. Im Text heißt es:

> »Look!« said one, pointing to the west.
> »A rider!«
> Jane Withersteen wheeled and saw a horseman, silhouetted against the western sky, coming out of the sage. He had ridden down from the left, in the golden glare of the sun, and had been unobserved till close at hand. An answer to her prayer!
> »Do you know him? Does anyone know him?« questioned Tull hurriedly.
> His men looked and looked, and one by one shook their heads.
> »He's come from far,« said one.
> »Thet's a fine hoss,« said another.
> »A strange rider.«
> »Huh! He wears black leather,« added a fourth.
> With a wave of his hand, enjoining silence, Tull stepped forward in such a way that he concealed Venters.
> The rider reined in his mount and, with a lithe forward-slipping action, appeared to reach the ground in one long step. It was a peculiar movement in its quickness and inasmuch that, while performing it, the rider did not swerve in the slightest from a square front to the group before him.

S. 107). Wie auch andere Westernhelden vor ihm kennt Bern sich in der Natur und in diesem Land aus, er kann Tiere jagen und erlegen (vgl. S. 108), und er kann seinen Körper einsetzen. Die Beschreibung von Venters Körper enthält zuweilen auch sexuelle Untertöne: »He stretched inert, wet, hot, his body one great strife of throbbing, stinging nerves and bursting veins« (S. 118).

[226] Diese Art von Sprache (gekennzeichnet u.a. durch die Verwendung von Imperativen), die uns von den Westernhelden der Filme bekannt ist, wird in dem Roman *The Virginian* nur dann benutzt, wenn eine Bedrohung stattfindet (also hauptsächlich bei den wenigen Konfrontationen der Hauptfigur mit Trampas). In *Riders of the Purple Sage* hingegen begegnet der Leser der Sprache der harten Männer von Anfang an. Der Western ist damit – zehn Jahre nach Erscheinen von Wisters Werk *The Virginian* – auch sprachlich auf einer neuen Stufe angekommen.

»Look,« hoarsely whispered one of Tull's companions.

»He packs two black-butted guns ... low down ... they're hard to see ... black ag'in' them black chaps.«

»A gunman,« whispered another. (S. 15f.)

Zane Grey hat eine Einführung seiner Hauptfigur gewählt, die für den Rezipienten heute »filmisch« anmuten mag, wohl da sie dem zeitgenössischen Leser aus den Westernfilmen bekannt sein dürfte; ein fremder Reiter aus der Wildnis nähert sich einer Gruppe (die der Zivilisation angehört). Außerdem sind die Romanschriftsteller auch von der Entwicklung des Mediums Film beeinflusst worden.[227]

Die nähere Beschreibung der Hauptperson wird wieder durch den neutralen Erzähler und in der Figurenrede durch Tulls Männer vorgenommen. Bezeichnenderweise kommt der Reiter aus der Himmelsrichtung Westen, aus weitem Land. Dies deutet sowohl Einsamkeit als auch Freiheit an, der Reiter ist nicht durch Familie und Gesellschaft gebunden. Wieder ist er ein Mann, der die Gemeinschaft (hier: die Nicht-Mormonen) beschützen wird. Wie auch die bereits vor ihm in dieser Studie diskutierten Westernmänner ist er augenfällig gekleidet: Er ist in schwarzes Leder gehüllt und trägt zwei Waffen. Scheinbar mühelos und geschmeidig steigt er vom Pferd. Tulls Männer sind vom Fremden beeindruckt, sie geben sich ehrfürchtig, und dieser zeigt keine Anzeichen von Angst. Lassiter wirkt – ähnlich wie der Virginier – wie ein (»natürlicher«) Anführer. Allerdings ist der Held Lassiter kein Cowboy,[228] sondern ein *gunfighter*, wie er auch schon in den *dime novels* existiert hat. Er ist trotzdem ein begnadeter Pferdemann.[229] Ein *gunfighter* kann

---

[227] S. hierzu z.B. die Erzählweise des amerikanischen Schriftstellers John Dos Passos und die *Camera Eye*-Technik.

[228] Der Virginier ist auch kein »reiner« Cowboy – dadurch, dass er sich mit Trampas duelliert, ist er zu einem gewissen Teil auch ein Revolverheld.

[229] Auch er wird einer von Janes »Reitern«. Lassiters besondere Fähigkeiten werden zu verschiedenen Zeiten herausgestellt. Beispielsweise stoppt er die durchgegangene weiße Rinderherde von Jane durch »milling« (eine Technik, in der die Herde erst in eine kreisförmige Bewegung gebracht und dann ausgebremst wird). Diese Technik wird nur von sehr mutigen Reitern durchgeführt, wie Jane Withersteen weiß: »She had heard of milling stampeded cattle and knew it was a feat accomplished by only the most daring riders« (*Riders of the Purple Sage*, S. 89).
Janes Angestellter Judkins schafft das »milling« zu einem anderen Zeitpunkt nicht. Jungen, die ihn als Cowboys begleiten, sterben bei diesem Unterfangen, s. S. 231.

im Western z.B. die Gestalt eines Cowboys annehmen oder eine eher städtische Kleidung tragen (wie z.T. Jesse James in den Filmen). Waffen gehören in jedem Fall zu ihm.

Der Held Lassiter kennt das Land. Die Verbindung zu den Südstaaten (die Duncan Heyward und den Virginier mit einer Art von Nobilität verknüpft hat) existiert hier nur noch sehr vage. Lassiter sagt: »Millie [seine Schwester] an' me was children when our family moved from Missouri to Texas, an' we grew up in Texas ways, same as if we'd been born there« (S. 289). Lassiter ist von Texas, Arkansas und Mississippi nach Kansas und Nebraska gereist, Orte, die ehemals so wild waren wie nun die Grenze in Utah. Während dieser Reise hat sich Lassiter (wie der Virginier vor ihm) Fähigkeiten angeeignet, die ihm als Mann im Wilden Westen das Überleben sichern. Lassiter sagt über sich selbst:

> I saw some pretty bad days in the Panhandle, an' then I went north. ... I got to be pretty handy with guns. An' there wasn't many riders as could beat me ridin', an' I can say all modest-like that I never seen the white man who could track a hoss or steer or a man with me. (S. 290)

Dieser *gunfighter* ist ein Mann, der sich auch Fähigkeiten der Indianer angeeignet hat, so dass ihm kein anderer Weißer in dieser Beziehung das Wasser reichen kann. Zu einem Mann, der gefürchtet wird und der nach dem *Code of the West* handelt, hat er sich während einer langen Suche nach seiner Schwester Milly (»a little girl no bigger'n a bird, an' as pretty«, S. 289) entwickelt. Milly war (als schwache Frau) einem Mormonenprediger (wie sich später herausstellte, war dieser Janes Vater) verfallen und von dessen Männern (im Auftrag von Bishop Dyer) verschleppt worden. Milly ist inzwischen tot, es wird sich zeigen, dass es sich bei der/dem Masked Rider um ihre Tochter Bess handelt.

Lassiter will Rache. Das Rachemotiv, wie es in den *dime novels* bereits zu finden ist, und das sowohl in *The Last of the Mohicans* als auch in *The Virginian* mit dem Ideal der männlichen Zurückhaltung nicht völlig vereinbar war, tritt hier – entfesselt – wieder auf.

Jane Withersteen steht in einem Konflikt. Zum einen möchte sie die Männer »weich« haben (sie wird auch versuchen, Lassiter seine Waffen abzunehmen) und dazu bringen, keine Rache zu verüben. Andererseits will Jane einen Mann haben, der sie beschützen kann und die Dinge regelt. Der Text wird Jane zu einer ähnlichen Einsicht führen wie *The Virginian* Molly:

zu dem Wunsch, einen Mann zu haben, der ein »wahrer« Mann ist. Aber zuerst einmal bekommt der von Lassiter gerettete Venters seine Waffen zurück. Nach Tompkins bekennt er sich damit wieder zu der »phallic nature of the regime Lassiter represents« (*West of Everything*, S. 33).[230]

Jane Withersteen ist 28 Jahre alt und gutaussehend. Sie möchte Lassiter gefallen.[231] Grey entwirft mit Lassiter eine Figur, die anziehend auf das andere Geschlecht wirkt (auch auf die »attraktiven« Exemplare des weiblichen Geschlechts, wie es beispielsweise in *The Virginian* anhand der Wirtin vor Augen geführt worden ist). Der großgewachsene Lassiter (vgl. *Riders of the Purple Sage*, S. 345) selbst ist ein Traummann, der Projektionsflächen offen lässt. Als Jane neben ihm am Tisch sitzt, heißt es: »On her left sat Lassiter, looking like a man in a dream« (S. 25). Eine Beschreibung des Mannes über den weiblichen Blick findet nicht statt. Lassiter ist jemand, der Jane nicht nur optisch gefällt – auch wegen seiner geistigen Fähigkeiten und seiner Fähigkeit, führen zu können, sieht sie zu ihm auf. Im inneren Monolog[232] denkt

---

230 Die Revolver werden hier von Tompkins – wie auch oftmals in der Alltagskultur (mit Freudschem Unterton) – erneut als Phallussymbole betrachtet. Waffenbesitz und Schießfertigkeit können seit Cooper als ein Merkmal der Westernhelden gesehen werden. Waffen können außerdem als sexuierte Objekte (nach Villa bzw. Hirschauer) begriffen werden. Sie sind also einfach Gegenstände, die häufig/traditionell von Männern verwendet worden sind und dann (im zirkulären Schluss) als Entitäten gelten, die »Männlichkeit« bezeichnen.

231 Um einen »Klassenunterschied« (hier zwischen »besitzender« und »arbeitender« Klasse) auszumerzen, wird Jane an anderer Stelle über die Kleidung der Status der Rancheigentümerin genommen:
   Venters and Lassiter were turning toward the house when Jane appeared in the lane, leading a horse. In riding skirt and blouse she seemed to have lost some of her statuesque proportions and looked more like a girl rider than the mistress of Withersteen. She was bright, smiling, and her greeting was warmly cordial. (*Riders of the Purple Sage*, S. 43)
   Während die weibliche Hauptfigur in Greys Roman sich für unterschiedliche Situationen unterschiedlich kleidet, bleibt die männliche Hauptfigur unverändert. Lassiter trägt immer seine *gunfighter*-Kleidung. Der Held von *Riders of the Purple Sage* muss sich nicht wie Wisters Virginier im Osten beweisen. Er ist ein Held, der in seiner gewohnten Umgebung und in seiner Kleidung, die ihn kennzeichnet, bleiben darf. Diese deutet außerdem darauf hin, dass Lassiter nicht in ein völlig anderes Feld wechselt.

232 Hier handelt es sich um eine längere, kursiv gedruckte Passage, die aus einigen Sätzen und Auslassungspunkten besteht. Es taucht nur einmal ein *verbum sentiendi* (»she mused«) auf, Anführungszeichen fehlen. Das Gedankenzitat ist hier näher zum inneren Monolog/Bewusstseinsstrom gerückt. Dies dürfte in der Entstehungszeit des Romans begründet sein und kann wieder auf ein personales Erzählen hinweisen.

Jane: »*How splendidly he championed us poor misunderstood souls! Somehow he knows ... much*« (S. 24).

Lassiter, der immer seine Sporen trägt und nach Jane immer »in readiness to ride« (S. 224) ist, ist auch selbstbeherrschter (»so cool, so calm« (ebd.), »cool as ice«, S. 272) als der aufbrausende Bern Venters (vgl. S. 28). Bern Venters besitzt Gefühle wie Hass, Liebe und Eifersucht (s. S. 143f., S. 206f.), denen er zuweilen auch freien Lauf lässt.[233] In *Riders of the Purple Sage* – wie nach Tompkins auch in späteren Filmwestern – ist die Hauptfigur älter und einer jüngeren männlichen Nebenfigur in vielen Dingen, die einen Westernhelden ausmachen, überlegen.

Eine (weitere?) Initiierung findet bei Venters letztendlich durch den Aufenthalt in den Bergen (in unberührter Natur) statt. Oldrings Viehdiebe haben Jane in der Zwischenzeit eine Rinderherde gestohlen. Venters hat anschließend während eines Erkundungsrittes einen der Diebe erschossen (»the first man at whom he had ever aimed a weapon he had shot through the heart«, s. S. 61) und den maskierten Reiter verletzt.[234] Dann findet er heraus, dass es sich bei dem Masked Rider um ein Mädchen (Bess) handelt. Nun hat er Mitleid, kümmert sich um Bess und pflegt sie wieder gesund. In *Riders of the Purple Sage* spielen sexuelle Andeutungen eine größere Rolle als in den vorherigen Werken: »Opening her blouse, he untied the scarf, and carefully picked away the sage leaves from the wound in her shoulder. It had closed«. Oder: »Then he washed the blood from her breast« (S. 123). Die Berührungen werden also da (an den signifikanten Körperstellen) vollzogen, wo das Geschlecht gemeinhin verortet wird. Später trägt Bern das schmale, hilflose Mädchen in sein Versteck im Surprise Valley. Venters verliebt sich in Bess.[235]

---

[233] Bern muss außerdem z.B. des Öfteren weinen.

[234] Als der maskierte Reiter angeschossen wird, gibt es im Text eine kleine Andeutung dahingehend, dass etwas mit dem Reiter »nicht in Ordnung« oder merkwürdig (»strange«) sei (letztendlich bezüglich des Geschlechts). Es steht geschrieben: »The Masked Rider huddled over his pommel, slowly swaying to one side, and then, with a faint, strange cry slipped out of the saddle« (S. 60). Die Lautäußerung ist es, die nicht zu einem Mann passt. (Auch in *Dashing Diamond Dick* verrät sich der/die Anführer/in der Bande durch eine Lautäußerung.)

[235] Gegen dieses Mädchen kann er sich durchsetzen, kann es dominieren. Beispielsweise hat Bess Angst, als Bern das Versteck verlassen will. Er geht jedoch trotzdem (*a man's got to do ...*). Bess sorgt letztendlich durch einen Goldfund für den Reichtum und die Zukunft der beiden und wäre nun im Grunde eine wohlhabende Frau. Der Text »entschärft« diese Überlegenheit von Bess jedoch dadurch, dass diese nur glücklich darüber ist, dass Bern sich nicht mit dem Gold davonmacht (s. S. 247).

Als er kurzzeitig (aus der Wildnis) zum Haus Withersteen zurückkehrt, hat er sich verändert:

> Like rough iron his hard hand crushed Jane's. In it she felt the difference she saw in him. Wild, rugged, unshorn, yet how splendid – he had gone away a boy – he had returned a man. He appeared taller, wider of shoulder, deeper-chested, more powerfully built. But was that only her fancy – he had always been a young giant – was the change one of spirit? He might have been absent for years, proven by fire and steel, grown, like Lassiter, strong and cool and sure. His eyes – were they keener, more flashing than before? – met hers with clear, frank, warm regard in which perplexity was not, nor discontent, nor pain.
> »Look at me long as you like,« he said with a laugh. (S. 219)

Das Aussehen der männlichen Figur Venters wird hier über den personalen Erzähler (durch die Innensicht Janes und die Technik der erlebten Rede) vermittelt. Bern wird somit zum Objekt des weiblichen Blickes. Dieses wird möglich, weil er Jane unterlegen ist. Dennoch scheint Bern größer geworden zu sein und hat sich Lassiter – und damit der Pose des Helden – angenähert. Die Veränderung fand bei Venters dadurch statt, dass er sich in der Natur (des Westens) aufhielt und sich von Jane Withersteen, die ihn verweichlichte, löste. Venters hat sich jedoch noch immer nicht völlig unter Kontrolle.

Bess und Venters erleben in der Wildnis Szenen, die paradiesisch anmuten.[236] Sie erinnern an die Zeit, die Molly und der Virginier nach ihrer Hochzeitsreise in der Natur verbringen. Bess ist dabei komplett auf Berns Wohlwollen angewiesen und wird gewissermaßen »entmündigt«, obwohl sie sich eigentlich als einer der besten Viehdiebe in der Landschaft auskennen müsste.

Bern Venters ist inzwischen frei von Furcht (da er ein Stück weit wie Lassiter geworden ist). Weil er sich an dem Viehdieb Oldring rächen möchte, da dieser Bess seit ihrer Kindheit gefangen gehalten hatte, und Bern außerdem befürchtet, dass sie für Oldring eine Geliebte gewesen ist, sucht er den Anführer der Bande auf. Oldring ist zuvor von Janes loyalem Angestellten Judkins als »as broad as he is long an' the powerfulest build of man« (S. 273) beschrieben worden. Oldring repräsentiert einen zu der Westernwelt dazugehörigen, wahren Mann, was über seine körperliche Erscheinung symbolisiert wird. Tull ist zwar ebenfalls von großer Statur; ein »schöner« Mann, wie

---

[236] Die Natur hat zugleich eine regenerierende Wirkung auf Bess, die sich körperlich manifestiert, denn die Zeichen der Maske verschwinden auf ihrem Gesicht, als es durch die Sonne gleichmäßig gebräunt wird.

Lassiter, Venters oder Oldring ist er jedoch nicht. Es erinnert ein wenig an einen Stierkampf, dass Venters sich freut, Oldring, dieses vitale Exemplar einer »magnificent manhood« (S. 276), zu töten; der Torrero will den kräftigen Stier beim Sterben gut aussehen lassen. Es findet somit eine Ästhetisierung des Tötens statt, die im Film nicht nur im Genre Western vorkommt.[237]

Venters schießt dem »handsome giant« (S. 278), dem vermeintlichen Missetäter und Konkurrenten, ins Herz, und Oldring stirbt. Diese Tat geschieht hauptsächlich aus Eifersucht, die letztendlich ungerechtfertigt ist, da Oldring zu Bess kein Liebesverhältnis hatte; er war wie ein Vater für sie gewesen. Durch sein unkontrolliertes Verhalten hat Bern einen Fehler gemacht. Da er aber keine untergeordnete Männlichkeit repräsentiert (wie Shorty in *The Virginian*), muss er für diesen Fehler im Westen nicht büßen. Das Beispiel Oldrings verdeutlicht, dass eine Figur, obwohl sie eine unehrenwerte Funktion hat (*rustler, thief*), trotzdem aufrichtig sein und sich einer Abrechnung stellen kann (man denke hier auch an Steves als tapfer bewertetes Verhalten in *The Virginian*). Die Männer der Mormonen werden zu diesem Männlichkeitsentwurf in Kontrast gesetzt, sie sind feige und hinterlistig, z.B. wenn sie »snap shots at Lassiter from a cowardly distance« abfeuern (*Riders of the Purple Sage*, S. 215). Die Männer (des Feldes) der Religion werden auch körperlich demontiert, z.B. wird Bishop Dyer »that fat party« genannt (S. 165), und ein anderer, der kühne Jerry (auch ein »Reiter«), wird als »froschartig« beschrieben. In *Riders of the Purple Sage* sind alle männlichen Individuen ähnlich hart, aber manche – die Helden – sind moralisch besser.

Jerry Card stiehlt Jane Withersteens Lieblingsvollblüter – Black Star und Night. Dass Jerry eine Herausforderung für den »frischgebackenen« Mann Venters ist, wird dadurch signalisiert, dass Jerry den Ruf des »greatest rider of the sage« innehat (S. 257). Venters aber besitzt Fähigkeiten, um sich gegen ihn durchzusetzen. Die Art und Weise, wie er schießt, ist effektiv, denn er hat »the eye of a rider and the judgment of a marksman« (S. 258). Es gibt in *Riders of the Purple Sage* ein Pferderennen, das detailliert beschrieben wird. Es ist vergleichbar mit einer Actionszene im Film, die heutzutage in Autojagden ihre Entsprechung findet (vgl. S. 256ff.). Bern Venters gewinnt auf dem Pferd

---

[237] Vgl. dazu den Genremix *Kill Bill* (2003/4) (dort sind neben der Benutzung von Schusswaffen und dem Westernkontext asiatische Kampfkunstelemente vorzufinden), oder als Beispiel im Actiongenre: Auch in *The Matrix* (1999-2003) findet eine Ästhetisierung des Tötens statt.

Wrangle das Rennen gegen Jerry, letzterer kommt dabei zu Tode.[238] Während des Rennens hat Venters Rachegedanken, die mit wilder Männlichkeit und wildem Land in Verbindung gebracht werden:

> The first flush – the raging of Venter's wrath – passed to leave him in sullen, almost cold possession of his will. It was a deadly mood, utterly foreign to his nature, engendered, fostered, and released by the wild passions of wild men in a wild country. The strength in him then – the thing rife in him that was not hate but something as remorseless – might have been the fiery fruition of a whole lifetime of vengeful quest. Nothing could have stopped him. (S. 255f.)

Während Bern mehr und mehr die Erscheinung eines Mannes annimmt, wird Lassiters Männlichkeit demontiert, da Jane ihn verweichlicht. Judkins äußert seine Befürchtungen, Lassiter sei nun »soft« (S. 272), oder er folge Jane wie ein Hund (s. S. 271). Die neue Weichheit von Lassiter zeigt sich u.a. darin, dass er sich in der häuslichen/weiblichen Domäne betätigt. Im Text heißt es, dass Lassiter Jane, nachdem sie von fast allen ihren Hausangestellten verlassen worden ist (weil Elder Tull sie abgezogen hat), bei der Pflege der kranken Mrs. Larkin (Mutter des Kindes Fay) hilft. Bei dieser »unmännlichen« Tätigkeit wird der Figur jedoch so viel Geschick zugestanden, dass der Held dabei besser als eine Frau sein kann (vgl. hierzu auch den Virginier, der in der Schreibkunst schließlich seine Lehrerin Molly übertrifft):[239]

> His great, brown hands were skilled in a multiplicity of ways that a woman might have envied. He shared Jane's work and was of especial help to her in nursing Mrs. Larkin. ... So it came about that Lassiter would stay by Mrs. Larkin during the day, when she needed care, and Jane would make up the sleep she lost in night watches. Mrs. Larkin at once took kindly to the gentle Lassiter, and, without ever asking who or what he was, praised him to Jane. »He's a good man and loves children,« she said. (S. 177)

Auch spielt Lassiter mit dem Kind Fay. Aber dieses bedeutet nicht, dass dem Helden die Härte ganz genommen worden ist, denn die beiden spielen nicht

---

[238] Jane Withersteen ist immer davon ausgegangen, dass ihre schwarzen Araber schneller seien als alle anderen Pferde der Ranch, inklusive Wrangle. Lassiter und Venters haben Wrangle jedoch immer für das schnellste Pferd gehalten. Das Pferderennen beweist, dass die beiden (Pferde-)Männer Recht hatten und deutet abermals darauf hin, dass in diesem Text Männer als die klügeren Menschen angesehen werden.

[239] Der Text deutet mehrere Facetten einer (männlichen) Figur an und auch, dass eine Veränderung (der Rollen) möglich ist, aber es gibt hier für die Charaktere eine wahre Bestimmung, eine Art, wie Männer und Frauen sein sollen.

etwa mit Puppen: »A week passed. Little Fay played and prattled and pulled at Lassiter's big, black guns« (S. 173).

Lassiter gesteht Jane Withersteen schließlich, dass er sein altes Männer-dasein vermisst.[240] Wie er berichtet, hat Bern Venters Elder Tull übelst be-schimpft und Jane als großartige Frau dargestellt. Jane ist berührt. Ihre In-nensicht verrät, wie sie Venters Verhalten bewertet: »It was sheer human glory in the deed of a fearless man. It was hot, primitive instinct to live – to fight. It was a kind of mad joy in Venter's chivalry« (S. 227).[241] Grey hat hier die Idee von Ritterlichkeit mit dem primitivistischen Gedankengut ver-knüpft. Es entsprach dem Zeitgeist des neuen 20. Jahrhunderts, sich ur-sprünglichen Völkern zuzuwenden. Zane Grey hat dieses auch in der Epi-sode im Surprise Valley verarbeitet. Er hat dort eine Verbindung zu den *cliff-dwellers*[242] hergestellt, die sich in Venters neuer Wildheit manifestiert. Bern erhält auch während des Aufenthalts in der Natur (in den Höhlen des Sur-prise Valley) »primitive« Züge, die er aber (im Gegensatz zu Bess) wieder überwinden kann. Im Text heißt es: »Then it was that Venter's primitive, child-like mood, like a savage's, seeing yet unthinking, gave way to the en-croachment of civilized thought« (S. 193).

---

[240] Er schildert, wie er und Bern ins Dorf gegangen seien, um Elder Tull aufzusuchen. Lassiter sagt:

> »I reckon there ain't been more of a show for a long time. Me an' Venters walking down the road! It was funny. I ain't sayin' anybody was particular glad to see us. ... Well, there was some runnin' of folks before we got to the stores. Then, everybody vamoosed, except some surprised rustlers in front of a saloon. ... Jane, I was down-right glad to be along. You see *that* sort of thing is my element, an' I've been away from it for a spell. ... « (S. 224f.)

Die Szene, die Lassiter beschreibt, findet sich in ähnlicher Weise später in etlichen Filmwestern. Durch die körperliche Präsenz, durch den Schulterschluss mehrerer Männer, die zusammen die Straße einer Stadt entlanggehen, wird Stärke demonstriert. Die Männer wirken hier so gefährlich, dass die Einwohner der Stadt (aus Angst vor ihnen bzw. aus Angst vor einem Schusswechsel) die Straßen verlassen. Wie aber Las-siter sagt, ist dieses seine Welt, ist dieses das Gefühl von Männlichkeit, das er ausleben möchte und (aufgrund von Jane) vermisst hat.

[241] Hier finden sich intertextuelle Referenzen auf den Ehrbegriff in *The Virginian*. Dort hatte der Virginier Mollys Ehre auf dem Ball verteidigt, als ihr eine Art Affäre mit einem anderen Mann unterstellt worden ist. Auch Lassiter verhält sich explizit ritter-lich.

[242] Es geht hier um die ehemaligen Höhlen der Anasazi-Indianer in Utah. Die Indianer und das Verstecken in den Bergen werden aber auch mit negativen Attributen belegt, die nicht mit Berns Vorstellungen von ehrbarer Männlichkeit einhergehen: »Like an Indian stealing horses he had skulked into the recesses of the canons« (S. 124).

In *Riders of the Purple Sage* wie auch in *The Virginian* haben die weiblichen Hauptfiguren zunächst einen gewissen höheren Status als die männlichen Hauptpersonen (bezüglich Vermögen/Herkunft und Bildung). Beide Autoren – Grey und Wister – haben es sich zur Aufgabe gemacht, ihre männlichen Helden als überlegen darzustellen. Hier schlägt sich nieder, dass Frauen zur Entstehungszeit der Romane in Bereiche vorgedrungen sind, die bisher den Männern vorbehalten waren (z.B. Wahlrecht). In den meisten Westernfilmen hingegen haben die stereotypen Frauenfiguren – wie z.B. Prostituierte – von vornherein keinen höheren sozialen Rang mehr als die Helden (eine Ausnahme bildet hier z.B. die Rancherin Jessica Drummond (Barbara Stanwyck) in *Forty Guns* (1957)[243]).

Frauen werden in Greys Werk als irrational und kindlich dargestellt. Lassiter spricht Jane an einer Stelle folgendermaßen an: »›Child, be still,‹ ... with a dark dignity that had in it something of pity. ›You are a woman, fine an' big an' strong, an' your heart matches your size. But no mind. You're a child‹« (S. 187). Frauen werden diesbezüglich mit Indianern gleichgesetzt; über Bess heißt es (aus Berns Sicht), sie wäre »like an Indian who lives slowly from moment to moment, she was utterly absorbed in the present. ... Almost, he believed, she had no thought at all« (S. 145).

Weiterhin wird den Frauen in diesem Buch nicht zugestanden, »bindungslos« zu bleiben. Deshalb wird Jane (wie auch schon Molly in *The Virginian*) unterstellt, dass sie nicht wüsste, was sie wirklich wolle (wobei Molly in gewisser Weise Standesdünkel hatte, die Jane fehlen, außer dass ihre Religion es ihr verbieten würde, einen Nicht-Mormonen zu heiraten).

Bei der naiven Bess ist dies nicht nötig. Grey deutet an, dass bei dieser Unschuld und Reinheit der Geist den Körper nicht stört. Der Text sagt Folgendes aus: Männer sind gradlinig und können ihren Verstand ab einer gewissen Reife dazu einsetzen, ihre Leidenschaften zu zügeln. Frauen kommt der Geist in die Quere, sie können nicht mehr handeln, wenn sie ihn benutzen. Die eigentlich tüchtige Jane sagt: »when I attempt serious thought, I'm dazed. I don't think. I don't care anymore« (*Riders of the Purple Sage*, S. 287).

---

[243] Jessica Drummond, »a woman with a whip«, braucht aber schließlich auch einen Mann, »der ein Mann ist«, und bestätigt somit wieder die männliche Vorherrschaft. Dies wird im Lied »High Ridin' Woman« in *Forty Guns* so formuliert: »if someone could break her and take her whip away, someone big, someone strong, someone tall, you may find that the woman with a whip is only a woman after all«.

Die Bestimmung der Frauen in diesem Western ist es, an der Seite eines Mannes zu stehen, der den Part des Denkens und Handelns für sie mit übernimmt. Männer sind in Greys Welt Frauen also insbesondere »natürlich« intellektuell überlegen. Die Frauen gehören den Männern (vgl. Bess' Aussage auf S. 213: »I'm yours to do with as you like«[244]) und können von Männern bezwungen und geleitet werden. Über Bess heißt es: »Venters took hold of her, and gently though masterfully forced her to meet his eyes« (S. 245).[245] Die Frauen nehmen schließlich – so insinuiert der Text – ihre korrekte, untergeordnete Position ein.

Jane erkennt Lassiter schließlich (mit seinen Waffen – so wird die Hauptfigur mit der Idee von sexueller Potenz konnektiert) als ihren Herren an und ist selbst die Schwache. Jane Withersteen sagt:

> »Pity me ... help me in my weakness. You're strong again. ... My master! ... You are a man! I never knew it till now. Some wonderful change came to me when you buckled on these guns and turned that gray awful face ... I loved you then.« (S. 303)

Lassiter lässt sich trotz Janes Liebesschwüren und körperlicher Annäherung (sie versucht ihn zu küssen) nicht von seinem Vorhaben abbringen, er muss (erneut) tun, was er tun muss. Lassiter will nun – wie er sagt – keine Rache mehr (und zeigt damit Selbstbeherrschung), jetzt stellt er »Gerechtigkeit« her und handelt nach dem *Code of the West*. Lassiter erschießt den Mormonenprediger Bishop Dyer, der für die Entführung seiner Schwester verantwortlich gewesen ist, und kann Jane von ihren durch die Mormonenoberhäupte auferlegten Zwängen befreien.

Judkins beschreibt später in aller Ausführlichkeit die Tötung Bishop Dyers (s. S. 308f.). Da letzterer mehrmals zu seinen Waffen gegriffen hat, musste Lassiter mehrmals auf ihn schießen. Diese detaillierte Beschreibung von Gewalt ist in den bisher hier diskutierten Werken nicht aufzufinden. Dies antizipiert die Darstellung von Gewalt, wie sie später in den Westernfilmen vorzufinden ist.

---

[244] Vgl. hierzu die Szene mit der Wirtin in *The Virginian*.

[245] Diese Stelle kann auch dazu dienen, auf den oben hingewiesenen Unterschied zur filmischen Repräsentation der sozialen Relation zu verweisen. Würde Bess in einer Einstellung im Film »masterfully« von Bern dazu gezwungen werden, ihn anzusehen, wäre dies wahrscheinlich gleichzeitig ein Aufblicken. In Greys Text findet sich kein Hinweis darauf, wie die Charaktere an dieser Stelle im (offenen) Raum positioniert sind.

Am Ende gibt es unterschiedliche Lösungen für die verschiedenen Charaktere. Der Text lässt hier folgende Männlichkeiten zu; die des (noch) leidenschaftlichen Venters und die des selbstkontrollierten Lassiter. Bis auf diese Attributierung finden sich Ähnlichkeiten in der Charakterisierung der Figuren (vgl. z.B. den Aspekt der Härte). Beide dürfen sich fortpflanzen. Die selbstlose Jane übergibt die Vollblüter Black Star und Night an Bern Venters, damit die jungen Leute, er und Bess, die »riders of the purple sage« (*Riders of the Purple Sage*, S. 333) aus Utah fortkommen können. Lassiter verteidigt Janes Leben gegen die Viehdiebe und andere Mormonen (inklusive Tull) mit Waffengewalt, und es gelingt ihm, ihnen das gekidnappte Mädchen Fay zu entreißen. Mit Janes Zustimmung (sie beteuert, dass sie ihn liebt) rollt Lassiter einen großen Stein am Eingang des Surprise Valley hinunter, um dort für immer mit Jane Withersteen und Fay zu leben. Lassiter und Bern können, obwohl sie die besseren Menschen und Männer sind, zwischen den Mormonen und ihren perfiden Machenschaften nicht vollständig zu Dominanz gelangen. Sie haben aber gerettet, was zu retten war. Das Feld der Religion/Zivilisation (die Wildnis ist von den Regeln der Mormonen überlagert) wird dann von den Helden geräumt. Lassiter lässt seinen leeren Revolver am Pass zurück. Seine »Kleinfamilie« findet einen eigenen Ort in der Natur vor, der paradiesisch anmutet. Dass Lassiter und Bern das Feld räumen, ist nicht als eine feige Handlung oder als Zeichen von Schwäche zu verstehen. Im historischen Kontext der USA dient ein Neuanfang in einem als »frei« betrachteten Land der Regeneration und ist positiv bewertet worden. Dieses Muster des Neubeginnens wird später auch im Westernfilm beibehalten, s. z.B. die Diskussion von *Hell's Hinges* (1916) oder *Stagecoach* (1939) unten.

Lassiter hat bereits zuvor angedeutet, dass er (man) in einer anderen Welt auch ohne Waffen ein Mann sein könnte. Er sagt zu Jane: »›Come with me out of Utah ... where I can put away my guns an' be a man ... I'll reckon I'll prove it to you, then. Come‹« (*Riders of the Purple Sage*, S. 288). Für die männlichen Leser von Greys Roman kann dies als eine Anleitung gedeutet werden: Auch in ihrer eigenen Welt können sie ein Mann sein (ohne dass sie Revolver tragen), wenn sie nur die gleiche Einstellung und Handlungsweise wie Lassiter besitzen. Dieser Umstand erinnert an den von Connell gebrauchten Begriff der Komplizenschaft (den man hier auf die männlichen Leser übertragen könnte): »It is tempting to treat them simply as slacker versions of hegemonic masculinity – the difference between the men who cheer football matches on TV and those who run out into the mud and the tackles themselves« (*Masculinites*, S. 79).[246]

In *Riders of the Purple Sage* werden die Frauen (wie auch Molly in *The Virginian*) durch Bindung an einen Mann untergeordnet. Der junge Bern war der Rancheigentümerin Jane Withersteen nicht gewachsen. Der Text unterbreitet, dass es eine Frau gibt, die besser zu Bern passt, eine, die auch ein solcher Mann unterordnen kann. Dies kann ebenfalls als eine Art Anleitung an die Leserschaft verstanden werden. Sie dient dazu, die männliche Dominanz zu sichern.

In die Konstruktion Berns ist das Ideal der primitiven Männlichkeit eingearbeitet worden. Wildheit wird hier auch mit Kontrollverlust in Verbindung gebracht, was den Heldenstatus der Figur gefährdet. Am besten lässt sich dieses für den Western anhand der Positionierung der Figur auf einer Skala, einem Kontinuum, veranschaulichen. Auf der einen Seite des Kontinuums befindet sich als äußerster Punkt die Wildnis mit ihren Bewohnern, den Indianern. Auf der anderen Seite befindet sich als Endpunkt die Zivilisation mit ihren Bewohnern, den Oststaatlern. Eine Siedlung des Wilden Westens oder eine *frontier*-Stadt liegt zwischen den beiden äußersten Punkten. Der Westernheld befindet sich zwischen einer solchen Gemeinschaft und der Wildnis. Er darf aber – vor allem in seinem Verhalten – nicht zu stark zum äußersten Punkt (den die Wildnis markiert oder die Wilden markieren) abdriften, damit die Überlegenheit der Weißen gesichert bleibt. Bern kann somit vor allem wegen seiner Jugendlichkeit bestehen bleiben. Lassiter ist der wahre Mann, der eigentliche Held.

Nach Slotkin trägt Lassiter die Merkmale eines natürlichen Aristokraten (s.o). Aber es gibt bei dieser Figur keine Verbindung zur Elite. Lassiters Bestreben ist es nicht, als Mitglied der *quality* zu herrschen, so dass der Begriff Aristokrat für ihn nicht mehr als passend erscheint. Wahrscheinlich ist auch, dass die Idee von Aristokratie nicht mehr passend für das Amerika des 20. Jahrhunderts (und des 21. Jahrhunderts) ist.

Lassiter kann außerdem dem Typus des *good badman* zugerechnet werden. Hine und Faragher schreiben: »Americans are drawn to characters of

---

[246] Insgesamt gehen Inhaber der komplizenhaften Männlichkeit jedoch Kompromisse mit ihren Frauen ein. Hißnauer und Klein führen als Beispiel Homer Simpson aus der Fernsehserie *The Simpsons* (seit 1989) an, »der sich immer wieder gerne als ›Mann im Haus‹ inszeniert, seine Frau allerdings die ›Kastanien aus dem Feuer‹ holen lässt« (»Visualität des Männlichen«, S. 29).

paradoxical impulse … Things are simple in the western, but not always as simple as they seem« (*The American West*, S. 475). Dies ist auch ein Verweis auf die unter Umständen komplexen Männlichkeitskonstruktionen der Figuren.

In diesem Kapitel sind einflussreiche (weiße) historische und literarische Westernhelden diskutiert worden. Es handelt sich um Männer oder männliche Charaktere, die schon immer durch die amerikanische Populärkultur verarbeitet worden sind. Die Helden haben im diachronen Verlauf unterschiedliche Männlichkeitsideale bestätigt. Gleichzeitig sind die männlichen Figuren den Lesern u.a. durch verschiedene Blickpositionen nahegebracht worden; so kann z.B. der direkte Blick auf einen Charakter vermieden werden oder trotz des direkten Anschauens eine Figur erhöht werden.

Wie in der Einleitung erwähnt, wende ich mich nun – nach der Analyse von Zane Greys Roman – dem filmischen Western zu. Die Gründe für diesen Schritt sind folgende: Ab Mitte der 1910er Jahre etablierte sich das Westerngenre als solches im Film, und das neue Medium wurde (nach Slotkin) zur »pre-eminent popular art form«. Zudem weisen verschiedene Autoren auf Gemeinsamkeiten zwischen dem Roman *Riders of the Purple Sage* und dem Stummfilm *Hell's Hinges* (1916) hin (s.u.). Schauen wir nun, welche Männlichkeitsideale und Charakteristika der Repräsentation im Medienwechsel aufgegriffen werden.

4. Westernhelden im Film

Bis zum Beginn des 20. Jahrhunderts hat sich der literarische Westernheld zu einem harten, durchsetzungsfähigen Mann entwickelt, der attraktiv im Sinne eines der Zeit angepassten männlichen Körperideals ist. Doch selbst Greys Held Lassiter strebt noch immer nach Zurückhaltung und nach ehrenvollem Verhalten. Für die Konstruktionsmöglichkeiten der Helden ist also im Genre bis zu einem gewissen Grad eine Eigendynamik entstanden, die losgelöst vom Zeitgeschehen funktioniert (auch wenn die Texte inhaltlich auf aktuelle Geschehnisse Bezug nehmen können). Greys Held ist bereits befreit von elitärem Gedankengut. Der Transfer einer solchen Figur in das (Massen-)Medium Film kann also ohne große Brüche erfolgen, wenn man den Gedanken Slotkins oben folgen will.[247]

In den Westernromanen war es auffällig, dass obwohl die Helden z.T. als »still« bezeichnet worden sind, dieses im Verlauf des Werkes in der Figurenrede nicht umgesetzt worden ist.[248] Das Medium Film bot nun die Möglichkeit, eine Verlagerung über die visuelle Komponente vorzunehmen, die die Helden sprachlich »entlasten« konnte – und das natürlich bereits in den frühen Filmen, den Stummfilmen.

---

[247] Laut Mitchell (der hier die elitäre Ideologie außen vor lässt) gilt *The Virginian* als das Werk, das den Westernhelden letztendlich zu dem Mann gemacht hat, wie die Zuschauer ihn heute aus Filmen kennen. Dies kann mit dem veränderten Männlichkeitsideal (der Mittelklasse) seit Ende des 19. in Zusammenhang gebracht werden, welches in Teilen in der Figur wiederzufinden ist. Die nachfolgenden Werke von z.B. Zane Grey und die Filme hätten diesem, damals »neuen« Helden zu weiterer Popularität verholfen, so Mitchell:
> Choose any history of the Western, and Owen Wister's *The Virginian* (1902) will invariably be cited as the transitional text – responsible all by itself for making the restrained, soft-spoken, sure-shooting cowboy into a figure worthy of sustained popular interest. Thousands of subsequent novels by authors like Zane Grey, Luke Short, Max Brand, and Louis L'Amour, along with hundreds of cinema and television Westerns, have simply embellished the image of quiet violence introduced in Wister's runaway best-seller. (*Westerns*, S. 95)

[248] Die Idee des wortkargen Mannes war bereits in Wisters 1895 erschienenem »The Evolution of the Cow-Puncher« angelegt worden. Über die frühen Cowboys heißt es dort, dass sie »grim lean men of few topics and not many words concerning these« waren (S. 615). Die im Aufsatz beschriebenen Ausdrücke oder Redewendungen der Cowboys stellen etwas Neues und Amerikanisches dar.

Der erste Westernheld des Kurzfilms, ein Weißer, war Broncho Billy Anderson[249] (s. *The BFI Companion to the Western*, S. 24). Andrew Brodie Smith konstatiert, dass diese Figur dazu beitragen konnte, die Zielgruppe der Filmzuschauer zu erweitern:[250] »Broncho Billy and other cowboy figures routinely affirmed the durability of Victorian values, and in the process they helped make movie houses comfortable for middle-class families« (*Shooting Cowboys and Indians*, S. 134). Zu den Idealen des viktorianischen Zeitalters gehörte auch der Gedanke von sexueller Zurückhaltung. Die literarische Figur des Virginiers verweist auf eine Veränderung dieses Ideals und eine Veränderung der Westernfigur – in den ersten Westernhelden des Films (also in der ersten Dekade des 20. Jahrhunderts) ist dies nicht übertragen worden.[251] Allerdings war Broncho Billy sehr wohl ein Mann, der seinen Körper im Kampf einsetzte. In *The BFI Companion to the Western* steht geschrieben: »His manner around women is gauche but gallant, around men pugnacious« (S. 24).

Das Vorhaben, die Rezipienten der Mittelklasse mit einzuschließen, wurde nach Smith durch Billys »Nachfolger« – den Schauspieler und Regisseur William S. Hart[252] – weitergeführt und komplettiert (s. *Shooting Cowboys*

---

[249] Für Informationen über den 1,83 m großen Anderson s. auch den Eintrag in der *Internet Movie Database*: http://www.imdb.com/name/nm0001908/bio?ref_=nm_ov_bio_sm, letzter Zugriff: 27.06.11. Anderson war also überdurchschnittlich groß.

[250] Begonnen hatte die Entwicklung des Films in den 1890er Jahren: Dem Amerikaner Thomas Edison gelang eine Erfindung mit bahnbrechenden Folgen – das Kinetoskop. Urspünglich von ihm als eine Art Hobby für die Mittel- und Oberschicht gedacht, gab es bald öffentliche Kinetoskop-Stätten, in denen nach dem Einwurf einer Geldsumme eine Filmsequenz betrachtet werden konnte. »The subjects ranged from the strongman Eugen Sandow flexing his muscles to Buffalo Bill, performers from Barnum und Bailey's circus, and a man getting a shave«, wie Ashby schreibt (*With Amusement for All*, S. 155f.).
Die bewegten Bilder sollten später noch erfolgreicher werden, als sie – mit Hilfe einer neuen Technologie – begannen, Geschichten zu erzählen. Die nun entstehenden Filme wurden in kleinen Theatern, den *nickelodeons*, gezeigt. Wie Ashby aufzeigt, wurden diese Theater am Anfang des 20. Jahrhunderts hauptsächlich von Mitgliedern der Unterschicht besucht (s. *With Amusement for All*, S. 158).

[251] Zudem wird Broncho Billy Anderson – von seiner überdurchschnittlichen Körpergröße abgesehen – in *The BFI Companion to the Western* nicht als besonders attraktiv beschrieben; er besaß eine »bulbous nose and bulky figure« (S. 24).

[252] Für Informationen über den 1,88 m großen Hart s. auch den Eintrag in der *Internet Movie Database*: http://www.imdb.com/name/nm0366586/bio, letzter Zugriff: 27.06.11.

and Indians, S. 157).[253] Wie oben bereits aufgeführt, entstehen durch die Schauspieler weitere Verknüpfungen für die Westernhelden. Hart dichtete Geschichten zu seiner Biografie hinzu, er inszenierte sich als Westerner (s. *Gunfighter Nation*, S. 243). Er trat im Film in Cowboy-Kleidung auf und war stets mit Revolvern bewaffnet (Hart entsprach also optisch dem Cowboy/*gunfighter*-Typus). Im Stummfilm *Hell's Hinges* (1916), der hier in Ansätzen (hinsichtlich der Untersuchungsschwerpunkte dieser Studie) besprochen werden soll, spielte er einen *good badman*. Über seinen Charakter Blaze heißt es dort: »›Blaze‹ Tracy. The embodiment of the best and worst of the early West. A man-killer whose philosophy of life is summed up in the creed ›Shoot first and do your disputin' afterward‹« (0:10). Verschiedene Autoren sehen Tracy als Nachfahren historischer oder literarischer Westernmänner (bzw. *Hell's Hinges* als Folgewerk literarischer Western): Nach Slotkin wird Blaze durch seinen Namen mit »edlen« und »wilden« Westernmännern wie Boone, Lederstrumpf und Buffalo Bill in Zusammenhang gestellt: »His name associates him with the noblest kind of ›wild Westerner,‹ the scout or blazer of trails (i.e., ›traces‹), in the tradition of Boone, Leatherstocking, and Buffalo Bill« (*Gunfighter Nation*, S. 247). R. Barton Palmer ist (wie Cawelti) der Meinung, dass »[t]he Westerns of Hart and Grey [are] similar in their use of religious/erotic themes and images« (»William S. Hart's *Hell's Hinges*: An Ideological Approach to the Early Western«, S. 263), und Richard Hutson sieht Ähnlichkeiten zwischen *Riders of the Purple Sage* und *Hell's Hinges* (s. »William S. Hart's *Hell's Hinges* in the Progressive Era«). Es ist also sinnvoll, das Verfolgen der Entwicklung des literarischen Westernhelden nach *Riders of the Purple Sage* mit dem filmischen Helden von *Hell's Hinges* weiterzuführen.

In *Hell's Hinges* werden wir Zeugen von Blazes Schieß- und Reitkunst, Härte wird u.a. dadurch dokumentiert, dass dieser Mann in der Lage ist, Al-

---

[253] Ab Mitte der 1910er Jahre sorgte die amerikanische Filmindustrie (nun in Hollywood) außerdem dafür, dass Filme aus den *nickelodeons* in respektablere Stätten gelangten. 1926 wurde beispielsweise ein opulenter Filmpalast – das Roxy – am Broadway eröffnet. Die Mittelklasse gab sich zugleich weltoffener und nahm – so Ashby – eine Lockerung ihrer strengen Regeln vor, was sich auf einer breiteren Ebene bemerkbar machte: the theme of breaking loose characterized mass amusements on many levels, from Coney Island to movies ... Popular culture, growing from urban sensationalism and lower-class entertainments, was itself moving outward and upward. And, significantly, its liberating messages increasingly resonated with the sons and daughters of middle-class America. (*With Amusement for All*, S. 175)

kohol und Zigaretten zu vertragen. In diesem Film wird – wie in der Literatur – die oben herausgestellte Technik des Kontrastierens und Feminisierens
angewendet, hier z.B. durch Zwischentitel. Der Männlichkeitsentwurf des
Reverend Robert wird in Kontrast zu dem von Tracy gesetzt. Über Robert
heißt es: »the victim of a great mistake. A weak and selfish youth, utterly
unfit for the calling that a devout and love-blinded mother has persuaded
him to follow« (0:00:45).[254] Der Anführer der Bösen, Silk Miller, wird ethnisch
codiert. Man liest: »›Silk‹ Miller. Mingling the oily craftiness of a Mexican
with the deadly treachery of a rattler, no man's open enemy and no man's
friend« (0:08).[255] Die Feminisierung des Geistlichen wird zudem in den Film-
bildern selbst vollzogen; Hutson bezeichnet den Reverend z.B. als einen
»preacher to women« (»William S. Hart's *Hell's Hinges* in the Progressive
Era«, S. 62).

Wie ich in diesem Kapitel herausstellen möchte, eignet sich das Medium
Film nun außerdem dafür, die soziale Relation der Charaktere aufgrund der
Positionierung der Darsteller (vor allem in Bezug auf die Körperhöhe im
Bild) zu indizieren. Hierfür gibt es bereits im frühen Film ein Beispiel: In
Hell's Hinges befinden sich Blaze und Silk, die beiden »most dangerous men
in the territory«, in der Amerikanischen Einstellung auf gleicher Höhe nebeneinander (s. Abb. 10).[256] In dieser Einstellungsgröße kommen nicht nur
die Waffen besonders zur Geltung, auch der Bereich des Geschlechtsteils
wird betont. Ins junge Filmgenre wird so die Idee von sexueller Potenz ein-
gebracht.[257]

---

[254] Robert ist weiterhin verführbar, verträgt den Alkohol nicht und gerät in die Hände
der tugendlosen Masse der Einwohner der *frontier*-Stadt, in eine Situation »past the
point of sane thought – struggling weakly through a delirium of strangely distorted
faces and sounds« (0:42). Schließlich stirbt Reverend Robert, er verkörpert eine Männlichkeit, die sich als schwach im Feld der Zivilisation gezeigt hat, in der Wildnis führt
die Schwäche zum Tode.

[255] Nach Benshoff und Griffin war es typisch für den frühen amerikanischen Film, Latino-
Figuren als *greasers* zu gestalten (vgl. auch *Broncho Billy and the Greaser* (1914)), s. *Ameri-
ca on Film*, S. 145. In dieser Studie ist uns das Stereotyp bereits in der Diamond-Dick-
Geschichte begegnet.

[256] Um dies zu erreichen, steht Hart mit eingeknicktem Bein da, was anschließend ersichtlich wird (s. 0:13).

[257] Der Körperbereich unterhalb des Bauches rückt in (späteren) Western immer wieder
durch verschiedene Einstellungen in den Vordergrund, wie Brauerhoch konstatiert:
»Das Gesäß, die Lendengegend findet besondere Betonung, die Kamera bleibt oft in
Hüfthöhe, ruht auf dem Colt, der Gürtelschnalle und zeigt den fast obszön wirkenden
Ausschnitt, den der Lederschurz der Cowboys über dem Genital freilässt« (»The

Abb. 10 Amerikanische Einstellung im Stummfilm: Blaze Tracy (William S. Hart) und sein Gegenspieler Silk Miller in *Hell's Hinges* (1916).

Erlöst und zum Guten gewandelt wird Tracy (nach Slotkin) durch die Liebe zu einer reinen und weißen Frau. Es treten in *Hell's Hinges* indirekte subjektive Einstellungen auf, in denen sich Blaze und die Schwester des Geistlichen Blicke zuwerfen (s. 0:14). Die Frau, die als *love interest* fungiert, sieht dabei zum Mann hoch, Blaze blickt dabei erstmals »auf etwas Gutes«. Trotz des positiven Einflusses dieses weiblichen Individuums rät der Film eine untergeordnete Position der Frauen an (denn der Frauen-»affine« Reverend kommt zu Tode). Schließlich darf Blaze sich fortpflanzen; er und seine Geliebte, zu der er sich ritterlich verhält, gehen in die Wildnis davon. Die Wildnis dient der Regeneration und ermöglicht eine glücklichere Zukunft – die Stadt des Lasters und des Bösen hingegen geht in Flammen auf. Richard Hutson schreibt: »the two major moral concerns for Hart's film, as for this era, were prohibition and prostitution« (»William S. Hart's *Hell's Hinges* in the Progressive Era«, S. 68).

Ende der 1920er Jahre erfuhr die Filmproduktion in Hollywood technische und wirtschaftliche Erneuerungen. Im Tonfilm aber blieb der Westernheld ein Mann der wenigen Worte. Mitchell schreibt: »the first full-screen version of *The Virginian* (1929) celebrated the hero as a man of few words, typecasting Gary Cooper in his talkie debut as the ›yup and nope‹ actor« (*Westerns*, S. 95). Hine und Faragher äußern sich zur Verfilmung von *The Virginian* von 1929 folgendermaßen:

Good, the Bad and the Beautiful: Warum der Western eigentlich für Frauen erfunden wurde«, S. 251f.).

> The book had already appeared in three screen adaptations by the time Cooper was pitted against Walter Huston's Trampas. But this time their classic confrontation and shoot-out could be heard as well as seen, for the film was the first western to feature sound. In spite of audio track, however, the picture is most notable for the way Cooper and the other male characters hold their tongues, following Haycock's classic proscription about excessive talking. It was in the western films that Cooper developed his screen persona as the laconic all-American male, an object lesson in manhood. (*The American West,* S. 506)

Hier beziehen sich die Autoren auf den Schriftsteller Ernest Haycock (oder Haycox), der neben Zane Grey und Max Brand zahlreiche *pulp*-Western und auch Filmskripte (u.a. das für *Stagecoach*) geschrieben hat. Hine und Faragher machen ihn für die karge Männersprache in den Filmen verantwortlich. Kürzere Dialoge sind aber sicherlich auch noch auf andere Umstände zurückzuführen: Z.B. unterscheiden sich Romane und Filme als narrative Texte in einem wesentlichen Punkt: »der kommerzielle Film kann die zeitliche Spanne eines Romans nicht reproduzieren. Ein Drehbuch hat durchschnittlich 125-150 Typoskript-Seiten, ein landläufiger Roman das Vierfache«, so Monaco (*Film verstehen,* S. 45).

In diesem Kapitel soll die weitere Entwicklung des Filmgenres Western chronologisch betrachtet werden. Am Beispiel von *Stagecoach* (1939) wird die Konstruktion der Männlichkeit eines klassischen (Film-)Westernhelden (und die der männlichen Nebenfiguren) untersucht. Revisionistische Western sind vor allem ab den 1960er Jahren produziert worden. Es wird auf die Besonderheiten dieses Typus hingewiesen, bevor die Einordnung und historische Kontextualisierung der Männlichkeitsbilder der Helden bzw. Anti-Helden (und der Nebenfiguren) in den revisionistischen Filmen – in Altmans *Buffalo Bill and the Indians* (1976) und in Eastwoods viel diskutiertem Western *Unforgiven* (1992) – stattfindet.

4.1   Männlichkeiten im klassischen Westernfilm

Die 1930er Jahre waren in den USA durch die schwere Wirtschaftskrise geprägt, und Zweifel an der Fortschrittsgläubigkeit kamen auf. In diesen beängstigenden Zeiten kamen nun statt des Westerns beispielsweise Horrorfilme oder Gangsterfilme in Mode, wie Ashby aufzeigt (s. *With Amusement for All,* S. 225ff.). Im Jahre 1939 erfuhr das Genre jedoch durch *Stagecoach* eine Wiederbelebung, wie beispielsweise Michael L. Johnson in *New Westers* schreibt (s. S. 207). John Fords Film gehörte zu den wenigen A-Produktionen der Western der 1930er Jahre.[258] Slotkin stellt heraus, dass es nun noch eine neue Variante der Western gab: Die Filme um *outlaws* wie Jesse James. Die *outlaw*-Filme weisen Parallelen zu den Gangsterfilmen auf.[259] Für Georg Seesslen findet Amerika 1939 mit seinen Westernhelden in Filmen wie *Stagecoach*, *Union Pacific*, *The Oklahoma Kid* und *Jesse James* eine Alternative zum Gangster:

> Wie der New Deal, dem sicher der Western seine Wiedergeburt mit verdankte, als populärer Mythos eine neuerliche Überwindung des »Europäismus« bedeutete, die Rückkehr zu den amerikanischen Idealen und Hoffnungen, so war auch die Kunst, und insbesondere der Film nun die Spiegelung einer neuerlichen Bewegung, zurück und nach vorn, auf der Suche nach Amerika. Und welche andere Filmgattung als der Western hätte diese Bewegung aufnehmen können? Er schuf eine neue Alternative zum Gangster, zur Dekadenz in den Städten, zur Korruption, zur Resignation. (*Filmwissen Western*, S. 53)

Zwei der Filme werden in dieser Studie analysiert; der Jesse-James-Film im fünften Kapitel.

Bis in die 1950er Jahre sind Western produziert worden, die man als klassisch bezeichnen kann. Benshoff und Griffin definieren einen klassischen Western so: »Westerns associated with Hollywood's classical era; Westerns thought to be the best exemplars of the form« (*America on Film*, S. 413). Die klassische Hollywood-Ära gilt als der Zeitraum ungefähr von den 1930ern bis zu den 1950ern (ebd.).

Nach Jim Kitses hat es allerdings in der Geschichte des Westernfilms schon immer Abweichungen von der Westernformel gegeben: »Even in pre-classical silent days, before there was an established myth in the cinema to critique or subvert, there were pro-Indian films, films that championed women« (»Post-modernism and the Western«, S. 17). Auch in den 1940er und 1950er Jahren habe es Produktionen gegeben, Kitses nennt als Beispiele *Johnny Guitar* (1954) oder Sam Fullers *Forty Guns* (1957), die als Vorläufer der

---

[258] *The BFI Companion to the Western* führt als Grund für die Einführung der *double-features* in den Kinos die Auswirkungen der Depression am Anfang der 1930er Jahre an (s. S. 37).

[259] Slotkin schreibt:

> Both types of film focus on the career of a social outlaw in a narrative that is generally terse, »gritty« in style and »realistic« in its pretensions. They take a hard-boiled view of male character and motives in general, ..., and they deploy female figures (mothers, »good women,« and »bad girls«) as the symbols of moral force that point the hero toward redemption or damnation. (*Gunfighter Nation*, S. 260)

revisionistischen Filme gewertet werden können: »In retrospect, it is possible to see these movies as precursors to a counter-tradition that the Western tradition itself generates, a revisionist shadow, a parallel track to the imperial mainstream with all its ideological baggage« (»Post-modernism and the Western«, ebd.).[260]

Alexandra Keller arbeitet mit den Begriffspaaren »affirmative« und »critical« und zeigt auf, dass Filme vor 1980 entweder dem einen oder dem anderen Typ zugeordnet werden können. Die affirmativen Filme (wie z.B. *My Darling Clementine* (1946) oder *Shane* (1953)) unterstützen ihrer Meinung nach die Ideologie der »›regeneration through violence‹, the centrality of the individual, the inevitability of progress, the pleasure and rightness of capitalism, the necessity of force and law, the primacy of a community of men« (»Generic Subversion as Counterhistory«[261], S. 27). Die kritischen würden sich gegen Gewalt wenden und einen breiter gefächerten Heldentypus anbieten (als Beispiel nennt sie u.a. einen Film wie *High Noon* (1952)).

Die zeitliche Einteilung in »klassische« (1930er bis 1950er) und »revisionistische« Westernfilme (seit den 1960ern) kann also nur eine grobe Richtung vorgeben.

---

[260] Allerdings kann nicht nur Jessica Drummond aus Fullers Western, sondern auch der von Joan Crawford verkörperte Charakter der Vienna in Nicolas Rays Film als eine »woman with a whip« gesehen werden, die gezähmt werden muss und wird. Vienna und ihre Gegenspielerin in *Johnny Guitar* sind zudem unheimliche Frauentypen. Unheimliche Frauentypen finden sich zur gleichen Zeit im *Film Noir*, dort in Form der *femmes fatales*. Benshoff und Griffin führen solche Charakterisierungen (im *Film Noir*) auf das Erstarken der Frauen während des Zweiten Weltkriegs zurück (s. *America on Film*, S. 270ff.).

[261] Der volle Titel des Artikels lautet: »Generic Subversion as Counterhistory: Mario van Peeble's *Posse*«. Der Gedanke der »regeneration through violence« ist nach Slotkin durchgängig mit dem *frontier*-Mythos verbunden gewesen:

In each stage of its development, the Myth of the Frontier relates the achievement of »progress« to a particular form or scenario of violent action. »Progress« itself was defined in different ways: the Puritan colonists emphasized the achievement of spiritual regeneration through frontier adventure; Jeffersonians (and later, the disciples of Turner's »Frontier Thesis«) saw the frontier settlement as a re-enactment and democratic renewal of the original »social contract«; while Jacksonian Americans saw the conquest of the Frontier as a means to the regeneration of personal fortunes and/or of patriotic vigor and virtue. But in each case, the Myth represented the redemption of American spirit or fortune as something to be achieved by playing through a scenario of separation, temporary regression to a more primitive or »natural« state, and *regeneration through violence*. (*Gunfighter Nation*, S. 11f.)

4.1.1 *Stagecoach* (1939)

Die Geschichte des Films *Stagecoach* ist eine abgewandelte Form einer Erzählung von Ernest Haycox, die 1937 im *Collier's* Magazin erschienen war. Nach
Joseph McBride fand der Regisseur John Ford Gefallen an der Geschichte,
und er wollte sie in seinem Sinne umwandeln: Ford verstand, dass die Geschichte »could serve as the framework for a comparable morality play about
American bourgeois hypocrisy« (*Searching for John Ford*, S. 278). Man kann
sagen, dass der Film *Stagecoach* mit seinem Helden Ringo den Individualismus feiern möchte. Auch wenn der Mittelklasse der moralische Zeigefinger
vorgehalten werden soll; viele Ideale der amerikanischen Mittelklasse treffen
in Ringo zusammen.

Wie oben bereits erwähnt, erlebte der Western eine Renaissance zur Zeit
der Großen Wirtschaftskrise. Krisen des Landes und seiner Männer sind uns
in dieser Studie bereits des Öfteren begegnet, und auch im weiteren Verlauf
der Arbeit werden wir mit der Diskussion dieses Phänomens beschäftigt
sein. Denn, wie Jürgen Martschukat schreibt:

> Offenbar waren Männer in den USA immer in der Krise: Krisendiagnosen lassen
> sich bereits für das frühe 19. Jahrhundert finden, in besonderem Maße für den
> Süden nach dem Amerikanischen Bürgerkrieg, für den urbanen Nordosten um
> die Wende vom 19. zum 20. Jahrhundert, für die 1930er Jahre ebenso wie die
> 1950er Jahre, und seit den 1970er Jahren will das Lamento über Männer- und
> Männlichkeitskrisen gar nicht mehr enden. Von Männlichkeitskrise zu Männlich-
> keitskrise fortschreitend lassen sich ganze Handbücher zur US-amerikanischen
> Geschichte konzipieren, wie Michael Kimmel gezeigt hat. Schließlich seien, betont
> Kimmel, Krisenmomente des Mannes auch Krisenmomente des ökonomischen,
> politischen und sozialen Lebens gewesen. (»›I Relinquished Power in the Family‹:
> Von Männlichkeits-, Sozial und Wirtschaftskrisen in den 1930er Jahren«, S. 18)

Die Diagnose einer Krise (durch »Zeitgenossen« oder »Geschichtsschrei-
bende«) ruft zu einer »Gegensteuerung« auf, wie Martschukat deutlich
macht (s. S. 18f.). In den 1930er Jahren war es die Krise (Arbeitslosigkeit) des
weißen Mannes, des *common man*,[262] die die Regierung zum Einsatz verschiedener Programme (z.B. *work relief*) veranlasste, um einen vorangegangenen
Status wiederherzustellen (dabei war die Krise des weißen Mannes zugleich

---

[262] Der *common man* wird hier als ein Mitglied der *upper-lower* und *lower-middle class* gesehen (s. S. 21). Nach Martschukat wurde Armut in den USA zuvor vor allem mit der
Idee des »Schwarzseins« in Verbindung gebracht. Die Lebenssituation der Weißen
wurde in den 1930ern als die der »undeserving poor« verstanden (s. S. 29).

eine Chance für andere (vor allem für Frauen), auf dem Arbeitsmarkt Fuß zu fassen).

Es schien also zur Zeit der *Great Depression* vonnöten zu sein, für die Männer eine starke männliche Figur als Leitbild zu schaffen. Ringo ist ein strahlender Held, er ist affirmativ in dem Sinne, dass er amerikanische Werte und Normen bestätigt.

In *Stagecoach* geht es um eine Postkutschenfahrt von Tonto (Arizona) nach Lordsburgh (New Mexiko). An einer Stelle wird die Kutsche von Indianern verfolgt und somit die Gemeinschaft der Reisenden (von außen) bedroht. Eine herausragende Rolle bei der Verteidigung hat die Hauptfigur des Filmes inne: der Held Ringo. Dieser wird gespielt von John Wayne, der zuvor durch B-Western-Produktionen bekannt geworden ist.[263]

Nach Slotkin handelt es sich in *Stagecoach* vor allem um eine Geschichte des *good badman*-Typus. Der junge Ringo ist aus dem Gefängnis entflohen, um seinen Vater und seinen Bruder zu rächen (da er später aber in ruhiger und geplanter Form handelt, übt er nach der in dieser Studie verwendeten Definition Vergeltung aus). Ringos Verwandte sind von einer Bande (den Plummers) getötet worden. Ford hat für den ersten Auftritt seines Protagonisten eine viel beachtete Inszenierung gewählt: John Wayne steht breitbeinig auf dem Weg, den die Postkutsche entlangfährt. Hinter ihm sind die berühmten Tafelberge des Monument Valley zu sehen. Auf dem einen Arm hält The Ringo Kid einen Sattel, in der anderen Hand hat er eine Winchester, die er rotieren lässt (wie es beispielsweise später in anderen Filmen *gunfighters* mit Revolvern tun). Er befiehlt: »Hold it!« und suggeriert somit Härte und Stärke (s. Abb. 11).

---

[263] Die B-Filme haben ihn unter weiten Teilen der Bevölkerung bekannt gemacht und können – wie Randy Roberts und James S. Olson es formulieren – als »a springboard for his eventual leap to superstardom and status as a pop culture icon and American hero« gesehen werden (*John Wayne: American*, S. 148).

Abb. 11 »Hold it!«: Ringo Kid (John Wayne, 1,93 m) in Heldenpose in *Stagecoach* (1939).

Die Reisenden werden hier durch eine Figur gestoppt, sie werden mit dem zukünftigen Helden konfrontiert, der so gleich Mächtigkeit zur Schau stellt. Bevor durch einen Zoom eine Großaufnahme von Waynes Gesicht gezeigt wird, ist er in der Amerikanischen Einstellung zu sehen. Die Region des Geschlechtsteils wird durch diesen Bildausschnitt gezeigt und in der frontalen Gegenüberstellung besonders unterstrichen.

Bei Ringos Auftritt wird mit wenig Bewegung und wenigen Worten eine große Wirkung erzielt. Dieser Mann setzt damit Maßstäbe für einen filmischen Westernhelden. Die gemeinsame Reise der Charaktere beginnt.

In *Stagecoach* wird der Zuschauer mit neun Figuren bekannt gemacht. Zwei von ihnen sind Frauen: die Prostituierte Dallas und die respektable Mrs. Mallory aus Virginia, die ein Baby erwartet.[264] Sieben der Reisenden sind Männer. Neben Ringo Kid sind es sechs weitere, die Erhart u.a. als »verweiblichte Männer« bezeichnet (s. »Männlichkeit, Mythos, Gemeinschaft, Nachruf auf den Western-Helden«, S. 327).

Den Whiskey-Händler Peacock beschreibt Erhart als »klein, schwächlich und ängstlich« (S. 327). Peacock wird dargestellt von dem nur 1,63 m großen Schauspieler Donald Meek.[265] Dieser Charakter wird beispielsweise mit einem Baby oder einem kleinen Kind assoziiert, als er während der Reise lieber

---

[264] Der Film greift damit die »virgin-whore dichotomy« auf. Benshoff und Griffin schreiben zu dieser Einteilung: »The virgin-whore dichotomy of the Victorian era is represented in many early American films and continues to linger within the representational codes of classical and even contemporary Hollywood cinema« (*America on Film*, S. 219).

[265] S. den Eintrag in der *Internet Movie Database* über Donald Meek: http://www.imdb.com/name/nm0576083/bio, letzter Zugriff: 28.06.11.

wieder mit der Soldateneskorte, die die Postkutsche zunächst begleitet hat, umkehren möchte. Hier unterläuft ihm ein (Freudscher) Versprecher. Er sagt:

> I want to reach the bosom of my dear family in Kansas, Kansas, as quickly as possible, but I may never reach that bosom if we go on. So under these circumstances, you understand ..., I think it best we go back with the bosoms. ... I mean, the soldiers. (*Stagecoach*, 0:26)

In einer anderen Szene kümmert sich der betrunkene Doc Boone (der allerdings auch etwas von Peacock will – nämlich seinen Whiskey) rührend um ihn. Er wickelt dem kleinen Mann einen Schal um den Hals und wischt ihm wie eine Mutter Augen und Mund ab (s. Abb. 12).

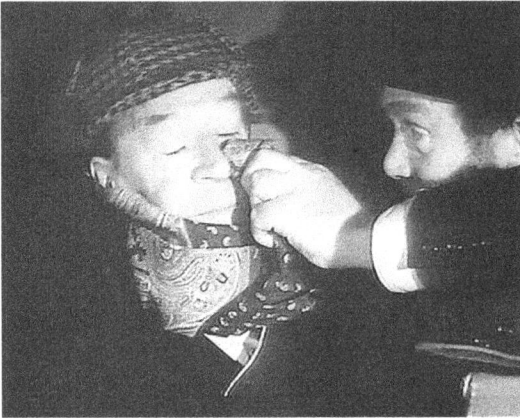

Abb. 12 In der Nah-Einstellung sind Mimik und Gestik gut zu erkennen. Der Mann wird zum kleinen Kind: Peacock (Donald Meek) in *Stagecoach* (1939).

Doc Boone ist ein Mann, der das Herz am rechten Fleck zu haben scheint, er zeigt sich teilweise auch als relativ mutig und ist – nachdem er etwas ausgenüchtert worden ist, zudem in der Lage, mit Dallas Mrs. Mallorys Kind zur Welt zu bringen. Doc Boone teilt das gleiche Schicksal wie die Prostituierte Dallas, beide sind von den »grimly respectable ladies of the Law and Order League« aus der Stadt Tonto vertrieben worden, wie Brigid McMenamin schreibt (s. »The Blessings of Civilization: John Ford's *Stagecoach*«, S. 22f.). Er bedeutet aber – u.a. durch sein Äußeres, sein Alter und seine Trunksucht – keine Konkurrenz für Ringo.

Eine weitere männliche Figur ist Hatfield, vom Filmkritiker Howard Hughes als »backshooter« tituliert (vgl. *Stagecoach to Tombstone*, S. 6). Erhart schreibt über diesen Mann:

> Hatfield … repräsentiert den Typus des Südstaaten-Mannes, den Vertreter einer aristokratischen Gesellschaft mit Sklaven und vornehmen Manieren, ein »unernster Spieler«, der den Frauen regelrecht nachläuft, dessen galante Umgangsformen »oberflächlich« sind, und der in dieser Abhängigkeit von Frauen und seinem gezierten Äußeren selbst »feminine« Züge trägt. (»Männlichkeit, Mythos, Gemeinschaft. Nachruf auf den Western-Helden«, S. 324)

Hatfield wird von dem 1,86 m großen John Carradine gespielt, der für seine tiefe Stimme bekannt war.[266] Carradines Cape und Hut verleihen ihm eine Aura des Unheimlichen. In diesem Zusammenhang ist es interessant, dass Carradine später hauptsächlich in Horrorfilmen aufgetreten ist. Dem zeitgenössischen Zuschauer war er eventuell auch aus dem Film *Tumbleweeds* (1925) bekannt, in dem er den Charakter des »villainous Bill Freel« (*Stagecoach to Tombstone*, S. 4) darstellte. In *Stagecoach* repräsentiert Hatfield den Code der Südstaatenmännlichkeit; er bietet an, Mrs. Mallory zu unterstützen. Er würde sie sogar töten, damit sie nicht lebend in die Hände der Indianer fällt (s. *Stagecoach*, 1:12).[267] Hatfield ist auch ein Snob und schlägt vor, dass er und Mrs. Mallory während des Essens nicht neben der (unehrenwerten) Dallas sitzen sollten. Slotkin schreibt über Hatfield: »The figures of the gentlemanly Virginian and the murderous gambler are joined in Hatfield, a combination that realizes the implicit cruelty in the aristocrat's assumption of superiority« (*Gunfighter Nation*, S. 304). Hier wird also erstmals (nach *The Last of the Mohicans* und *The Virginian*) die Südstaatenherkunft negativ gesehen. Für ein Standbild, das Hatfield in der Halbnahen Einstellung zeigt, s. Abb. 13. Durch diese Einstellung wirkt der Südstaatler weniger viril als Ringo in Abb. 11.[268]

---

[266] S. den Eintrag in der *Internet Movie Database* über John Carradine: http://www.imdb.com/name/nm0001017/bio, letzter Zugriff: 28.06.11.

[267] Benshoff und Griffin weisen darauf hin, dass es diese Idee zuvor bereits in Griffiths Film *The Battle at Elderbush Gulch* (1913) gegeben hat (s. *America on Film*, S. 108f.).

[268] Es soll hier nicht unterschlagen werden, dass diese Einstellung häufig auch in Dialogen zu finden ist; »[d]er Abstand entspricht ungefähr der Wahrnehmung, die man im realen Leben von Personen hat, denen man gegenübersteht oder sitzt«, wie Müller äußert (*Geheimnisse der Filmgestaltung*, S. 187).

Abb. 13 Kein positives Beispiel eines Südstaatenmannes: Hatfield (John Carradine) in *Stagecoach* (1939). Diese Einstellung (Halbnahe) ist so gewählt, dass der Genitalbereich abgeschnitten ist.

Die Hauptfigur steht näher am Volk. Ringo ergreift Partei für Dallas und betrachtet auch sie als eine Dame. Der (sexuell) unschuldige Ringo weiß zwar zunächst nicht, dass Dallas eine Prostituierte ist. Aber selbst als er es später erfährt, will er sie trotzdem heiraten. Slotkin bemerkt:

> To Ringo all women are ladies to be treated with deference and courtesy and offered protection; to Dallas, the basis of courtesy is kindness. Ringo is thus characterized as a »natural gentleman« whose instincts are in tune with the spirit of chivalry that underlies the mannered codes of honor, and Dallas is characterized as a »true woman« whose nurturing instincts are not checked by social convention. (*Gunfighter Nation*, S. 308)

Für die Verteidigung der Gemeinschaft der Reisenden[269] sind Hatfield, Peacock und der mitreisende korrupte Bankier Gatewood nutzlos. Zu Anfang des Filmes ist gezeigt worden, dass Gatewood sich von seiner Frau herumkommandieren lassen hat (s. *Stagecoach*, 0:09). Vor ihr und wegen gestohlener Lohngelder ist er aus Tonto geflohen (er ist also ein raffgieriger Mensch, der zudem unter der Fuchtel einer Frau gestanden hat). Auch Buck, laut Thomas Jeier ein »geschwätzige[r] Kutscher, der eine Heidenangst vor den

---

[269] Die Kutsche macht an einer Stelle an einer Station (Dry Fork) Rast. Die Mitglieder, die nicht zu dieser Reisegruppe gehören, werden nach Slotkin durch rassische Merkmale gekennzeichnet:
> The outer boundaries of the community are defined by the walleyed Mexican station-keeper and his treacherous Apache wife. Here, at the nadir of the journey, Ford uses the imagery of racial difference and physiognomical deformity to define the boundaries of his community of concern. (S. 308f.)

Apachen hat, ständig von seiner Frau und seinen vielen Kindern spricht, und nie dazu kommt, seinen riesigen Appetit zu stillen« (*Der Westernfilm*, S. 52), ist ein Mann, der nicht ernstgenommen werden kann. Die Figur des Buck bringt komische Elemente mit in diesen Western ein (was zur Spannungs-entlastung dient). Dies wird bei Buck auch erreicht durch seine Stimme, die er nicht im Griff hat (er wirkt teilweise wie ein Junge im Stimmbruch), und durch seinen dicken Körper, mit dem er sich ungeschickt bewegt. Die Charaktere Buck und Peacock zeigen, dass Figuren im Film auch durch ihre Äußerungen, in denen es um Frauen und Familie geht, in die Nähe zur Weiblichkeit gestellt werden können. Beide verkörpern untergeordnete Männlichkeiten, die mit der Umkehrung der Idee des *No Sissy Stuff* Folien für die Hauptfigur bieten.

Während der Reise fährt oben auf dem Kutschbock außerdem Marshal Curley Wilcox mit. Curley gehört in eine ähnliche Kategorie wie Ringo. Allerdings ist er nicht so vorurteilsfrei wie dieser (beispielsweise will er Dallas nicht mit abstimmen lassen, als die Reisegemeinschaft gefragt wird, ob umgekehrt werden soll). Der ältere und reifere Sheriff nimmt aber eine Art Mentorenrolle ein. Er setzt Vertrauen in den Protagonisten, glaubt an seine Ehrenhaftigkeit:

> Curly will not unshackle him [Ringo] or let him play a man's and a citizen's part in the struggle unless he gives his word not to escape. When he agrees, he becomes both an adult and a citizen, and his skilled violence can be exercised for the benefit of all. (*Gunfighter Nation*, S. 309)

Weil der Marshal sich zurücknimmt, kann Ringo sich als Held entfalten. Dessen Mannwerdung manifestiert sich auch körperlich. Nach Erhart wird das z.B. über die Einstellungsgrößen realisiert:

> War Ringo beim ersten Auftreten fast jugendlich gezeichnet (als Brustbild mit Halstuch, fast nach Art der Pfadfinder- und *boy scout*-Ikonographie), rückt im Verlauf der Reise immer mehr der ganze Körper in den Blick – der charakteristische breitbeinige *western*-Gang, die alle anderen Männer überragende Körpergröße, die dem Körper hinzugefügten, nahezu angehefteten Waffen, die Schnelligkeit und auf den Pferden bewiesene Gewandheit des Körpers ... (»Männlichkeit, Mythos, Gemeinschaft – Nachruf auf den Western-Helden«, S. 329)

Wie bereits erwähnt, ist während des Angriffs der Apachen Ringo der Mann, der am meisten gegen die Feinde ausrichten kann.[270] Dass er neben seinen Schießkünsten herausragende reiterliche Fähigkeiten besitzt, wird deutlich, nachdem der Kutscher Buck angeschossen worden ist: Ringo springt vom Kutschbock über die Rücken der galoppierenden Pferde nach vorne, bis auf das vorderste Tier, und treibt von dort aus die rasenden Zugtiere weiter an, bis ihnen die Soldaten aus Lordsburgh entgegenkommen.[271] Damit konstruiert der Film eine dominante Männlichkeit, in ihr sind Ideale der zeitgenössischen *mainstream*-Maskulinität – wie Stärke, Härte und Sportlichkeit – aufzufinden.

Marshal Wilcox lässt Ringo gewähren. Er, der Gesetzeshüter, erlaubt dem jungen Mann, nach dem Code des Westens zu handeln. In Lordsburgh darf Ringo gehen, um die Plummers zu töten. Tatsächlich gelingt es Ringo auch, die Männer, die zu dritt auftreten, zu erschießen, er beweist sich damit erneut als ein großartiger Schütze.[272] Ringo stellt den idealen Männlichkeitsentwurf in diesem Film dar. Ringo »was John Ford's idea of a man«, wie Randy Roberts und James S. Olson schreiben (*John Wayne: American*, S. 162).

---

[270] Aus einem Zitat von Benshoff und Griffin ist zu ersehen, dass auch die Indianer in Kontrast zu Ringo gesetzt werden. Sie sind weder so gut noch als Einzelpersonen erkennbar und damit unwichtig:

> Before they [die Indianer] even appear onscreen, the audience is alerted to them by the sound of ominous (and now clichéd) war drums in the background music. Although the sequence begins with a few close-ups of Indians on a high plateau looking down threatening at the stagecoach, the rest of the sequence gives closeups only to the white characters (who are, of course, the central characters in the film). ... the Indians are kept in long shot, figured as one large, frightening mass. And while the Indians are certainly constructed as threatening, white superiority is still maintained. The dozens of Indians aiming directly at the stagecoach manage to kill only one man and wound two others. On the other hand, the whites are sure shots, and at one point Johne Wayne's character seems to bring down two Indians (and their horses) with one bullet! (*America on Film*, S. 108).

[271] McMenamin schreibt dazu: »That feat, performed by legendary stuntman Yakima Canutt, remains among the most memorable in film history« (»The Blessings of Civilization: John Ford's *Stagecoach*«, S. 30).

[272] McMenamin weist noch auf andere Fähigkeiten von Ringo hin. Er »is not only a marksman but also a skilled diplomat. ... He speaks a bit of Spanish, reads smoke signals« (»The Blessings of Civilization: John Ford's *Stagecoach*«, S. 28). Er besitzt auch »indianische« Fähigkeiten.

Diese Figur ist an das Leitbild des *uncommon common man*[273] angelehnt (zudem ist er höflich, weshalb Slotkin ihn auch als *natural gentleman* bezeichnet, s.o.). Der Held ist kein künstlicher Aristokrat und kein natürlicher Aristokrat mehr. Aber er bleibt ein natürlicher Anführer, ein ehrlicher Mensch, der der Beste in seiner Welt ist. Er dominiert das Feld des Wilden Westens.

Nach Slotkin wird der Protagonist durch die Liebe einer guten Frau erlöst. Diese allerdings unterscheidet sich von vorhergehenden Frauentypen: »The redemptive woman is a prostitute, not a minister's sister or a schoolmarm« (*Gunfighter Nation*, S. 304).[274] Erlöst werden heißt hier aber nicht, dass Ringo sich dem Willen einer Frau beugt, denn als die Postkutsche an einer Station Rast macht, bittet Dallas ihn, zu fliehen. Ringo lehnt dieses zunächst ab, denn er will seine Vergeltung üben und nicht vor Luke Plummer davonlaufen. Er handelt also nach dem Credo *a man's got to do what a man's got to do*. Er sagt: »There are some things a man cannot run away from« (*Stagecoach*, 0:58).

Erlöst werden heißt hier auch nicht, dass Ringo von Gewalt ablässt. Erlöst werden heißt hier aber, dass er mit einer Frau eine Zukunft plant. Er sagt zu Dallas: »Well, I still got a ranch across the border. It's a nice place. A real nice place. Trees, grass, water. There's a cabin half-built. A man could live there. And a woman. Will you go?« (0:50) Den Mittelstand in den Städten, die falsche Moral und die überflüssigen Gesetze, prangert der Film an. Gleichzeitig erinnert er an das alte amerikanische Ideal des Farmers und fordert auf, selbst etwas Neues zu schaffen. Es ist daher auch möglich, einen Bezug zur Idee des *self-made*-Mannes herzustellen.

---

[273] Ich beziehe mich mit dem Terminus *uncommon common man* auf das oben erwähnte Zitat von Slotkin, in dem er zum Ausdruck bringt, dass für die Populärkultur das Handeln des aristokratischen Virginiers zum Handeln eines *uncommon common man* umgewandelt werden musste.

[274] Mit der Schwester des Geistlichen spielt Slotkin auf die weibliche Figur an, die Blaze in *Hell's Hinges* »bekehrt« hat, mit der Lehrerin wird Molly aus *The Virginian* gemeint sein. Es besteht auf den ersten Blick für den Virginier z.B. gar keine Notwendigkeit, erlöst zu werden. Erlöst werden muss im Grunde nur ein Charakter vom *good badman*- oder *outlaw*-Typus. Für Slotkin soll jedoch (generell) dem Akt der Gewalt eine Erlösung folgen.

Curley und Doc Boone lassen Ringo und Dallas gemeinsam zu Ringos Anwesen jenseits der Grenze gehen.[275] Ringo ist der Mann, der sich fortpflanzen darf. Gerät Ringo als Idealbild des Mannes zum Objekt des weiblichen Blicks? Nicht direkt. Die Abbildungen 14a und 14b zeigen zwei aufeinander folgende Kameraeinstellungen. Wie in einem stummen Dialog signalisieren sich Ringo und Dallas hier durch Augenkontakt, dass sie zusammengehören.

Abb. 14a In *Stagecoach* (1939) hält die potentielle Mutter Dallas (Claire Trevor) Mrs. Mallorys Baby auf dem Arm und blickt in Richtung Ringo Kid, der links vorne (außerhalb des Bildausschnitts) platziert ist.

Abb. 14b Dann folgt in *Stagecoach* (1939) Ringo in Großaufnahme. Diese kann als eine indirekte subjektive Einstellung innerhalb eines stummen Dialogs interpretiert werden.

---

[275] Wie auch Jane und Lassiter benötigt dieses Paar »freies« Land jenseits der Zivilisation. In *Stagecoach* befindet sich dieses freie Land allerdings nicht mehr in Amerika, wie z.B. im Roman *Riders of the Purple Sage* (sondern in Mexiko).

Stagecoach lässt sich als klassischer Western im doppelten Sinne verstehen; er ist zur Zeit der klassischen Hollywood-Ära entstanden und wird zu den besten Filmen des Genres gerechnet (John White z.B. zählt ihn zu den »key Westerns«, s.o.). Ringo stellt ein Beispiel für einen affirmativen Helden in einem affirmativen Film dar; Held und der im »unsichtbaren Stil« gestaltete Film bestätigen amerikanische Werte und Ideen (wie den Individualismus, die Überlegenheit des weißen Mannes, den *self-made-man* und *provider*). Diese Hauptfigur unterscheidet sich z.T. von der Figur des Jesse in *Jesse James* (1939), obwohl Henry Kings Werk ebenfalls dazu diente, den durch die Wirtschaftskrise geschwächten (männlichen) Bürgern Kraft und Hoffnung zu geben. Dieser Tatbestand wird im fünften Kapitel näher diskutiert.

Wie oben erwähnt, gab es auch zu Zeiten der klassischen Hollywood-Ära schon kritischere Westernfilme, die z.B. die Auffassung von der Superiorität der Weißen in Frage stellten oder missbilligten. Kitses schreibt: »Accumulating in fragments and on the margins, this practice shifts gears radically in the 60s, wherein America loses her innocence, the result of traumatic change – the Vietnam war, civil rights, imperial assassinations, Watergate« (»Post-modernism and the Western«, S. 17). Im nächsten Unterkapitel geht es um Männlichkeitskonstruktionen in den hier als revisionistisch bezeichneten Western.

4.2   Männlichkeiten im revisionistischen Westernfilm

Revisionistische Western sind als eine Gegenströmung zum klassischen Western zu verstehen. Sie werfen einen neuen Blick auf die Geschehnisse und Geschichten und können z.B. zuvor vermittelte Stereotypien abweichend erscheinen lassen.

Robert Altmans *McCabe & Mrs. Miller* (1971) ist ein Beleg dafür, dass dies auf verschiedenen Ebenen durchgeführt werden kann. Bei diesem Werk ist sogar das Medium Film selbst betroffen. Marcus Stiglegger schreibt:

Was vor allem von *McCabe & Mrs. Miller* in Erinnerung bleibt, sind die düsteren, leicht verschwommenen Bilder des Kameramanns Vilmos Zsigmond. Er erreichte diesen monochromen, traumgleichen Look durch den Prozess des *flashing*. Dabei wird das belichtete Filmmaterial für einen kurzen Moment einem Lichtschein ausgesetzt (*flash*) – es wird also bewusst »geschädigt« –, woraus eine ganz eigene Bildwelt entsteht. Dieses Vorgehen liegt noch vor der Postproduktion, konnte also nicht mehr vom Studio ... rückgängig gemacht werden. Der Film musste so akzeptiert werden, wie er vollendet wurde. (»Geschichtsstunden – Zum Umgang mit Genrekonventionen in zwei Western«, S. 135)

Die erste Welle der revisionistischen Western wird gemeinhin in den 1960er/1970er Jahren angesetzt.[276] Eine weitere Welle der revisionistischen Filme wird in den 1990er Jahren verortet.[277] Dominierende Muster sind dabei – wie Kitses schreibt – zum einen, die Westerngeschichte aus einem (kulturell) anderen Blickwinkel zu erzählen, wie es z.B. in *Posse* (1993) geschehen ist, oder aber es wird »the radical reduction of the traditional hero, brilliantly orchestrated in Eastwood's hugely successful *Unforgiven*« (1992) vorgenommen (»Post-Modernism and the Western«, S. 17).

Keller weist darauf hin, dass heute im Grunde nur noch Western gemacht werden, die auf die eine oder andere Art revisionistisch sind. Die Autorin benutzt eine Art von Skala, um eine Einordnung vornehmen zu können:

> *Posse* can be situated toward the critically progressive end of a continuum of historically engaged westerns, all of which are revisionist in one way or another; this continuum's two polemical boundaries are Kevin Costner's *Dances with Wolves* and Alex Cox's far lesser known *Walker*. (»Generic Subversion as Counterhistory«, S. 29)

Keller betrachtet auch die formalen Komponenten der Filme, denn sie beruft sich auf Slotkins Aussage, dass »the relation between myth and genre ... one of content and form« sei (»Generic Subversion as Counterhistory«, S. 27). Während sie einen Film wie *Dances with Wolves* (1990) auf der inhaltlichen Ebene als revisionistisch bezeichnet, gilt er für sie auf der formalen Ebene als nostalgisch. Auch Eastwoods *Unforgiven* fällt nach Keller in diese Kategorie,

---

[276] S. dazu auch Michael T. Marsden und Jack Nachbar, die ab den 1960er Jahren eine Einteilung in *anti-Westerns, traditional Westerns, elegiac Westerns* und *experimental Westerns* in »The Modern Popular Western: Radio, Television, Film and Print« vornehmen.

[277] In den 1980er Jahren sind kaum (bedeutsame) Western gedreht worden. In der Sekundärliteratur wird hierfür oftmals als Grund das Scheitern von Michael Ciminos Werk *Heaven's Gate* (1980) angesehen. Im Vorwort des 1988 erschienenen *The BFI Companion to the Western* schreibt Richard Schickel: »Michael Cimino may go down in history as The Man Who Killed The Western, in that this incredibly expensive box-office disaster effectively dissuaded the studios from investing in Westerns in the 80s« (S. 268). Es ist allerdings auch wahrscheinlich, dass man in den 1980er Jahren – dem Zeitgeist entsprechend – mehr nach affirmativen Filmen und starken Helden gesucht hat, wie sie z.B. im Actiongenre zu finden waren.

»though the latter film is more ambivalently nostalgic, and not necessarily because it intends to be« (S. 33).[278] Die Autorin weist in einer Fußnote darauf hin, dass das Publikum auch aufgrund von bestehenden Verknüpfungen mit dem Schauspieler Eastwood den kritischen Ansatz des Filmes an manchen Stellen »übersehen« kann:

> *Unforgiven* is in many ways a far less successful revisionist western than the older *Outlaw Josey Wales* [(1976)] largely because Clint Eastwood's star persona and status as icon of the individual's right to take the matters into his own hands when the institutions whose job that is fail him (cf. the entire *Dirty Harry* series), had by 1992 ossified into something practically nonnegotiable to the public. Though critics usually saw the antiviolence message in the film, audiences seem to have taken the final showdown as a straightforward instance of regeneration through violence, rather than the ironic commentary on it that Eastwood seems to have intended. (S. 45)

Als ein konsequent revisionistisch konstruiertes Werk betrachtet sie den Film *Walker* (1987)[279] von Alex Cox: »The film ... treats genre revision and myth revision as indivisible projects« (S. 30). *Walker* befasst sich mit dem Eindringen William Walkers und seiner Verbündeten in Nicaragua in den 1850er Jahren[280] (als Kritik u.a. an der Ideologie des *manifest destiny*) und stellt Bezüge her zu der Intervention der USA in den 1980ern, in denen Reagan die nicaraguanischen »Contras« unterstützt hat (es tauchen im Film z.B. auch Hubschrauber und Maschinengewehre auf). Im Film findet sich das Stilmittel der Ironie. Auf der formalen Ebene ist der Film u.a. ungewöhnlich, weil manche Sequenzen darin wie im Zeitraffer abgespielt werden. Der Film dekonstruiert zudem die Hierarchie der Geschlechter und bietet somit auch für die vorliegende Studie Bildmaterial: Der Protagonist (gespielt von Ed Harris) beispielsweise kniet an einer Stelle nieder, um an der stehenden Frau Yrena

---

[278] Auch für Mitchell beispielsweise ist *Unforgiven* nicht so »radical« oder »unsettling«; »less for reasons of plot than of conventional cinematography, music, lighting, and other syntactic elements« (*Westerns*, S. 262). Für Richard Schickel sind es gerade die Elemente der Handlung (Inhalt), die *Unforgiven* eher als klassisch erscheinen lassen: »When the picture was released, many critics identified it as a ›revisionist‹ western, which it is only with an asterisk. The ... plot summary shows that it contains many classic genre elements« (*Clint – A Retrospective*, S. 205).

[279] Die Autorin zählt diesen Text zu den 1990er Jahren.

[280] Der Film wird damit von »unserer« Definition des Westerns (Zeit: 1860-1900, Ort: der Westen (der USA)) abgerückt.

(Blanca Gerra) Oralverkehr zu vollziehen (s. Abb. 15).[281] Zuvor sagte diese Dame Yrena, Teil der nicaraguanischen Elite, (laut englischem Untertitel): »I have a weakness for small men. Small puritans obsessed with power. ... I like to bring them to their knees. Gently ... but always in the proper position« (0:43). Walkers Männlichkeitsstatus geht hier (einmal mehr) verloren.

Abb. 15 Frau in herrischer Pose im revisionistischen *Walker* (1987). Diese Szene hat Seltenheitswert im Film – nicht nur im Western. Im Medium kann so weibliche Dominanz repräsentiert werden.

Genrerevision kann sich also in Inhalt und Form des Filmes niederschlagen, in der Ideologie, die transportiert wird. Die männlichen Hauptfiguren werden in den revisionistischen Filmen oft als Anti-Helden konzipiert. Für den Begriff des Anti-Helden kann folgende Definition herangezogen werden:

> Antiheld, Protagonist einer Geschichte, der durch den Mangel an bestimmten positiven Eigenschaften dem Typus des Helden gegenübersteht. – Während der Held etablierten Normen und Werten einer Gesellschaft in physischer, psychischer und sozialer Hinsicht ideal entspricht, weicht der A. von ihnen in mindestens einer Hinsicht signifikant ab; dabei kann er in anderer Hinsicht durchaus überdurchschnittliche Qualitäten besitzen. Aus der Art des Normverstoßes lässt sich eine *Typologie* der A.en ableiten: Sie sind 1. moralisch negativ oder deviant ..., 2. passiv oder ziellos ..., 3. physisch benachteiligt ..., 4. sozial ausgegrenzt ... oder 5. komisch ... (*Metzler Lexikon Literatur*, S. 30)

---

[281] Häufiger ist in Filmen die umgekehrte Variante, die zudem meist mit einer Degradierung der Frauen einhergeht, z.B. im Fall von Prostituierten, zu sehen (für eine Diskussion der Misshandlung von Huren im Wilden Westen s. beispielsweise *The Ballad of Little Jo* (1993)).

Ich möchte an dieser Stelle betonen, dass für mich der Übergang von einer komplexeren (z.B. mit Brüchen versehenen) Figur zu einem Anti-Helden fließend ist. Dies hat auch Auswirkungen auf die Männlichkeitskonstruktionen. Bis hierhin waren die Protagonisten der diskutierten Werke Inhaber der dominanten Männlichkeit eines Feldes. Sie nahmen die dominierende Position ein und konnten einem gültigen (zeitgenössischen und »Western-«)Ideal zugerechnet werden. Wenn in einem Text ein solches Ideal nicht erreicht wird, treten meiner Ansicht nach Verformungen oder Verfehlungen (der dominanten Männlichkeit) auf. Wenn beide Kriterien entfallen, kann die Figur im Grunde keine dominante Männlichkeit mehr repräsentieren.

Im nächsten Unterkapitel sollen die Möglichkeiten der Konstruktion und Demontage der Figuren und die Veränderung der Westerngeschichte im zeitlichen Kontext anhand von zwei revisionistischen Fallbeispielen (*Buffalo Bill and the Indians* (1976) und *Unforgiven* (1992)) untersucht werden.

4.2.1 Buffalo Bill and the Indians, or Sitting Bull's History Lesson (1976)

Robert Altman nimmt mit seinem Werk Bezug auf eine berühmte Persönlichkeit der USA. Der historische William F. Cody – Buffalo Bill – gestaltete den Wilden Westen in seiner Show nach Ashby als romantisches und spannendes Spektakel und bereitete ihn für ein Publikum auf, das wenig über diesen Teil des Landes wusste:[282]

> Cody's extravaganza quickly became a national – and then an international – phenomenon, combining rodeo-style competition with dramatic theatrical productions that celebrated the »winning of the West« and turned the cowboy into a hero. There were authentic Native Americans, albeit now in unthreatening roles – curiosities to ponder rather than rampaging savages to fear. There were also demonstrations of cowboy skills, reenactments of frontier battles, and exhibits of buffalo, wild horses and even mountain lions. The ultimate result was a sympathetic rendering of America's Western history that provided onlookers with a sanitized past, minus the bloody destruction of territorial expansion. Here was a staged history lesson that was fun, uplifting and comforting – American history as a form of immaculate conception. »Foes in '76 – Friends in '85« read one program that showed Cody shaking hands with Sitting Bull, the Hunkpapa Sioux chief who

---

[282] Er traf mit seiner Veranstaltung den Nerv der Zeit – es gab ein Interesse an dem Wilden Westen, der nach der Volkszählung von 1890 im Schwinden begriffen war (Slotkin verweist hier auf einen *mythic space*, zu dem der Westen seiner Ansicht nach vor allem nach der Weltausstellung in Chicago von 1893 werden sollte).

toured briefly with the show, often attracting hisses and boos from the crowd. (*With Amusement for All*, S. 80f.)

Buffalo Bill war ein »wirklicher« *frontiersman*, und sein Wirken umfasste u.a. folgende Tätigkeiten: Er war Pony-Express-Reiter, Postkutschenfahrer, Büffeljäger für die Kansas Pacific Railroad und Scout für die US-Kavallerie. Später wurde er Schauspieler auf der New Yorker Bühne.

Nach Ashby war William F. Cody »an authentic frontier product who cut a handsome figure« (*With Amusement for All*, S. 81). Er soll unglaublich gut ausgesehen haben, »tall« und »straight« dagestanden haben, wie Tompkins äußert (s. *West of Everything*, S. 196). Buffalo Bill galt als *womanizer*. Durch die ersten *dime novels*, in denen er als Hauptperson auftrat, wurde er nach Slotkin in die Riege der *frontier*-Helden wie Boone oder Bumppo eingereiht. Buffalo Bill wurden dort außerdem sowohl die Tugenden eines Geschäftsmannes als auch eine innere und äußere Nobilität hinzugefügt.[283] Für viele jedoch war er auch ein Betrüger (was u.a. mit den Übertreibungen der über ihn verbreiteten Geschichten zu tun hatte), und es brachte ihm Kritik ein, dass er ein Showman war, so Joy S. Kasson (s. *Buffalo Bill's Wild West*, S. 41). Nichtsdestotrotz wurde Buffalo Bill Amerikas »brightest star«, wie

---

[283] 1869 erschien bei Beadle und Adams der erste Groschenroman über ihn von Ned Buntline. Neben der Show waren die *dime novels* das Medium, über das der Buffalo-Bill-Mythos am weitesten verbreitet wurde: »Buffalo Bill was the protagonist of more dime novels than any other character, real or fictional, with the possible exception of Jesse James« (*Gunfighter Nation*, S. 73). Einflussreiche Buffalo-Bill-Groschenhefte wurden hauptsächlich von Ned Buntline, Prentiss Ingraham und Cody selbst geschrieben (S. 74). Slotkin stellt fest:

> Cody is able to overcome Hawkeye's limitations because he possesses an innately superior moral character whose powers go beyond the primitive virtues of loyalty, truthfulness, and honor. Cody's virtues are those of the manager and commander as well as the soldier. Though »full of self-reliance« he also possesses the moral qualities associated with a good ship's captain. His incipient gentility is attested by the certified »gentlemen« of the officer corps, particularly Generals Carr and Merritt, who praise him as »a natural gentleman in his manners as well as character.« Sherman figuratively ennobles Cody as »King of them all [that is, the army's scouts].« As Cody aged and prospered, the Wild West Programs would present him as a patriarchal figure of fully achieved gentility, a natural aristocrat able and worthy to socialize with royalty. (*Gunfighter Nation*, S. 75f.)

Buffalo Bill tourte mit seinem Zirkus auch durch Europa; 1887 gab es eine Vorstellung für Königin Victoria und ihre geladenen Gäste wie den zukünftigen Kaiser Wilhelm II. und den späteren König George V. Cody wird (hier von Sherman) erneut als ein Amerikaner bezeichnet, der ein »König« ist. Der Wunsch nach einer Aristokratie (die der europäischen zumindest ebenbürtig ist) wird so offenbart.

Louis S. Warren schreibt (*Buffalo Bill's America*, S. x). Cody beherrschte die Show-Inszenierung[284] und Selbstinszenierung, er nahm dafür auch Kleidung zu Hilfe. Schon als Scout trug Cody eine spezielle Kleidung, die verschiedene Elemente vereinte (wie auch schon bei dem Scout Lederstrumpf gesehen).[285]

Der Film *Buffalo Bill and the Indians* (1976) beschäftigt sich mit der Darstellung des Grenzers und der Vermarktung des Wilden Westens durch William F. Cody. Interessant ist Altmans Film für diese Studie besonders, weil hier nun dieses *staging* des Charakters offengelegt und damit die Demontage des Mannes betrieben wird.

Der Regisseur Robert Altman gilt als Gegner des »Produzenten- und Verleih-beherrschten Studiosystems«. Thomas Koebner konstatiert:

> Natürlich hat das Establishment ihm diesen Eigensinn übel genommen. Nie hat Altman bisher (auch Hitchcock z.B. ist dasselbe Schicksal widerfahren) einen Oscar für die beste Regie gewonnen – er, der neben Francis Ford Coppola oder Martin Scorsese (man mag auch Steven Spielberg dazu rechnen) bedeutendste und vielfältigste amerikanische Regisseur der letzten 30 Jahre. (»Von Verrückten und Tollhäusern – Ein Querschnitt durch die Filme«, S. 11)

Buffalo Bill and the Indians ist der *counterculture* entwachsen. William G. Simon und Louise Spence schreiben über das Werk:

> *Buffalo Bill and the Indians, or Sitting Bull's History Lesson* is Robert Altman's U.S. bicentennial film. Released on the fourth of July weekend, 1976, it examines the western as both national myth and commercial entertainment form; indeed, one might see the film's project as an exposé of the ideological functioning of the western, its white male hero, and the Native American over nearly one hundred years of American popular culture. (»Cowboy Wonderland, History, and Myth«, S. 89)

Der Film behandelt eine Zeitspanne von 1885 bis 1890 (s. auch S. 90). 1885 soll Sitting Bull engagiert werden, es ist geplant, den Häuptling in der Wild-West-Show unter dem oben erwähnten Motto »Foes in 76 – Friends in 85« mitspielen zu lassen.[286] 1890 stirbt Sitting Bull. Simon und Spence lesen den

---

[284] Für den Ablauf einer Show s. *Buffalo Bill's Wild West*, S. 4.

[285] Paul Fees, der Kurator des Buffalo Bill Historical Center, sagt:
> During the Indian wars the frontier army was a demoralized outfit. ... With their status as civilian scouts Cody and his friends could rise above the difficulties of the army. They were an unconventional group. With long hair and flamboyant outfits modelled after heroes from the age of chivalry. And even partially after their enemies, the Indians. (*Wild Wild West: Buffalo Bill*, 0:16)

[286] 1876 war Custer vernichtend geschlagen worden. Sitting Bull, der als Mörder von Custer vorgeführt werden soll, erklärt den Showleuten im Film allerdings, dass er bei der

Film als postmodern, er wendet sich gegen Subjektivität und Narrativität. Sie bezeichnen ihn auch als Metafiktion (s. S. 91), denn der Film zeigt, wie Shows gemacht werden.

Altmans Werk diskutiert gleich zu Beginn historisches Erzählen. Der Zuschauer wird Zeuge einer *frontier*-Szene. Dort werden weiße Siedler von Indianern überfallen. Eine Kampfhandlung findet statt, und die »Wilden« entführen eine junge weiße Frau. Hiermit knüpft Altman direkt an den amerikanischen *captivity*-Mythos an.[287]

Diese Darstellung wird dann der »Realität« entrissen, denn nun setzt die Musik der Showkapelle ein, und die Besetzungsliste des Films wird eingeblendet. Erst jetzt ahnt der Rezipient, dass es sich bei der Szene um eine Probe handelt. Ob es eine Probe für die Show oder eine für Altmans Film ist, wird nicht ersichtlich. Die multiplen Deutungsmöglichkeiten eröffnen einen Spielraum für ein kritisches Überdenken von Geschichte.[288]

Die Besetzungsliste selbst führt die Figuren auf eine höhere Ebene; hier werden nicht explizit Vor- und Nachnamen der Figuren genannt (wie z.B. die von William F. Cody oder die des ebenfalls vorkommenden *dime novel*-Autors Ned Buntline), sondern die Rollen und Namen der Schauspieler. Statt

---

Schlacht am Little Big Horn gar nicht dabei gewesen sei. Im Film selbst taucht teilweise ein Zahlendreher auf (75/86).

[287] In Buffalo Bills historischer Show (z.B. in *Buffalo Bill's Wild West and the Congress of Rough Riders of the World*) wurden neben Custers Schlacht auch andere Begebenheiten nachgestellt und verändert; Buffalo Bill rettete dann z.B. weiße Frauen, die entführt worden waren (s. *Wild Wild West: Buffalo Bill*, 0:35). Altman spart im Film aus, dass der historische Cody sich u.a. als Beschützer der Frauen inszeniert hat. Nicht mal eine »falsche« Ritterlichkeit wird an dieser Stelle mit der Figur verknüpft.

[288] Stiglegger beschreibt die ungewöhnliche Form des Filmes und die Auswirkung auf den Zuschauer folgendermaßen:
Jedes Bild ist auf mehreren Ebenen komponiert und entfaltet eine komplexe innere Montage. Selbst bei mehrfachem Sehen lässt sich dieser Detailreichtum, der wie bei einem Kaleidoskop funktioniert, kaum begreifen. Große Verwirrung beim Publikum löste Altmans und Drehbuchautor Alan Rudolphs Methode aus, mehrere Dialoge gleichzeitig sprechen zu lassen. Oft entfernen sich die Personen aus dem filmischen Raum, so dass ihre Worte Fragment bleiben und von anderen überlagert werden. Der klassische Illusionismus, die reduzierte innere Logik der konventionellen Inszenierung ist diesem Film fremd. ... Ein auktorialer Überblick über die verflochtenen Handlungsstränge wird somit verweigert. (»Geschichtsstunden – Zum Umgang mit Genrekonventionen in zwei Western«, S. 139f.)

legendärer Individuen handelt es sich also um Typen. Es heißt beispielsweise: »The Star – Paul Newman«, »The Legend Maker – Burt Lancaster«.[289]

Der Film thematisiert Heldwerdung und Mythos. Die Geschichte des
Helden kann dabei – wie die Geschichte des Landes (bzw. des Westens) aus
verschiedenen Perspektiven erzählt werden. *Buffalo Bill and the Indians* führt
z.B. verschiedene Varianten für die Entstehung des Spitznamens von William F. Cody auf, lange bevor die Figur selbst im Film erscheint.[290] So wird
ein Spannungsfeld zwischen dem Grenzer und Showmann, zwischen Fähigkeiten und Unvermögen und Äußerlichkeiten und äußerem Schein eröffnet.

Die eine Version der Namensentstehung stammt von Ned Buntline.
Buntline wird im Film von dem 1,85 m großen Burt Lancaster (»Mr. Muscles
and Teeth«[291]) gespielt. Altmans Buntline ist sicher, er ist kühl und überlegt;
er ist Buffalo Bill (geistig) überlegen. Ned deutet an, dass hinter der schönen
Fassade von Bill nichts stecke, er »plays the role of debunker, constantly re-
minding characters in the film and spectators in the movie theater of the fictional nature of Buffalo Bill« (»Cowboy Wonderland, History, and Myth«,
S. 96).

Buntline weist Bill aber Starqualitäten zu, die er selbst bei dem jungen,
»rohen« Menschen bereits erkannt haben will. Er sagt, er habe Cody erst vom
unbekannten Jungen zur Berühmtheit gebracht. Buntline habe sich für ihn
entschieden aufgrund der (körperlichen) Erscheinung. Der Schriftsteller berichtet:

> I spot this scrawny looking kid under a wagon. I drag him out, I take one look at
> him and I know I can make him a star. I ask him: »What's your name?« And he
> says: »Cody, Bill Cody.« I say: »What do you do?« He says: »I'm a scout and a
> buffalo hunter.« ... So I say to the kid: »From now on your name is Buffalo Bill.
> And in six months the whole damn country is gonna know about you.« (*Buffalo
> Bill and the Indians*, 0:05)

Buntline gibt als Begründung, warum er William F. zum Star gemacht habe,
an, dass er über irgendjemanden schreiben wollte. Die Geschichten, die er
bereits für Wild Bill Hickok angefertigt hatte, habe er anderweitig verwenden wollen, da er sich über Hickok geärgert hätte. Damit werden die Taten,

---

[289] Dort heißt es z.B. weiter statt Buck Taylor: »The King of the Cowboys«, statt Grover
Cleveland: »The President of the United States«.

[290] Ein (vorauseilender) Ruf kann so versinnbildlicht werden.

[291] S. hierzu den Eintrag über Burt Lancaster in der *Internet Movie Database*:
http://www.imdb.com/name/nm0000044/bio, letzter Zugriff: 01.07.11.

die Handlungen einer Person als unwichtig – ja willkürlich – erklärt und die Macht der Populärliteratur und der stereotypen Westernhelden aufgewertet.

Eine andere Version der Geschichte, wie Buffalo Bill zu seinem Namen gekommen ist, schildert ein Armeeveteran. Dieser bezeichnet sich ebenfalls als Urheber des Spitznamens.[292] Das erste Zusammentreffen mit Cody beschreibt er folgendermaßen:

> At a church service in Deadwood City I met and rubbed elbows with a young man named William F. Cody. I was so impressed by his skill as a marksman and his success as a hunter that I nicknamed him »Buffalo Bill.« (0:05)

Hier wird die Gewichtung nicht auf die äußerliche Erscheinung von Cody gelegt (wie bei Buntline), sondern auf seine angeblichen Fähigkeiten, die typisch für die Wild-West-Helden sind, wie beispielsweise *marksmanship*. Buntline und der Veteran behaupten also im Grunde Gegensätzliches. Der Zuschauer selbst wird Zeuge unterschiedlicher Demonstrationen der Fähigkeiten des Buffalo Bill. Er kann zumindest dann gut schießen, als er die Opernsängerin Lucille du Charmes beeindrucken möchte (wobei ritterliches Werben um eine Frau so zur Prahlerei wird).[293] Bill inszeniert sich als Beschützer der Gemeinschaft, er will die Indianer im Auge behalten (s. 0:27).[294] Aber er merkt nicht, dass sie sich vom Lager entfernen und ist dann nicht in der Lage (in der historischen Rolle als Scout oder Jäger), sie aufzuspüren.[295] Die »indianischen« Fähigkeiten, wie z.B. Fährtenlesen, die anderen Westernhelden zu eigen sind, sind bei diesem Mann nicht ausgebildet.

Altmans Buffalo Bill ist einerseits ein *womanizer*, andererseits hält sein Glück bei den Frauen nicht dauerhaft an; seine Ehefrau verlangt in einem Brief die Trennung. Lucille zieht zwar zu ihm und ersetzt ihre Vorgängerin

---

[292] Dass auch dieser Mann mit einer Historie prahlt, deren Wahrheitsgehalt angezweifelt werden kann, wird später im Film deutlich, als der Veteran behauptet, ebenfalls der Erfinder des Namens »Sitting Bull« gewesen zu sein. Dadurch verliert er an Glaubwürdigkeit, er wird als Erzähler nicht mehr ernst genommen. Geschichte wird so zum Geschwätz.

[293] Diese Fertigkeit (des Schießens) wird auch vermarktet und verkommt zur Pose; in einer Szene, in der die ganze Zirkustruppe fotografiert werden soll, präsentiert sich Buffalo Bill mit einem Showstrahlen (von Newman zu einem Grinsen zugespitzt) und gezückter Pistole.

[294] Die Show stellt eine Gemeinschaft dar, von den Indianern geht hier jedoch keine wirkliche Bedrohung aus.

[295] Zu diesem Zweck zieht er sich um, er sucht verzweifelt sein »real jacket«, weil er dazu nicht mit seinem Showkostüm losreiten möchte (s. 1:05). Die Bedeutung von Kleidung (für Westernhelden) wird hier – ironisch – herausgestellt.

(denn im Film hat Bill ein Faible für Opernsängerinnen). Buffalo Bill muss an einer Stelle aber eingestehen, dass er im Bett wohl eine Enttäuschung gewesen sein muss. Diesen Umstand führt er auf den Alkoholkonsum zurück (s. 1:01). Eine andere Opernsängerin flirtet zwar mit Cody, erteilt ihm aber eine Abfuhr, da sie bereits ein anderes »Abenteuer« hat. Für diese Frau ist Cody ein Objekt.

Äußerlichkeit ist das Hauptmerkmal, das in der Dekonstruktion der Figur Buffalo Bill im Film übrig bleibt. Altman hat für die Besetzung der Hauptfigur Paul Newman gewählt, einen Schauspieler, der als attraktiv gilt/bzw. zu Lebzeiten gegolten hat.[296] Newman war als ehemaliger Footballspieler (Quarterback) mit einem gut trainierten Körper ausgestattet. Über sein Gesicht ist geschrieben worden:

> With every feature – brow, lips, arguably even eyelids – seemingly chiseled in stone, he looked like an antique Roman bust with the pupils painted in riveting Technicolor blue. There was, to many, no man more handsome in the 50 years of American moviemaking. As the stone aged, it weathered beautifully as well. Somehow, the critic Paul Kael observed, Newman just became more glamorous with time. He was the best-preserved leading man since Cary Grant, ... (*People Tribute: Paul Newman*, S. 26)

Von der Größe her erreicht Newman die 1,80 m-Marke nicht ganz; er war 1,77 m groß.[297] Altman scheint ihn (womöglich absichtlich) nicht »künstlich« größer gemacht zu haben.[298]

Simon und Spence weisen darauf hin, dass die Wahl Paul Newmans Spannungen in die Figur gebracht hat, denn Newman galt zur Entstehungszeit des Filmes als ein »popular antihero (who not long ago was Billy the Kid, Rocky Graziano, Butch Cassidy, and Judge Roy Bean), a noted political activist supporter of liberal and environmental causes« (»Cowboy Wonderland, History, and Myth«, S. 95).

Für Newman, der sich vom Hollywoodgeschehen entfernt hatte, war es möglich, den amerikanischen Helden des 19. Jahrhunderts distanziert und mit einer Portion Selbstironie zu spielen:

---

[296] Der Schauspieler ist 2008 verstorben. Er wurde als Frauenheld bezeichnet (s. dazu *Paul Newman* von Eric Lax, S. 8).

[297] S. hierzu den Eintrag über Paul Newman in der *Internet Movie Database*: http://www.imdb.com/name/nm0000056/bio, letzter Zugriff: 01.07.11.

[298] Vgl. im Gegensatz dazu den 1,91 m großen Buffalo Bill (Joel McCrea) in William Wellmans Film *Buffalo Bill* von 1944.

Newman is at a sufficient distance from his character that he is able to inscribe an ironic dimension that is consistent with and central to the film's project. The hyperbolic self-consciousness of the performance helps to keep the audience aware of Buffalo Bill as a constructed image. It diffuses the character, making him *character* and *representation of character* simultaneously. (ebd.)

Nachdem die Filmzuschauer Buffalo Bill zunächst nur auf Bildern gesehen haben – überall findet sich sein Konterfei auf Zelten und Bannern der Show – kündigt Nate Salesbury (The Producer) ihn während einer Probe als »America's national Entertainer« an, und dann reitet dieser auf einem imposanten Schimmel in die Arena ein. Buffalo Bill ist kostümiert, hat einen Hut auf, darunter scheinen seine langen Haare hervor. Er trägt eine Lederjacke, die mit Fransen verziert ist, und dazu hohe Stiefel. Zu der Showszene gehören des Weiteren Scouts und Indianer auf Pferden. Bill sticht aus der Menge der Darsteller heraus. Dieser Effekt ist aber nicht nur durch seine auffällige Kostümierung bzw. sein spektakuläres Pferd erreicht worden, nein, es wird dem Zuschauer offenbart, dass den Indianern auch langsamere Pferde gegeben worden sind (s. *Buffalo Bill and the Indians*, 0:15)! Cody wird erhöht, indem die anderen auf Mittelmäßigkeit gehalten werden. Die Idee vom Helden als bestem Mann in seiner Welt wird hier als Konstruktion entlarvt.

Viele andere Männer in der Show erweisen sich (ebenfalls) als fragwürdige Figuren. Frank Butler ist seiner Frau, der Meisterschützin Annie Oakley, untergeordnet. Er wird gespielt von dem 1,91 m großen John Considine.[299] Butler ist aalglatt und unsicher. Annie Oakley ist die Attraktion, »the Little Sure Shot«. Frank Butler, eigentlich Annies »Manager«, erfüllt keine andere Aufgabe mehr, als die Ziele für sie festzuhalten. Dieses ist die Umkehrung eines Bildes, wie es dem Zuschauer (bis heute) bekannt ist: Bei Zirkusvorstellungen ist es gängig, dass eine schöne Frau einem Mann assistiert. Butler wird somit in die Nähe von Weiblichkeit gerückt. Außerdem hat er dabei Angst, selbst getroffen zu werden, so dass Annie ihn als »coward« bezeichnet (s. 0:54) – und schließlich schießt sie ihn sogar an.[300] Die Figur Annie

---

[299] S. dazu den Eintrag in der Internet Movie Database über John Considine: http://www.imdb.com/name/nm0175912/bio, letzter Zugriff: 01.07.11.

[300] Dies ist eine völlig andere Darstellung als beispielsweise in dem Musical *Annie Get Your Gun* (1950), wo zwar auch Spannungen zwischen Oakley und Butler gezeigt werden, diese werden aber als eine Konkurrenzsituation zwischen zwei Starschützen begriffen.

selbst wird mit einer Fähigkeit, die typischerweise dem Aufbau von Männlichkeit dient, mit *marksmanship*, versehen. Sie ist aktiv, der Mann passiv. Dies wird auch über die subjektive Einstellung symbolisiert (s. Abb. 16).

Abb. 16 Der Mann als Zielobjekt: In *Buffalo Bill and the Indians* (1976) hält Frank Butler (John Considine) die Utensilien für die Meisterschützin Annie Oakley in die Höhe. Dies ist die Perspektive der aktiven Frau.

Andere Männer, die in der Show auftreten und die nicht weiß sind, werden ausdrücklich den weißen Männern untergeordnet – Buffalo Bill gilt als »the noblest white skin of them all«[301] (0:17). Sie sind in ihrer Funktion austauschbar. So kann Sitting Bull in einer Probe durch einen schwarzen Darsteller ersetzt werden, »cause he's the closest thing in our staff to a real injun« (0:33), wie Cody sagt.[302]

Die Einführung Sitting Bulls dient zum Vergleich mit den Starqualitäten Buffalo Bills: »The comparison of Buffalo Bill and Sitting Bull is elaborated on several levels. Sitting Bull, for instance, does not conform to the popular notion of the physical presence of a star persona; he is tiny and retiring in nature« (»Cowboy Wonderland, History, and Myth«, S. 98). Als eine Gruppe

---

[301] Vgl. die Ähnlichkeit zur Phrase »the best of civilization«.

[302] Altman hat das Thema »Rasse« nicht ausgespart. So werden rassistische Tendenzen von Buffalo Bill gegenüber Schwarzen angedeutet (s. 1:38). Weiterhin wird insinuiert, dass er bei der Vermarktung seiner Show darauf achtet, wie das Publikum auf eine »Vermischung« von Rassen reagiert (sie wird nicht geduldet). Bei einem Gruppenfoto beispielsweise sollen Annie und die Indianer nicht nebeneinander stehen, weil dies Annies Fans nicht gefallen würde. Um das Foto neu arrangieren zu lassen, ruft Buffalo Bill scharf »hold it!« Man beachte den Unterschied zum Helden Ringo, der in *Stagecoach* mit diesem Ausruf eine Postkutsche gestoppt hat.

von Männern auf Pferden, in der ein größerer (»tatsächlich« der Sprecher des Häuptlings, Halsey[303]) und ein kleinerer Indianer (»tatsächlich« Sitting Bull[304]) nebeneinander her reiten, sich dem Camp der Wild-West-Show nähert, wird dies von verschiedenen Leuten neugierig beobachtet, und Mutmaßungen werden angestellt. Zwischen The Relative und Buffalo Bill spielt sich folgender Dialog in Bezug auf Sitting Bull ab:

The Relative:	He must be the big one in the red blanket. Sure don't look like no ordinary Indian.
Buffalo Bill:	I ain't buying no ordinary Indian. (*Buffalo Bill and the Indians*, 0:18)

Der mächtig erscheinende Halsey (»the big one«) wird fälschlicherweise für Sitting Bull gehalten, aber später muss The Relative bestürzt feststellen, dass Sitting Bull »the runt« ist (0:22). Es ist also ein Darsteller für die Show bestellt worden, der nur schwerlich eingesetzt werden kann, weil er dem Ruf als »Killer«, den er innehat, äußerlich nicht gerecht werden kann.

Die Beziehung zwischen Sitting Bull und Buffalo Bill (also auch der Aufenthalt bei der Show und die vorherige »Anlieferung« des Häuptlings) wird von Simon und Spence als ironische Umkehrung des *captivity myth* gesehen, »one of the primal narratives of white / Indian relations (and portrayed in the scene being rehearsed in the prologue), with Sitting Bull, rather than the helpless white woman, held captive« (»Cowboy Wonderland, History, and Myth«, S. 100).

Als Sitting Bull erstmals in der Show auftritt, wird er zunächst misstrauisch (und missgünstig) von Cody beäugt. Schließlich wird dafür auch die subjektive Kamera verwendet (s. Abb. 17).[305]

---

[303] Halsey, der Indianer mit »Starqualitäten«, wird von dem 1,96 m großen Will Sampson gespielt, der der Creek Nation entstammt. S. hierzu den Eintrag über Will Sampson in der *Internet Movie Database*: http://www.imdb.com/name/nm0760225/bio, letzter Zugriff: 01.07.11.

[304] Sitting Bull wird von Frank Kaquitts gespielt, den Simon und Spence als »Native American« bezeichnen (s. »Cowboy Wonderland, History and Myth«, S. 95).

[305] Es wird nicht ganz deutlich, um wessen Perspektive es sich handelt. Wahrscheinlich soll hier Codys Blick aufgezeigt werden, aber Cody nimmt die dafür notwendige Position nicht (auch nur annähernd) ein. Unabsichtlich (ein sogenannter *goof*) oder nicht – hier wird Altmans besonderer Stil demonstriert, der dem Zuschauer die Deutung erschwert und die Vielfältigkeit der Perspektiven betont. Der Indianer wird aber nicht nur zum begafften Objekt; durch die Positionierung der Figur oben im Bild wird zugleich zu ihr aufgesehen.

Abb. 17 Der Mann als Ausstellungsobjekt in der Arena: In *Buffalo Bill and the Indians* (1976) wird Sitting Bull (Frank Kaquitts) in der subjektiven Einstellung durch einen Spalt in den Zeltwänden beäugt.

Der Indianer wird von den Menschen begafft, aber schließlich bejubelt ihn das Publikum wegen seiner Authentizität. Der Film zeigt: Sitting Bull besitzt Fähigkeiten, die Buffalo Bill nicht hat. Er kann spielend mit seinen Leuten einen Fluss überqueren, an dem die Weißen gescheitert sind, und er kann sein Pferd mit einer Leichtigkeit reiten, wie Bill es nicht vermag. Simon und Spence schreiben, dass die Showmenschen eine aufgesetzte Ausdrucksweise verwenden, aber Sitting Bull seine Würde dadurch bewahre, dass er schweigt, und dass Halsey – als The Interpreter – Sprache sinnvoll einsetze: »His language is measured, his words carefully chosen and absolutely to the point« (»Cowboy Wonderland, History, and Myth«, S. 99). Buffalo Bill selbst macht sich durch seine Sprache unglaubwürdig.[306]

Buffalo Bill and the Indians ist (z.B. nach Simon und Spence) aus der *counterculture* entstanden. Die Gegenkultur stellt die (*mainstream-*)Werte und Normen einer Gesellschaft in Frage. In den 1960er Jahren formierten sich in den USA die Zweite Frauenbewegung, die Bürgerrechtsbewegung und z.B. auch die American Indian Movement (AIM).[307] Michael Kimmel schreibt:

---

[306] Der Film suggeriert an mehreren Stellen, dass Buffalo Bill als Lügner gesehen werden kann. In seinen Aussagen über die historischen Taten verstrickt er sich in Widersprüche (z.B. bei den Anekdoten, die den Pony-Express-Rekord betreffen, s. *Buffalo Bill and the Indians*, 1:43).

[307] Die Hippies fühlten sich besonders mit den Indianern verbunden. Sherry L. Smith schreibt: »the rise of Red Power, a pan-Indian movement that demanded recognition of treaty rights, tribal sovereignty, and self-determination for native people, found counterculture types among its earliest allies« (*Hippies, Indians, and the Fight for Red Power*, S. 4).

»the counterculture [was] populated ... largely by the sons and daughters of the white middle class ... In a sense, the hippies represented another revolt of the sons against the fathers« (*Manhood in America*, S. 174). Robert Altman setzt dem vermeintlich amerikanischen Helden Buffalo Bill mit Sitting Bull eine nun vergleichsweise unspektakuläre Männlichkeit entgegen, die aber in den wesentlichen Punkten dem weißen – unfähigen – Star überlegen ist. Buffalo Bill verlangt Respekt von Annie und den Indianern, obwohl er den hohen Status nur aufgrund der Vormachtstellung des weißen Patriarchats und der Strukturen des (amerikanischen) Showbusiness erhalten hat. In diesem Film gibt es keine »natürliche« Hierarchie mehr, weil ein Mann besser ist – hier wird eine künstliche aufrechterhalten.

Verschiedene Männer sind wegen ihrer physischen Erscheinung »showtauglich«. In *Buffalo Bill and the Indians* nur am Rande gezeigt, jedoch oft präsent ist Buck Taylor, der »King of the Cowboys«. Er überragt viele andere und trägt ein auffälliges Kostüm. Auch der Präsident der Vereinigten Staaten, der der Show einmal beiwohnt – es gibt eine Nachtvorstellung für den sich auf seiner Hochzeitsreise befindenden Grover Cleveland und seine Frau – beeindruckt körperlich. Ein kleiner (Cowboy-)Junge, der neben Buck Taylor steht, sagt zu letzterem: »He is a hell of a lot bigger than you are«, und Frank Butler bekundet: »He is the biggest man I've ever seen« (*Buffalo Bill and the Indians*, 1:21).

In dieser Szene wird mehreres enthüllt. Die Darsteller der Wild-West-Show beurteilen ihren Präsidenten (entlang ihrer Showphilosophie) nur auf der Basis seiner körperlichen Qualitäten.[308] Ein Mann der Politik wird reduziert auf seine rein äußerliche Präsenz und ist damit jemand, der lediglich »Starqualitäten« haben muss, um erfolgreich zu sein. Dieses kann als ein Seitenhieb auf die politische Kultur der 1970er Jahre verstanden werden.[309]

Als die Indianer der Show mit Grover Cleveland sprechen wollen, wird deutlich, dass dieser Mann mit seinem Amt überfordert ist. Simon und Spence sehen Grover Cleveland als

---

[308] Cleveland wurde auch *Big Steve* genannt, vgl. »Grover Cleveland (1885-1889): Die wachsende Bedeutung von Wirtschaft und Finanzen«, S. 230.

[309] Nach der Nixon-Administration war das Ansehen von Politikern dauerhaft geschädigt. Auch Paul Newman hatte eine (negative) Verbindung zu diesem Präsidenten: »He was among the celebrities on the famous ›Enemies List‹ kept by President Nixon during the Watergate scandal« (http://www.imdb.com/name/nm0000056/bio, letzter Zugriff: 01.07.11). Grund dafür war u.a. seine Verbindung zur Antikriegsikone Eugene McCarthy.

an extension of Buffalo Bill: he is acknowledged as a star, the biggest man the Wild West has ever seen ... His political pronouncements equal – perhaps exceed – Bill's in their hollow platitudes. He has a speech writer, as Bill has his legend makers. (»Cowboy Wonderland, History, and Myth« S. 101)

Diese Szene signalisiert, dass die Platitüden des Showbusiness für die Lösung politischer Probleme bzw. für das Verständnis des Westens nicht ausreichen. Die Probleme, Bedürfnisse und Bitten der Indianer werden nicht verstanden, sie werden fortgeschickt.

Die Inszenierung Buffalo Bills wird oft übertrieben und endet an vielen Stellen in einer Farce. Cody beispielsweise möchte, dass sein Haar einmal so lang ist wie das von General Custer (Custer ist für ihn Freund, Vorbild und zugleich Konkurrenz). Normalerweise verdeckt Buffalo Bill sein natürliches Haar mit einer Perücke, die schon langes Haar aufweist. Als Halsey eines Nachts unangekündigt in Codys Räume eintritt, hat dieser zum Schlafen sein Kunsthaar abgelegt, er ist dann peinlich berührt und versucht, seine Frisur mit dem Stoff seines Hausmantels zu bedecken, den er mit einer Hand unter dem Kinn zusammenhält. So entsteht der Eindruck, Cody trage eine Art Kopftuch, ein weiblich konnotiertes Kleidungsstück. Seine Eitelkeit macht ihn gewissermaßen zum »Weib«. Er ist ein »Fatzke«, ein *dandy*. Aber Altman demaskiert auch den »schönen« Bill z.B. als alten Mann, der seinen Alkoholrausch noch nicht ausgeschlafen hat. In der surrealen Szene, in der ihm der tote Sitting Bull erscheint, muss sich der Zuschauer gar fragen, ob Cody völlig den Verstand verloren hat. Oder ist es nur ein Delirium? Ein geistreicher Westernheld sieht anders aus.

Altmans Film zerlegt den Helden Buffalo Bill. The Star besitzt keine Selbstbeherrschung, er hat vielmehr hedonistische Züge; er trinkt Alkohol aus riesigen Bechern und gibt sich zügellos den Liebschaften hin. Buffalo Bill entspricht zwar der Sage nach dem *self-made*-Typus, denn er leitet offiziell das Unternehmen Wild-West-Show. Aber ironischerweise hat er sich eben nicht selbst gemacht, und auch die Leitung seiner Show würde ohne seinen Producer Nate Salesbury nicht funktionieren. Der demaskierte Buffalo Bill im Film besitzt keine Führungsqualitäten.[310] Er ist in diesem Werk weder ein

---

[310] Vgl. dazu auch die Szene, in der Sitting Bull verpflichtet werden soll, in der Wild-West-Show mitzuspielen. Die Verhandlungen um die Anstellung des Häuptlings – »The Killer of Custer« – werden von Bill nicht geschickt geführt. Als er später die Indianer aus der Show werfen will, droht die Meisterschützin Annie Oakley damit, die Show ebenfalls zu verlassen, so dass er Sitting Bull und seinen »Sprecher« Halsey notgedrungen wieder einstellt. An dieser Stelle übt eine Frau Macht aus. Walter Erhart

(natürlicher) Aristokrat noch ein *uncommon common man* (wenn man von seiner außergewöhnlichen optischen Attraktivität absieht). Bill ist narzisstisch,
inauthentisch, er setzt sich ständig kalkuliert in Szene. S. dazu auch, wie er
vor dem Spiegel sein Reden einübt – dabei betrachtet er sich in der indirekten
subjektiven Einstellung selbst, macht sich selbst zum Objekt, ohne zu reflek-
tieren (s. Abb. 18).[311] Teilweise ist Cody diese Diskrepanz aber auch bewusst,
denn er »wonders whether his ›self‹ can ever live up to his ›performance‹«
(»Cowboy Wonderland, History, and Myth«, S. 102).

Abb. 18 Kalkuliertes In-Szene-Setzen: Der posierende Buffalo Bill (Paul Newman) vorm
Spiegel in *Buffalo Bill and the Indians* (1976).

Nichtsdestotrotz gestaltet Cody sich die Welt, den Westen, wie es ihm gefällt.
Er hat am Anfang zu Sitting Bull gesagt: »me and my staff are simply the best
at what we do. And what we do is make the best look better« (*Buffalo Bill and
the Indians*, 0:22). Die Quintessenz sieht dann so aus, dass am Ende des Films
eine neue Shownummer aufgeführt wird, in der die Geschichte von Custer
und Sitting Bull wiederum verdreht wird. Letzterer wird nun von seinem

---

    deutet die Macht einer Frau (bei *Unforgiven*) als Zeichen für einen revisionistischen
    Westernfilm.

[311] Genauer handelt es sich dabei um eine Kamerafahrt von indirekter subjektiver Einstel-
    lung zu einer *Over Shoulder*-Aufnahme: Von einer Großaufnahme des Gesichts von
    Buffalo Bill im Spiegel fährt die Kamera zurück, bis links im Bild die vorm Spiegel
    stehende Figur von hinten mehr und mehr in Erscheinung tritt. Bei Abb. 18 ist links
    im Bild bereits ein Stück der rechten Hutkrempe zu erkennen. Wenn zum Schluss die-
    ser Fahrt Bills Torso links und der Rahmen des Spiegels zu sehen sind, ist die Einstel-
    lung objektiv geworden – und dem Zuschauer Bills absurdes Verhalten bewusst ge-
    worden.

ehemaligen Sprecher Halsey, dem stattlichen Indianer, gespielt. Buffalo Bill spielt sich selbst. Die Szene endet damit, dass er den Indianer skalpiert bzw. dass er ihm seinen beeindruckenden Federschmuck abnimmt. Paul Newman ist ein Mann, ein Star, der Buffalo Bill spielt, der General Custer nachahmt und verbessert. Alles ist großes Theater, Verzerrung, Schein und Trug.[312]

Mit dem Anti-Helden Cody wird der heroische Westernheld demontiert. Männlichkeitsideale des *mainstream*, wie z.B. das Leitbild des *self-made*-Mannes, werden durch die Figur hinterfragt. Etliche Männer (Cody, Frank Butler, Sitting Bull) werden aufgrund der Perspektive der (indirekten) subjektiven Kamera zu Objekten gemacht. Z.T. kann so auch eine Frau (Annie Oakley) zu Dominanz gelangen. Zweifelsohne können die 1960er/70er Jahre als Krisenzeiten des weißen Mannes in Amerika bezeichnet werden. Altmans Film stellt eine andere Reaktion darauf dar als z.B. die Romane *The Virginian* oder *Riders of the Purple Sage*. *Buffalo Bill and the Indians* prangert die weißen Ideale und Strukturen an. Ein Mann wie Sitting Bull wird keine dominante Männlichkeit, und das Feld der Wildnis bleibt leer, seine Figuren werden ausgelöscht.

Gibt es im Film überhaupt einen dominanten Mann? Es gibt hierarchisch hohe Posten (wie Star und Präsident in den Feldern Show und Politik). Das Showbusiness läuft weiter, da die Inhaber dieser Posten zum Schein oder in der Vorstellung des Publikums dominante Männlichkeiten repräsentieren. Der Text der Gegenkultur will aufzeigen: So werden Amerikas Helden gemacht. Und als Kapitalismuskritik: Das ist es, was in der Leistungsgesellschaft Erfolg genannt wird. Der Wilde Westen war ein Geschäft.

Während *Buffalo Bill and the Indians* aufgrund seiner inhaltlichen und formalen Komponenten eindeutig als revisionistischer Film identifiziert werden kann, folgt nun das Beispiel eines Werkes, das nicht unbedingt auf den ersten Blick eingeordnet werden kann.

---

[312] Altman spielt hier auch auf eine Anekdote an, die Slotkin als »the core of the Buffalo Bill legend and the basis of his national celebrity« (*Gunfighter Nation*, S. 72) bezeichnet. Der historische Cody rühmte sich damit, den ersten Skalp für Custer eingenommen zu haben. In das kollektive Gedächtnis der Amerikaner wurde dieser Mythos u.a. durch eine Zeichnung eingepflanzt. Slotkin schreibt:

The »duel« itself became even more sensational in Cody's 1879 autobiography, where it culminated in a hand-to-hand knife fight. The image of Cody waving the scalp in the air was reduced to a crude woodcut, which became a permanent feature of Buffalo Bill iconography. It appeared in most Wild West Programs, as a dime-novel cover, a poster, and – elaborated in oils – as the centerpiece of several heroic paintings. (*Gunfighter Nation*, S. 73)

4.2.2 *Unforgiven* (1992)

Was waren die 1990er Jahre für eine Zeit? Die 1980er werden häufig als eine Dekade des *backlash* verstanden. Z.B. wurden – um der Idee der »verweichlichten« Männer der 1970er Jahre (den »Softies«) etwas entgegenzusetzen – in Filmen wie *The Terminator* (1984) oder *Die Hard* (1988) harte Männertypen und hypermuskulöse Körper geschaffen. Filme wie *Kramer vs. Kramer* (1979) und *Tootsie* (1982) suggerierten, dass Männer »could be not only better mothers than women ... but also better *women* than women«, wie Kimmel es formuliert (*Manhood in America*, S. 193). Es tauchten (erneut) Frauenfiguren auf, denen man nicht trauen konnte (z.B. eine *femme fatale* wie in *Fatal Attraction* (1987)), oder aber die Schauspielerinnen wurden in *slasher*-Filmen »niedergemetzelt« (vgl. *America on Film*, S. 289f.).

In den 1990ern wurden viele amerikanische Männer, die von sozialer Unsicherheit und sozialem Abstieg betroffen waren, wütend, wie Kimmel herausstellt (s.o.). Diese Wut richtete sich z.B. gegen Homosexuelle, Schwarze oder Frauen (s. *Manhood in America*, S. 220f.). Zwar existierten immer noch *femmes fatales* in Hollywoodfilmen (vgl. *Basic Instinct* (1992)), aber es gab auch andere Strömungen; beispielsweise entstand das *New Queer Cinema*, und in verschiedenen Genres erschienen weibliche Protagonisten auf der Leinwand, die zwar stark, aber nicht so unheimlich (wie die *femmes fatales*) waren.[313]

Die 1990er Jahre können – was die Kinofilme angeht – also als eine Zeit der Vielfältigkeit betrachtet werden,[314] die auch die zweite Welle der Anti-Western beinhaltete. Wie oben erwähnt, wird *Unforgiven* von den Kritikern nicht ausschließlich als revisionistischer Western eingeordnet. Für Robert Spindler aber beispielsweise ist der revisionistische Ansatz eindeutig, zudem stellt er einen Bezug her zu den *Los Angeles Riots*:[315]

---

[313] Gemeint sind hier Figuren wie in *Thelma and Louise* (1991) oder z.B. die Heldinnen der Western (s.u.). Diese Entwicklung setzt sich auch im 21. Jahrhundert fort, vgl. z.B. *Million Dollar Baby* (2004) oder die *Kill Bill*-Filme (2003, 2004) (s. *America on Film*, S. 294ff.).

[314] In den 90ern kam es auch dazu, dass Hollywoodstudios Independentunternehmen aufkauften oder eigene Abteilungen dafür einrichteten.

[315] Der schwarze Amerikaner Rodney King wurde 1991 das Opfer unverhältnismäßiger Polizeigewalt. In dem Gerichtsprozess von 1992 wurden die angeklagten (weißen) Polizisten freigesprochen, wodurch Rassenunruhen entstanden, bei denen über 50 Menschen starben und über 2000 verletzt wurden.

> *Unforgiven* implicates that the problem of violence deserves the prime focus in any debate of America's social order, and contextualized the contemporary violent climate effectively, although the screenplay (which Eastwood liked because in it killing is »demythologicalized, if such word exists«) was already written in the seventies ... The cruel torture of the African American character Ned by authorities, which ultimately results in his death, for example, parallels with the Rodney King court case of the time the film was released and the consequential L.A. riots ... (*Recent Westerns*, S. 29).

Nach Kimmel steht z.B. der Aufwind, den die extreme Rechte in den 1990ern erlebte, in Zusammenhang mit den wütenden (weißen) Männern Amerikas (s. *Manhood in America*, S. 228f.). *Unforgiven* ist ein Film, der Rassismus innerhalb des Genres diskutiert. Für mich ist *Unforgiven* auch ein revisionistischer Film, weil der Held (bzw. seine Männlichkeit) demontiert wird. Aber aufgrund der vielen nostalgischen Komponenten, die sich z.B. in der Wahl der Musik oder in den Abbildungen der Landschaft zeigen[316] (s. dazu Abb. 19a-b), bin ich auch der Meinung, dass dieser Text von manchem Zuschauer als unkritisch und affirmativ empfunden werden kann. Das scheint mir vor allem dann möglich zu sein, wenn die Historie des Westerns nicht mit einbezogen wird bzw. wenn der Rezipient in einer Zeit aufgewachsen ist, in der die Italo-Western als Norm, ja als »klassisch« angesehen werden. Dann ist z.B. auch die explizit dargestellte Brutalität in *Unforgiven* nichts Außergewöhnliches, zumal »Gewaltorgien« für den heutigen Filmseher auch in anderen Genres (z.B. mit Werken wie *The Matrix*) dazugehören.

---

[316] Für die Schaffung von Nostalgie durch Musik und Bilder der Landschaft vgl. auch den revisionistischen Film *Brokeback Mountain* (2005).

Abb. 19a Die Ikonografie (Landschaft und Figuren des Cowboy-/*gunfighter*-Typus) beschwört Western-Nostalgie herauf: Drei Männer reiten in *Unforgiven* (1992) los, um das Vergehen an einer weißen Frau zu vergelten. Die Schrägsicht antizipiert, dass hier nicht alles glatt laufen wird.

Abb. 19b Erst auf den zweiten Blick revisionistisch: Die Männer William Munny (Clint Eastwood, rechts), sein *ethnic sidekick* Ned Logan (Morgan Freeman, links) und der junge The Schofield Kid (Jaimz Woolvett, mittig), die in der nächsten Einstellung in *Unforgiven* (1992) zu sehen sind, sind keine strahlenden Helden.

Die Filmhandlung von *Unforgiven* beginnt im Jahre 1880. Der ehemalige Killer William Munny (Clint Eastwood) lebt nun als Schweinezüchter mit seinen beiden Kindern auf einer Farm in Kansas. Hiermit wird an das agrarische Leitbild (Jeffersons) der USA angeknüpft und zugleich eine Assoziation zu den oftmals mit Schwäche konnektierten Farmern im Western hergestellt. Munny präsentiert sich als schlechter Schweinehüter, und seine Tiere sind krank. Die Farmerwelt ist also nichts für diesen ehemaligen *gunfighter* (vgl.

im Gegensatz dazu das Ziel Ringos, mit seiner Geliebten in der Wildnis eine Existenz (Farm) aufzubauen). Die Mutter der Kinder in *Unforgiven* ist einige Jahre zuvor an den Pocken gestorben. Seiner gläubigen, christlichen Frau zuliebe ist der ehemals unbeherrschte (als »intemperate« bezeichnete, s. Vorspann) Munny zu einem guten Menschen geworden, der mit dem Töten und Trinken aufgehört hat. Dann jedoch taucht in dieser »scene of uneasy domesticity« (»Iron Clint«, S. 256) der junge Schofield Kid auf, ein vermeintlicher Revolverheld, der von Munnys früheren Taten gehört hat. Schofield sagt: »Uncle Pete says you was the meanest goddamn son of a bitch alive. And if I ever wanted a partner for a killing, you were the worst one. Meaning the best.« (*Unforgiven*, 0:10) Das Ideal des Westernhelden als »der Beste« (vgl. hierzu den Besten im Westen, den Virginier) wird hier erneut ad absurdum geführt; denn der Beste ist/war der Schlimmste. Der Film spielt so zusätzlich mit dem *good badman*-Muster.[317]

Intertextuelle Referenzen zu Eastwoods früheren Filmrollen führen zu weiteren ironischen Umkehrungen. Hughes z.B. beschreibt Munny als »an ageing ›Man With No Name‹ from the ›Dollars‹ trilogy – he even references the younger man's mercenary greed for monetary gain in his name. But even ›No Name‹ didn't kill women and children, as Munny is reputed to have done« (*Stagecoach to Tombstone*, S. 232). Johnson bezeichnet ihn als einen Mann »full of guilty hauntings, rueful degradations« (*New Westers*, S. 240).[318] Dieses Hadern, dieses Dunkle weist auch auf einen breitgefächerten Charakter hin. Die Revision tritt in der Figur selbst zutage: Munny denkt nach über das, was passiert ist, und sieht die Dinge heute anders.

The Schofield Kid weiß zu berichten, dass einer der Prostituierten in Big Whiskey, Wyoming, von einem Cowboy-Freier das Gesicht (und angeblich mehr) zerschnitten worden ist. Der Zuschauer wird am Anfang des Filmes Zeuge und weiß, dass dieses geschehen ist, weil sie sich über den kleinen Penis des Mannes lustig gemacht hat. Der Film greift damit die Idee auf, dass die Konstruktion/Demontage von Männlichkeit über *sex* (also über signifikante Körperformen) laufen kann.

---

[317] Ein *good badman* war schon früher der Beste und Schlimmste zugleich, vgl. *Hell's Hinges*. Dort hieß es über Blaze Tracy: »The embodiment of the best and worst of the early West« (*Hell's Hinges*, 0:10).

[318] Auch der Buffalo Bill in Robert Altmans revisionistischem Film ist ein Mann, der – zumindest zeitweise – von einem Verstorbenen (Sitting Bull) heimgesucht wird, und Jesse James in Andrew Dominiks Film ist ein Mann, der von Ahnungen und Vorzeichen gebeutelt wird. Alle drei sind Männer, die nicht ganz mit sich im Reinen sind.

Da den Huren von Big Whiskey weder von ihrem Zuhälter noch vom Sheriff geholfen wird, haben sie eine Belohnung für die Ermordung des Täters ausgesetzt. Erhart schreibt: »Die Western-Handlung und die ihr nachfolgende Gewalt werden hier allein von Frauen und von Prostituierten in Gang gesetzt« (»Männlichkeit, Mythos und Gemeinschaft – Nachruf auf den Western-Helden«, S. 341). Frauen erscheinen somit als handlungsinitiierend (aktiv, nicht passiv). Ein »radikal revisionistischer« Western[319] wie der ein Jahr später erschienene *The Ballad of Little Jo*, nach Tania Modleski »the first Western written and directed by a woman [Maggie Greenwald] since the silent era« (»Our Heroes have sometimes been Cowgirls«, S. 356), in dem die weibliche Hauptperson sich in der Männerwelt selbst – u.a. mit Waffengewalt – durchsetzt, ist *Unforgiven* nicht.[320]

---

[319] Die Bezeichnung findet sich für den Independent/*art house-release*-Film *The Ballad of Little Jo*. Tania Modleski weist darauf hin, dass ein solcher Film sich weiter wagen kann als ein *mainstream*-Film wie *Unforgiven* (s. »Our Heroes have sometimes been Cowgirls«, S. 365).

[320] Die an eine historische Begebenheit angelehnte Geschichte dreht sich um die *cross dressing*-Heldin Jo, die wegen eines unehelichen Kindes aus dem Osten weggegangen ist (und zunächst im Westen misshandelt bzw. sexuell belästigt wird). Nach eigenen Angaben hat Greenwald in ihrem Film die *gender*-Thematik behandeln wollen. In einem Interview mit Modleski von 1995 sagt sie:

> It's a question of asking how someone's perception of both the outside world and of herself changes when she stops wearing a skirt and puts on a pair of pants. When I first started writing the film I thought I was writing a film about a woman who becomes a man, but I realized very early on that I was writing a story of a woman who gets to become a true woman. By throwing off the trappings of socialized femininity which is connected to victimization, Jo is forced to find out who she really is. The first thing she does is learn how to survive and how to work, and she takes a job tending sheep out all by herself with no human company for months on end. She finds out what she likes, and they're all solitary things. (»Our Heroes have sometimes been Cowgirls«, S. 362)

Auch wird nach Benshoff und Griffin in *The Ballad of Little Jo* die Idee vom Mann als Objekt aufgenommen, und zwar über den Asiaten »Tin Man« Wong, den späteren Freund von Jo: »Inverting the classical filmic paradigm of female objectification, Greenwald even creates a sequence in which Little Jo stares at Tin Man's objectified body as he bathes in the stream« (*America on Film*, S. 297). Wie oben erwähnt, wird es im Hollywoodfilm vermieden, Männer zum Sexualobjekt zu machen. Die Inszenierung des Charakters Tin Man blieb daher nicht ohne Folgen: »The film has been criticized for reinforcing a feminized image of Asian males in American mass media« (http://en.wikipedia.org/wiki/The_Ballad_of_Little_Jo, letzter Zugriff: 31.01.13). Jo ist keine Figur, die sexuelle Übergriffe von Männern auf Frauen rächt. Auch Ellen (Sharon Stone) in *The Quick and the Dead* (1995) tut dieses nur bedingt. Andere Möglichkeiten gibt es im anderen Genre (hier: *Crime*); vgl. die Hackerin Lisbeth Salander,

Schofield Kid ist hauptsächlich hinter der Belohnung her, und er möchte ein Abenteuer erleben. William Munny zeigt anlässlich der (übertriebenen) Erzählungen des Jungen über »the cut up whore« Anteilnahme. Benshoff und Griffin weisen darauf hin, dass »our culture celebrates scars on men as signifiers of their tough masculinity, while scars on women are understood as a tragic sign of lost ›beauty‹« (*America on Film*, S. 296).[321] Die »cut up whore« erhält vor dem Hintergrund der aufgeschlitzten Frauenfiguren der *slasher*-Filme eine weitere Bedeutung; sie, die Männlichkeit infrage gestellt hat, erfährt den *backlash* am eigenen Körper.

Dass Munny schließlich mit dem Jungen losreitet, ist zum Teil aber ebenfalls der ausstehenden Belohnung geschuldet. Der junge und der ältere Mann (Eastwood ist 1992 62 Jahre alt) tun sich mit Munnys schwarzem Freund – Ned Logan – zusammen, der ebenfalls ein Killer war.[322] Es wird klar, dass keiner der drei ein strahlender Held ist. Die Fähigkeiten, derer Munny einst mächtig war (die auch zu einem Westernhelden gehören), sind nicht mehr abrufbar. Körperlich ist er so verschlissen und eingerostet, dass er kaum noch aufs Pferd kommt, und er muss erst wieder das Schießen üben. Weil er mit dem Revolver nicht mehr trifft, benutzt er schließlich ein Gewehr. Ein wahrer (klassischer) *gunfighter* sieht anders aus. Auch die Ausübung männlicher Sexualität bzw. der Verlust des Interesses daran wird thematisiert: Als Ned Munny fragt, ob er nun nach dem Tod seiner Frau zu Prostituierten ginge oder masturbieren würde, entgegnet Munny: »I don't miss it all that much« (*Unforgiven*, 0:45). Innerhalb dieser Dreier-Konstellation nimmt Munny in der Wildnis (trotz seiner demontierten Männlichkeit) die dominante Stellung ein, er vermittelt zwischen Kid und dem Schwarzen und spielt die leitende Rolle in dem Unterfangen. Das Kind und der Schwarze repräsentieren untergeordnete/marginalisierte Männlichkeiten. Schofield Kid wird (vor allem von Ned) untergeordnet, weil er noch nicht erwachsen

---

ursprünglich eine schwedische Gestalt, die inzwischen mit *The Girl With the Dragon Tattoo* (2011) Einzug ins Hollywoodkino gefunden hat. Die (bisexuelle) Lisbeth übt Vergeltung, nachdem ihr Vormund sie sexuell missbraucht hat, indem sie den Mann ebenfalls vergewaltigt und ihn zusätzlich (mit einer Tätowierung) als Sexualstraftäter brandmarkt.

[321] Die Autoren sagen dies in Bezug auf *The Ballad of Little Jo*. In Greenwalds Film fügt sich die Protagonistin selbst eine Narbe zu, um sich als männlich zu inszenieren.

[322] Der jetzige Farmer Logan reitet gegen den Willen seiner – sprachlosen indianischen – Frau mit. Für Ned ist die Partnerschaft zu Munny wichtiger als die Beziehung zu seiner Frau. Außerdem soll die Frau sich um Munnys Kinder kümmern. *Unforgiven* kommentiert hier die gängige Rollenaufteilung unter den Geschlechtern.

und weil er ein Schwätzer ist, dem das Können fehlt. Kid degradiert Ned. Obwohl er es nie offen ausspricht, wird doch klar, dass der Junge den Afroamerikaner als minderwertig betrachtet (vgl. 0:48).

The Schofield Kid wird von Jaimz Woolvett gespielt, welcher im Erscheinungsjahr des Filmes 25 Jahre alt ist. Der Schauspieler ist nur 1,70 m groß.[323] Diese Körpergröße wird deutlich, wenn er im Film neben anderen Männern steht. Es betont zum einen seine Jugendlichkeit, zum anderen auch, dass er in dem Spiel/Kampf der »großen Männer« Munny, Logan und deren Widersacher keine bedeutende Rolle einnimmt. Auch Kid ist kein wahrer (Revolver-)Held. Dieses männliche Wesen ist körperlich ebenfalls nicht »intakt«; ihm mangelt es an Sehvermögen, und seine Behauptung, bereits fünf Männer getötet zu haben, entpuppt sich als Lüge. Seine angeberischen Übertreibungen sind als *tall tale* erkennbar. Es steckt nichts dahinter – und die Fähigkeit, große Geschichten erzählen zu können, ist längst nicht mehr positiv konnotiert wie in Wisters Roman. Die Zuschauer werden Zeuge, wie Kid seinen ersten Menschen tötet. Danach muss er weinen und sich betrinken (s. *Unforgiven*, 1:44) und will keinen weiteren Mord mehr begehen. Es findet in diesem Film keine Initiation im Sinne der Konventionen des Western statt.[324]

Ned Logan wird gespielt von dem 1,89 m großen Morgan Freeman, der im Besitz von »an authoritative voice and calm demeanour«[325] ist. Mit der Wahl des schwarzen Darstellers spielt Eastwood auf ein klassisches Motiv aus der amerikanischen Literatur, den *ethnic sidekick*, an (s. »Iron Clint«, S. 261).

Der ehemalige Revolverheld Logan sieht sich später nicht mehr in der Lage, einen Menschen zu töten. Munny und Schofield Kid gelingt es, den Cowboy, der die Prostituierte Delilah verschandelt hat, zu töten – aber auch dessen mehr oder weniger unschuldiger Freund stirbt dabei. Munnys »killings of his opponents are not heroic and leave open whether justice has been done or not« (*Recent Westerns*, S. 29). Nachdem Logan gefasst worden ist, wird er schließlich von Sheriff Little Bill Daggett in Big Whiskey zu Tode

---

[323] S. dazu den Eintrag in der *Internet Movie Database* über Jaimz Woolvett: http://www.imdb.com/name/nm0941316/bio, letzter Zugriff: 05.07.11.

[324] Ich führe hier die beiden in dieser Studie diskutierten Möglichkeiten des Westerns noch einmal auf: Initiation von Junge zu Mann oder: von unmännlichem zu männlichem Mann.

[325] S. dazu den Eintrag in der *Internet Movie Database* über Morgan Freeman: http://www.imdb.com/name/nm0000151/bio, letzter Zugriff: 05.07.11.

geprügelt und öffentlich ausgestellt. Hier sieht z.B. Spindler einen Bezug zum Rodney-King-Fall.

Da letztendlich indirekt für Frauen getötet wird, gilt auch in *Unforgiven* Ritterlichkeit als Motivation. Aber es ist eine bezahlte Ritterlichkeit. Der wieder trinkende William Munny nimmt sich gegen Ende des Filmes den *Smith and Wesson*-Revolver (Modell Schofield) des Jungen, wodurch er wieder in die Rolle eines »wahren« *gunfighter* schlüpft, um Ned zu rächen. Es kommt zu einer Gewaltorgie, während derer er auch Sheriff Daggett erschießt. Seit den brutalen Filmwestern der 1960er/1970er Jahre scheint gerade durch solche Gewaltorgien die »ruhige« Vergeltung abhanden gekommen zu sein. Ein Charakter, der dem Spektakel beigewohnt hat, sagt daraufhin zu Munny: »You killed five men. Single-handed« (1:55). Der (Anti-)Held Munny ist ein Mann, der gut im Töten war und es in dieser Situation wieder ist. Seine ursprüngliche Identität ist wieder hergestellt. Der Film lässt aber offen, welchen Wert diese Fähigkeit/Identität hat.

Am Schluss reitet William aus der Stadt und droht (womit sich Eastwood wieder auf seine eigenen Rächerfiguren zu beziehen scheint): »You better bury Ned right! You better not cut up nor otherwise harm no whores! Or I'll come back and kill every one of you sons of bitches« (1:58). Für Spindler wird Eastwood somit zur »›Ghost Rider‹ figure of *Shane* and his own former Westerns« (*Recent Westerns*, S. 29).

Richten wir nun den Fokus auf die Männlichkeitsentwürfe in *Unforgiven*, die den drei Kopfgeldjägern (William, Ned und Kid) in der Stadt Big Whiskey entgegengesetzt worden sind. Hier zeigt sich, dass auch ein nichtklassischer Western seine (Anti-)Helden durch Kontrastierung abgrenzen kann. Diese anderen Männer sind beispielsweise Sheriff Daggett, der Revolverheld English Bob und sein Biograf, W.W. Beauchamp.

Sheriff Little Bill Daggett wird gespielt von dem 1,88 m großen Gene Hackman. Wie auch Munny ist Daggett ein harter, aber nun alter Mann (Eastwood und Hackman sind gleich alt[326]). Sie stehen in gewisser Weise in Konkurrenz zueinander. Während Munny aber nun im Grunde geläutert ist, ist Daggett sadistisch und bösartig. Chuck Berg bezeichnet ihn sogar als faschistisch (»Fade-Out in the West: The Western's Last Stand«, S. 211). Im Film werden seine gewalttätigen, unehrenhaften Handlungen aufgezeigt: »the only time we see him using a gun it is as a club«, wie Janet Thumim schreibt

---

[326] S. dazu den Eintrag in der *Internet Movie Database* über Gene Hackman: http://www.imdb.com/name/nm0000432/bio, letzter Zugriff: 05.07.11.

(»›Maybe he's tough but he sure ain't no Carpenter:‹ Masculinity and In/competence in *Unforgiven*«, S. 347). Der Sheriff ist nicht einmal in der Lage, ein Haus zu bauen. Erhart schreibt: »diese ur-männliche und ur-amerikanische Lebenstat ... geht fehl. Der Sheriff ist ein schlechter Tischler, und im fertiggestellten Traumhaus regnet es durch« (»Männlichkeit, Mythos und Gemeinschaft – Nachruf auf den Western-Helden«, S. 343). Dagegen hat es in *Stagecoach* für Ringo dazugehört, ein Haus für Dallas zu bauen. Und wir können davon ausgehen, dass dieses dem Helden Ringo gelingt. Thumim sieht männliche Kompetenz bzw. Inkompetenz als ein zentrales Thema von *Unforgiven*:

> The shortcomings of Sheriff Little Bill Dagget (*sic*)/Gene Hackman's carpentry, noted and condoned by his deputies, are measured by his competence in being a man: it is his acknowledged »toughness« which earns him fear and respect of his fellows. As the narrative unfolds, however, this very toughness is continually put under the spotlight of audience attention – it is observed, recorded, analyzed, questioned. This exploration, this measurement of masculinity is couched in terms both of being tough – equated with fearlessness, brutality, single-mindedness – and of competence since the paradigm for masculinity in the western is the gunfighter who must, by definition, be competent – else he's dead. (»›Maybe he's tough but he sure ain't no Carpenter:‹ Masculinity and In/competence in *Unforgiven*«, S. 341)

Daggett repräsentiert eine Verfehlung der dominanten Männlichkeit. Er ist in Relation zu anderen Männlichkeiten der *frontier*-Stadt härter und stärker. Der Film kommentiert die vom *mainstream*- und Westernideal geforderte Härte; hypertrophiert mündet sie in Gewalt. Dieser Sheriff hat in Big Whiskey zwar das Sagen; er stellt die Gesetze auf und besitzt die Macht, sie durchzusetzen. Aber die Zivilisation geht hier in die falsche Richtung.

   Thumim erklärt, dass Daggetts Männlichkeitsentwurf keinen Platz mehr hat. Die Zukunft gehöre Männern wie Munny. Der Nachspann in *Unforgiven* informiert uns darüber, dass der Protagonist sich mit seinen Kindern nach Kalifornien aufgemacht haben soll; »it was rumored he prospered in dry goods«. Ich möchte hinzufügen: Munny steigt auf wie schon der Virginier. Im Grunde ist für beide Charaktere der Auslöser für den Aufstieg der Beginn der Zerstörung des Wilden Westens. Der Western *Unforgiven* bestätigt also (in einer Krisenzeit des weißen männlichen Amerikaners) das Ideal des *self-made*-Mannes.

   Ein anderer »Überlebender« der Geschichte ist The Schofield Kid. Dieser hat verstanden, dass das nostalgische Bild des Alten Westens sich nicht in der tödlichen, unschönen, nicht-heroischen »Realität« von *Unforgiven* wiederfinden lässt (s. »»Maybe he's tough but he sure ain't no Carpenter:‹ Masculinity and In/competence in *Unforgiven*«).[327]

Eine weitere männliche Figur in *Unforgiven* ist English Bob. Er wird gespielt von Richard Harris, der ebenfalls (wie Eastwood und Hackman) 1930 geboren ist[328] und der wie Munny und Daggett seinen Zenit bereits hinter sich gelassen hat. Er gehört zu den Legenden des Alten Westens. Der Text benutzt diese Figur auch, um die Diskussion der künstlichen/natürlichen Aristokratie aufzugreifen: English Bob hält nichts von Amerika, er ist ein Verfechter der europäischen Aristokratie und führt die zeitnah stattgefundene Ermordung des Präsidenten James Abram Garfield auf die Unzivilisiertheit des Landes zurück. Gleichzeitig ist der Engländer vom Westen fasziniert; dieser ist ein Spielfeld für die aristokratische Jagd: Bob erschießt vom Zug aus mit dem Revolver Fasane zum Spaß (s. 0:32). Und als Kopfgeldjäger im Wilden Westen erschießt er Menschen (er ist durch die ausgesetzte Belohnung der Huren angelockt worden). Außerdem führt English Bob einen Biografen mit sich, der im Genre der Groschenhefte über seine Taten als *gunfighter* berichten und diese heldenhaft ausmalen soll. Little Bill Daggett sieht und erzählt English Bobs Geschichten jedoch aus einem anderen Blickwinkel und macht ihn lächerlich. Die Geschichte des Biografen – *The Duke of Death* – wird von Little Bill zu *The Duck of Death* persifliert (s. *Unforgiven*, 0:41). Der Sheriff, der Big Whiskey »sauber halten« möchte, verprügelt schließlich English Bob und wirft ihn aus der Stadt. Die Gewalt, die er anwendet, wird über die indirekte subjektive Kamera nahezu aus der Perspektive des am Boden

---

[327] *Unforgiven* zeigt nicht nur schöne Bilder der Westernlandschaft. Es regnet oft und in der *frontier town* finden wir dunkle Räume vor. Stiglegger sieht *Unforgiven* als ein Nachfolgewerk von Robert Altmans *McCabe & Mrs. Miller* (1971) (in letzterem ist zusätzlich zur Technik des *flashing* auch eine *low key*-Ausleuchtung der Räume vorgenommen worden):

> Auch in diesem Abgesang auf die Ära der »Revolverhelden« [*Unforgiven*] dominiert schmutziges Braun und spärliches Gaslicht, das die Räume unzureichend erhellt. Diese Filme scheinen nichts mehr gemeinsam zu haben mit den großen, lichtdurchfluteten Klassikern des Genres von Howard Hawks, Anthony Mann und John Ford. (»Geschichtsstunden – Zum Umgang mit Genrekonventionen in zwei Western«, S. 136)

[328] Harris war zu Lebzeiten 1,85 m groß. S. dazu den Eintrag in der *Internet Movie Database* über Richard Harris: http://www.imdb.com/name/nm0001321/bio, letzter Zugriff: 06.07.11.

liegenden Bob vermittelt (s. Abb. 20).[329] Dieses Bild der unheroischen Ge-
waltausübung ist geradezu symptomatisch für *Unforgiven*.

Abb. 20 Der Mann als Gewalttäter: Die indirekte subjektive Einstellung zeigt, wie Sheriff Daggett (Gene Hackman) in *Unforgiven* (1992) auf den am Boden liegenden English
Bob eintritt. So wird die Gewalt besonders »hautnah« vermittelt.

Der Biograf W.W. Beauchamp wird gespielt von dem nur 1,70 m großen Saul
Rubinek.[330] Dieser Mann wirkt neben den großen Akteuren klein, was noch
dadurch betont wird, dass er oft mit vornüber gebeugtem Kopf ängstlich und
unsicher dasteht (s. z.B. 0:41). Beauchamp gehört zwar zu einer jüngeren Generation (der Schauspieler ist 1948 geboren), er konkurriert aber aufgrund
seiner Herkunft und seiner Tätigkeit nicht mit den anderen (alten) Männern
um Härte und Männlichkeit. Beauchamp ist weich, ein Mann der Worte. Er
trägt einen Anzug und eine Brille[331] und macht sich vor Angst in die Hosen,
als andere zur Waffe greifen (s. 0:40). Durch seine Schwäche wird der Autor
feminisiert. Beauchamp stellt einen deutlichen Kontrast zum (ebenfalls

---

[329] Steht dieses nun im Widerspruch dazu, dass die durch die (indirekte) subjektive Einstellung betrachtete Person oftmals zum Objekt wird? Nein, denn hier wirkt wieder
die Positionierung des Körpers im Kader – die Einstellung zeigt eine Untersicht. Daggett ist somit implizit höher platziert.

[330] S. dazu den Eintrag in der *Internet Movie Database* über Saul Rubinek:
http://www.imdb.com/name/nm0007210/bio, letzter Zugriff: 06.07.11.

[331] Wie in einem früheren Kapitel erwähnt worden ist, war Theodore Roosevelt seiner
Zeit auch einer der wenigen Männer im Wilden Westen, der eine Brille trug. Wenn er
dieses vertuschen wollte, setzte er seine Sehhilfe ab (beispielsweise auf einem Porträt).
Im Westen ist eine Brille daher als Makel eines nicht perfekten Körpers zu betrachten
bzw. kann als Zeichen von Überzivilisiertheit und Intellektualität verstanden werden.

schreibenden) souveränen Drahtzieher Ned Buntline in *Buffalo Bill and the Indians* (1976) dar.

Die Geschichten der Populärkultur sind hier in *Unforgiven* (wieder) austauschbar, denn nachdem English Bob abgereist ist, schwenkt Beauchamp kurzerhand um und wird zum Biografen des Sheriffs. Nach dem *show down*, in dem Daggett getötet wird, interessiert Beauchamp sich für Munny, wahrscheinlich um erneut literarischen Stoff zu bekommen. Das männliche Geschichtenerzählen und die Geschichte des Westens werden so ebenfalls problematisiert. Thumim schreibt:

> Thus the very processes of storytelling, of men's talk, are at the center of the film, embodied in the characters of the writer/observer Mr. Beauchamp, ... and the would-be gunfighter – we might say the consumer of western fictions – the self styled Schofield Kid. Both these characters propose »histories« which are corrected by the central pair of protagonists, Little Bill Dagget (*sic*) and William Munny. Through this device of doubled pairs of storyteller and listener the film draws attention to the gap between the event and its recounting, and hence to the formation of the story – and of history. (»›Maybe he's tough but he sure ain't no Carpenter:‹ Masculinity and In/competence in *Unforgiven*«, S. 349f.)

Am Ende bleibt die Erkenntnis, dass der Film verschiedene Geschichten über den Westen und seine Männer erzählt, und damit auch als eine Art von Metafiktion betrachtet werden kann. Dabei geht der postmoderne Charakter (der z.B. in *Buffalo Bill and the Indians* dominiert) aufgrund der vielen nostalgischen Komponenten verloren. Aber etliche der männlichen Figuren zerstören durch ihre Konzipierung als Anti-Held den Mythos vom starken Mann des Weste(r)ns. Munny und The Schofield Kid sind physisch beeinträchtigt, Logan kann als *sidekick* nicht zum Helden aufsteigen (und stirbt). Erhart schreibt:

> Der schweinehütende und fieberkranke Munney, der kurzsichtige Schofield, der weißhaarige English Bob und der zum Hausbau unfähige Sheriff – sie alle demontieren den Männlichkeitsmythos des Westerns: Die Waffen sind unbrauchbar, das Geschlecht wird verspottet, und die Helden sind buchstäblich »unbehaust«, d.h. nicht mehr im alten Westen zuhause – schutzlos dem (häufigen) Regen ausgeliefert, der ihre Häuser und ihre ... Körper durchdringt. (»Männlichkeit, Mythos, Gemeinschaft – Nachruf auf den Western-Helden«, S. 343)

Unforgiven ist daher wenigstens auf den zweiten Blick revisionistisch. Munny verhält sich zwar freundschaftlich zu Ned, aber er kann ihn (in seiner Abwesenheit) in der feindseligen (falschen) Zivilisation nicht beschützen. Eastwoods Film greift somit das zeitgenössische Rassismusproblem auf.

Auch sind die Frauen offenbar weiterhin eine Gruppe, die des besonderen Schutzes bedarf. Hypermuskulöse Körper oder attraktive Männer, die noch nicht vom Alter gezeichnet sind, werden in *Unforgiven* nicht präsentiert. Der Film antwortet also seinerseits auf die Gegenreaktion (der 1980er Jahre).

Die Idee des *survival of the fittest* funktioniert nicht wirklich in dieser von ramponierten Individuen bevölkerten Welt. *Unforgiven* gibt sich sozialkritisch, Munny ist moralisch überlegen. Diese Überlegenheit wird mit dem »echten« und als erstrebenswert angesehenen (weißen) amerikanischen Ideal des *self-made*-Mannes verbunden. Durch Munny erteilt der »uramerikanische« Haudegen Clint Eastwood (den Rezipienten) eine (väterliche) Lektion.

Nun sind grundlegende Konstruktionsmöglichkeiten von Männlichkeit(en) bis zum klassischen und revisionistischen Westernfilm erörtert und (z.T. ungleiche) Reaktionen auf Krisenzeiten aufgezeigt worden. Diese Ergebnisse sollen im Folgenden helfen, die Variationen des Jesse-James-Stoffes zu untersuchen. Die Filme, die sich mit Jesse James befassen, können als *outlaw*-Western eingeordnet werden. Ich will u.a. zeigen, wie die Geschichte dieses Banditen (inklusive seines Todes) auf unterschiedliche Weise in verschiedenen Epochen behandelt worden ist und welche Möglichkeiten bzw. Folgen daraus für die Personenkonstellation und die Einordnung der Männlichkeiten entstehen.

5. Die Jesse-James-Geschichte im Krisendiskurs

Nachdem für diese Studie für die (eingehende) Analyse eines zeitgenössischen Westernfilms *The Assassination of Jesse James by the Coward Robert Ford* (2007) ausgewählt worden war, sollten weitere – zu untersuchende – Vorläufer des Filmes gefunden werden, um Modifikationen der Figurenkonstruktionen erfassen zu können. Zunächst wurde ein klassischer Western ausgesucht. Es lag nahe, sich für Henry Kings *Jesse James* (1939) zu entscheiden: Er war der »first major sound western about Jesse James, and the one most highly regarded by critics«, wie R. Philip Loy schreibt (*Westerns in a Changing America* (2004), S. 198). Für die Diskussion des B-Movies *I Shot Jesse James* (1949) von Samuel Fuller habe ich mich entschieden, weil es ein frühes kritisches Werk ist.[332] Johnny D. Boggs bezeichnet *I Shot Jesse James* als »the first movie that took the formula created in director Henry King's *Jesse James* (1939), or maybe even earlier, to task« (*Jesse James and the Movies* (2011), S. 97). In diesem Kapitel können nicht alle Jesse-James-Filme, die produziert worden sind, behandelt werden (Boggs führt für den Zeitraum von 1939 bis 2007 34 Jesse-James-Filme, TV-Filme und Serien nicht mit einbezogen, auf). Es sollen aber auch Bezüge zu weiteren revisionistischen Jesse-James-Werken wie *The Great Northfield Minnesota Raid* (1972) von Regisseur Philip Kaufmann und Walter Hills *The Long Riders* (1980) an entsprechenden Stellen aufgezeigt werden.[333] Beide Filme ranken sich um die Ereignisse des (aus Sicht der James-Younger-Gang) desaströsen Northfield-Minnesota-Raubes aus dem Jahr 1876. Die Wahl dieses thematischen Schwerpunktes hat Auswirkungen auf den Auftritt der Figur Bob Ford; in *The Long Riders* beispielsweise ist Bob

---

[332] Ich möchte den Film als »kritisch« bezeichnen, da für mich die Phase der revisionistischen Western erst ab den 1960er Jahren beginnt.

[333] Boggs ordnet beide Filme der revisionistischen Phase zu. *The Great Northfield Minnesota Raid* bezeichnet er als »the quirkiest« Jesse-Film (*Jesse James and the Movies*, S. 195), zählt ihn aber nicht zu den »Oddballs«, wie z.B. *Jesse James Meets Frankenstein's Daughter* (1966) (s. S. 184).
The Great Northfield Minnesota Raid verstört nicht nur durch seine/n z.T. psychedelisch anmutende/n Kameraführung/Schnitt. Auch inhaltlich ist der Film brutal. Neben den – typischerweise im Western – gezeigten Schusswechseln werden auch körperlich und geistig beeinträchtigte Figuren gequält, wie z.B. das Bandenmitglied mit einer großen Hasenscharte oder der verwirrte Vater eines verschollenen Kriegsteilnehmers in Northfield.
Frauen repräsentieren in diesem Film entweder Prostituierte oder Mütterchen.

(immer mit seinem Bruder) nur wenige Minuten zu sehen (vgl. 0:22, 1:27 und 1:28), in *The Great Northfield Minnesota Raid* gar nicht.

Nach Barry Keith Grant treten im Genrefilm immer verschiedene Einflüsse zutage: »Clearly genre movies have always been hybrid, combinative in practice« (*Film Genre*, S. 23). Die *Internet Movie Database* gibt für die in dieser Studie ausführlich zu analysierenden Jesse-James-Filme unter der Kategorie »Genres« Folgendes an:

> *Jesse James* (1939): Action, Crime, Drama, Romance, Western[334]
>
> *I Shot Jesse James* (1949): Drama, History, Romance, Western[335]
>
> *The Assassination of Jesse James by the Coward Robert Ford* (2007): Biography, Crime, Drama, History, Western[336]

Diese Werke sollen als Western diskutiert werden, speziell als *outlaw*-Western. Die *outlaw*-Figur bringt Brüche mit sich. Dies fällt bereits im klassischen *Jesse James* (1939) auf. Im Vorspann beispielsweise wird zunächst auf die Epoche eingegangen, in die der Film gesetzt worden ist. Es ist die schwierige Zeit nach dem Bürgerkrieg (also Ende der bzw. nach den 1860er Jahre/n). Der Ausbau der Eisenbahn schreitet zwar voran, aber viele Gemeinschaften (nämlich die der Farmer) müssen darunter leiden; sie werden mehr oder weniger zum Landverkauf gezwungen. Die James-Brüder lehnen sich gegen die Männer der Eisenbahngesellschaft auf. Es heißt: »[i]t was this uncertain and lawless age that gave to the world, for good or ill, its most famous outlaws, the brothers Frank and Jesse James« (0:01). Der *outlaw* kann hier als Erweiterung eines *good badman* gesehen werden (vgl. die Phrasen »for good or ill«/»the best and worst of civilization«).

Was ist weiterhin speziell an diesen Filmen? Jesse James war eine historische Figur Amerikas – wie z.B. auch Buffalo Bill, der in dieser Studie anhand von Robert Altmans Werk diskutiert worden ist.[337] In der Regel werden

---

[334] S. http://www.imdb.com/title/tt0031507/, letzter Zugriff: 25.04.12.

[335] S. http://www.imdb.com/title/tt0041497/, letzter Zugriff: 25.04.12

[336] S. http://www.imdb.com/title/tt0443680/, letzter Zugriff: 25.04.12

[337] Es ist somit in dieser Arbeit auch der Versuch unternommen worden, eine Einführung in das Thema der Westernhelden bzw. einen relativ breiten Überblick zu geben. Zu den Westernhelden gehören eben auch berühmte/berüchtigte Männer wie Buffalo Bill oder Jesse James, deren (filmische) Repräsentationen hier näher beleuchtet werden. Weitere bekannte Namen legendärer Westernmänner sind z.B. Wild Bill Hickok, Billy the Kid oder Wyatt Earp.

für einen Film mit einer solchen Figur einige historische Fixpunkte übernommen, anderes wird frei erfunden.

Jesse James ist zudem eine Person, die ermordet worden ist (von Robert Ford). In einem klassischen, »affirmativen« Westernfilm wie *Stagecoach* überlebt der Held jedoch (vgl. im Unterschied dazu die Hauptfigur im revisionistischen *Hombre* (1967)). Selbst in einem Jesse-James-Film, der seinen Protagonisten in ein gutes Licht setzen möchte, entsteht so – sofern man sich an seine Ermordung halten bzw. sie zeigen will – ein tragisches Moment (vgl. hierzu den Hinweis auf die Genrekomponente »Drama« oben, die bei allen drei Filmen in der Datenbank auftaucht).

In diesem Kapitel folgt nun zunächst eine Zusammenfassung der Eckdaten aus der Biografie des *outlaw* James. Auch im Leben dieses Mannes gab es einen Drahtzieher, einen *mythmaker*: John Newman Edwards aus Virginia, der unter General Shelby für die Südstaaten gekämpft hatte.[338] Die bekannte Ballade über Jesse soll ebenfalls nicht unerwähnt bleiben. Nach dieser Einführung werden die verschiedenen Jesse-James-Filme analysiert, um Modifikationen zu erfassen. Besonderes Augenmerk wird dabei u.a. auf die Behandlung von Jesses Südstaatenherkunft, auf das Geschlechterverhältnis, auf die Entwürfe von Männlichkeit, die die Figur und sein Widersacher Robert Ford verkörpern, sowie auf die Repräsentationen der sozialen Relationen gelegt. Die Filme der verschiedenen Epochen setzen dabei unterschiedliche Schwerpunkte, die zu verschiedenen Aussagen führen. Der klassische Western *Jesse James* (1939) lässt den Banditen als Helden erscheinen, im Independentfilm *I Shot Jesse James* (1949) blendet Regisseur Sam Fuller die Geschichte Jesses weitestgehend aus (nicht ohne ihn vorher diskreditiert zu haben) und blickt auf seinen Mörder Bob. *The Assassination of Jesse James by the Coward Robert Ford* (2007) schließlich zeigt, dass es der Hollywoodgröße Brad Pitt ein Anliegen gewesen sein muss, sich mit dem Jesse-James-Stoff zu befassen; er ist als Produzent (Teilhaber der Firma Plan B) und als Schauspieler (in der Hauptrolle) an diesem Werk beteiligt. Was hat uns dieser Film hinsichtlich seiner Männlichkeitskonstruktionen zu sagen? In welcher Form reagieren die Filme auf diagnostizierte Krisen (die der 1930er Jahre, die nach dem Zweiten Weltkrieg, auf die zeitgenössische) Amerikas und seiner Männer?

---

[338] In *Buffalo Bill and the Indians* (1976) war z.B. Ned Buntline ein *mythmaker*. In Altmans revisionistischem Werk ist so der Buffalo-Bill-Mythos offengelegt worden.

5.1   Mann und Mythos

Jesse Woodson James wurde 1847 in Missouri geboren. Bill O'Neal schreibt, dass Jesse und sein Bruder Frank zu Verfechtern der Sache des Südens wurden, als der Bürgerkrieg begann (s. *The Pimlico Encyclopedia of Western Gunfighters*, S. 166ff.). Die Farmerfamilie hielt selbst Sklaven. Die jungen Männer traten William Quantrills *Guerilla Irregulars* unter der Leitung von Bloody Bill Anderson bei. Nach dem Bürgerkrieg wurden sie zu *outlaws*. Da sie sich auf ihren Raubzügen zunächst Besitztümer der »Yankees« einverleibten, war ihnen die einheimische Bevölkerung wohlgesonnen.

1866 beging die James-Younger-Bande (die Younger-Brüder gehörten ebenfalls ursprünglich zu Quantrills *bushwhackers*) den ersten Banküberfall nach dem Bürgerkrieg in Clay County, Missouri. Die Gang überfiel in den Jahren darauf zahlreiche Banken und dann Eisenbahnen. Ab 1874 wurden Pinkerton-Detektive auf sie angesetzt. In dieser Zeit wurde auch das Haus der Familie James (bzw. Samuel, da die Mutter neu geheiratet hatte) angezündet, dadurch starb ein Halbbruder von Jesse und Frank. Der verletzten Mutter musste eine Hand abgenommen werden (S. 167).

Der, wie O'Neal schreibt, gläubige Jesse James heiratete; seine Jugendliebe und Cousine Zerelda (Zee) Mimms wurde seine Frau. Jesse zog mit ihr unter falschem Namen (»Mr. Thomas Howard«) u.a. nach Texas und Kansas City. Erschossen wurde er 1882 durch das neue Gangmitglied Bob Ford in St. Joseph, Missouri. Bob Ford wird seinerseits zehn Jahre später von einem gewissen Ed O. Kelly in Creede, Colorado, ermordet (s. *The Pimlico Encyclopedia of Western Gunfighters*, S. 111).

Jesse wurde während seiner Überfälle mehrmals verwundet, und er nahm an etlichen Schießereien teil. Allerdings wird er nicht so viele Menschen ermordet haben, wie es der Mythos uns glauben machen will. O'Neal gibt bei Jesse James ein Opfer, neun Schießereien und drei »possible killings or assists« an (S. 6). Jesse wurde auf der Farm seiner Mutter beigesetzt. Menschen pilgerten zu seinem Grab. Nach O'Neal war Jesses Mutter eine der ersten, die an der Berühmtheit ihres berüchtigten Sohnes verdiente:

> Mrs. Samuel allowed visitors to tour Jesse's home place and grave at twenty-five cents apiece. Somewhat melodramatically, she wept bitterly at the persecution of her sons, cursed detectives, and wished damnation upon the Ford brothers. She

also sold pebbles from Jesse's grave at a quarter each and regurlarly replenished her supply from a nearby creek. (S. 168)

Jesse wurde zu seinen Lebzeiten auf unterschiedliche Weise betrachtet und in den Medien dargestellt. Dies ist in Zusammenhang mit der Bürgerkriegszeit und den Spannungen zwischen Nord und Süd zu lesen. R. Philip Loy schreibt:

> Partisans of the defeated South, such as John Newman Edwards, either denied that James committed the crimes for which he was accused, or they sought to justify his behaviour when the evidence of Jesse's criminality proved incontrovertible. On the other hand, victorious Northeners argued that Jesse and Frank James, as well as the Younger brothers, were »bushwhackers,« not regular soldiers, and that they had simply continued their thieving and murdering ways once the war ended. Yankee oriented newspapers were just as like to attribute every criminal act in Missouri, Iowa, and Kentucky to the James gang as was Edwards in denying any illegal activities on their part. (*Westerns in a Changing America*, S. 195)

John Newman Edwards, Journalist und Gründer der *Kansas City Times*, kann u.a. dafür verantwortlich gemacht werden, dass Jesse James zu einem amerikanischen Volkshelden stilisiert worden ist. In einem Zeitungsartikel verglich er die *bushwhackers* mit den Rittern der Tafelrunde von König Arthur und machte sie zu einer neuen Aristokratie. Slotkin bemerkt:

> Their superior proficiency as killers, and the cruelty with which they use their powers against lesser men, are linked to the chivalric manner that identifies them as a knightly warrior class. Their courtesy and chivalry towards women are emphasized, as is their exibition of »refined« and even »female« sensibilities. The aristocratic bias is particularly evident in Edwards' description of Jesse James, who is cited for »a face as smooth and innocent as a school girl« and a form »tall and finely moulded« – conventional hallmarks of an aristocratic nature. But when combined with their »savage« ferocity, these traits create a perverse and striking mixture: »At times he mingled the purr of the tiger with the silkiness of the kitten. ... The softer the caress the surer the punishment.« (*Gunfighter Nation*, S. 135)

Weiterhin wird über Jesse James erzählt, dass er das Geld den Reichen genommen und an die Armen übergeben habe. Das macht ihn zu einem Robin Hood. Überliefert ist dieses beispielsweise in einer Ballade, die in der von John A. Lomax und Barrett Wendell zusammengestellten, Theodore Roosevelt gewidmeten Sammlung *Cowboy Songs and Other Frontier Ballads* von 1918 abgedruckt ist. In ähnlicher Form wird sie z.B. auch in dem Film *The Assassination of Jesse James by the Coward Robert Ford* von 2007 gesungen (dort von Nick Cave). Ich gebe hier den Anfang und das Ende des Liedes wieder, Teile, in denen Jesse als *gunfighter/outlaw*, als Familienvater, Bruder und Robin Hood beschrieben wird. In diesem Text wird auch gesagt, dass es nur dem hinterhältigen Bob Ford (und nicht Männern des Gesetzes) gelingen konnte, Jesse zu töten, weil dieser ein Feind »von innen« gewesen sei:[339]

> Jesse James was a lad that killed a-many a man;
> He robbed the Danville train.
> But that dirty little coward that shot Mr. Howard
> Has laid poor Jesse in his grave. –
> Poor Jesse had a wife to mourn for his life,
> Three children, they were brave.
> But that dirty little coward that shot Mr. Howard
> Has laid poor Jesse in his grave. –
> It was Robert Ford, that dirty little coward,
> I wonder how he does feel,
> For he ate of Jesse's bread and he slept in Jesse's bed,
> Then laid poor Jesse in his grave. –
> Jesse was a man, a friend to the poor,
> He never would see a man suffer pain;
> And with his brother Frank he robbed the Chicago bank.
> And stopped the Glendale train. –
> ...
> This song was made by Billy Gashade;
> As soon as the news did arrive;
> He said there was no man with the law in his hand
> Who could take Jesse James when alive. (*Cowboy Songs and Other Frontier Ballads*, S. 27f.)

Jesse James ist dem Mythos nach als Sozialbandit[340] gehandelt worden, er hat also für das Volk agiert. Diese Idee ist bereits in den Groschenheften verarbeitet worden. Bill Brown bemerkt, dass »the James brothers achieved iconic status as a force that could interrupt the success of capitalists (the

---

[339] Vgl. hierzu auch die Geschichte eines weiteren real existierenden *outlaw* aus dem 19. Jahrhundert; die über Sam Bass und seinen Mörder, den »Cowboy Judas«. Sam Bass verübte vor allem Überfälle auf die beim Volk unpopulären Züge. Er wurde 1878 von einem Bandenmitglied, Jim Murphy, getötet. In der Ballade über Sam Bass heißt es, dass seine Bande aus mutigen, harten Cowboys bestand. Diese kämpften gegen die Texas Rangers. Der Erzähler dieses Textes hält die Tat des »Cowboy Judas« Jim Murphy für verwerflich (s. *Cowboy Songs and Other Frontier Ballads*, S. 149ff.). Diese Ballade lässt erkennen, dass das Volk mit Sam Bass sympathisiert hat.

[340] Der Historiker Eric Hobsbawm versteht Sozialbanditen als ein universales Phänomen, s. dazu sein Werk *Bandits*.

bank) and the institutions of modernization (the train)« (»Reading The West: Historical and Cultural Background«, S. 38).

Nach Slotkin besaßen die James-Brüder der *dime novels* die Kraft, die den streikenden Arbeitern gefehlt hatte (s. *Gunfighter Nation*, S. 138). Dieses Rebellische war jedoch nicht allen recht, wie Hine und Faragher äußern:

> In the early 1880s the James gang, then terrorizing banks and railroads on the Missouri border, became a favorite subject. Week after week Jesse and Frank defied the law and got away with it in the dimes – until respectable outrage finally forced the postmaster general to ban the series from the mails. (*The American West*, S. 478)

Nicht alle Amerikaner konnten über Jesses Vergangenheit als brutaler Kämpfer für die Sache der Südstaaten hinwegsehen. Regisseur Sam Fuller beispielsweise tat seine Verachtung für den berühmten *outlaw* in einem Interview mit Lee Server folgendermaßen kund:

> Jesse James, as a teenager, was a female impersonator. He would dress as a girl and lure soldiers into his cabin like a whore, get them drunk, then his brother Frank would come in, kill them and rob them. That's how Jesse James started his career, as a girl impersonator. He was very beautiful, they say. He became a hero in the folklore, but Jesse James was a despicable character. The first train he robbed was full of wounded soldiers. He killed and robbed the wounded soldiers. (*Sam Fuller: Film is a Battleground*, S. 25)

Fuller demontiert den historischen Jesse, indem er ihn mit Weiblichkeit verbindet.[341] Es wird interessant sein zu sehen, wie die Jesse-James-Texte in den unterschiedlichen Epochen mit den divergenten Auslegungen seiner Taten umgehen. Schauen wir also nun, wie die Filme diese Berühmtheit Amerikas porträtieren.

---

[341] Genauer wird der Mann aus Missouri hier durch das angebliche *cross dressing*, das mit der Idee von Homosexualität verbunden ist, als ein bösartiger, »schräger« Typ charakterisiert (was nach Benshoff und Griffin bezeichnend für (Hollywood-)Filme ist). Die beschriebene Situation ist nicht nur komisch.

5.2   Die Jesse-James-Filme

5.2.1   *Jesse James* (1939)

Jesse James (1939) soll hier nicht nur analysiert werden, sondern auch inhaltlich recht ausführlich wiedergegeben werden, da das Werk den anderen Jesse-James-Filmen als Hintergrund dient. Wie oben aufgezeigt worden ist, war Anfang der 1930er Jahre der Gangsterfilm populär geworden. Im Jahr 1939 aber findet Amerika zu seinen alten Helden zurück. Seesslen schreibt über die Möglichkeiten der Figur des *outlaw*, die sich von der Gangsterfigur der *Depression Era* abhebt:[342]

> In Gestalt des zwischen Böse und Gut angesiedelten rebellischen Outlaws erwuchs dem Gangster ein Rivale als Volks- und Legendenheld im Kino. Im Western rekonstruierte sich, wie um zu beweisen, wie falsch die Faszination durch den Gangster gewesen war, in Gestalt des historischen Outlaw der wirkliche amerikanische Volksheld, der neben vielen anderen auch diesen Vorteil hatte: Er war hundertprozentig ein *White Anglo-Saxon Protestant*. Dem lag wohl nicht nur die Tatsache zugrunde, dass ein »reformierter« Western-Bandit ganz einfach glaubwürdiger als der reformierte Gangster war. Im Gegensatz zum Gangster ist ein Western-Outlaw ein Mann in Opposition zur Korruption und zur politisch-mafiosen Macht; er errichtet keine stabile Schreckensherrschaft wie die Gangster oder wie die Schurken vom Schlage Brian Donlevys in *Union Pacific*, oder Humphrey Bogarts in *The Oklahoma Kid*, sondern er ist immer unterwegs, bleibt ein Einzelgänger und daher glaubhaft in seinem Robin-Hood-Status. (*Filmwissen Western*, S. 56)

Der 1886 als Sohn eines Farmers in Virginia geborene Henry King wurde einer der ersten großen Regisseure Hollywoods, er hat also am amerikanischen Traum selbst teilhaben können. Mit seinem 1939 erschienenen Film *Jesse*

---

[342] Es ist davon auszugehen, dass Seesslen nachfolgend mit der Verbindung des *outlaw* zum WASP vor allem auf einen Gegensatz zu den italienisch-amerikanischen Gangstern in Filmen wie *Little Caesar* (1930) und *Scarface* (1932) hinweisen wollte. (Die Protagonisten dieser Filme werden allerdings von jüdischen Schauspielern (Edward G. Robinson und Paul Muni) verkörpert, wie Benshoff und Griffin aufzeigen (s. *America on Film*, S. 62).) Jesse James trägt einen angloamerikanischen Namen. Vor seinem Tod besucht er in *The Assassination of Jesse James by the Coward Robert Ford* (2007) eine Zweite Presbyterianische Kirche, die zu den reformierten gezählt werden kann.
The Great Northfield Minnesota Raid (1972) verarbeitet Jesses Gläubigkeit ironisch. Boggs verweist auf die Interpretation der Jesse-Figur durch den Hauptdarsteller: »Duvall gave Jesse an evangelistic touch, which might have served the actor well in *The Apostle* (1997), which he wrote, starred in and executive-produced« (*Jesse James and the Movies*, S. 201).

James porträtierte er den Mann aus Missouri als Helden, indem er Teile seiner Biografie aussparte, wie die Äußerungen Walter Coppedges zeigen:

> *Jesse James* is ... not a film to deal with the historical verisimilitude, nor could the details of killing, robbing, and terrorizing in themselves enlist sympathy. The legacy of legend – what people wanted to believe and what they selectively remembered – would be the stuff on which ... King fashioned their dream of a rebel whose defiance defines the law, of an American who springs from the people and is more sinned against than sinning, of a »buckaroo« whose wide country offers him that mobility which is the essential character of freedom, of an individual who is propelled in crime by the very American ethos of success. (*Henry King's America*, S. 102)

Dadurch, dass im Film z.B. die Eisenbahn durch korrupte Einzelcharaktere personifiziert wird, kann der amerikanische Erfolgsmythos entlastet werden.[343]

Die Handlung von Henry Kings Film wird mit einigen Daten aus der Biografie des berühmten Banditen gespickt. Jesses Vorleben als Guerillakämpfer unter Quantrill wird völlig ausgelassen. Der Held wird nicht (im Edwardsschen Sinne) als aristokratisch oder gar mit femininen Zügen dargestellt. Er ist ein Mann des Volkes, der für das Volk gegen die verdorbenen Eisenbahnmenschen kämpft und hierbei auch Guerillataktiken anwendet, die durch ihre Ursache gerechtfertigt werden. Somit wird die agrarische Gemeinschaft im Missouri der Nachkriegszeit beschützt (s. *Gunfighter Nation*, S. 299).[344]

---

[343] Für diese Ära war es typisch, dass dem Helden Einzelpersonen von schäbigem Charakter (die mit einer Institution (z.B. Bank) in Verbindung standen) in den Weg gestellt wurden. Generell wurden Klassenunterschiede aber überwunden und der amerikanische Traum propagiert. Benshoff und Griffin verweisen in diesem Zusammenhang auf die in den 1930er Jahren populären Filme von Frank Capra, der »himself had lived the Horatio Alger myth, beginning life in a lower-class environment before becoming one of the most successful and powerful men in Hollywood«, wie z.B. *It Happened One Night* (1934) und den späteren *It's a Wonderful Life* (1946) (s. *America on Film*, S. 182). Während Hollywood also bereits in der Mitte der 1930er Jahre wieder anfing, den *American Dream* zu bestätigen, brachten andere Bereiche der Kultur (z.B. das Theater) zu dieser Zeit noch kritischere Werke hervor. Ein Film wie *The Grapes of Wrath* von John Ford beispielsweise wurde erst 1940 von 20th Century Fox herausgebracht:

> The year of production is important because, by the time the film came out, the country was significantly on the economic upswing and the socio-economic problems of the Joad family could be regarded as historical and not contemporary. (*America on Film*, S. 184)

[344] Seesslen schreibt außerdem, dass sich

Jesse James ist in Henry Kings Film ein Mann, der stolz ist, »einer [,] der sich nicht ausbeuten und demütigen lässt« (*Filmwissen Western*, S. 57). Wie wird dieser Charakter erhöht? Seine Kompetenz im Umgang mit Mächtigen und Starken wird dadurch hervorgehoben, dass andere Männer als schwach gekennzeichnet werden. Gleich in der ersten Szene des Filmes wird der Rezipient Zeuge, auf welche Weise die Eisenbahnfirma an ihr Land kommt und wie die Männer, die keine Helden sind, versagen: Eine Gruppe von vier männlichen Erwachsenen in Anzügen (*agents* der Eisenbahngesellschaft) besucht einen Farmer.

Die Angestellten der Eisenbahnfirma bieten dem Farmer sehr wenig Geld für sein Land an, sagen ihm aber, dass es immer noch mehr wäre, als er von der Regierung erhalten würde. Diese würde im Zweifelsfall seinen Besitz nämlich einfach konfiszieren. Der Farmer steht im Hemd vor den anderen Männern, die in ihren Anzügen und Hüten eine Einheit bilden. Er ist einen Kopf kleiner und wirkt verschüchtert, seine Augen sind (vor Angst und Hilflosigkeit) weit aufgerissen. So wie er neben seiner Frau steht, die ein Baby auf dem Arm trägt und noch ein weiteres kleines Kind neben sich hat, wirkt er auch kleiner als die Farmerin (die sich oben auf der Veranda befindet), s. Abb. 21. In einer anderen Einstellung sieht man im Hintergrund Kleidungsstücke, die auf einer Wäscheleine wehen. Durch die Fokussierung auf den Körper dieses Mannes (fehlende Größe, Zeichen von Ängstlichkeit, räumliche Nähe zur Weiblichkeit) und durch die Tatsache, dass er sich von anderen Männern einschüchtern lässt, wird Unmännlichkeit suggeriert. Wie sich zeigt, kann dieses Individuum auch nicht schreiben (ist also weder ein Mann der Tat noch des Wortes, er ist »gar kein Mann«).

---

zu dieser Zeit in der amerikanischen Öffentlichkeit die Meinung durchgesetzt [hatte], dass Kriminalität ihre Ursache in den Lebensbedingungen der Menschen hat und dass die Gesellschaft sich ihre Gangster selbst heranzieht, wenn sie nicht für menschenwürdige Verhältnisse sorgt. Jesse James wird auf ganz ähnliche Weise zum Verbrecher wie etwa die jugendlichen Delinquenten in Gangsterfilmen wie *Angels with Dirty Faces* (1938, Regie: Michael Curtiz), denen keine Chance für ein ehrliches und sinnvolles Leben geboten wird. (*Filmwissen Western*, S. 57)

Abb. 21 »Unmännlich« durch Nähe zu Frau und Kindern: Hilfloser Farmer in *Jesse James* (1939). In dieser Einstellung nimmt die höher positionierte Frau mehr Raum ein als der Mann.

Die nächste Szene dient dazu, die Männer der Eisenbahnfirma als niederträchtig zu charakterisieren. Sie stehen jetzt an der Tür eines anderen Farmhauses. Der »Anführer« der *agents*, der Beauftragte Barshee, wird von dem 1,73 m großen Brian Donlevy gespielt. Donlevy stellt in Cecil B. DeMilles *Union Pacific* Sid Campeau und in Stuart Gilmores *The Virginian* von 1946 Trampas dar, er wird also vielfach mit der Figur des Bösewichts verbunden.[345] Barshee spricht an diesem Ort zu einer Frau, neben der ein Junge steht (er ist offensichtlich ihr Sohn). Der Junge möchte erreichen, dass die Mutter erst einen Rechtsbeistand aufsucht, bevor sie den ihr angebotenen Vertrag unterschreibt. Dies deutet an, dass er einigen Mut besitzt und seinen Verstand gebraucht.

Der *railroad agent* erklärt sich scheinbar damit zufrieden, am nächsten Tag wiederzukommen. Er streckt dem Jungen seine Hand entgegen mit den Worten: »no hard feelings, son« (*Jesse James*, 0:03). Als der Sohn zögerlich und höflich einschlägt, zieht der Beauftragte den Jungen aus dem Gleichgewicht und verpasst ihm einen Faustschlag ins Gesicht. Der Junge fällt zu Boden und wird dort von zwei Männern unten gehalten. Die Farmer (also Frauen, Jungen, kraftlose Männer) haben keine Chance. Die Mutter unterschreibt schließlich aus Angst, dass ihrem Sohn etwas passieren wird.

---

[345] S. hierzu den Eintrag in der *Internet Movie Database* über Brian Donlevy: http://www.imdb.com/name/nm0002046/bio, letzter Zugriff: 18.07.11.

Es bedarf somit Männer ganz anderer Art, um mit den *railroad agents*[346] fertigzuwerden. Als nächstes kommen die Schurken zur Farm der Familie James, hier endlich stoßen sie auf Gegenwehr. An der Zufahrt treffen sie auf einen jungen Mann, der mit Sensen beschäftigt ist – er gibt sich als Jesse James zu erkennen und wird gespielt von dem 1,82 m großen Tyrone Power, der bei Erscheinen des Filmes 25 Jahre alt ist. Wir haben es hier mit einem jungen Darsteller zu tun, was an die Biografie von James angelehnt sein dürfte (Jesse wäre nach dem Bürgerkrieg sogar noch unter 20 Jahren gewesen) und ohnehin typisch für Filme der 1920er und 30er war (vgl. z.B. Cooper in *The Virginian*, Wayne in *Stagecoach*).[347] Wie wir wissen, kann Jugendlichkeit im Western außerdem mit Hitzigkeit in Verbindung gebracht werden (vgl. die Figur des Virginiers zu Beginn des Romans oder Bern Venters in *Riders of the Purple Sage*).

Auf der elterlichen Farm trägt Jesse James die Kleidung eines Farmers. Sowohl in dieser Kleidung als auch im Anzug später wirkt er »sauber und anständig«, wie Brauerhoch es für klassische Westernhelden beschrieben hat.[348] Die Kleidung des Farmers und die des Anzugträgers (der Anzug kann als bürgerliche Kleidung des Mannes des viktorianischen Zeitalters bzw. des Städters verstanden werden) mutet nicht so extravagant (oder »wild«) an, wie die des Film-Cowboys (vgl. im Gegensatz dazu die von Ringo getragene in *Stagecoach* aus dem gleichen Jahr).

---

[346] Barshee und seine Truppe werden von Slotkin mit den Gangstern aus *The Public Enemy* (1931) verglichen, die die *bartenders* Chicagos bedrohen. Nach Slotkin ist bei *Jesse James* der Einfluss des Genre Gangsterfilm auch durch weitere Faktoren feststellbar; beispielsweise durch die enge Familienverbindung der Hauptfigur zur Mutter sowie das auf Rivalität basierende Verhältnis zum »guten« Bruder. Hier wird eine Verknüpfung zu Filmen wie eben *The Public Enemy* oder auch *Scarface* (1932) sichtbar. Dies wird ebenfalls durch die Kleidung signalisiert, die Jesse später im Film trägt: »As Jesse becomes a professional outlaw, he acquires more of the gangster style: a mustache, a more elegant and citified wardrobe, and six-guns worn in shoulder holsters rather than hip-slung in cowboy fashion« (*Gunfighter Nation*, S. 295).

[347] Tyrone Power ist in Hollywood oftmals auf die Rolle des Liebhabers oder die des aufrechten Helden festgelegt worden. S. hierzu den Eintrag in der *Internet Movie Database*: http://www.imdb.com/name/nm0000061/bio, letzter Zugriff: 18.07.11.

[348] Ich gehe davon aus, dass Verruchtheit/»Schmutzigkeit« als Merkmal der Westernhelden erst in der revisionistischen Phase bzw. bei den Anti-Helden auftaucht. Dies scheint typisch für die amerikanische Unterhaltungskultur dieser Zeit zu sein; vgl. dazu das Aussehen der Sänger/innen vor und während der Hippiebewegung (wie z.B. das von Doris Day und Janis Joplin oder von Frank Sinatra und Jimi Hendrix).

Jesse ist in der Welt, in der er sich befindet, zuhause und in seinem Umfeld beliebt. Er gibt zu verstehen, dass die Farm nicht ihm, sondern seiner Mutter gehöre. Dies kündigt zunächst an, dass Barshee und seine Schergen wiederum leichtes Spiel haben werden (da Frauen als weniger durchsetzungsfähig, als schwach, gelten). Der Held ist aber auf der Hut und wird bald zu seiner Mutter stoßen. Wie Slotkin schreibt, zeigt der Film hier auch die Möglichkeit der *upward mobility*, also dass die Farmer es zu relativem Wohlstand bringen können (die Familie James hat ein größeres Haus und hält auch zumindest einen (Ex-)Sklaven): »The James are more prosperous, perhaps middle-class, than Barshee's earlier victims« (*Gunfighter Nation*, S. 296f.).[349] Dies kann als eine Art »Aufmunterung« an die (männliche) Zuschauerschaft der *Depression Era* gedeutet werden.

Jesses Mutter gibt zu verstehen, dass sie das Schriftstück nicht unterzeichnen wird, ohne mit einem Anwalt darüber gesprochen zu haben. Diese Frau kann es sich erlauben, Stärke zu zeigen, da sie (wie auch der Zuschauer) weiß, dass ihr zweiter Sohn Frank in der Nähe ist. Frank James, gespielt von Henry Fonda (1,85 m groß, er ist bei Erscheinen des Filmes 34 Jahre alt) kommt dann – lässig Kautabak kauend – aus seinem Versteck. Auch mit Frank versucht Barshee seinen Trick – er streckt diesem Mann ebenfalls seine Hand mit den Worten »no hard feelings« entgegen und versucht, Frank aus dem Gleichgewicht zu ziehen. Dieser kontert aber sofort und schlägt dem Vermittler mit der Faust ins Gesicht.[350] Als Jesse dazu stößt und (mit der Waffe) durchsetzt, dass Frank und Barshee fair Mann gegen Mann weiterkämpfen,[351] bittet Mrs. Samuel ihn, dafür zu sorgen, dass die beiden aufhören. Er ignoriert ihr Bitten schlichtweg und antwortet gar nicht. Hier findet sich der *men talk*, wie ihn Tompkins als typisch für die Westernfilme beschreibt. Jesse hält es nicht für nötig, der viel redenden (und wimmernden) Frau zu antworten. Der Film legt nahe, dass dies jeweils ein »natürliches« Verhalten von Mann und Frau ist. Mrs. Samuel wird später vollends hilflos. Bevor sie schließlich zu Tode kommt, wird sie durch die Aufregungen bettlägerig.

---

[349] Diese Aussage trifft der revisionistische Film *The Long Riders* (1980) beispielsweise nicht. Der Zustand der Farm, auf der Jesses Mutter lebt, signalisiert Armut bzw. das Fehlen der Arbeitskraft eines (erwachsenen) Mannes (s. 0:31).

[350] Nach Slotkin trägt Henry Fonda die Rolle des »populistischen« Helden in andere Filme, wie z.B. in John Fords *The Grapes of Wrath* (1940), weiter.

[351] Jesse schaut mit einem Grinsen zu, denn es ist jetzt ein Kampf entlang des Männercodes des Westens.

Eine andere weibliche Figur, die in diesem Text vorkommt, ist Zee, Jesses Jugendliebe. Zee ist fast ausschließlich von Angst beseelt, sie ist keine harte (oder: durchsetzungsfähige) Frau. Der Film *Jesse James* wird gedreht, als amerikanische Frauen nach der Erteilung des Wahlrechts neuen politischen Status erlangt haben. Wegen der Wirtschaftskrise haben sich in den Familien durch die Arbeitslosigkeit der Männer oftmals die Machtverhältnisse verändert, und die Frauen erwarben in Kultur und Gesellschaft neue Positionen. In Henry Kings Film gelten Frauen jedoch als das schwache Geschlecht, das auf den häuslichen Bereich fixiert ist. Zee ist auch nicht von vornherein dem Helden überlegen wie die weibliche Hauptperson in *The Virginian* (durch Bildung) oder in *Riders of the Purple Sage* (durch Besitz). Wie sich später zeigen wird, versucht sie dennoch, den Helden zu einem anderen Mann zu machen.

Zunächst aber wird Jesse zu einem Anführer, zu jemandem, der die Zügel in die Hand nimmt. Er befiehlt dem Schwarzen Pinkie, die Farmer der Nachbarschaft zu versammeln, s. Abb. 22. Das ausgewählte Standbild Abb. 22 ist Teil einer Art von Dialogsequenz (Pinkie antwortet lediglich mehrfach mit »yes, sir«). In Schuss und Gegenschuss werden jeweils Jesse oder Pinkie gezeigt. In dieser Sequenz ist nicht genau die Blickrichtung von Jesses Augen auszumachen, von daher kann hier nicht ausgeschlossen werden, dass es sich um eine subjektive Kameraeinstellung handelt. Diese beinhaltet allerdings kein lustvolles *gazing* von Pinkie, und die von unten gefilmte Totale hebt Jesse zu einer Autorität hinauf und verleiht ihm eine gewisse heldenhafte Ausstrahlung. Aber es fehlen in Kings Film (trotz z.B. spektakulärer Pferderitte) die großen Posen Jesses, wie sie z.B. John Ford für Ringo in *Stagecoach* arrangiert hat. Dies kann in Kings Verständnis der *outlaw*-Figur begründet sein (sie soll also nicht, wie z.B. auch der Gangster, ungebrochen als Held erscheinen).

Abb. 22 Der Mann als Autorität: Jesse James (Tyrone Power) erteilt in *Jesse James* (1939) dem unten stehenden Schwarzen Pinkie Befehle, um den Farmern in Bezug auf die Schergen der Eisenbahn zu helfen.

Der dicke Pinkie (gespielt von Ernest Whitman) ist eine weitere Figur, die als schwach gekennzeichnet wird. Er wird auch durch ein sexuiertes Objekt in die Nähe von Weiblichkeit gerückt. Slotkin weist darauf hin, dass er zeitweise eine Schürze trägt (s. *Gunfighter Nation*, S. 300). Pinkie ist schon von der Anstellung her untergeben und seinem »Herren« ergeben. Später hebt er ängstlich die Hände, als er von einem Armeeangehörigen angesprochen wird (s. *Jesse James*, 0:41). Dass er außerdem in diversen Szenen nicht auf einem Pferd, sondern auf einem Maultier reitet, deutet auf seine Minderwertigkeit hin. Pinkie dient, wie andere Figuren auch, die auf einem Maultier oder auf einem Esel reiten, dem komischen Effekt (vgl. *Two Mules for Sister Sara* (1970) von Don Siegel).

In der versammelten Runde der Farmer ist Jesse wieder der Hauptakteur. Er fordert Gerechtigkeit beim Landverkauf, es soll ein Anwalt beauftragt werden (s. Abb. 23). Da dabei aber keine Aussicht auf Erfolg besteht, müssen die Brüder selbst gegen die Missetäter in Aktion treten (Jesse und Frank werden später (als Sozialbanditen) einen Zug der Eisenbahngesellschaft überfallen). In dieser Geschichte entsteht ein Konflikt, der aus verschiedenen Welten (oder sozialen Feldern) gespeist wird. In der Welt der Farmer verkörpert Jesse die dominante Männlichkeit. Diese Welt ist von der Zivilisation noch recht unberührt. In der nahen Stadt Liberty gibt es zwar seit einiger Zeit Anwälte, jedoch sind diese im *lawless west* nutzlos. Viele Männer, die mit Institutionen in Verbindung gebracht werden, werden im

Umfeld des Weste(r)ns als unzulänglich charakterisiert, obwohl sie hohe gesellschaftliche Positionen einnehmen.

Abb. 23 Jesse (Tyrone Power, im Mittelgrund stehend) hält eine Rede als Anführer unter Farmern in *Jesse James* (1939). Auch durch die Lichtquelle wird der Blick auf ihn gelenkt. Im Vordergrund sitzt – auf dem Bett seiner Mutter – der weniger wichtige Bruder Frank (Henry Fonda). Jesse ist zu diesem Zeitpunkt eingebettet in die Gruppe bestehend aus der Gemeinschaft der Farmer und seiner Familie.

Die Brüder müssen von der Farm fliehen, weil sie durch eine Lüge Barshees zu *outlaws* gemacht werden. Ihre Verfolger werfen dann eine Brandflasche/Bombe[352] ins elterliche Haus, und die Mutter stirbt. Hier wird der Grundstein für ein Rachemotiv gelegt (angesichts Jesses Unbeherrschtheit kann hier durchaus der Rachebegriff verwendet werden. Rache wird allerdings mit dem Ehrenkodex in Verbindung gebracht und positiv bewertet). Barshee und seine Männer dürfen nicht ungestraft davonkommen.

    Die beiden James-Brüder erfahren in ihrem Versteck durch Zerelda Zee Cobb vom Tod ihrer Mutter. Jesse hält Zee lange in den Armen. Als Frank den Aufbruch signalisiert, will Jesse sich aus der Umarmung mit ihr lösen. Zee versucht, ihn zu halten. Folgender Dialog spielt sich zwischen dem Mann und seiner Geliebten ab:

> Jesse: Bye, honey.
> Zee: But Jesse, don't you go.
> Jesse: I've got to.
> Zee: Oh, no, Jesse please.
> Jesse: I can't help it, Zee. I just got to go.

---

[352] Nach Slotkin ist das Werfen von Bomben ein charakteristisches Zeichen für einen Gangsterfilm.

Zee: Let Frank.
Jesse: Sorry, honey. (*Jesse James*, 0:15)

Ein Mann muss also tun, was er tun muss (auch gegen den Willen einer
Frau). Jesse reitet los, während Frank bleibt. Und schon jetzt scheint es sicher
zu sein, dass Zee auf Jesse warten wird.

Der Film arbeitet anschließend weiter an der Etablierung der Überlegenheit des Helden. Als der Ausbau des Streckenabschnitts fertig ist, fährt die
Eisenbahn von St. Louis ab. Man sieht, wie der Zug von einem maskierten
Reiter (der sich später als Jesse entpuppt) verfolgt wird. In einer waghalsigen
Anstrengung erklimmt der Räuber die Bahn vom Rücken des galoppierenden Pferdes aus. Auf dem Dach des fahrenden Zuges springt er von Wagon
zu Wagon. Dieser Mann kann sehr gut reiten, er hat seinen Körper im Griff
– und er ist mutig (vgl. hierzu auch Ringos Springen auf den Rücken der
Pferde in *Stagecoach*). Jesse ist der Anführer einer Bande. Er ist ein Mann der
Tat, den keiner aufhalten kann. Als er vorne beim Lokführer angekommen
ist, heißt es:

Jesse: Hands up! Keep right on driving until I tell you to stop.
Lokführer: What are you aiming to do, pardner?
Jesse: I ain't aimin' to do nothin'. I'm doin' it. I'm holding up this train.
Lokführer: The whole train?
Jesse: Slack up at this next curve. Stop her just this side of that clump
            of trees around the bend. (*Jesse James*, 0:20)

Jesse zeigt sich hier erneut als durchsetzungsfähig (er ist aber dennoch
freundlich). Die James-Brüder verkörpern Männer, die einen eisernen Willen
besitzen. Das unterscheidet sie von den anderen männlichen Individuen.
Hier ist dieser Wesenszug mit der Entstehungszeit des Filmes während der
Wirtschaftskrise in Verbindung zu bringen. Sinngemäß: »Wenn man etwas
will, dann schafft man es auch.« Dieses Motto als Teil der Botschaften der
Populärkultur ist auch in anderen Werken der 1930er Jahre zu finden (vgl.
Gone with the Wind (1939) oder die Filme von Frank Capra). In Fullers oder
Dominiks Film ist dieser Wesenszug nicht mehr Teil von Jesses Charakteri-
sierung.

Die höfliche Art der Banditen aus den Südstaaten wird erkennbar, als
Jesse und Frank das Geld von den Zuggästen einsammeln: »Thank you sir.
No mam, no jewellery, thank you just the same. That's very nice of you, sir.
A fine-looking pocket book. Thank you very much lady. And don't forget to

sue the railroad for everything you give us, cos it's responsible. Thank you very kindly, sir« (0:22).[353]

Doch Henry Kings Jesse wird weiterhin durch einen anderen Wesenszug geprägt: Er ist immer noch leidenschaftlich, und zwar ohne (ausreichende) Zurückhaltung. Wir finden hier also einen anhaltenden Bruch in der Heldenfigur vor.

Als der sich auf der Flucht befindende Jesse nachts heimlich bei Zee und ihrem Onkel Rufus Cobb vorbeischaut, hat er sich verändert (er trägt nun einen Schnurrbart und wirkt damit älter, er ist nun optisch mehr *outlaw* als Farmer – dies kann auch als Zeichen für den Wechsel in ein anderes Feld gewertet werden). Zee möchte ihm zwar begreiflich machen, dass er Unrecht tut. Aber sie behandelt seine Eisenbahnraube zunächst wie die Streiche eines Jungen (man denke hier im Gegensatz dazu an die harmloseren Streiche des Virginiers). Der junge James gibt als Ursache für sein Handeln den Hass auf die Eisenbahn an. Den Banditen wird im Film damit ein hehres Ziel unterstellt; sie wollen die Eisenbahn schädigen (und sich nicht in erster Linie bereichern). Sie sind somit zunächst typische Westernhelden, die zwischen Wildnis und Zivilisation stehen und eine Gemeinschaft beschützen. Das Gefühl des Hasses (als leidenschaftliche Abneigung) scheint eine Aufwertung im Sinne des *Code of the West* zu erfahren. Rufus Cobb (eine Figur, die nach Boggs an John Newman Edwards angelehnt ist, s. *Jesse James and the Movies*, S. 5) ist begeistert, als er von Jesses Hass hört. Er sagt: »That's the stuff. People ain't hatin' now like they used to. They're gettin' soft. I gotta admit that I like a man that hates good and hard« (*Jesse James*, 0:24).

Als einen Grund für die Verweichlichung der (anderen) Männer führt Major und Journalist Rufus Cobb den Einzug der Rechtsanwälte an. Dieses impliziert, dass die Männer der Stadt nur noch in den seltensten Fällen ihre Konflikte nach dem Code des Westens austragen. Henry Kings *Jesse James* kritisiert den Einfluss der Presse nicht; Rufus' Äußerungen unterstützen den affirmativen Ton des Filmes – die zeitgenössische Krise erforderte einen starken amerikanischen Mann.

Jesse hat einen Volksheldenstatus inne. Zee sagt: »Right now you're a hero to yourself and a lot of other people, too« (0:31). Zee – im Gegensatz zu

---

[353] Diese Höflichkeit gilt also nicht nur für die Südstaatenaristokratie. Für das Kontrastieren dieser Höflichkeitsformeln (vor allem gegenüber Frauen) mit gnadenloser Gewalt s. die Diskussion der *bushwhackers* in Ang Lees revisionistischem Film *Ride With the Devil* (1999).

Rufus – aber fürchtet, dass Jesse zu einem Wolf werden wird, der seinen Appetit durch weitere solche Taten stillen müsse. Ihre Angst, dass Jesse sich in ein Tier verwandeln werde, deutet nach Slotkin darauf hin, dass sie fürchtet, »that he will undergo a kind of racial degeneration toward savagery« (*Gunfighter Nation*, S. 299). Diese angebliche »Rückentwicklung« in ein primitiveres Stadium dient hier allerdings nicht der Regeneration. Die Konstruktion des Charakters schießt an dieser Stelle über die Konzipierung als Vertreter der *passionate manhood* hinaus. Erinnern wir uns an das oben erwähnte Kontinuum mit den beiden Endpunkten Wildnis und Zivilisation. Die Figur Jesse befindet sich nun zu nah am Punkt der Wildnis, was problematisiert wird.

Die ängstliche Zee ist dennoch bereit, Jesse zu heiraten. In *Jesse James* zeigt der Held Gefühle für eine Frau, wie sie in ähnlicher Form auch in den (in dieser Arbeit analysierten) literarischen Western nach *The Last of the Mohicans* vorzufinden sind. Ein solcher Bund kann (hier:) in den späteren Filmwestern mehr und mehr aufgebrochen werden. In der Leinwandversion von *The Assassination of Jesse James by the Coward Robert Ford* (2007) beispielsweise ist die Rolle der Frau(en) verschwindend gering. Dies kann als postfeministisches Phänomen gewertet werden.

Um seiner Ehefrau einen Gefallen zu tun (was als Zeichen einer gewissen Zähmung verstanden werden kann), ergibt Jesse sich Marshal Will Wright, der ihm wohlgesonnen ist und dem er vertraut. Will Wright wird gespielt von dem 1,89 m großen Randolph Scott, der den aufrechten und aufrichtigen Gegenspieler (im Konkurrenzkampf um die Gunst der Dame seines Herzens) markiert. Dass es sich hier um zwei recht gleichwertige (»männliche«) Männer handelt, die in Eintracht sind, verdeutlicht der Umstand, dass Jesse und Will auf ihren Pferden in einer Szene eine Strecke exakt nebeneinander her reiten (s. Abb. 24). Die räumliche Nähe suggeriert Eintracht. Dass es sich um gleichrangige Männer handelt, ist an den auf gleicher Höhe positionierten Köpfen, Schultern erkennbar. Außerdem blicken die Männer in die gleiche Richtung und halten ihre Körper parallel – sogar die Bewegungen der Beine der Pferde von Jesse und Will im Trab sind synchron.

Randolph Scott ist 1939 41 Jahre alt und gelangt Ende der 1940er Jahre durch Westernfilme zu großer Popularität.[354] Er ist in *Jesse James* also etwas gesetzter als die Männer, die Jesse und Frank spielen (deshalb kann er sich

---

[354] S. dazu den Eintrag in der *Internet Movie Database*:
http://www.imdb.com/name/nm0000068/bio, letzter Zugriff: 11.09.11.

zu Jesse auch »väterlich« verhalten, was die Spannung zwischen den beiden entschärft).

Abb. 24 Es sind Männer auf Augenhöhe: (Tyrone Power) und Marshal Will Wright (Randolph Scott) in *Jesse James* (1939).

Im Gefängnis gibt es nun wieder eine Konfrontation mit Charakteren, die Jesse (und auch Wright) als Folie dienen. Der *outlaw* wird in eine Zelle geführt. McCoy, der Präsident der Eisenbahngesellschaft, kommt in den Trakt, stellt sich an die Gitter und verspottet den jungen James. Letzterer will aus Reflex seine Waffe ziehen, aber sie ist nicht da. Daher kann er nichts gegen diesen Mann ausrichten. McCoy wird von Donald Meek, der in *Stagecoach* Peacock darstellt, verkörpert. Jesse, der Mann der Tat, ist hinter Gittern hilflos, er ist nicht mehr in seiner Welt, wo er frei handeln kann. In der Zelle ist er nichts, er ist unfähig geworden, weil er nach dem Willen seiner Frau gehandelt hat – dies kann als eine »Warnung« an die männlichen Rezipienten verstanden werden.

Frank kommt seinem Bruder zu Hilfe und kann mit zwei Bandenmitgliedern McCoy und seine Männer überwältigen und in Schach halten. Jesse stößt dazu. Über den Eisenbahnpräsidenten und seine Mitstreiter, die nun (gezwungenermaßen) am Boden liegen heißt es:

Jesse: Now what is this? A game? Grown men playing on the floor like children.
Frank: Ain't it the truth?
Bandenmitglied: They wouldn't have it any other way. (*Jesse James*, 0:50)

In diesem Vergleich mit Kindern und über die (niedrige) räumliche Positionierung werden die unfähigen und unaufrichtigen Männer in ihrer Wertigkeit herabgestuft.

Den James-Brüdern gelingt die Flucht, und Jesse und Zee begeben sich unter falschem Namen (Howard) auf Reisen. Als in St. Joseph ihr erstes Kind zur Welt kommt, ist Jesse nicht da. Der Räuber ist zwar ein »richtiger« Mann im Sinne des Western-Codes, aber er taugt nicht als Familienvater, was die Bedeutsamkeit der Figur des Wright anhebt, s.u. Will und Rufus, die zivilisierteren Männer, kümmern sich um Zee. Diese glaubt nun nicht mehr daran, dass Jesse sich ändern wird (dass er von einem *outlaw* zu einem Familienmann wird) und möchte zurück mit den anderen beiden erwachsenen Männern nach Liberty. Zee sagt über Jesse: »He's wild, Will. He's like a horse you can't break. He's crazy with wildness and there's nothing you or me or him or anybody else can do about it« (1:00).

Hier in *Jesse James* wird wieder der Wunsch des »Brechens« der Wildheit eines Mannes zum Thema gemacht. Die Zähmung des Virginiers und Lassiters wurde schlussendlich von den Frauen aufgegeben, weil diese feststellen mussten, dass sie einen »wahren« Mann behalten wollten. Zee fehlt aber an dieser Stelle ohnehin die Macht, den Protagonisten an sich zu binden. Jesse überfällt mit seiner Bande Züge und Banken. Er löst sich von der Frau, die ihn (nach Slotkin) hätte erlösen können. Er ist auch nicht mehr in die Gemeinschaft der Farmer integriert[355] und wird von einem Sozialbanditen zu einem »professional outlaw«, wie Slotkin schreibt (s. *Gunfighter Nation*, S. 300). Dieser Bruch mit seinen Mitmenschen wird noch dadurch verstärkt, dass es innerhalb der Bande zu Streitereien kommt.

Nun werden vermehrt Anstrengungen unternommen, um Jesse zu ergreifen. Als Jesses Sohn fünf Jahre alt ist, kommt George Runyan (ein Pinkerton-Detektiv) in die Stadt, der sich als Mr. Remington ausgibt. Jesse Jr. ist umgeben von Zee, Uncle Rufus und Will. Hier in Liberty hat sich eine Familie ohne den leiblichen Vater gebildet. Remington sorgt dafür, dass Rufus einen Artikel abdruckt, in dem erwähnt wird, dass der Gouverneur demje-

---

[355] Durch ein Handeln für die Farmer muss die Gemeinschaft verlassen werden. Ein weiterer Grund für Jesses Taten ist, dass er den Tod der Mutter rächen will. Der Film suggeriert aber weiterhin, dass dieser Wunsch nach Rache zu einem Selbstläufer wird. Jesse kann einer zunehmenden Verrohung nicht entrinnen. Rache wird somit also nicht nur positiv bewertet.

nigen Mitglied der James-Bande Amnestie gewähren wird, das Jesse ermordet. Danach lässt er diesen Artikel Bob Fords Frau zukommen, die ihn an ihren Mann, der sich in seinem Haus versteckt, weitergibt. Der sich zum Mord entschließende Ford wird damit zu einem Werkzeug der Eisenbahn (s. *Westerns in a Changing America*, S. 198).

Als Bob Ford das erste Mal erscheint, läuft der Film bereits eine Stunde und zehn Minuten (bei einer Gesamtspielzeit von 106 Minuten). Dieser Umstand impliziert, dass die Figur zwar eine entscheidende Rolle (für das Leben des Helden) spielt, aber für den Film nicht so wichtig ist (vgl. im Gegensatz dazu den Auftritt Bob Fords in den anderen beiden zu diskutierenden Filmbeispielen in diesem Kapitel). Wir sehen zunächst Bobs Gesicht; es erscheint am unteren Rand des Fensters, Ford späht mit geweiteten Augen durch einen Spalt in den Vorhängen (s. Abb. 25). Schon allein diese Tatsache (das Spähen, ohne sich zu zeigen) beweist, dass er ein Feigling ist. Die gekrümmte Haltung suggeriert Unmännlichkeit; für Bourdieu weist das Begriffspaar aufrecht/gekrümmt z.T. eine männliche/weibliche Konnotation auf, s. *Die männliche Herrschaft*, S. 28. Die Ideen von *straight/crooked* sind ebenfalls mit Eigenschaften versehen, s. S. 202. Der Begriff *queer* besitzt (bekanntermaßen) neben seinen Konnotationen auch eine räumliche Dimension.

Abb. 25 Der erste Auftritt des Verräters: Der sich duckende, spähende Bob Ford (John Carradine) in *Jesse James* (1939).

Wenig später, nachdem der Film den Niedergang Jesse James' vom Rächer der Entrechteten zum Tyrannen verfolgt hat (Slotkin vergleicht Jesse zu dieser Zeit mit einem Diktator, s. *Gunfighter Nation*, S. 300), sieht der Zuschauer Bob Ford und Jesse erstmals zusammen. Bob kommt in das Versteck der

Bande und findet Jesse alleine vor. Durch zwei indirekte subjektive Einstellungen aus Bobs Perspektive wird Jesses Rücken – der für die Fabel um den Banditen eine so wichtige Rolle spielt – betont (s. *Jesse James*, 1:16). Bob stellt fest, dass Jesse beide Waffen am Körper trägt. Die Kamera fährt nah auf das Gesicht Bob Fords. Seine Stirn ist mit Schweiß bedeckt, seine Augen sind erneut weit aufgerissen – beinahe wie in einem Stummfilm. Er ist eine stumme, geisterhafte Figur – kein Wunder, Bob wird von John Carradine gespielt, dem unheimlichen Hatfield aus *Stagecoach*. Auch wenn der Held des Filmes *Jesse James* inzwischen etwas verwildert ist,[356] bildet er immer noch einen strahlenden Gegenpol. Der hagere Ford traut sich nicht, das Attentat findet nicht statt.

Der Plan des Detektivs ist somit nicht aufgegangen. Der Detektiv gehört zu der Gruppe der Widersacher, mit denen Jesse ebenfalls kontrastiert wird. Er handelt niederträchtig, wie zuvor Barshee und McCoy. Seine Gestalt ist nicht die eines Helden. Er ist etwas pummelig,[357] trägt eine Brille mit runden Gläsern (er besitzt keinen perfekten Körper) und wirkt mit seinem Anzug, Hut und dicker Tasche wie ein typischer Stadt- und Geschäftsmensch – ein Stereotyp. Denn Runyan sucht die Bank auf, die von den Banditen als nächstes überfallen werden soll und spricht mit dem dortigen Direktor, Mr. Layworth (wieder ein kleinerer Mann[358] mit Brille). Runyan will die Bande in einen Hinterhalt locken.

Als die Gang in der Stadt (Northfield, Minnesota) eintrifft, reiten einige von ihnen nebeneinander – alle tragen zunächst die hellen *dusters* und Hüte.[359] Der Detektiv beobachtet mit Layworth zusammen die Ankunft der Gang durch ein Loch in der Tür – eine Assoziation mit dem spähenden, krummen Bob Ford findet statt. Die beiden Figuren sind alles andere als aufrecht; zum einen wegen der Hinterhältigkeit ihres Tuns, denn der Held wird in eine Falle gelockt. Zum anderen wegen ihrer etwas gebückten Körperhaltung (s. *Jesse James*, 1:21).

---

[356] Die körperlichen Zeichen hierfür sind u.a. längere Haare, Drei-Tage-Bart, die Augenpartie wirkt dunkel.

[357] Für den Schauspieler J. Edward Bromberg ist in der *Internet Movie Database* keine Größenangabe gemacht worden.

[358] Die Größe von Charles Halton ist in der *Internet Movie Database* nicht eingetragen.

[359] Hier werden – wie schon in einem der ersten Kapitel dieser Studie an anderen Beispielen verdeutlicht worden ist – Signale der Männlichkeit gebündelt. Außerdem ermöglicht es dem Zuschauer, die Männer der Bande zwischen den anderen Menschen in der Stadt zu erkennen.

Durch ein Loch in der Wand wird auf die James-Gang geschossen. Jesse wird getroffen, ist aber nicht tödlich verwundet. Diese Situation ist nicht mit dem *Code of the West* – mit einem Kampf zwischen Mann und Mann (versinnbildlicht im Duell) – vereinbar. Dass Runyan nicht in diese Welt passt, wird umso deutlicher, als die Bande flieht. Eine *posse* nimmt die Verfolgung auf, und dem Detektiv muss man helfen, mit Pferd und Waffe zurechtzukommen. In der Fluchtszene manifestiert sich aber auch erneut, dass Frank und Jesse die »Besten« sind – nur ihnen gelingt es, zu entkommen, und der Zuschauer wird Zeuge ihrer spektakulären Pferderitte (s. 1:24).[360]

Zee findet den verletzten Jesse. Die Familie plant, nach Kalifornien zu gehen, sobald er sich erholt hat. Jesse scheint nun geläutert zu sein, er scheint schlussendlich doch erlöst zu werden von der guten Frau, wie Slotkin schreibt (s. *Gunfighter Nation*, S. 301). Aber Bob und sein Bruder Charley tauchen bei ihm auf. Bob gibt vor, dass Frank ihn geschickt habe, und dass es sich anbieten würde, eine Bank zu überfallen. Jesses Gesicht zeigt Freundlichkeit und Offenheit (seine Haare sind außerdem wieder gekürzt, die Bartstoppeln wegrasiert, ein gepflegter Schnurrbart[361] ziert sein Gesicht). Bob macht ein verkniffenes Gesicht und kann seinem Gegenüber meist nicht in die Augen sehen, wenn er spricht, oder er kneift seine Augen dabei zusammen und die Zähne werden sichtbar. Der charakterliche Unterschied der beiden Männer offenbart sich in ihren Gesichtszügen.

Jesse ist hin- und hergerissen. Zunächst möchte er bei seinem Vorsatz bleiben, nach Kalifornien zu gehen und keine Banken mehr zu überfallen. Aber Zee, die befürchtet, dass er einen »Rückfall« erleidet und sich einmischen möchte, schickt er davon. Es ist ein Gespräch unter Männern, die Entscheidungen trifft er. Hier wird der Wunsch der Männer nach Macht zu Zeiten der Wirtschaftskrise illustriert. Als sich verschiedene Kinder (u.a. Jesse jr.) draußen streiten, will Jesse zur Tür gehen und für Ruhe sorgen. Der Feind kommt von innen: Charley Ford ruft Jesse zu, dass er doch sicher nicht vor die Tür gehen wolle mit seinen beiden Waffen. Jesse gibt ihm Recht und kommt diesem Aufruf nach. Die Kinder draußen (ausschließlich Jungen) spielen »rough«. Sie spielen, dass der *outlaw* Jesse James (verkörpert von

---

[360] Der waghalsige Sprung von einer Klippe ging zulasten eines Pferdes, es starb bei den Dreharbeiten. Die American Humane Organization überwachte von da an Vorgänge an Filmsets und rief die Erklärungsformel »no animals were harmed ...« ins Leben.

[361] Der Bart kann an verschiedenen Stellen ein Signal sein (z.B. für einen Schurken), er kann aber auch z.B. zur zeitgenössischen Mode gehören.

Jesse jr.) gefangen wird und sterben muss (vgl. auch das Nachspielen der *lynching*-Szene der Jungen in Wyoming in Wisters *The Virginian*). Nachdem sein Sohn »tot« auf dem Boden liegt, trägt Jesse ihn ins Haus und sagt zu seiner Frau, dass sie den Nachmittagszug nehmen werden. Der Held hat sich somit – scheinbar – auf die für seine Familie sicherere Seite begeben.

Festen Willens verabschiedet Jesse die beiden Männer, und das junge Paar fällt sich fröhlich in die Arme. Aber das Glück währt nicht lange, denn der geläuterte *outlaw*-Held darf nicht weiterleben. Jesse soll einen Wandteppich, auf den der Spruch »God bless our home« gestickt ist, einpacken. Die Dekoration steht für eine häusliche Atmosphäre und wird mit Zee verknüpft. In *Jesse James* muss der Held für das Abhängen des Wandteppichs auf einen Stuhl steigen und muss dafür dort oben einige Zeit verbringen.[362] Charlie Ford späht währenddessen durchs Fenster und beobachtet ihn. Dann erscheint durch die wieder für ein Stück geöffnete Haustür Bob Ford. Mit zittriger Hand hält er eine Pistole, zielt und schießt Jesse in den Rücken. Er muss dafür seine zweite Hand als Unterstützung hinzunehmen. Die meisten Helden im Western hingegen schießen einhändig. Damit ist Ford ein Feigling und ein schlechter Schütze. In der Retrospektive wird deutlich, dass die beiden Filme *Stagecoach* und *Jesse James* aus dem Jahr 1939, vor allem was die Konstruktion der Gegenspieler der Helden angeht, mit sehr ähnlichen Männertypen arbeiten – ja, teilweise sogar die gleichen Schauspieler benutzen.[363] Jesse erhält ein Begräbnis, auf dem Rufus spricht. Rufus stellt heraus, dass Jesse zwar ein *outlaw*, also ein Krimineller war, aber dass die Gemeinde stolz auf ihn sei. Der alte Mann sagt folgende Worte:

> But we ain't ashamed of him. I don't know why, but I don't think even America is ashamed of Jesse James. Maybe it's because he was bold and lawless, like we all of us like to be sometimes. Maybe it's because we understand a little that he wasn't

---

[362] Das Besteigen des Stuhls mit dem Zuschauer bzw. Bob zugewandten Rücken, um ein Bild o.ä. zurechtzurücken, wird für den erfahrenen Seher der späteren Jesse-James-Filme zu einem Signal.

[363] Trotz der scheinbaren Austauschbarkeit der Figuren darf nicht vergessen werden, dass das Publikum sehr wohl die Akteure selbst auch mit speziellen Filmcharakteren verbinden und Film mit Realität verwechseln kann, Verknüpfungen scheinbar unauslöschbar werden können:
> it was John Carradine's unforgettably gaunt face, piercing blue eyes, and reverberating voice that made him forever memorable as »the dirty little coward who shot Mr. Howard,« so that in a parade down Hollywood Boulevard not long after the film's release, he was hissed, booed and pelted and for years after inextricably associated with Bob Ford. (*Henry King's America*, S. 98)

altogether to blame for what his times made him. ... Or maybe it's because he was so good at what he was doin'. I don't know. All I do know is he was one of the doggonedest, goldingest, dad-blamedest buckaroos that ever rode across these United States of America. (1:40)

Rufus beschreibt den Verstorbenen als einen amerikanischen Helden, als einen *buckaroo*. *Buckaroo* ist ein Begriff, der eigentlich einen Cowboy bezeichnet. Der *outlaw* ist der neue Held Amerikas. Er ist auch kein Gangster, sondern eine Figur, »die immer dort erscheint, wo die Gesellschaft die Tugenden der Pioniere vergessen hat, und im bösen Sinne verstädtert«, wie Seesslen schreibt (*Filmwissen Western*, S. 56). Da der Held das, was er gemacht hat, perfekt gemacht hat, wird hier erneut die Idee vom Besten (*the fittest*) heraufbeschworen. Für die Idee von Jesse als Aristokraten ist in diesem Film kein Platz. Die Verbindung zur Robin-Hood-Figur besteht nur sehr vage. Zwar setzt Jesse sich zunächst für die Entrechteten ein, aber er sollte doch am ehesten als populistischer Anführer bezeichnet werden.

In *Jesse James* ist der Bandit jedoch nicht nur ein (fähiger) Anführer, er benimmt sich herrisch, trägt unbeherrschte Züge. Für einen Film, der als der klassische Jesse-James-Western gilt, erscheint dieses überraschend. Denn ein solches Verhalten ist im Grunde negativ konnotiert, demontiert die Figur (so wie es u.a. durch diese Komponenten im revisionistischen *The Assassination of Jesse James by the Coward Robert Ford* (2007) geschieht, wie ich zeigen werde). Der Protagonist wird so als junger Mann der Südstaaten oder als Bandit charakterisiert. Die Hauptfigur wird zudem noch mit Attributen der primitiven Männlichkeit ausgestattet (diese wurden z.B. in Greys Roman aus den 1910er Jahren mit dem Heißsporn Bern Venters in Verbindung gebracht). Es werden also ältere Bausteine der Männlichkeitsbilder des Westerns aufgegriffen, die die Leidenschaft der Figur entfesseln und die Zurückhaltung auflösen. Die Figur spendet den (männlichen) Rezipienten aber vor allem auch Kraft, weil sie sich auf einen historischen Mann bezieht, weil die Nation eben (Western-)Helden erschaffen hat.

Jesse war ein harter und z.T. wilder Mann, der faszinierte (auch die weibliche Hauptfigur), der Gutes tat. Diese Form der Maskulinität hat es im Kampf gegen die Eisenbahn (oder zu Zeiten der Wirtschaftskrise) gebraucht. Doch er stirbt. Der in vieler Hinsicht gleichwertige, aber angepasstere Männlichkeitsentwurf von Marshal Wright setzt sich somit – wenn auch unspektakulär – durch. Er gewinnt Zee, die als *love interest* fungiert. Wie ist die Figur des Wright, des Marshals ohne Makel, Fehl und Tadel einzuordnen? Eine

Zugehörigkeit zu Frau und Kindern kann als Zeichen für Unmännlichkeit gewertet werden. Daraus ergibt sich unter Umständen ein mit dem Westernhelden nur schwer zu vereinbarendes Moment, was z.B. durch das Einnehmen der Position des dominanten Partners/(anerkannten) Familienoberhauptes entlastet werden kann (das »reine« Gewinnen der Angebeteten (*love interest*) ist auf jeden Fall leichter mit der Figur des Westernhelden zu vereinbaren).

Wright bestätigt mit seinem Familiensinn und mit beherrschtem Auftreten auf gewisse Weise Werte der Mittelklassenmännlichkeit (als *breadwinner*). Die Wirtschaftskrise der 1930er Jahre kann auch als die des Familienvaters verstanden werden, wie Martschukat feststellt (s. »›I Relinquished Power in the Family‹: Von Männlichkeits-, Sozial- und Wirtschaftskrisen in den 1930er Jahren«, S. 19). Mit dem Verlust der Rolle des Ernährers ging für die arbeitslosen Männer die Position des Familienoberhauptes verloren. Es war nicht nur ein subjektives Gefühl der Familienväter, dass ihnen damit auch ein Stück Macht und Respekt abhanden kam. Martschukat schreibt über damals in der Nähe von New York City lebende Ehefrauen (unter Hinweis auf eine Studie und Interviews von Mirra Komarovsky):

> Die 43-jährige Mrs. Patterson ... betonte, erst die Große Depression habe ihr die Möglichkeit geschaffen, ihrer Unzufriedenheit und Verachtung für ihren Ehemann Ausdruck zu verleihen. Am deutlichsten machte allerdings Mrs. Adams, dass erst die Arbeitslosigkeit ihr die Chance eröffnet habe, die Geschlechter- und Sozialordnung aufzubrechen. Sie bereute, dies nicht schon früher getan zu haben: »If I had only not been so soft in the beginning. If I had only set my will against his. But there was no use trying before [the depression and his unemployment]«. (S. 25)

Die Figur des Jesse in Kings Film kann dem männlichen Leitbild des Brotverdieners nicht entsprechen. Um dieses Ideal zu restabilisieren, wird in *Jesse James* eine zweite Figur eingesetzt (Will Wright). Hier findet sich ein Unterschied zu z.B. *Stagecoach*; dort konnte Ringo zugleich einen Westernhelden und den *provider* verkörpern. Aber Wright ist kein Held, kein Anführer, ist nicht der Beste der Westernwelt, er ist Zees zweite Wahl. Wir sehen nicht, dass er sich mit ihr aufmacht in »freies« Land, wie Jesse es vorhatte oder z.B. Ringo es getan hat. Will gehört zur Zivilisation, zu ihren Institutionen.

Auch die Figur eines Marshals kann zum Helden aufsteigen – nämlich dann, wenn der Charakter besonders fähig ist, ehrenvoll handelt und das Gesetz in die eigenen Hände nimmt, wie z.B. Will Kane in *High Noon* (1952).

So ein Mann ist Wright nicht. Er repräsentiert jedoch auch keine untergeordnete Männlichkeit und kann innerhalb des Feldes der Zivilisation eine dominante Männlichkeit darstellen (vgl. im Gegensatz dazu die feminisierten (zivilisierten) Männlichkeiten von Rufus Cobb oder Eisenbahnchef McCoy).

In diesem Western finden wir also konkurrierende Männlichkeitsmodelle vor, die in verschiedenen Feldern agieren. Zumindest die Position der
dominanten Männlichkeit im Feld der Zivilisation bleibt nicht leer. In *Jesse
James* (1939) »siegt« und überlebt der Entwurf, der am ehesten mit dem
männlichen hegemonialen Ideal in Verbindung gebracht werden kann.[364]

Die »Belohnung« Zee kann auch noch in einem anderen Licht gesehen
werden; nicht ein Held bekommt sie, sondern die dominante Männlichkeit.
Dies würde in Einklang mit den hier bisher analysierten literarischen und
filmischen Western stehen (Coopers *The Last of the Mohicans* (1826) als »Son-
derfall« mit zwei »Helden«/dominanten Männlichkeiten einmal ausgenom-
men). Gilt auch für die weiteren Jesse-James-Filme, dass die Herzensdame
(*love interest*) eine Markierungsfunktion für die dominante Männlichkeit einnehmen kann?

5.2.2 *I Shot Jesse James* (1949)

Das Werk *I Shot Jesse James* (1949) von Samuel Fuller behandelt den Jesse-
James-Stoff auf eine andere Art. Der Regisseur war bekannt dafür, unkon-
ventionelle Filme zu machen. Lisa Dombrowski weist in ihrem Buch zu Fuller darauf hin, dass er sein Publikum vor allem emotional bewegen wollte.
Das gelang ihm durch eine spezielle Technik: »by upending expectations,

---

[364] Wenn man den Ausführungen oben folgen will, kann Will Wrights Entwurf gewissermaßen als eine unmarkierte Männlichkeit bezeichnet werden. Kimmel bezeichnete
sich (als weißer Mittelklassenmann) in der Anekdote oben als die *generic person*. Meuser und Scholz nennen – wie bereits erwähnt – in ihrer Arbeit von 2005 die hegemoniale Männlichkeit unmarkiert. In »Krise oder Strukturwandel hegemonialer Männlichkeit?« (2011) konstatieren die Autoren jedoch, dass Männlichkeit »zu einer sichtbaren,
besonderen, geschlechtlich markierten Position im Geschlechterverhältnis [wird]. Im
Zuge dessen wird hegemoniale Männlichkeit, so [ihre] These, reflexiv« (S. 64). Zeichen
für Reflexivierung seien z.B. vor allem die Existenz der (in Deutschland) seit den
1990er Jahren lancierten Magazine wie *Men's Health* oder *GQ*, die sich an »jedermann«
richten würden, oder die steigende Zahl von Managerratgebern (s. S. 67). Ist aber ein
Film wie *Jesse James*, der sich mit verschiedenen Männlichkeitsidealen und der Krise
der männlichen (weißen) Mittelklasse auseinandersetzt, nicht auch bereits ein Verweis
auf Reflexivierung (oder vgl. die Benimm-Bücher für Männer, die es im 19. Jahrhundert gegeben hat)? Markiert wirkt in *Jesse James* zum einen die Figur/die Männlichkeit
des Helden Jesse oder aber z.B. eine untergeordnete wie die des hilflosen Farmers.

disregarding conventional norms, and combining realism with sensationalism, violence with humor« (*The Films of Samuel Fuller – If You Die I'll Kill You*,
S. 1). Samuel Fuller hatte bereits u.a. eine Karriere als Zeitungsjournalist hinter sich, als er in das Filmgeschäft einstieg.[365] Er konnte aus einem Arsenal
an Erfahrungen und Berichten, die er beispielsweise über »murderers' con-
fessions, suicides, executions, and race riots« gesammelt hatte, schöpfen
(S. 11). Fuller galt zu verschiedener Zeit entweder als ästhetisch »primitiv«[366]
oder aber als passionierter Filmemacher, der die amerikanische Gesellschaft
kritisierte. Sam Fuller war meist zugleich als Drehbuchautor und Regisseur
tätig. Als »indie maverick« versuchte er, weitestgehend unabhängig von den
Zwängen Hollywoods – wenn auch zunächst im *low budget*-Bereich – zu agieren. Seine Werke wurden kontrovers diskutiert; Mal wurde er wegen eines
Films wie *The Steel Helmet* (1951), der sich mit dem Koreakrieg befasst, ver-
dächtigt, kommunistisch zu sein;[367] sein Werk *White Dog* (1982), in dem es
um einen weißen Hund geht, der darauf abgerichtet ist, Schwarze zu töten,
wurde z.T. als rassistisch interpretiert.[368]

Durch seine Zeit als Kriminalreporter hegte Fuller ein Interesse an At-
tentätern und ihren Motiven. Für seinen ersten Film plante er zunächst, eine
Geschichte um den römischen Senator Cassius abzuarbeiten, der ein Attentat
auf Caesar angedacht hatte, wie Fuller in seiner Autobiografie berichtet.
Robert Lippert, Besitzer der Produktionsfirma, mit der Fuller seine ersten
drei Filme drehte, und den er sehr schätzte, waren Männer in »bedsheets«
jedoch »suspekt« (er befürchtete, die Römer seien homosexuell gewesen, s.
A Third Face, S. 244). Fuller schlug daraufhin eine Geschichte um den ameri-

---

[365] Er war auch Buchautor, *ghost-writer* und kämpfte als Soldat im Zweiten Weltkrieg.

[366] Dombrowski definiert »primitiv« hier folgendermaßen:
> According to one definition, a »primitive« artwork that appears instinctive and im-
> mediate rather than carefully constructed according to classical rules acquires an
> aura of primal emotion, sincerity, and originality. (S. 7)

[367] Über *The Steel Helmet* schreibt Fuller in seiner Autobiografie:
> All hell broke loose as soon as *The Steel Helmet* was released. ... One reporter, Victor
> Reisel, called me pro-communist and anti-American. One of the country's most re-
> actionary newspaperman, Westford Pedravy, wrote that I was secretly financed by
> the Reds and should be investigated by the Pentagon. (*A Third Face*, S. 262)

[368] Willis Edwards, Mitglied der NAACP (National Association for the Advancement of
Colored People), sagte über *White Dog*: »The film has major overtones of racism ...
When you train a white dog to kill black folks, that gives the KKK and other white
supremacist organizations ideas« (*If You Die, I'll Kill You*, S. 195).

kanischen Attentäter Bob Ford vor, über den bis dahin noch kein Film gedreht worden war. Lippert fragte, wen Bob denn wohl ermordet habe – und
Fuller antwortete, dass es Jesse James gewesen sei. Lippert sei daraufhin zufrieden gewesen:

> »Jesse James!« said Lippert. »Now we've got a movie!«
>
> I didn't want to undermine Lippert's belief that Jesse was a redblooded hero.
> The real Jesse James was bisexual, masquerading as a girl to hold up trains that
> were carrying medical supplies. The guy was a lowdown thief, a pervert, a son-
> ofabitch. But you couldn't show that stuff on a screen back then, demystifying one
> of the great American icons. I had a knack of talking a movie to death by insisting
> on reality. The whole truth didn't help get films made. This time, I'd be smart and
> keep my mouth shut.
>
> »So your movie's about Ford, the assassin?« asked Lippert. »Can't we show
> Jesse, too?«
>
> »Sure,« I said. (S. 245f.)

In diesem Zitat, das Ähnlichkeiten mit Lee Servers Interview oben aufweist,
gewinnt man den Eindruck, dass Fuller Jesse als pervers bezeichnet, nicht
nur wegen seiner Verbrechen, sondern weil er angeblich (auch) homosexuell
gewesen sei. Damit wäre Fuller genauso homophob wie Lippert. Wie lassen
sich Fullers und Lipperts Aussagen und der Inhalt des Films *I Shot Jesse James*
(historisch) kontextualisieren? Während des Zweiten Weltkriegs kam es z.B.
zu einer Erhöhung der Jugendkriminalität, die man auf die Abwesenheit des
Familienvaters zurückführte (s. *Manhood in America*, S. 149). In Studien der
1950er Jahre wurden »such seeming opposites as hypermasculine juvenile
delinquency and hypomasculine homosexuality ... traced to the same famil-
ial roots: the absent father and the overdominant mother« (S. 160).[369] Als die
amerikanischen Männer nach dem Krieg heimkamen, wollte man eine ältere
soziale Ordnung wiederherstellen, man verlangte nach einem »breadwin-
ning father and a homemaking mother« (S. 149). Hier zeigen sich also Parallelen zur Situation während/nach der Wirtschaftskrise der 1930er Jahre. *I*

---

[369] In dieser Zeit entstand zudem Talcott Parsons' Rollentheorie, die die Wichtigkeit des
Vaters für den Sohn hervorhob (s. S. 160). Der Film *Rebel Without a Cause* (1955) gebraucht diese Idee – hier wird der von James Dean verkörperte Teenager auffällig, weil
sein Vater von der Mutter unterdrückt wird und als Zeichen dafür z.B. eine Rüschen-
schürze trägt (s. *America on Film*, S. 275). In Joseph McCarthys Hexenjagd dann wurden
Homosexualität und Kommunismus zusammengeführt, denn »both represented gender failure«, wie Kimmel schreibt (s. *Manhood in America*, S. 155).

Shot Jesse James dreht sich (auch) um Themen wie Homosexualität, Straffäl-
ligkeit, die Idee von männlichen Vorbildern und das Ideal des Brotverdieners.

Die männliche Hauptfigur des neuen »Lippert-Films« war nun Bob
Ford. Wie in späteren Filmen Fullers auch, gerät der Protagonist in *I Shot Jesse
James* in einen Zwiespalt; er meint, seinen Freund Jesse töten zu müssen, um
seine große Liebe Cynthy gewinnen zu können.[370] Damit wird dem Charakter des Bob Ford eine gänzlich andere Motivation unterlegt als in Kings Film.
Ironischerweise deckt sich Fullers Machart dabei bis zu einem gewissen
Grad mit dem Hollywood-*mainstream* (der Protagonist handelt für seine Angebetete (*love interest*)). Bob Ford aber muss nach seiner Tat feststellen, dass
er die Frau, die er liebt, damit noch weiter von sich entfernt hat.

Samuel Fullers Frühwerk *I Shot Jesse James* beginnt im Vorspann mit einer Version der bereits zitierten Ballade über Jesse James. Es ist die Passage
aus dem Lied zu hören, in der erwähnt wird, dass Jesse das Geld den Armen
gegeben hat:

> Jesse James was a lad who killed many a man,
> He robbed the Glandale train,
> He took from the rich and give to the poor,
> He'd had a hand and a heart and a brain.

Hier wird die Verbindung zum Robin-Hood-Mythos herausgehoben, im
weiteren Verlauf des Filmes wird Jesse aber nicht als ein Robin Hood oder
als ein amerikanischer Volksheld stilisiert. Fuller zerstört auch den Mythos
von Kings wildem und starken Helden Jesse James.[371] Fullers Jesse bleibt eine

---

[370] Dombrowski konstatiert, dass Fuller seine typischen Charaktere als »gutter people«
bezeichnet habe. Sie würden sich häufig unseriös benehmen, um ihr Ziel zu erreichen.
Sie seien

> outcasts who lived by their own code in a shadowy world he found more inherently
> dramatic than that occupied by clean-cut, well-behaved Americans. ... Typically
> criminals (*I shot Jesse James*, ...), misfits ..., or obsessives (..., *Forty Guns*, ...), Fuller's
> protagonists lie, cheat, steal, betray, or kill in order to achieve their desires. (*The Films
> of Samuel Fuller – If You Die I'll Kill You*, S. 12f.)

[371] Dombrowski ist anderer Meinung. Sie sieht *I Shot Jesse James* zwar als psychologischen
Western, in dem es die charakteristischen Westernfiguren gebe, aber sie führt aus, dass
Fuller demonstrates no interest in exploring the conflict between the »untamed«
world and the »civilized« world that is at the heart of the western genre, nor in grap-
pling with the mythic status of Jesse James in particular or of the outlaw-hero in
general. (*The Films of Samuel Fuller – If You Die I'll Kill You*, S. 29)

schemenhafte Figur. Er stirbt in diesem Werk recht früh und ist vergleichsweise unwichtig. Im Mittelpunkt des Filmes steht – wie schon der Titel andeutet – das Wirken der Person Robert Ford. Der Anti-Held Ford trägt zweifelsohne Züge, die charakteristisch für »wahre« Helden der Western sind, z.B. wirkt er attraktiv – und er benutzt die knappe Sprache der Westernhelden. Sein Handeln aber ist alles andere als heldenhaft; er wird zu einem Verräter und von den Medien zum Feigling gemacht. Zudem verknüpft Fuller ihn auch mit Weiblichkeit.

Ford wird gespielt von dem 1914 geborenen John Ireland. Ireland war 1,85 m groß und besaß als ehemaliger Schwimmer einen muskulösen Körper. In Hollywood hatte er den Ruf eines *lothario*.[372]

Jesse wird von dem 1,93 m großen Reed Hadley gespielt, der seiner Zeit in Hollywood als gutaussehend galt (»tall, dark, and handsome«). Seine Stimme war so tief, dass er oftmals als Erzähler fungierte.[373] Die Tiefe der Stimme kann als ein Zeichen für Männlichkeit gewertet werden. Server weist darauf hin, dass die Porträtierung Jesses nicht unbedingt in Einklang mit den Äußerungen Fullers im Interview steht (s. dazu *Sam Fuller: Film is a Battleground*, S. 60). Allerdings gibt es ein paar Elemente im Handeln dieser Figur, die mit weiblich konnotierter Arbeit (im Haus, Abholen der Kinder von der Schule) in Verbindung gebracht werden können.[374] Dies passt zu Fullers Äu-

---

[372] Die Geschichten um den Frauenhelden reichen von seinen »infamous physical endowments« bis hin zu dem Kommentar, den er (45jährig) über die Affäre mit einem 16 Jahre alten Mädchen abgegeben hat: »If there wasn't such a difference in our ages, I'd ask her to marry me. That and her mother are the only things that stop me« (s. hierzu den Eintrag über John Ireland in der *Internet Movie Database:* http://www.imdb.com/name/nm0409869/bio, letzter Zugriff: 21.07.11).

[373] S. dazu den Eintrag in der *Internet Movie Database* über Reed Hadley: http://www.imdb.com/name/nm0352914/bio, letzter Zugriff: 21.07.11.

[374] In *I Shot Jesse James* wird Jesse nicht über das Tragen (weiblich) sexuierter Kleidung diskreditiert. Der revisionistische Film *The Great Northfield Minnesota Raid* (1972) hingegen bedient sich dieses Mittels sehr wohl. Um seinen Verfolgern zu entfliehen, trägt Jesse dort »[a] granny's shawl and bonnet as a disguise«, wie Loy schreibt (*Westerns in a Changing America*, S. 201). Bezüge zu dem angeblich in Frauenkleidern aufgegriffenen Jefferson Davis können hier hergestellt werden. Ca. 100 Jahre später kann ein Mann immer noch auf diese Weise demontiert werden.

ßerung, dass James bisexuell gewesen sei: Sein Heldenstatus wird entzaubert. Dass es nicht im Interesse Fullers lag, einen amerikanischen Helden herauszuheben, kann auch mit der Nachkriegszeit zusammenhängen.[375]

Der dritte Mann, der in diesem Film von Bedeutung ist, ist der »Silberkönig« oder spätere »honorable marshal« – wie Dombrowski ihn bezeichnet – John Kelley.[376] Kelley wird gespielt von dem 1,88 m großen Preston Foster[377] und ist vergleichbar mit der Figur des guten Marshals in *Jesse James*. Im Film ist er es, der den Mörder Bob Ford am Ende erschießt. Kelley beweist somit Geschick mit der Waffe, Mut und *cleverness*. Dieser Mann hat eigentlich – wie in der obigen Ballade – »a hand, a heart and a brain«. Er bekommt – auch unter Einsatz von Selbstkontrolle und ritterlichem Verhalten – Cynthy Waters, die Frau, die der Mörder von Jesse James über alles liebt und hartnäckig zu gewinnen versucht. In diesem Film sind Versatzstücke der Westerninhalte zu finden. Bei den Figuren gibt es nur Versatzstücke der männlichen Westernhelden. Dadurch wird die Komplettierung eines Helden (auch bei Kelley) verhindert. Unmännlichkeit wird in *I Shot Jesse James* z.T. mit bereits bekannten Mitteln signalisiert, neu und »gewagt« ist hier, eine Verbindung von Jesse und seinem Freund Bob zur Homosexualität herzustellen.[378]

---

[375] Im Zweiten Weltkrieg war Fuller als Soldat der US-Infanterie bei Einsätzen u.a. in Afrika, auf Sizilien und in der Normandie zum D-Day dabei. Über die Begebenheit am Omaha Beach schreibt er:

> Heroes? No such damned thing! ... Sure there were heroes, but not in the classic sense that people imagine them. A soldier did something out of panic or hysteria, never considering the risks. He was too goddamned scared to understand the consequences. Or a guy deliberately risked his own life because he felt compelled to save other dogfaces. He didn't feel heroic in the heat of the moment. (*A Third Face*, S. 165)

Nach Fullers Ansicht werden Menschen durch Leute, die gar keine Ahnung von den Geschehnissen haben, die ihnen gar nicht beigewohnt haben, zu Helden gemacht. Dies führt zu einer generalisierten Ablehnung des Heldentums, wie folgendes Wort-Assoziationsspiel mit einem Interviewer deutlich macht. Fuller schreibt:

> »Hero,« Robbins [der Interviewer] said.
> »Don't believe in it,« I said.
> »Coward.«
> »Don't believe in it.« (*A Third Face*, S. 558)

[376] Fuller wählt diese Variante der Schreibweise des Namens (und nicht »Kelly«).

[377] S. dazu den Eintrag in der *Internet Movie Database* über Preston Foster: http://www.imdb.com/name/nm0288003/bio, letzter Zugriff: 21.07.11.

[378] *The Great Northfield Minnesota Raid* (1972) nimmt später diese Idee auf. Jesse wird dort u.a. verbal mit Homosexualität konnektiert. Boggs schreibt: »When it is brought up in the brothel that Jesse avoids women, Bob Younger comes to his defense by mentioning Zerelda Mimms (Jesse's wife). Cole Younger quips, ›Even a blind chicken will pick up

Bereits zu Beginn des Filmes zeigt sich Jesse als Bankräuber, der wenig vom Rächer der Entrechteten hat. Jesse bedroht im Zuge des Überfalls einer Bank in Kansas einen Mann mit dem Revolver. Von Einstellung zu Einstellung nimmt die Intensität der Angst des Opfers, die durch die Vermehrung der Schweißperlen auf dessen Gesicht indiziert wird, zu (s. Abb. 26, die die letzte Einstellung, die mit den meisten Schweißperlen, zeigt). In Henry Kings *Jesse James* ist die Angst eines Opfers während eines Überfalles nie so deutlich gezeigt worden – sicher auch, um den Heldenstatus von Jesse nicht zu gefährden.[379] Es wird in *I Shot Jesse James* kein »achtbarer« Grund ersichtlich, warum die Bande rauben muss. Das Handeln der James-Gang dient der eigenen Bereicherung.

Abb. 26 Die Angst des unschuldigen Opfers wird in den Fokus gerückt: Ein von Jesse James bedrohter Bankangestellter in Großaufnahme in *I Shot Jesse James* (1949).

Als die Bande flieht, weil ein Bankangestellter den Alarmknopf betätigt, rettet Jesse während der Flucht ein verletztes Bandenmitglied. Es ist Bob Ford, der ungeschickterweise die Beute fallen lässt. Ford ist also inkompetent. Fuller erwähnt, dass er Bob zunächst als »tough, half-witted« dargestellt habe (*A Third Face*, S. 246).[380] Man sieht dann, wie Jesse und Bob zwischen zerklüfteten Felsen auf ihren schnellen Pferden erscheinen. Jesse ist der Anführer.

---

some corn‹« (*Jesse James and the Movies*, S. 201). Jesses Frau fungiert in Kaufmans Werk nicht als *love interest*, sie tritt gar nicht auf.

[379] In *Jesse James* war es Bob Ford, dem die Schweißperlen auf der Stirn standen, dort war es ein Zeichen für u.a. Tücke.

[380] Vgl. dazu auch die Art und Weise, wie Bob seinen Hut trägt. Er ist nach hinten verschoben, genau wie bei dem Kutscher Buck in *Stagecoach*. Allerdings ist dies kein eindeutiges Indiz für die »Minderwertigkeit« einer Figur (genauso wenig wie ein Schnurrbart oder schwarze Kleidung es für Schurkenhaftigkeit sind).

Dies wird dadurch versinnbildlicht, dass er vorweg reitet und dem anderen die Richtung deutet, in die dieser sich bewegen soll (s. *I Shot Jesse James*, 0:04). Während einer kurzen Rast steigen die Männer ab, und Jesse kümmert sich fürsorglich um den Verletzten, was eine homophile Intimität nahelegt: Beide halten sich in den Armen, Jesse öffnet Bobs Hemd ein Stück weit und fasst auf seine Wunde und berührt ihn auch danach noch einmal (s. Abb. 27). Fuller schreibt: »Right away, I establish the special fondness between Jesse and Bob« (*A Third Face*, S. 246).

Abb. 27 Die »besondere Zuneigung« zwischen Jesse (Reed Hadley) und Bob Ford (John Ireland) in *I Shot Jesse James* (1949). Die Figuren sitzen eng beieinander, Jesse berührt Bobs Körper unter der Kleidung.

Hier gibt es eine Umkehrung der Szenen des Versorgens einer »geliebten« Person. In anderen Werken sind diese oft geschlechtsbezogen. Sie finden zwischen zwei (gegengeschlechtlichen) Menschen statt, die sich lieben. Die Szenen haben weiterhin einen sexuellen Unterton (wie z.B. in dem Roman *Riders of the Purple Sage*, als Bern sich um Bess kümmert). Der Part der Krankenfürsorge wird auch oftmals Frauen zugeordnet (wie z.B. im Roman *The Virginian*, im Film *Jesse James*). Fuller irritiert damit die Konventionen/Rollenverteilung des traditionellen Westerns. Am Schluss des Filmes, kurz bevor Bob stirbt, wird dieser noch explizit sagen, dass er Jesse geliebt habe. (Eine derartige Äußerung ist jedoch für frühere Western nicht so ungewöhnlich – vgl. Scipios »Geständnis« im Roman *The Virginian*.) Fuller schreibt zur Ambiguität dieser Aussagen:

> Lippert never objected to a man declaring his love for another man. I don't think
> he noticed the subtle suggestion of a homosexual bond between Ford and James.
> Critics did, calling *I Shot Jesse James* »the first adult Western.« (*A Third Face*, S. 247)

Jesse rettet seinem Freund das Leben – dadurch wird gleichzeitig die Tragik, die durch den Verrat entsteht, erhöht.

Fuller taucht in diesem Film nicht in die Welt einer gebeutelten Südstaatengemeinschaft ein, wie Regisseur King es getan hat, um Jesse als Anführer zu typisieren. Jesse und Bob in *I Shot Jesse James* sind keine Beschützer. Nach dem Raub werden Deckblätter von Tageszeitungen mit ihren Schlagzeilen eingeblendet. Es handelt sich nicht um Zeitschriften aus Missouri; neben einem Blatt aus Topeka (Kansas), sind auch welche aus Denver (Colorado), Chicago (Illinois) und Fremont (Kalifornien) dabei. Die Sicht auf Jesse ist somit kein verklärter Südstaatenblick.

Nach dieser Vorgeschichte (Raubüberfall und Etablierung der Verbindung zwischen Jesse und Bob) zeigt der Film Jesse in häuslicher Umgebung. Er hält sich mit seiner Frau Zee unter falschem Namen (als Mr. Howard) in St. Joseph, Missouri, auf. Anders als bei *Jesse James* aber, spielt Zee in *I Shot Jesse James* keine größere Rolle. Jesse sitzt am Esstisch und studiert eine Landkarte, um den nächsten Überfall vorzubereiten. Bob Ford lebt bereits seit einigen Monaten bei dem Ehepaar. Zee ist eine müde und ausgemergelte Frau. Fords Geliebte Cynthy wird später über sie sagen, dass Zee wie fünfzig anstatt wie dreißig Jahre aussehe (s. 0:14). Dunkle Schatten sind auf Zees Wangen geschminkt, sie trägt den Kopf nach unten gebeugt, ihr Blick ist gesenkt (das ist die Hexis einer sich unterwerfenden Frau). Zee ist eine Hausfrau, das Haus ist ihr Terrain. Zeichen dafür sind, dass sie eine Schürze trägt und mit der Zubereitung des Essens beginnt.

Zee fürchtet, dass Bob Unheil bringen werde und äußert dieses. Jesse reagiert aufbrausend, aber kontrolliert. Wie auch in *Jesse James* ist der Ehemann erst nicht bereit, die Meinung seiner Frau anzuhören und zu akzeptieren. Jesse trägt einen Anzug, er ist – im Gegensatz zu Zee – gekleidet für die Welt »draußen«. Er sieht aus wie ein Geschäftsmann. Jesse beruhigt seine »devoted wife« (*I Shot Jesse James*, 0:07). Wie es scheint, möchte er ihr versprechen, dass er (nach dem nächsten Überfall) sein Banditenleben aufgeben will. Jesse ist hier also ein Mann, der sich auf dem Rückzug von seiner hohen sozialen Position (die er nicht nur in der Familie, sondern auch in der Bande

innehat) befindet. Von einer etwaigen Besonderheit ist nichts (mehr) zu spüren. Fuller benutzt die James-Figur (mit der tiefen »Erzähl«-Stimme Hadleys)
als Zeuge einer vergangenen Epoche.

Der zu der Szene hinzukommende Bob Ford entspricht eher dem Bild
des rauen Westernhelden. Lässig und überheblich kommt er, der eigentlich
Gast in diesem Hause ist, zu Tisch und nimmt sich einfach – wortlos – vom
Essen. Zee entfernt sich von diesem Mann und verlässt den Raum. Eine Ver-
teidigung von Jesses Seite oder eine Zurechtweisung Bobs findet nicht statt.
Der Typ des Westerners der wenigen Worte wird so vom Anti-Helden Bob
verkörpert; allerdings ist diese Sprachlosigkeit hier ein Zeichen schlechten
Benehmens.

Der hinzustoßende Bruder Charlie berichtet von Frank James und der
Bank nahe Wichita, die sich die Bande als nächstes ausgeguckt hat. Außerdem erzählt er Bob, dass er »dessen Mädchen« Cynthy Waters gesehen habe,
die in einem Opernhaus in St. Joe arbeiten würde. Zee schlägt vor, dass Bob
Cynthy heiraten und sich mit ihr niederlassen solle. Damit spielt sie ihre
weibliche Rolle als Verkörperung der Zivilisation. Sie sagt, sie alle seien
»farmers at heart« (0:10). Bob antwortet auf diesen Vorschlag von Zee abermals nicht, er hat es nicht nötig, mit dieser Frau zu reden, straft sie mit Ge-
ringschätzung und reitet davon – in die Stadt.

Cynthy Waters ist in Fullers Film von größerer Wichtigkeit als Zee. Zugleich wird mit diesen beiden Frauen eine für Western typische Gegenüberstellung vorgenommen; wir sehen eine leidende Farmersfrau und eine Variante der *whore with a heart of gold*, wie sie z.B. Dallas in *Stagecoach* repräsentiert. Cynthy ist allerdings keineswegs so selbstlos wie Dallas. Bobs Geliebte
wird gespielt von Barbara Britton, die in Stuart Gilmores Verfilmung von *The
Virginian* (1946) Molly Wood dargestellt hat und das »Revlon-Girl« der
1950er und 60er Jahre im amerikanischen Fernsehen war.[381] Cynthy ist eine
begehrenswerte Frau und bildet optisch einen Gegenpol zur ausgelaugten
Zee. Die Schauspielerin und Opernsängerin strahlt, steckt in einem Kleid, an
das eine frische Blüte geheftet ist, sie trägt ein weit ausgeschnittenes De-
kolleté und eine Kette (Schmuck) um ihren Hals. Die Sängerin betrachtet sich
im Spiegel und prüft ihr Aussehen. Waters ist damit auch eine Figur, die als
Objekt in die Nähe der Amüsements für Männer gerückt wird, wie in anderen Westernfilmen eben auch die Huren. Cynthy ist eine Frau, die nicht das

---

[381] S. hierzu den Eintrag über Barbara Britton in der *Internet Movie Database*:
http://www.imdb.com/name/nm0110159/bio, letzter Zugriff: 25.07.11.

Haus als Domäne hat, sie ist (außerhalb) berufstätig und beschäftigt eine (schwarze) Hausangestellte.

Waters hat auch einen Manager, Harry Kane. Dieser Manager ist ein rundlicher, kleinerer Mann, der von J. Edward Bromberg gespielt wird. Bromberg verkörperte in *Jesse James* von 1939 Detektiv Runyan. Wenn er Cynthy gegenüber steht, ist er kleiner als sie. Dies ist ein Indiz dafür, dass er wenig zum Westernhelden taugt. Er tritt mit Ford und Kelley z.B. nicht in Konkurrenz um die Gunst einer Frau, er ist gleich außerhalb der Konkurrenz. Die Figur Kanes signalisiert einen unangenehmen Opportunismus.

Harry Kane stellt Cynthy einen Verehrer, den »Silver King of Colorado« (John Kelley), vor. Dieser wird nun zum Konkurrenten von Bob Ford. Als Bob in Cynthys Zimmer kommt, blickt sie ihn an, wie Frauen in Western die Helden oft ansehen, wenn sie an attraktiven Männern Gefallen finden. Cynthy will aber auch mehr über den Silberkönig erfahren und prüft außerdem, ob er nicht eventuell eine bessere »Partie« für sie sein könnte. Kelley stellt sich dem Vergleich (zu Bob Ford) und sorgt mit geschickten Worten (er macht Cynthy Komplimente) und Gesten (er bittet Bob um Feuer für seine Zigarre) dafür, dass der lustvolle Blick der Schauspielerin (der zuvor auch schon Bob getroffen hat) neugierig auf ihm haften bleibt. Da Cynthy jedoch kleiner ist als die beiden Männer (und an dieser Stelle auch nicht anders im Kader positioniert wird), muss sie für diesen Blick nach oben schauen (s. Abb. 28). Es folgt keine (indirekte) subjektive Einstellung. Die männlichen Charaktere werden nicht als Objekte erniedrigt. Es gibt in den Filmen – wie schon in den Romanen – verschiedene Qualitäten des Betrachtens. Die Frau steht nun weiterhin mit ihren Gefühlen zwischen zwei Männern, was über die räumliche Positionierung in dieser Szene repräsentiert wird.

Abb. 28 Zwischen zwei Männern: In *I Shot Jesse James* (1949) wirft Cynthy (Barbara Britton) lustvolle Blicke auf John Kelley (Preston Foster). Die Frau sieht dabei »natürlich« auf.

Es ist davon auszugehen, dass Cynthy an Bob Ford seine Härte und sein Erscheinungsbild (*gunfighter*) fasziniert, an Kelley wird es die stattliche Gestalt, das gute Benehmen (er wird als *gentleman* präsentiert) und die Aussicht auf seinen wirtschaftlichen Erfolg (*self-made*-Typus) sein.

Als der Silberkönig gegangen ist, kommen Cynthy und Bob sich körperlich nahe, dann sagt sie: »If you'd listened to me three years ago we could have been married. You're a good farmer« (*I Shot Jesse James*, 0:14). Der Film suggeriert, dass auch Cynthy sich ein Leben als Farmersfrau wünscht, dass sie sich freiwillig von ihrer Berufstätigkeit verabschieden möchte. Außerdem wird so auf das ursprüngliche amerikanische agrarische Ideal (nach Jefferson) angespielt. Cynthy teilt Bob mit, dass sie ihn nur heiraten werde, wenn er die James-Gang verlasse. Bob willigt ein – um diese Frau zu bekommen, würde er alles tun.

Mit Cynthy wird auf die erstarkten Frauen nach dem Zweiten Weltkrieg verwiesen. Im Amerika der Nachkriegszeit fand man Wege, den Aufstieg der Frauen zumindest teilweise zu verhindern, wie Benshoff und Griffin schreiben:

> Women were unceremoniously fired from their jobs in order to create employment opportunities for returning men. Veterans were granted federal loans to help them obtain higher education, train for better-paying careers, or buy homes – loans that were for the most part unavailable to women. ... Yet most cultural historians note that many American men still felt vaguely threatened by women. (*America on Film*, S. 269)

Dass Bob Ford sich im Laufe der Geschichte immer mehr verrennt, kann im Sinne der Western auch wieder so gedeutet werden, dass das Einzige, das einen Mann aus seiner Fassung bringen kann, eine – starke – Frau ist, die er (zu sehr) liebt. Ein Mann wie Bob, der einer Frau derart verfällt, kann kein Westernheld werden – und (im Sinne der patriarchalischen Ideologie) muss Cynthy durch einen (anderen) Mann untergeordnet werden.

Bob beschließt den Verrat. Er will die 10.000 Dollar-Belohnung, die für Jesse ausgesetzt worden ist, ergattern. Nun bietet sich die erste Gelegenheit für ein Attentat; wir sehen den badenden Jesse James. Badeszenen sind genretypisch für Western. Mitchell schreibt:

> No other genre has men bathe as often as Westerns, where they repeatedly strip down to nothing more than an occasional hat, cigar, and bubbles in order to soak the dust away. But is that really the reason? ... These scenes actually serve as miniature convalescence sequences in which the hero is reduced to a prone position so that the camera can display him recovering himself. We watch, that is, men becoming men in the principal way the Western allows, by being restored to their male bodies. (*Westerns*, S. 151)

In Fullers Film dient das Bad nicht der Restauration des Körpers. Hier wird Jesse als dominanter Mann charakterisiert, der Bob »degradierende« Arbeiten verrichten lässt.[382] Gleichzeitig wird erneut Bobs Wertschätzung als Freund angezeigt; der junge Ford erhält von Jesse einen silbernen Revolver als Geschenk. Dem nackten Rücken Jesses wird (durch Bobs Blick, Schuss/Gegenschuss[383] sowie durch die Filmmusik) eine signifikante Bedeutung zugemessen. Fuller spielt mit verschiedenen Diskursen; mit dem Wissen des Rezipienten darum, dass Jesse durch einen Schuss in den Rücken zu Tode gekommen ist (und mit einer Intertextualität zu *Jesse James*), mit einer (homo)erotischen Komponente und der Mächtigkeit Jesses. Denn der spricht folgende Worte (obwohl er weiß, dass Bob den Revolver noch in den Händen hält): »Well, go ahead, Bob. What are you waiting for. There's my back«. Und nach einer kurzen Pause: »Here, scrub it« (*I Shot Jesse James*, 0:19), s. dazu Abb. 29. Bob kommt der Aufforderung nach. Seine Arbeiten lassen sich auch

---

[382] Die Degradierung fehlt in *Jesse James* und wird in dem späteren Werk *The Assassination of Jesse James by the Coward Robert Ford* viel stärker herausgehoben. In *I Shot Jesse James* kann sie nicht unbedingt als Mordmotiv gewertet werden, wenn auch eventuell als Katalysator.

[383] Diese Technik wird ansonsten häufig bei Dialogen angewendet, s.o. Müller beschreibt sie als »[e]ine Aufnahme- und Schnittmethode, mit der bei Dialogen zwischen den Gesprächspartnern hin und hergeschnitten wird« (*Geheimnisse der Filmgestaltung*, S. 488).

mit dem Aufgabengebiet der Frauen in Verbindung bringen, er repräsentiert eine untergeordnete Männlichkeit.

Abb. 29 Badeszene mit Jesse James (Reed Hadley) in *I Shot Jesse James* (1949). Das Präsentieren des Rückens wird zur Machtdemonstration: »Scrub my back!« – indirekte subjektive Einstellung aus Bobs Sicht.

Wenig später erhält Bob eine neue Gelegenheit, das Attentat auszuführen; auch in diesem Film sehen wir, wie Bob Ford in geduckter Haltung durch ein Fenster späht (hier wird auf *Jesse James* referiert, s. oben). Bob verpasst die Chance wiederum. In einer folgenden Sequenz sitzt er im Wohnzimmer Jesses. James ist müde, er will sich zur Ruhe setzen.[384] Dann dreht er Bob abermals den Rücken zu, steigt auf einen Stuhl, um mit den Worten »there's nothing like puttering around the home« ein Bild an der Wand geradezurücken (*I Shot Jesse James*, 0:22). Hier wird wieder ein Konnex mit Weiblichkeit und Häuslichkeit geschaffen.[385] Bob schießt ihm in den Rücken. Der Code des Westens gilt nicht für den Protagonisten. Nach diesem Ereignis werden erneut Deckblätter von Tageszeitungen eingeblendet. Nun stammen sie aus Missouri (St. Joseph und Jefferson), und Bob Fords Handlungen werden darin auf die Taten eines Feiglings reduziert. Der Film kommentiert damit den Einfluss der Südstaatenpresse, die Jesse James zum Helden stilisiert hat.

---

[384] Dieser Jesse James ist aber noch nicht des Lebens müde (wie es in *The Assassination of Jesse James by the Coward Robert Ford* insinuiert wird). Dieser Jesse vertraut auch seinen Untergebenen vollkommen.

[385] Als die Szene später auf der Bühne nachgestellt wird, gibt man dem Jesse-Darsteller sogar einen Staubwedel in die Hand (s. *I Shot Jesse James*, 0:38).

Die Figuren dieser Westernwelt sind mit der Missachtung des Codes nicht einverstanden. Der Gouverneur lässt den Verräter zwar wie angekündigt laufen, aber der Sheriff zeigt bei Bobs Entlassung seine Verachtung für ihn und zahlt ihm nur die Hälfte der versprochenen Summe aus. Er schleudert dem Mörder das Geld ins Gesicht. Selbst ein Mann des Gesetzes verachtet den, der den Bandenanführer getötet hat. Diese Szene deutet an, dass der Code des Westens, dass die Ehre immer noch über dem Gesetz steht. Wie auch in dem in dieser Studie besprochenen *dime novel*-Western verachten die Männer des Gesetzes einen Verräter.

Cynthy ist ebenfalls entsetzt über die Tat ihres Geliebten. Bob steigert sein unrühmliches Verhalten noch, indem er sich von Kane dazu überreden lässt, seine Tat als Schauspieler auf der Bühne im Opera House von St. Joe nachzustellen. Bob kann es jedoch nicht über sich bringen, Jesse auf der Bühne erneut zu erschießen. Fuller schreibt: »his theatrics only sink him deeper into his own guilt, driving him crazy« (*A Third Face*, S. 247). Aber die Geschichten um Bob haben auch bereits in anderer Form Einzug in die amerikanische Kultur erhalten. In einer Bar wird ein »troubadour« gezeigt, der ein Lied singt, »that everybody likes« (s. *I Shot Jesse James*, 0:41); es ist die Ballade von Jesse James. Bobs Handlung ist also bereits durch die Medien gefiltert worden. Der Westen ist nur noch Austragungsort eines Spektakels. Die Motivation des Bob Ford scheint niemanden wirklich zu interessieren – Fuller jedoch schenkt Bobs psychischer Befindlichkeit Aufmerksamkeit. Für Server ergründet der Regisseur ihn allerdings nicht völlig zufriedenstellend: »Fuller's Bob Ford behaves with a dazed lack of insight. Whether fully intentional or not, Fuller's murky character study seems finally to say, *Who knows* what makes people do things?« (*Sam Fuller: Film is a Battleground*, S. 60)

Bob wird als ein *gunfighter* typisiert, der nicht nur Schlechtes tut (von der Figur des *good badman* ist er allerdings weit entfernt). Als Bob den Saloon verlässt und auf die Straße tritt, feuert ein Junge auf ihn. Bob schießt jedoch nicht zurück, denn der Junge ruft: »don't shoot! ... I'm out of bullets« (*I Shot Jesse James*, 0:45). Ford fragt ihn, warum er geschossen habe, und der Junge antwortet: »You shot Jesse James. Anybody who'd shoot you becomes the biggest gunman in the country« (0:46). Mit dem Jungen wird in *I Shot Jesse James* das Fehlen der männlichen Vorbilder, das während des Zweiten Weltkriegs und danach auftrat, im Sinne der zeitgenössischen Diskussion problematisiert. Angeblich führte dieser Umstand zu einer Orientierungslosigkeit und Gefährlichkeit der Jugend. Dieses Phänomen, dass junge Männer berühmten Revolverhelden auflauern, ist zugleich ein wiederholtes Thema in Westernfilmen. Slotkin erkennt diese Besonderheit zuerst bei Henry Kings *The Gunfighter* (1950). Er macht einen Autor dieser Geschichte, André de Toth, für den Transfer ins Westerngenre verantwortlich:

> To be a champion was ... to become the mark of perpetual challenges, not only from fellow professionals but from the random and spiteful aggression of ambitious amateurs. De Toth counted heavyweight champion Joe Louis and the actors Humphrey Bogart and Errol Flynn among his friends; and he noticed that whenever these men appeared in public, they were likely to be challenged by a drunken citizen who needed to show how much tougher he was. In this regard champions and movie stars were alike: centers of public fantasy-life so powerful that those in its spell had to seek somehow to become – and failing that, to destroy – the idealized figure. (*Gunfighter Nation*, S. 385)

Da Fullers Film und Henry Kings *The Gunfighter* recht zeitnah entstanden sind, können beide auf ähnliche Phänomene in der amerikanischen Kultur zurückgreifen. Offenbar traten der Wunsch, sich mit einem Idol zu messen, es evtl. zerstören zu wollen, und der Wunsch nach Ruhm vermehrt seit dieser Epoche auf. Dominiks *The Assassination of Jesse James by the Coward Robert Ford* setzt sich ausführlicher mit dieser Idee auseinander, wodurch der Charakter Bob Fords geprägt wird. Fullers Ford hat andere Motive; sein Begehren Cynthys ist größer als die Liebe zu Jesse es war. Zugleich übt Cynthy eine größere Macht über ihn aus.

Fullers Bob versucht, einen Weg zu finden, sich zu rechtfertigen, einen eigenen Kodex zu entwickeln. Er will seinen Namen nicht ändern, er will der bleiben, der den Volkshelden getötet hat.[386] Bob ist also davon überzeugt, das Richtige getan zu haben. Nun versucht er auf einem anderen Weg Geld zu verdienen, um seine Angebetete heiraten zu können. Der Mann, der Jesse James erschossen hat, geht nach Creede, Colorado, um dort nach Silber zu suchen. In Colorado trifft Ford wieder auf Kelley.[387]

---

[386] Wie sich schon in *Jesse James* gezeigt hat, kann das Ändern des Namens unterschiedlich gewertet werden. Bei Jesse galt es in Kings Film als geschickt, während der gleiche Tatbestand bei dem Detektiv als nicht aufrichtig gewertet wurde.

[387] Der junge Ford kann sich in Creede auch einen gewissen Respekt von Kelley erwerben. Bob sorgt dafür, dass ein fairer Kampf zwischen dem Silberkönig und Betrügern stattfinden kann (hier findet sich eine intertextuelle Referenz zur Kampfszene auf der elterlichen Farm in *Jesse James*, s. oben). Denn natürlich weiß Bob um den Code des Westens.

Als Bob auf Silber stößt, meint er, seinem Ziel nun endlich einen Schritt näher gekommen zu sein. Er bittet Cynthy, nachzukommen. Cynthy kommt nach Creede, allerdings nicht mit der Absicht, Bob zu heiraten. Diese Frau wird den Protagonisten nicht erlösen, sie ist sein Untergang. Bei ihrer Ankunft hat Fuller folgende filmische Umsetzung gewählt, die Cynthys Distanzierung ausdrücken soll: Als sie oben auf der Kutsche steht und der unten wartende Bob ihr beim Aussteigen behilflich sein will, gibt es einen Augenblick, in dem beide verharren. Die Dame seines Herzens ist kühl und trägt ein schwarzes Kleid. Bob sagt: »I've seen you wear black before, but now it kind of makes you seem some taller« (*I Shot Jesse James*, 1:04). Zu diesem Zeitpunkt wirkt – durch den Bildausschnitt – Cynthy tatsächlich größer als er (s. Abb. 30). Hier findet sich eine Umkehrung von visuellen Konventionen (die es nicht nur im Genre Western gibt, vgl. Abb. 31). Die Positionierung innerhalb der Kadrierung impliziert die Dominanz der Frau, die nun außerdem einen anderen liebt: Kelley.

Abb. 30 Nah-Einstellung: Die weibliche Dominanz wird im Arrangieren (der Körper) der Akteure im Bild versinnbildlicht. Cynthy (Barbara Britton) und Bob Ford (John Ireland) in *I Shot Jesse James* (1949). Cynthy ist nicht nur höher positioniert als Bob, sie nimmt auch mehr Raum ein als er. Bob wird nahezu aus dem Bild gedrängt.

Abb. 31 Ähnliches Prinzip auch im anderen Genre: Gwen Allen (Jean Harlow) und der ihr unterlegene Geliebte Tom Powers (James Cagney) im Gangsterfilm *The Public Enemy* (1931).

In diesem Film ist das Credo *a man's got to do what a man's got to do* in sein Gegenteil verkehrt. Aber Kelley (jetzt Marshal[388]) entwickelt einige Züge eines Helden und benutzt eine Form dieses Leitsatzes. Er kommt zu Cynthy, die ihn bittet, vor dem rasenden Bob zu fliehen, doch Kelley will sich nicht verstecken und sagt: »I've got to talk to him« (1:16). Allerdings: Reden ist nun genau das, was männliche Figuren im Western nicht tun sollen, denn es ist dem Handeln als Handlungsoption diametral entgegengesetzt.

Auf der Straße kommt es zum Aufeinandertreffen beider Männer. Sie nehmen Positionen wie für ein Duell ein. Aber nun wird eine Technik eingesetzt, die oben von Dombrowski als typisch für Fuller beschrieben worden ist (»upending expectations, disregarding conventional norms«): Kelley dreht sich plötzlich weg und kehrt Bob den Rücken zu.[389] Schließlich trifft Kelley Ford tödlich. Der herbeieilenden Cynthy teilt Bob seine letzten Worte mit. Er sagt, dass es ihm leid täte, was er Jesse angetan habe, und dass er ihn geliebt habe, wie oben bereits erwähnt. Jetzt im Tod findet Bob seine Erlösung, er hat als Held nicht existiert.

---

[388] Im Gegensatz zu Bob hat Kelley in Creede keinen großen Silberfund gemacht. Stattdessen nimmt er jetzt eine ehrenvolle, mit Verantwortung verbundene Position in der Stadt ein.

[389] Diese Variante eines Duells ist mir in keinem anderen Westernfilm begegnet. Allerdings formen Regisseure auch immer mal wieder Duelle um. S. dazu beispielsweise *Pat Garrett and Billy the Kid* (1973). Billy dreht sich dort während des Auseinandergehens zu früh um und schießt, weil er die Arglist seines Gegners vorausahnt. Eine ähnliche Missachtung des Codes findet bei einem Duell im Roman *The Assassination of Jesse James by the Coward Robert Ford* (1983) statt.

Fullers Variante der Jesse-James-Geschichte darf als Kritik am Heldentum (auch um die Person Jesse James) und an den Männermythen des Wilden Westens verstanden werden. Das Ideal eines Anführers gibt es hier nicht. Wieder »siegt« ein angepassterer, zahmerer und vernünftigerer Liebender. Kelley ist erst eine Art *self-made*-Mann, dann ein Marshal, der in der Stadt als Gesetzeshüter dominant die Dinge regelt – es muss keine Figur wie Dashing Diamond Dick dafür erscheinen, er handelt auch selbstständiger als Wright in *Jesse James* (1939). Dieser Mann gewinnt *love interest* Cynthy. Fullers Film zeigt also das (männliche) Ideal des *breadwinner* als erstrebenswertes und erreichbares Ziel auf. In der Nachkriegszeit ist dies eine Aufforderung zur Unterordnung der Frau. Kelley (nicht der Hasardeur Bob) kann seine Liebe zu Cynthy kontrollieren, kann sich gegen sie durchsetzen (er wird also auch keine komplizenhafte Männlichkeit). Kelley ist solide; standhaft und standfest (wie die *Sturdy Oak*).[390] Das Quantum Wildheit (das u.a. mit Selbstkontrolle in Zaum gehalten werden muss), die Zutat, die es braucht, um ein Westernheld zu sein, fehlt diesem Mann.

Der angeblich größte Westernheld Jesse James gibt in diesem Film ein verderbliches Vorbild für die amerikanische Jugend ab. In *I Shot Jesse James* wird Bob durch seine (intime) Nähe korrumpiert, und es resultieren kriminelle Handlungen. Die Ära nach dem Zweiten Weltkrieg, eine erneute Krise des Mannes, ist hier wieder eine Zeit für die Rückbesinnung auf Ideale bzw. Tugenden, die den männlichen Individuen der Mittelklasse seit Ende des 19. Jahrhunderts bereitgestellt bzw. angeraten werden.

Der Bandit Jesse James ist nun aus verschiedenen Blickwinkeln betrachtet worden. *The Assassination of Jesse James by the Coward Robert Ford* (2007) bringt wieder neue Aspekte in eine Geschichte ein, die Amerika seit über 100 Jahren beschäftigt.

5.2.3 *The Assassination of Jesse James by the Coward Robert Ford* (2007)

Das Auftreten der (hier: filmischen) Ausformungen des Genres Western im 21. Jahrhundert hat Beachtung gefunden. Spindler schreibt unter Hinweis auf Kitses:

> To Kitses, the clustered release of the Westerns *3:10 to Yuma* and *The Assassination* [*of Jesse James by the Coward Robert Ford*], and ... *No Country for Old Men* (2007) is

---

[390] Aufgrund der Nähe zum hegemonialen Ideal ließe sich hier wieder die Idee von der unmarkierten Männlichkeit andenken.

both significant and welcome; he notes that the myths and rituals of the Western have served the American public well in earlier troubled times ... (*Recent Westerns*, S. 112)

Wenn in diesem Zitat mit »earlier troubled times« z.B. die Zeit der Wirtschaftskrise der 1930er Jahre gemeint ist, dann stellt sich die Frage, ob hier »the American public« nicht ausschließlich männliche Amerikaner beinhaltet – ist es doch vor allem diese Gruppe, die in der Vergangenheit eine Bestätigung oder Aufmunterung durch die Botschaften des Genres erhalten hat.

Die unruhigen Zeiten, die Amerika jetzt erlebt, beziehen sich nicht nur auf die Vorkommnisse seit *9/11*, sondern auch auf die problematische wirtschaftliche Lage des Landes. Diese lässt viele eine erneute Krise der Männer heraufbeschwören. Wiebke Hollersen et al. zitieren den Arbeitsökonomen David Autor in *Der Spiegel* vom 31.12.12 folgendermaßen:

Der Abstieg der Männer zeigt sich in vierfacher Weise ... Erstens bei ihren schulischen Leistungen, zweitens bei ihrem Abschneiden auf dem Arbeitsmarkt, drittens in der Qualität ihrer Jobs und viertens darin, wie sie mit Arbeitslosigkeit umgehen. (»Männerdämmerung«, S. 101)

Hanna Rosin, Autorin von *The End of Men and the Rise of Women* (2012), weist darauf hin, dass die von den Soziologen (derzeit) beschriebene Krise (»the sinking of the traditional middle class, the end of the stable white working class, the broken backbone of America«, S. 82) (wieder) eine Chance für andere sei – für die amerikanischen Frauen:

Since 2000, the manufacturing economy has lost almost six million jobs, more than a third of its total workforce, and has taken in few young workers. The housing bubble masked this new reality for a while, creating work in construction and related industries. But then that market crashed as well. During the same period, meanwhile, health and education have added about the same number of jobs. But those sectors continue to be heavily dominated by women, while the men concentrate themselves more than ever in the industries – construction, transportation, and utilities – that are fading away. (S. 85)

Versucht der Film *The Assassination of Jesse James by the Coward Robert Ford* den amerikanischen Männern Hoffnung und Zuversicht zu geben? Können die männlichen Rezipienten (weiterhin) durch dieses Genre profitieren (wie im obigen Zitat von Spindler/Kitses behauptet wird)?

Der in Neuseeland geborene (und in Australien lebende) Regisseur Andrew Dominik hat sein filmisches Debut im Jahre 2000 mit *Chopper* geliefert. Die Figur Chopper ist ein »gangster folk hero whose autobiography becomes a bestseller«, wie Jim Kitses schreibt (»Twilight of the Idol«, S. 20). Dominiks 2007 erschienener Film *The Assassination of Jesse James by the Coward Robert Ford*, der sich mit den letzten Monaten im Leben von Jesse James beschäftigt, wird von mir als revisionistisches Werk betrachtet. Dominiks Film orientiert sich stark an der Romanvorlage von Ron Hansen aus dem Jahre 1983. Kitses stellt fest: »the narration and the bulk of the archaic dialogue, both so crucial in creating the film's world, are largely word-for-word from Hansen. It's as if Dominik had *inhaled* the book« (»Twilight of the Idol«, S. 20). Allerdings treibt Hansen im Gegensatz zu Dominik die Demontage der Figur des Jesse James noch ein wenig weiter. Auch wenn Kitses auf die Gemeinsamkeiten zwischen Buch und Film hinweist, die Beschreibung von Jesses Körper im Roman und die Darstellung des von Pitt verkörperten Charakters differieren. Die Jesse-James-Figur im Buch *The Assassination of Jesse James by the Coward Robert Ford* hat z.B. schütteres Haar und eine unvorteilhafte Nase. Außerdem hat Hansen für Jesse eine hohe Stimme (Kennzeichen des Ideals der *mainstream*-Männlichkeit wäre eine tiefe Stimme) vorgesehen: »He had a high, thin, sinew of a voice, a contralto that could twang annoyingly like a catgut guitar whenever he was excited« (S. 5). Brad Pitt hingegen ist mit einer als angenehm geltenden (tiefen) Stimme ausgestattet (s. dazu z.B. die 2012 lancierte *Chanel No. 5*-Fernsehkampagne), die auch in Dominiks Film zu vernehmen ist.[391]

Mit Brad Pitt spielt in der Filmadaption ein gutaussehender Mann die Hauptrolle, der zurzeit als einer der einflussreichsten Männer Hollywoods gilt. Scheinbar wollte sich der in Missouri aufgewachsene Pitt, der auch Produzent des Filmes ist, mit diesem Werk (selbst) ein Denkmal setzen. In Interviews huldigt er dem Genre Western[392] und stellt ökonomische Interessen zurück. Er habe er einen bedeutenden Film machen wollen, einen für die

---

[391] Seine Stimme hat Pitt wahrscheinlich trainiert (wie es ohnehin für Schauspieler üblich ist), vgl. auch folgende kritische Anmerkung auf der Internetplattform *Yahoo!Answers*: »You can tell he [Pitt] is speaking much deeper than his natural voice and it just sounds so obvious. If you see old footage of him before he got famous he had this nasally high pitched voice that was awful« (Quelle: http://answers.yahoo.com/question/index?qid=20111231124034AAkfhQz, letzter Zugriff: 05.01.13). Pitt hätte sich so dem hegemonialen Ideal angepasst (wie auch Theodore Roosevelt, s. oben).

[392] S. hierzu den Ausschnitt eines Interviews in *Die Zeit* mit dem Schauspieler:
　　Zeit:　Sie haben den Jesse-James-Film selbst produziert. Ging es Ihnen auch darum, in einem Western zu spielen?
　　Pitt:　Vielleicht. Es ist *das* amerikanische Genre.
　　(http://www.zeit.de/2007/43/Interview-Brad-Pitt, letzter Zugriff: 07.02.12)

Ewigkeit.[393] Der zeitgenössische Bezug entsteht nach Ansicht einiger Kritiker durch die Aktualität der *celebrity*-Kultur (s. unten), zu der letztendlich auch Pitt selbst gehört.

Der knapp 34 Jahre alte Jesse, der zu Beginn des Filmes in einem Schaukelstuhl in seinem Haus sitzt, also gerade kein wildes Abenteuer unternimmt, wird zunächst als ein Mann etabliert, der fasziniert. Anders als in den bisher hier diskutierten Filmen tritt in *The Assassination of Jesse James*[394] von Zeit zu Zeit ein auktorialer Erzähler in Form einer Erzählstimme (*Voice-over*) in Erscheinung.[395] Die Zeichen für Jesses Besonderheit werden zunächst in folgender Aussage der Erzählstimme vermittelt: »Rooms seemed hotter when he was in them. Rains fell straighter. Clocks slowed. Sounds were amplified« (0:02). Kitses schreibt dazu:

---

[393] Dies wird in folgender Aussage Pitts in einem Interview deutlich:

I come from the belief that all good films find their time whether it's on opening week or sometime later. That's certainly true with some of my favourite films that might relate to this film in terms of cadence like *Pat Garrett & Billy the Kid*, or *McCabe & Mrs Miller* ... I found them 10 to 20 years after they were made. My main concern is quality and I think there is quality to be found in all categories of filmmaking. That's it for me, I keep it very simple. (http://www.indielondon.co.uk/Film-Review/the-assassination-of-jesse-james-by-the-coward-robert-ford-bradpitt-interview, letzter Zugriff: 07.02.12)

Dass *The Assassination of Jesse James by the Coward Robert Ford* kein kommerzieller Film war, verraten auch die *Box Office*-Angaben. Bei einem Budget von geschätzten $ 30.000.000 nahm der Film am Eröffnungswochenende in den USA (auf 5 Leinwänden gezeigt) $ 147.812 ein (s. http://www.imdb.com/title/tt0443680/business, letzter Zugriff: 07.02.12). Man betrachte im Unterschied dazu die Angaben des Westerns *3:10 to Yuma* aus dem gleichen Jahr: Bei einem geschätzten Budget von $ 55.000.000 nahm dieser Film am Eröffnungswochenende (auf 2.652 Leinwänden gezeigt) in den USA $ 14.035.033 ein (s. http://www.imdb.com/title/tt0381849/business, letzter Zugriff: 07.02.12). Von den Kritikern erhielt der Film *The Assassination of Jesse James by the Coward Robert Ford* zumeist gute Beurteilungen.

[394] In diesem Kapitel werde ich nachfolgend Andrew Dominiks Film und Ron Hansens gleichnamiges Buch der Kürze halber so bezeichnen.

[395] Die Stimme des Schauspielers Hugh Ross und auch die Filmmusik (an der Nick Cave beteiligt war) tragen in erheblichem Maße zur elegischen Stimmung bei, die diesem Werk innewohnt. In den von der Erzählstimme kommentierten Passagen werden einige Einstellungen zum Rand hin unscharf, was womöglich auf eine Manipulation der Kameralinsen zurückzuführen ist. Ob es sich bei der kommentierten Handlung auch mal um einen Rückblick handelt, wird nicht deutlich. Beispielsweise gibt es die gleiche Einstellung von Jesse im Schaukelstuhl zwei Mal (0:01 und 1:51). Diese ungewöhnliche (»künstlerische«) Form ist Kennzeichen eines revisionistischen Filmes (s. oben).

> Though a sign of his increasingly domesticated experience, such images are com-
> plicated by Brad Pitt's expression and posture, which give the character the aloof
> and commanding air of royalty: we sense why underlings vie for his favour, why
> the newcomer Ford brothers aspire to serve him, and why the callow Bob yearns
> for »sidekick« status. (»Twilight of the Idol«, S. 16)

Die Idee einer Führungspersönlichkeit, die bereits bei Cooper und Wister vorkommt, wird hier wieder aufgenommen. Dieser Mann beeindruckt, andere sehnen sich nach seiner Nähe. Durch den Begriff »royalty« nimmt Kitses die amerikanische Auseinandersetzung mit der Idee eines (natürlichen) Aristokraten auf.

Der Bandit kann sich in verschiedenen Welten bewegen; als Thomas Howard auch in der der Geschäftsmänner, wie kurz aufgezeigt wird. Die Erzählstimme berichtet: Er »went everywhere unrecognized and lunched with Kansas City shopkeepers and merchants. Calling himself a cattleman or a commodities investor. Someone rich and leisured who had the common touch« (*The Assassination of Jesse James*, 0:02). Offenbar kann Jesse sich derart »gesittet« benehmen, dass er auch in der Geschäftswelt der Mittelschicht von Kansas City angenommen wird. Seine Hexis wird in verschiedenen Welten anerkannt.

Dominik zeigt andererseits aber vor allem auch die Abgründe dieses besonderen Mannes auf, die Figur ist hier wieder kein *good badman*. Wir sehen Jesse hauptsächlich in Interaktion mit abgerissenen Banditen. Mit dem in Frage gestellten Helden kann es in diesem Film keiner von ihnen aufnehmen. Vor allem Bob Ford, der über seinen Bruder Charley Zugang zu der Gruppe um Jesse erhält, wird als schwach und damit unmännlich charakterisiert. Der Schauspieler Casey Affleck, der Bob verkörpert, hat zuvor z.B. die Nebenfigur Virgil Malloy, einen der Utah-Zwillinge in *Ocean's Eleven* (2001), gespielt.[396] In der Biografie des 1,75 m großen Affleck[397] auf der Homepage der deutschen Illustrierten *Gala* heißt es über den Schauspieler:

> Neben den Schönlingen in Hollywood wirkt Casey Affleck manchmal ein wenig
> verloren. Er hat dagegen mehr von einem Physik-Studenten. Was er ja auch mal

---

[396] Dieses paarweise Auftreten reduziert den Wert oder die Wichtigkeit einer Figur (vgl. z.B. Bob Ford in *The Long Riders* (1980)).

[397] Affleck wirkt im Film nicht wirklich klein, da er oftmals einen großen Zylinder trägt. Das lässt ihn allerdings lächerlich aussehen.

war. Jetzt ist er allerdings Schauspieler – ein wirklich guter.
(http://www.gala.de/starbase2/index/profile/name/Casey+Affleck/biografie/Casey+Affleck, letzter Zugriff: 14.05.11)

In Bezug auf Bob ist Dominik Hansens Demontage des Öfteren gefolgt: Im Buch wird z.B. Roberts Stimme als schwach und unscheinbar beschrieben, Casey Afflecks Stimme im Film wirkt ebenfalls dünn und merkwürdig heiser.[398] Dass es nicht das Ziel war, die Figur Bob Ford als einen Mann zu porträtieren, der mit sich selbst und seinem Körper im Einklang steht, deutet folgende (metaphorische) Aussage Afflecks an, die Boggs zitiert: »I thought Robert was kind of this kid who was uncomfortable in his own skin« (*Jesse James and the Movies*, S. 221).

Es wird auf die Darstellung Bobs insgesamt ungefähr genauso viel Zeit verwendet wie auf den Anführer der Räuber. Jesse wird oftmals von außen betrachtet, durch das Mittel der (indirekten) subjektiven Kamera auch aus Bob Fords Perspektive. Dominiks Film zeigt (in Anbetracht der bisher diskutierten Beispiele) eine weitere Variante und Perspektivierung des Jesse-James-Stoffes: Nämlich durch welche Faktoren ein Mann zum Idol für ein Individuum wird, und wie dieses Individuum mit der eigenen (impliziten) Degradierung umgeht.

Der Film *The Assassination of Jesse James* lenkt zudem wieder einmal den Blick auf die Rolle der Medien in der Erschaffung der Westernhelden. Bob trägt z.B. einen Zeitungsausschnitt mit sich, in dem die James-Brüder beschrieben werden. Der junge Ford liest Jesse aus dem Artikel vor: »Jesse James, the youngest, has a face as smooth and innocent as a schoolgirl. ... His form is tall and graceful and capable of great endurance and great effort. Jesse is lighthearted, reckless, and devil-may-care« (0:25). Es ist ein Zitat von Edwards (s. oben), der im Film nicht zu einem *mythmaker* stilisiert wird. Die Feminisierung (der Vergleich mit dem Gesicht eines Schulmädchens) läuft

---

[398] Der Film greift jedoch nicht Hansens Idee auf, Bob Ford auch über weiblich konnotierte Kleidung zu demontieren. Als Bob zu einem Zeitpunkt eine Böschung herunterrutschen muss, wird im Roman folgender bildliche Vergleich verwendet: »Jesse watched as Bob Ford slid down like a debutante in petticoats, his left hand snatching at weeds and roots as his right unveiled his eyes enough to peek around at the commotion« (*The Assassination of Jesse James*, S. 18). Diese Situation ist mit Komik verbunden.
Es ist fraglich, ob die Demontage über weiblich konnotierte Kleidung überhaupt noch zeitgemäß ist – oder ob sie (im Film) nur noch albern wirkt. Von einer »anything goes«-Kultur ist das Genre jedoch weit entfernt.

durch den Schauspieler Pitt ins Leere. Oder wie Jesse über die Geschichten um ihn sagt: »They are all lies« (0:26). Pitt spielt Jesse nicht als jemanden, der sich bewusst inszeniert. Dieser Jesse ist »natürlich schön« und besonders.

Der 19jährige Ford hat außerdem als Bettlektüre die Abenteuer der James-Gang konsumiert. Er erwähnt in diesem Zusammenhang eine *dime novel*-Geschichte. Bob Ford ist, wie Kitses schreibt, »a groupie, a stalker ahead of his time, a lost soul« (»Twilight of the Idol«, S. 18). In *The Assassination of Jesse James* geht es auch darum, dass Bob sein Idol zerstören möchte. Dies ist nach Kitses ein Verweis auf die *celebrity*-Kultur der heutigen Zeit:

> This definitive treatment of the legendary event of the title pivots on a hero-worship and paranoia that are entirely appropriate to our present era, dominated as it is by the media's ugly assassination of celebrities, the deranged behaviour of damaged souls who hunger for recognition, and pundits who encourage our worst instincts – envy, greed, morbid curiosity and malicious pleasure in the downfall of the mighty. (»Twilight of the Idol«, S. 16)

Der Film problematisiert den Einfluss der Populärkultur auf Teile der Bevölkerung (insbesondere auf Jugendliche). *The Assassination of Jesse James* dramatisiert aber auch eine Form von Nostalgie, eine Sehnsucht der Menschen nach einem Helden. Jesse James wird so zu einem »Verführer« oder zu einer Projektionsfläche, wie Edward Buscombe schreibt: »No one really knows Jesse – which enables those around him to project on him whatever they seek« (»The Assassination of Jesse James by the Coward Robert Ford«, S. 51). Das gilt natürlich auch für den Zuschauer, zumal Brad Pitt durch vorhergehende Filme wie *Thelma & Louise* (1991), *Fight Club* (1999) und *Troy* (2004) eine Projektionsfläche sowohl für weibliche als auch männliche Rezipienten bieten dürfte.

Obwohl Brad Pitt heutzutage in den Medien als *Sexiest Man Alive* und ähnliches tituliert wird, wird Jesse im Film auch optisch nicht ganz ohne Makel dargestellt. Die Erzählstimme berichtet:

> He had two incompletely healed bullet holes in his chest and another in his thigh. He was missing the nub of his left middle finger and was cautious, lest that mutilation be seen. He also had a condition that was referred to as »granulated eyelids« and it caused him to blink more often than usual. (*The Assassination of Jesse James*, 0:02)

Solche »Makel« sind in den anderen Jesse-James-Filmen nicht erwähnt worden. Auch hier sind es solche, die nicht sehr offensichtlich sind (sie gefährden die »Schönheit« des Mannes nicht).[399] Es sind versteckte Zeichen, die einerseits darauf hinweisen, dass Jesse ein Mann ist, der gekämpft hat und hart ist. Andererseits hat sich dieser Westernheld also nicht durch den Westen regenerieren können, sondern trägt bleibende Wunden davon.

Frank James spielt keine tragende Rolle in *The Assassination of Jesse James*.[400] Er scheint allerdings aus ähnlichem Holz wie sein jüngerer Bruder geschnitzt zu sein (wenngleich er demütiger ist). Dass Jesse und Frank besondere, auch clevere Menschen (im Sinne von Anführern) sind, kommuniziert die Erzählstimme, die eine Begebenheit beschreibt, die sich im September 1881 zuträgt:

> The James gang committed over 25 bank, train and stagecoach robberies. But except for Frank and Jesse James all the original members were now either dead or in prison. ... So for their last robbery at Blue Cut the brothers recruited a gang of petty thieves and country rubes culled from the local hillsides. (0:12)

Jesse und Frank stechen hervor aus dieser Gruppe von ungeschickten Landeiern: Als die Bande eines Nachts ihren letzten Zug – in Blue Cut – überfallen will, zeigen diese ihre Unfähigkeit. Ein paar der Männer haben ihre Laternen noch hell erleuchtet, als der Zug eintrifft, so dass sie sich beinahe zu früh verraten hätten. Diese Ungeschicklichkeit wird zur Unmännlichkeit umgedeutet, denn Frank sagt: »Look at those fools. They're gonna trip and shoot each other into females«. Und Jesse antwortet daraufhin: »I bet you I could find them husbands if they do« (0:14). Der Film benutzt hier die bereits bekannten Darstellungsmöglichkeiten, er macht die Nebenfiguren in diesem Fall bildlich zu Frauen. Jesse degradiert so seine Untergebenen, es handelt sich um untergeordnete Männlichkeiten.

Wie auch in *I Shot Jesse James* wird ein ehrenwerter Grund für Jesses Handeln nicht ersichtlich, vielmehr scheint er der verlorenen Sache des Südens verpflichtet zu sein: »He considered himself a Southern loyalist and guerrilla in a Civil War that never ended. He regretted neither his robberies nor the 17 murders he laid claim to« (*The Assassination of Jesse James*, 0:02).

---

[399] Das Augenblinzeln wird von Pitt gar nicht umgesetzt.

[400] Er wird gespielt von dem 1,87 m großen Sam Shepard, der neben seiner Schauspielerei und Tätigkeit als Dramatiker auch Rodeoreiten auf Pferden und Bullen betrieben hat. Der Darsteller weckt also über den Kontext seines Lebens Assoziationen. S. dazu den Eintrag über Sam Shephard in der *Internet Movie Database*, http://www.imdb.com/name/nm0001731/bio, letzter Zugriff: 13.08.11. Außerdem verkörpert er z.B. 2011 im Post-Western *Blackthorn* den alten Butch Cassidy.

Nach Buscombe vernachlässigt der Film »the vicious racism that motivated Jesse's loyalty to the Confederate Cause« (»The Assassination of Jesses James by the Coward Robert Ford«, S. 51). Allerdings: Die Südstaatenherkunft, die in etlichen frühen Westernwerken als positiv angesehen worden ist, wird – in den hier diskutierten Jesse-James-Texten – erstmals mit dem Hintergrund des Krieges, mit der (ideologisch) ungeeinten Nation verbunden. Als der Zug in Blue Cut überfallen werden soll, stehen viele der Banditen in weißen Gesichtsmasken da, die an die Verkleidung des Ku-Klux-Klan erinnern.[401] So kann ihre Gesinnung, Jesses »Verpflichtung« gegenüber der Sache der Südstaaten, im Medium Film symbolisiert werden.[402] Dominiks Film verarbeitet

---

[401] Frank und Jesse tragen dunkle Tücher von der Nase abwärts, hier wird auf Bilder des Zugüberfalls in *Jesse James* (1939) rekurriert. Im Gegensatz zu den Anführern trägt in Dominiks Film der Rest der Bande eben diese weißen Masken, in die schief und linkisch Löcher für Augen und Mund geschnitten sind. Der desolate Zustand der Gruppe wird so versinnbildlicht.

Im Genre sind schon früher Südstaatler mit Gesichtsmasken aufgetreten, vgl. die Klanmitglieder, gegen die Franco Neros Charakter im Italo-Western *Django* (1966) kämpft.

[402] Eine Szene, mit der Dominik auf die Schmach der Südstaatler anspielt, findet im Versteck der Banditen im Wald von Blue Cut, Missouri, statt. In diesem Fall ist es Lincoln (und nicht wie oben Jefferson Davis), der als wenig männlich porträtiert wird:

Jesse:	... Mary Todd Lincoln, tyrant's wife, fall into hysterics when the moon was full. President's men would tie her up with hay-bailing wire ... keep her from ripping her husband's ears off. You never heard word one about the wife of the Confederacy's Jefferson Davis?
Bandenmitglied:	I didn't.
Jesse:	No, you didn't. He did his duty by her. ... Oh, my God, I'm speaking to children.
Bandenmitglied:	No, I get it, I get it, I get it.
Jesse:	The president of the Confederacy discerned his wife's needs and satisfied them with the utmost skill and the utmost courtesy. (*The Assassination of Jesse James*, 0:04)

Außerdem singt ein Bandenmitglied vor dem Überfall die Hymne der Südstaaten. Folgender Teil des Liedes ist zu hören:

I'm a good ol rebel,
that's just what I am,
for this yankee nation
I just don't give a damn.
I'm glad I fought again'er,
I'd only wished we'd won.
I ain't asked any pardon for anything I've done.
I hate the yankee nation and everything they do.
I hates the declaration of independence, too.

also das Thema Rassismus, das auch am Anfang des 21. Jahrhunderts nicht seine Brisanz verloren hat. Kimmel beispielsweise verweist auf die Aktivitäten des White Wing bzw. der extremen Rechten; nach *9/11* gab es Aufforderungen, Immigranten zu töten (s. *Manhood in America*, S. 249), oder »calls for the expulsion of all immigrants to create a purely white country« (s. *Angry White Men*, S. 235).[403]

Der Zuschauer sieht selbst, wie rücksichtslos sich Jesse während des Überfalls auf den Blue-Cut-Zug verhält. Frank z.B. fordert Geld von einem (augenscheinlich) armen Einwanderer. Der Mythos des Helfers der Mittellosen wird in Dominiks Werk demontiert. Es gibt auch keine Ritterlichkeit. *The Assassination of Jesse James* stellt die Schrecken der Gewalt der Bande noch deutlicher dar, als es in *I Shot Jesse James* schon geschehen ist. Im Film wird auch die auditive Komponente berücksichtigt; im Inneren des Zuges ist das Geschrei verängstigter Kinder zu hören. Jesse genießt den Raub. Er benimmt sich wie ein Verrückter, er ist ein Soziopath. Der Film greift damit Ideen aus *The Great Northfield Minnesota Raid* (1972) auf, in dem »Robert Duvall plays Jesse James as a psychopathic killer«, wie Loy schreibt (*Westerns in a Changing America*, S. 201). Die Wildheit eines Westernhelden nimmt hier krankhafte Züge an.

Neben dem materiellen Gewinn scheint bei diesem Überfall als Motiv also lediglich eine Art Lust an Gewalt zu bestehen. In der düsteren Welt von *The Assassination of Jesse James* wirkt das Handeln der Figuren sinnentleert. Es gibt keine Gemeinschaft, die zu beschützen ist.

Der Western von 2007 benutzt weiterhin Elemente, die erstmals in den brutalen Filmwestern der 1960er und 1970er Jahre (beispielsweise von Sam Peckinpah), aber auch in Hills *The Long Riders* (1980) eingesetzt worden sind.[404] Dominiks Film spiegelt gleichzeitig einen Trend der letzten Jahre wider (vgl. hierzu die schonungslose Darstellung von Gewalt, Wunden, Blut in

---

I hates the glorious union, 'tis dripping with our blood.

I hates the striped banner, and fit it all I could. (0:13)

In Walter Hills revisionistischem Western *The Long Riders* (1980) fordert ein Mitglied der James-Younger-Gang einen Musiker auf, dieses Lied zu spielen (s. 0:08). Auch in *The Long Riders* wird so die Gesinnung der Räuber indiziert.

[403] Der Hass richtete sich vor allem auf Schwarze, Hispanics, Juden und Araber (s. S. 233ff.). Nach Kimmel sahen sich rechte Gruppierungen wieder besonders nach der Wahl Barack Obamas zu weiterem Handeln veranlasst (s. S. 237).

[404] Peckinpah und Hill zeigten Gewaltdarstellungen sogar in Zeitlupe.

Quentin Tarantinos Filmen, die *mainstream* geworden sind): Ein Zugange-
stellter wird mit dem Revolver niedergestreckt und man sieht, wie das Blut
Richtung Kamera spritzt. Der Mann steht anschließend mit blutüberström-
tem Gesicht da und weigert sich, auf die Knie zu fallen, wie Jesse es ihm befiehlt. Daraufhin schlägt der Anführer auf den Mann ein, der zu Boden fällt.
Eine Blutlache dehnt sich auf dem Holzboden aus, und Jesse hält dem Zugangestellten seinen Revolver an den Kopf (s. Abb. 32).[405] Ein Bandenmitglied
– Ed Miller – hält diese Härte für überzogen (s. *The Assassination of Jesse James*,
0:21). Die Räuber wissen um die mangelnde Selbstkontrolle ihres Anführers.
Sie, die untergeordneten Männer, zeigen an verschiedenen Stellen mehr Mitgefühl.

Abb. 32 Das gequälte Opfer als Indiz für die Unbeherrschtheit und Brutalität des
»Volkshelden«: Jesse (Brad Pitt) hält in *The Assassination of Jesse James by the Coward
Robert Ford* (2007) dem leblos am Boden liegenden Zugangestellten einen Revolver an
den Kopf.

Jesse lässt zwar von dem Mann ab, weist aber nun Ed (verbal) zurecht. Später
wird Jesse Ed umbringen. Er missachtet dabei den Code des Westens und
erschießt Ed von hinten (vgl. 1:22). Der Anführer will nicht hinterfragt werden, wie es z.B. auch in der Diskussion von *Jesse James* (1939) aufgeführt worden ist. Er trägt Züge eines Tyrannen (in *Jesse James* allerdings ist ein Bandenmitglied lediglich geohrfeigt und nicht getötet worden), hat innerhalb der
Gruppe eine Schreckensherrschaft errichtet. Durch dieses schäbige Verhalten Jesses wird er als Held diskreditiert. Die Opfer, die in *Jesse James* noch

---

[405] Vgl. im Gegensatz dazu den bestimmten, aber doch »kameradschaftlichen« Ton zwischen Jesse und dem Lokführer in *Jesse James*.

höflich behandelt worden waren, werden in Dominiks Film zu gequälten Figuren, die das Fehlverhalten des Anführers indizieren. Es entsteht ein Spannungsfeld zwischen der dominanten Position und der repräsentierten Männlichkeit.

In Jesses Welt (im sozialen Feld des Verbrechens) lauschen die Männer seinen Geschichten, sie lachen, wenn er lacht. Dies ist der erste Blick, den Bob im Film auf sein Idol in den Wäldern von Blue Cut erhält (s. Abb. 33).[406] Jesses Kopf ist höher positioniert als die Köpfe der anderen Bandenmitglieder. Seine Kleidung ist auffälliger (zudem hat er keinen Bowler auf, wie die meisten Figuren im Film, sondern einen, der an einen Cowboy-Hut (Stetson) erinnert), er trägt Schmuck und raucht Zigarre. Jesse sitzt aufrechter als die anderen Männer, die sich nach ihm ausrichten. Mit dieser Szene nimmt der Film die Idee vom Mann als Geschichtenerzähler, die in vielen Western (etwas paradoxerweise) einen Helden kennzeichnet, auf.[407]

---

[406] Die Kamera folgt Bob, als er das erste Mal in Erscheinung tritt, von hinten, wie er durch den Wald auf die Lichtung, den Ort, an dem Jesse und seine Männer sich befinden, zugeht. In *The Assassination of Jesse James* gibt es also zunächst eine Kameraführung, die als auktorial zu betrachten ist, die Kamera ist nicht unsichtbar, sie macht sich dem Zuschauer bewusst. An der Lichtung angekommen, findet ein (mehrfacher) Wechsel von Schuss und Gegenschuss statt, von Bobs Gesicht auf die sitzenden Männer. In Abb. 33 ist links am Bildrand vermutlich noch Bobs Mantel unscharf zu erkennen. Diese Einstellung wird dann noch (durch Kamerafahrt oder Zoom) in eine indirekte subjektive Kamera (aus Bobs Sicht) überführt.
Jesse wird, wenn er in die Stadt geht, ebenfalls zwei Mal aus einer Perspektive, in der der sich vorwärts bewegende Torso von hinten zu sehen ist, gezeigt (s. 0:01 und 0:40). So eine ähnliche Perspektive findet sich in *First person-/Ego-shooter*-Spielen. Dort kann der Spieler oftmals zwischen einer direkten subjektiven Perspektive (in der beispielsweise die Waffe der Spielfigur und ihre Hände zu sehen sind) und einer auktoraleren Perspektive, in der der Torso von hinten zu sehen ist, wechseln.
Im Film *The Assassination of Jesse James* »folgt« der Zuschauer in den hier erwähnten Sequenzen den beiden Hauptpersonen jeweils in ein fremdes Terrain.
[407] Inhaltlich geht es in der Geschichte um Lincolns sexuelle Unfähigkeit (s. Fußnote oben), also um Sex. Auch dadurch entfällt hier beim Geschichtenerzählen der Konnex mit Unmännlichkeit.

Abb. 33 Wir sehen, was Bob sieht: Jesse James (Brad Pitt) sitzt in *The Assassination of Jesse James by the Coward Robert Ford* (2007) als Anführer der Bande zwischen seinen Gefolgsleuten. Der Geschichtenerzähler wird zum Zentrum des Bildes.

Der junge Ford erhält eine Abfuhr; die Männer stehen auf und gehen, als er sich zu ihnen gesellen will. Während der Kontakt zu Jesse von verschiedenen Personen gesucht wird, ist Bob also jemand, der andere (auch räumlich) abstößt. Daraufhin versucht der Außenseiter sich über Frank James die Nähe seines Idols zu erschleichen. Er nähert sich ihm mit erhobenen Händen (s. Abb. 34). Hier findet sich zum einen eine Referenz zur Ängstlichkeit des Schwarzen Pinkie in *Jesse James* (1939), zum anderen wird den dominanten Männern der Gruppe Unterlegenheit demonstriert.

Abb. 34 Annäherung durch Unterwerfung in *The Assassination of Jesse James by the Coward Robert Ford* (2007). Keine Amerikanische Einstellung für Bob (Casey Affleck): Die Halbnahe, die direkt unter dem Gürtel abgeschnitten ist, lässt keine Virilität zu.

Der junge Ford, der überall nur Ablehnung erfährt, weist jedoch im Gespräch mit Frank darauf hin, dass er glaubt, mehr Qualitäten zu haben, als es auf den ersten Blick scheine.[408] Er weiß, dass er nicht das Erscheinungsbild eines *gunfighter* besitzt:

> Folks take me for a nincompoop on account of my shabby first impression, whereas I think of myself as being just a rung down from the James brothers. I was hoping if I ran into you aside from those peckerwoods I could show you how special I am. I honestly believe I'm destined for great things, Mr. James. I got qualities that don't come shining through right at the outset. If you give me a chance, I'll get the job done. I guarantee you that. (*The Assassination of Jesse James*, 0:06)

Schließlich gelingt es Bob, in den Kreis um Jesse zu gelangen. Er möchte ein Revolverheld sein, ähnlich wie The Schofield Kid. Dass Bob auch die Erwartung des Erwachsenwerdens (also eine Initiierungserfahrung) mit dem Anschluss an Jesse in Verbindung bringt, zeigt seine Äußerung nach dem Blue-Cut-Raub: »I can't believe I woke up this morning wondering if my daddy would loan me his overcoat and here it is just past midnight. I've already robbed a railroad train and I'm sitting in a rocking chair chattin' with none other than Jesse James« (0:26).

Verschiedene Szenen dienen dem Vergleich von Jesses Härte und Besonderheit mit Bobs Weichheit oder Unvermögen. Es ist auch die Kontrastierung der dominanten Männlichkeit (einer Gruppe) mit einer untergeordneten. Als die beiden zusammen auf der Veranda sitzen, will Bob wie Jesse eine Zigarre rauchen, aber er kann den Rauch nicht ertragen und muss husten. Ein anderes Mal spielt Jesse in seinem Garten mit Schlangen und schneidet den Tieren (die die Namen seiner Feinde tragen) ohne Mitgefühl die Köpfe ab. Hier zeigt Bob Angst. Kitses schreibt: »Jesse the charismatic desperado and Bob the craven Jesse-wannabe are ostensible opposites« (»Twilight of the Idol«, S. 18).

So sehr Bob auch die Komponenten des Gehabes seines Idols studiert und »aufsaugt«, scheinbar zu verstehen versucht, welche Bestandteile es braucht, ein Held zu sein – Jesse wird nicht Bobs Mentor oder Vaterfigur. Wie in Fullers Film darf Bob zwar mit im »Thomas Howard House« wohnen,

---

[408] Es dauert lange, bis Jesses Bruder überhaupt antwortet. Dies ist die karge Männersprache: Frank antwortet Bob genauso wenig, wie zahlreiche andere Männer in den Westernfilmen den Frauen nicht antworten. Frank meint zudem sofort zu erkennen, dass Bob auch nichts Besonderes in sich trägt: »you don't have the ingredients, son« (*The Assassination of Jesse James*, 8:56).

der Bandit benutzt ihn aber nur für kleinere Arbeiten und schickt ihn schließlich weg. Eine Schlüsselszene ist hier, als Ford sich anschleicht und den badenden Jesse beobachtet. Die Badeszene zeigt Intertextualität zu Fullers *I
Shot Jesse James* (1949). In beiden Filmen wird der (nackte) Rücken Jesses präsentiert, die Beschaffenheit der Wanne (Blech) und des milchigen Badewas-
sers ähneln sich. Während Fullers Badeszene jedoch u.a. eine Intimität zwischen Jesse und Bob offenbarte, dient die Badeszene in Dominiks Film dazu,
den Verfall von Jesses Körper aufzuzeigen. Wir (Bob Ford und der Rezipient)
erhaschen einen verborgenen Blick auf den allein badenden Jesse (s. Abb. 35).

Der von Brad Pitt gespielte Charakter ist nach vorn gebeugt, hustet etwas, man erkennt Narben auf dem Rücken (die allerdings eher harte Männlichkeit suggerieren, als dass sie diese zerstören, s. oben), und seine Ober-
arme sind nicht sehr muskulös (vgl. im Gegensatz dazu die Arme desselben
Schauspielers in *Troy* (2004)). Aber mehr wird an Pitts körperlicher Attraktivität nicht zerstört. Die entsprechende Szene im Roman fällt dagegen weit
drastischer aus.[409] Technisch wäre es möglich gewesen, Brads Körper stärker
zu modifizieren. Entweder fehlte Pitt hier der Mut zur Hässlichkeit, oder
aber die Attraktivität Jesses soll insgesamt eine wesentliche Komponente seiner Figur ausmachen, soll ihre Anziehungskraft auf andere erklären. Deutlich wird in Dominiks Badeszene jedoch trotzdem: Jesse kann sich nicht regenerieren, es gibt in dieser Westernwelt nichts Reinigendes, nichts Vitalisie-
rendes. Jesse merkt schließlich, dass jemand am Türrahmen steht:

Jesse: Go away.
Bob: Used to be couldn't no one sneak up on Jesse James.

---

[409] Die Demontage des Anführers wird auch dort über den Blick des jüngeren, nachei-
fernden Bob vollzogen (z.T. über den personalen Erzähler/durch ein Gedankenzitat):
He [Jesse] didn't notice Bob in the room. He scrubbed his elbow and knuckles with
a tile brush and rinsed his arm and coughed twice and then again until he was
racked like a chain-smoker for more than a minute and Bob smiled as he thought,
You are old, Jess. You are dying even now.
His skin was white as sheep's wool and the scars on his chest were red as slaughter.
He was mascular in the back and shoulders and sinews crossed his pectorals like
laces and his biceps bunched when he lifted his wrist to tenderly examine it, but his
ankle was knurled where he'd broken it, varices mapped his calves and thighs, his
buttocks were flat as books, there were wrinkles of skin at his kidneys and neck, his
ribs could be easily numbered, his shoulder clicked when he circled it, he bent with
apparant pain. The many injuries of a reckless career had made him prematurely
decrepit, as ancient as the Noah that Ham spied on in the tent. (*The Assassination of
Jesse James*, S. 145)

Jesse: Now you think otherwise?

...

Jesse: I can't figure it out. Do you wanna be like me ... or do you wanna be
            me? (*The Assassination of Jesse James*, 0:43)

Eine Antwort auf diese Frage gibt uns der Film nicht. Aber er erzählt, dass
es Bob Ford als untergeordneter Männlichkeit ein Bedürfnis ist, sein Vorbild
zu erreichen.

Abb. 35 Badeszene aus Bobs Perspektive in *The Assassination of Jesse James by the Coward
Robert Ford* (2007). Jesse wirkt verletzlich, aber die Narben auf seinem Rücken signalisieren zugleich seine Härte, die in Kämpfen der Vergangenheit erlangt worden ist. Sie demontieren den Star Pitt nicht völlig.

Der Blick hinter die Fassade wird bestraft, Ford wird fortgeschickt. Jesse hat
Schwäche gezeigt, gleichzeitig offenbart sich ein Argwohn Bobs gegenüber
seinem Idol. Dies wird von Jesse offensichtlich als Bedrohung wahrgenommen.

Der verstoßene Ford kehrt zum Haus seiner Schwester Martha, die ihren
Brüdern oder der James-Gang Unterschlupf gewährt und für die Männer
kocht, zurück. Ein Zurückkehren zur Familie bedeutet eine Umkehrung des
Erwachsenwerdens. Auch innerhalb seiner Familie ist Bob nicht willkom-
men: Bob grüßt, aber zunächst reagiert keiner. Er wird als Person, als Mann
nicht wahr-, nicht ernst genommen. Die Rolle der Frauen in diesem Film ist
es, dem Treiben der Männer freien Lauf zu lassen. Sie gehören zur häuslichen
Einrichtung. Weder sind sie Motor für das Handeln der Männer noch versuchen sie, sie von ihren Taten abzuhalten. Dabei kann sich sogar der untergeordnete Bob unfreundlichen *men talk* seiner Schwester gegenüber erlauben.
Als sich die Männer über ihn lustig machen, heißt es:

Bob: I'm not cranky. I just been through this before is all. Most people get
            around on making fun of me. They don't ever let up.
Martha: Someone's getting awful fresh over there.
Bob: Woman shut your face for once.
[Die Männer lachen.] (1:16)

Die fehlende Wichtigkeit von Frauen in *The Assassination of Jesse James* kann
zwar einerseits als postfeministisches Phänomen gedeutet werden – und
Helden werden männliche Individuen in dieser Welt ohne Frauen nicht. Andererseits schaffen sich die Männer hier wieder eine rein männliche Enklave.
Ein Weg, der vom Gespann Dominik/Pitt weiter fortbeschritten wird; ein
Blick auf die Besetzungsliste des *Crime*-Films *Killing Them Softly* (2012) verrät,
dass dort kaum weibliche Figuren mitspielen.[410] Was hier zutage tritt, ist eine
exclusion im Sinne Kimmels. Durch den Ausschluss wird die Dominanz der
Männer besiegelt.

Das ist eine Variante, wie im Film auf die zeitgenössische (Männlich-
keits-)Krise reagiert werden kann. Eine in Teilen andere findet sich z.B. im
Western *Appaloosa* (2008), der als *buddy movie* bezeichnet werden kann. Eine
bedeutsame Frau gibt es trotzdem; *love interest* Allison French (Renée Zell-
weger), die sich nicht leicht an einen Mann binden lässt und sich u.a. der
jeweiligen dominanten Männlichkeit einer Gruppe hingibt. Protagonist Virgil Cole (Ed Harris) möchte trotzdem für sie sorgen, wenigstens so lange sie
bei ihm bleibt. Sein Einfluss, der auch von seinen Fähigkeiten und dem Zustand seines Körpers abhängt, ist somit begrenzt. Hier wird ein pessimisti-
scher Ausblick auf den Erhalt der machtvollen Position der Männer geliefert.
Die *breadwinner*-Ideologie und das Ideal des *self-made*-Mannes werden in diesem neuen Western gebrochen, weil sie mit Zielen verbunden sind, die weniger denn je erreichbar sind.[411]

Die Entwicklung zu einer Dysfunktionalität der alten Ideale setzt sich
weiter fort. Rosin z.B. gibt an, dass 2009 erstmals mehr Frauen als Männer

---

[410] S. hierzu den Eintrag in der *Internet Movie Database* über *Killing Them Softly* (2012):
http://www.imdb.com/title/tt1764234/, letzter Zugriff: 03.09.12. Die Überschrift des
Beitrags eines Benutzers auf der Diskussionsplattform des Films lautet: »No women
... GOOD!« (ebd.). Dieser Trend zeigt sich z.B. auch in Peter Jacksons Abenteuer/Fan-
tasy-Werk *The Hobbit: An Unexpected Journey* (2012). Der Film ist 169 Minuten lang (s.
http://www.imdb.com/title/tt0903624/?ref_=sr_1, letzter Zugriff: 31.01.13. Weibliche Figuren sieht man nur für wenige Augenblicke.

[411] In den USA herrscht damit eine andere Situation als in der BRD. Hollersen et al. schreiben: »Deutschland ist auch im 21. Jahrhundert noch ein Land, das auf das Modell des
männlichen Familienernährers ausgerichtet ist« (»Männerdämmerung«, S. 102).

Arbeit gehabt hätten[412] und in knapp 40% der US-amerikanischen Ehen der weibliche Partner mehr verdienen würde als der Mann (s. »Männerdämmerung«, S. 101). Die Möglichkeit der *upward mobility* und das Ideal des männlichen *provider* nicht zu propagieren, ist eine Gemeinsamkeit von *Appaloosa* und *The Assassination of Jesse James*. Der Jesse-James-Film der Gegenwartskultur unterscheidet sich darin von seinen Vorgängern *Jesse James* (1939) und *I Shot Jesse James* (1949). In Dominiks Film gibt es keine Figur des guten Marshals, die den Westernhelden gewissermaßen durch die Tugenden des Mittelklassemannes ergänzt.

Im Western *The Assassination of Jesse James* werden aber nicht alle Männer neben Jesse als unmännlich markiert. Dick Liddil beispielsweise ist ein Mann, an dem die Frauen Gefallen finden (er wird gespielt von dem 1,82 m großen Paul Schneider[413]). Dick flirtet mit Bobs Schwester Martha und ihrer Tochter, er erzählt in einer Männerrunde eine Anekdote über Sex mit einer Indianerin (gleichzeitig wird dabei der sexuell naive Ed verhöhnt, dessen Männlichkeit wird so untergeordnet, s. 0:07), und Dick schläft mit der jungen Frau von Wood Hites Vater.[414] Er nennt sich selbst einen *inamorato* (s. 0:45) und spielt damit auf seine Potenz an. Die neueren Western behandeln Sexualität nun drastischer. Der Besitz sexueller Potenz ist für die Konstruktion heutiger Männlichkeitsentwürfe nach wie vor von Bedeutung (vgl. Kimmels

---

[412] Ein Blick auf die Anmerkungen in *The End of Men: And the Rise of Women* zeigt allerdings, wie Rosins Zahlen zustande gekommen sind: »According to revised employment data from the Bureau of Labor Statistics, women outnumbered men in the workforce in February, March, November, and December of 2009« (S. 278). Das *U.S. Census Bureau* gibt für die letzten Jahrzehnte (bis einschließlich 2011) für das Gesamtjahr gesehen immer mehr arbeitende Männer als Frauen an (es gab insgesamt mehr »male workers« als »female workers«, die wiederum waren mehr als die »male full-time, year-round workers«, die mehr als die »female full-time, year-round workers« waren), s. »Income, Poverty, and Health Insurance Coverage in the United States: 2011«, S. 12. Quelle: http://www.census.gov/newsroom/releases/archives/income_wealth/ cb12-172.html, letzter Zugriff: 21.01.13). Außerdem wird im Zensus bei ganzjährig Vollzeitarbeitenden 2010 sowie 2011 für Frauen ein 23 % niedrigeres Gehalt als für Männer errechnet (ebd.). Somit beschönigen Rosins Zahlen die Arbeitssituation der amerikanischen Frauen, auch wenn sie sich insgesamt verbessert hat.

[413] S. hierzu den Eintrag in der *Internet Movie Database* über Paul Schneider: http://www.imdb.com/name/nm0773973/bio, letzter Zugriff: 13.08.11.

[414] Die Szene findet auf dem Anwesen von Wood Hites Vater (Jesses Onkel) statt. Bei der Ankunft ermahnt Wood Dick Liddil, die Finger von Sarah Hite, der jungen Ehefrau seines greisen Vaters zu lassen. Wood hat allerdings mit seinen Bemühungen keinen Erfolg, er kann die fehlende Macht seines Vaters nicht ausgleichen. Später aber wird Wood Hite versuchen, die Familienehre mit Waffengewalt wieder herzustellen.

Hinweis oben auf die Einführung von Viagra Ende der 1990er Jahre). Sexuelle Leistungsfähigkeit als Versatzstück reicht in *The Assassination of Jesse James* aber nicht aus, um Liddil zum Helden aufsteigen zu lassen.[415]

Eine Herzensdame (*love interest*) hat Jesse in *The Assassination of Jesse James* nicht (vgl. dazu auch die Aufführung der Genrekomponente »Romance« oben; im Gegensatz zu den anderen beiden hier diskutierten Jesse-James-Werken fehlt sie bei Dominiks Film). Dominiks Jesse zeigt kein (sexuelles) Interesse an Frauen, er wirkt depressiv, hat sich aber immerhin schon fortgepflanzt und ist Ehemann.[416] Er steht nicht unter der Fuchtel einer weiblichen Figur, aber er ist in dieser Phase seines Lebens häuslich. Hansens Roman geht wieder einen Schritt weiter: Als Jesses Frau krank ist, übernimmt er dort auch Hausarbeiten. Er trägt zu diesem Zeitpunkt sogar eine Schürze, wie James Stewart im Film *The Man who Shot Liberty Valance* (1962): »He made macaroons with an apron on« (Hansens *The Assassination of Jesse James*, S. 176). Auf diese Darstellung verzichtet der Film, Jesse soll nicht so explizit (oder evtl. unzeitgemäß) feminisiert werden. Allerdings gibt es hier auch Szenen, in denen der Räuber z.B. mit seinen Kindern spielt oder mit ihnen backt (s. Abb. 36). Soll dies Jesse demontieren, oder wird Vaterschaft hier als Hype des 21. Jahrhunderts präsentiert?

Die Küche ist ein Ort, der im Western traditionell für weiblich konnotierte Arbeit steht. Aber was bedeutet eine Verbindung zu diesem Ort oder zur Handlung des Kochens überhaupt in der Gegenwart? Wir befinden uns (hier: in Deutschland und den USA) in einem Zeitalter der männlichen Fernsehköche (der »celebrity chefs«), was eine Aufwertung der Profession nach sich zieht, und in einer Zeit, in der sich junge deutsche Frauen zumindest

---

[415] Die Existenz einer Angebeteten (*love interest*) im Hollywoodfilm spricht gegen promiskuitives Verhalten des Protagonisten – auch wenn etliche andere weibliche Charaktere während des Handlungszeitraums Gefallen an der Hauptfigur finden können. Wisters Roman löst diesen Widerspruch eher auf; vgl. dazu die Äußerungen des Virginiers im Brief an Mollys Verwandtschaft. Darin beteuert er, dass er keine anderen Frauen mehr gehabt habe, seit er Molly kenne. Oder man betrachte Marshal Kane in *High Noon*; mit *love interest* Amy erreicht er sein Ziel – den Andeutungen nach hatte er vor dem im Film dargestellten Handlungszeitraum eine Affäre mit Helen Ramírez. Zudem befassen sich neuere Filme auch kritisch mit dem Ideal vom (sexuell) potenten Mann, hypertrophiertes Verhalten deklassiert die Figuren wieder; demontiert werden promiske bzw. sexsüchtige Männer z.B. in *American Psycho* (2000), *Somewhere* (2010) oder *Shame* (2011).

[416] Sein Gegenspieler Bob scheint allerdings noch gar keine sexuellen Erfahrungen gemacht zu haben.

selbst nicht mehr mit häuslicher Arbeit in Verbindung bringen, wie Valtins Studie zeigt (s.o.). Dadurch kann eine Assoziation mit Unmännlichkeit entfallen.[417] Es stellt sich weiterhin die Frage, ob die Demontage des Stars Pitt durch eine Feminisierung überhaupt möglich ist. Wie oben gezeigt, kann das Zitat, in dem Jesses Gesicht mit dem eines Schulmädchens verglichen wird, nicht greifen. Auch die Idee des *Sexiest Man Alive* verhindert eine Effemination.[418] Damit findet eine Verschiebung innerhalb der Komponenten von Männlichkeitskonstruktionen statt.

Abb. 36 In *The Assassination of Jesse James by the Coward Robert Ford* (2007) steht Jesse James (Brad Pitt) kurz mit seinen Kindern in der Küche und backt Kekse.

---

[417] Hier besteht auch ein Unterschied zur Situation in den 1950er Jahren. Zwar wurde den amerikanischen Vätern da angeraten, sich in der Familie einzusetzen, aber nicht so, dass es verweiblichend wirkte. Eine derartige Möglichkeit bot z.B. die Tätigkeit des Grillens. Kimmel schreibt: »When a man cooked ... in the family barbeque pit, he was achieving and expressing his masculinity« (*Manhood in America*, S. 161).

[418] Auffällig ist zudem, dass in den letzten Jahren solche Männer, die unangefochten als heterosexuell gelten, mit einer Feminisierung kokettieren können. Vgl. z.B. Daniel Craig als James-Bond-Darsteller in *Skyfall* (2012); als sein (verrückter und offensichtlich bisexueller) Gegenspieler Silva (Javier Bardem) sich ihm, der an einen Stuhl gefesselt ist, nähert und ihn berührt (am Adamsapfel, an der vernarbten Brust, an den geöffneten Beinen) und bedeutungsvoll äußert: »first time for everything«, kontert Bond: »What makes you think this is my first time?« (1:12) Für ein anderes Beispiel vgl. den *Mobilat*-TV-Spot (2012) mit Oliver Kahn. Eine Kaffeehausbesucherin, die eine Äußerung des ehemaligen Torhüters missversteht, fragt ihre Freundin verdutzt, ob sie wisse, dass Oliver Kahn früher Highheels getragen habe. Einen solchen Gag kann der »Titan« Kahn gefahrlos mitmachen – seinem Image als harter, heterosexueller Mann tut dies keinen Abbruch.

Der Kontext zeigt: Pitt hat mit der Schauspielerin Angelina Jolie zusammen eine Schar von Kindern[419] (wobei die Reproduktion und somit auch die Meistererzählung der Evolution/die Idee von der biologischen Fitness dabei eher in den Hintergrund treten[420]). Die Sequenzen mit Jesses Kindern im Film sind nur kurz, sie tragen vor allem dazu bei, den Charakter facettenreicher zu porträtieren.[421]

Die Figur Jesse James wird mehr und mehr entblättert und zerfällt vor den Augen des Zuschauers (und vor Bob Ford). Die Bande ist versprengt, Jesse ist kein wirklicher Anführer mehr. Jeder misstraut jedem. Zum Beispiel misstraut Dick Liddil auch Bob. In diesem Zusammenhang gibt es wieder eine Badeszene. Bob wäscht sich ungelenk in einer Wanne (s. Abb. 37). Dick Liddil beobachtet ihn und stellt fest, dass Ford zu mehr fähig zu sein scheint, als man ihm zutraut (dies äußert sich schließlich im Aufbegehren Bobs, in seinen späteren Mordtaten). Liddil sagt: »You got a big old pecker for being such a little squirrel« (*The Assassination of Jesse James*, 0:36). Dick schüchtert Ford daraufhin mit Hilfe seiner Waffe ein. Wieder dient das Baden in diesem Film nicht der Regeneration, es eröffnet einen Blick hinter die Fassade der Figur. Der (nackte) Körper verrät Eigenschaften und weitere Attribute. Das Zurschaustellen eines schönen Körpers bzw. die Erotik, die Badeszenen sonst im Western ausmachen können, fehlt in diesem revisionistischen Werk.

---

[419] Es ist nicht nur Pitt, der sich im neuen Jahrtausend als Familienvater oftmals mit Frau und Kind(ern) auf dem Arm präsentiert, sondern es sind auch andere Prominente, wie z.B. David Beckham oder der bis vor einiger Zeit mit Heidi Klum liierte Seal. In den Medien wird diesen Paaren allerdings z.T. unterstellt, dass die Frauen in der Beziehung »die Hosen anhätten«, was aber (aufgrund der Attraktivität beider Elternteile?) nicht zur (völligen) Demontage der Männer führt. Die amerikanischen Präsidenten z.B. lassen sich zwar traditionell auch mit ihren Familien ablichten, sie repräsentieren dabei jedoch auch (noch) das Oberhaupt.

[420] Vgl. dazu die (generell sicher zumeist als lobenswert einzuordnende) Adoption von Kindern wie bei Pitt/Jolie oder beispielsweise Madonna. Die freiwillig unternommenen Kaiserschnitte vieler Hollywoodstars, Popstars oder Models (s. die amerikanische Kampagne »Preserve your Love Channel – Take a Caesarean«) oder Leihmutterschaften verweisen zudem auf eine auf Schönheit bedachte Prominentenkultur, die die Begleiterscheinungen der Schwangerschaft/Reproduktion vermeiden will.

[421] Die Sequenz, in denen mit den Kindern »gespielt« wird, ist ca. 10 Sekunden lang (vgl. 0:01), die Einstellung in der Küche ist ebenfalls ca. 10 Sekunden lang (vgl. 0:01). Später im Film sitzt Jesse für ca. 20 Sekunden neben seinem Sohn (s. 0:41) und trägt ihn für ca. 20 Sekunden (s. 1:44). Ein paar weitere Szenen folgen. Aber bei einer Gesamtspielzeit des Films von ca. 2,5 h sind ca. fünf Minuten, die darauf verwendet werden, Jesse in seiner Rolle als Vater zu präsentieren, nicht viel. Eine Unterhaltung mit der Mutter seiner Kinder sehen wir nicht.

Abb. 37 Keine Erotik: Bob Ford (Casey Affleck) säubert sich in *The Assassination of Jesse James by the Coward Robert Ford* (2007) ungelenk in der Wanne.

Die Geschäftswelt/Stadt wird indessen für Jesse unbeherrschbar, er vermutet überall Pinkerton-Detektive (s. 0:40). In seiner Banditenwelt versucht er, mächtig zu bleiben. Als Bob und Charley sich – um ungestört (über den Verrat) zu reden – von ihm entfernt haben, stellt er ihnen nach und befiehlt: »From now on, you two won't go anywhere without me! From now on, you'll ask for my permission! From now on, you'll ask to be excused« (1:42). Jesse wird dabei in der Totalen von unten gefilmt. Diese Einstellung weist intertextuelle Referenz zum Film *Jesse James* (1939) auf. Dort sahen wir Tyrone Powers offenen, engagierten Charakter, wie er die Dinge als Anführer in die Hand nahm, um den Farmern zu helfen (Abb. 22). Brad Pitts Charakter wirkt in Dominiks Film an der angesprochenen Stelle bedrohlich. Bob und Charlie fürchten diesen dunklen Herrscher, der durch die Kirche im Hintergrund mit Attributen wie »allwissend« und »allsehend« konnektiert wird (s. Abb. 38). Es ist ein verzweifelter Versuch Jesses, die Kontrolle zu behalten.

Abb. 38 Schreckensherrschaft: Die von unten gefilmte Totale zeigt den drohenden Anführer Jesse James (Brad Pitt) in *The Assassination of Jesse James by the Coward Robert Ford*
(2007).

Auch die Landschaft selbst wirkt oft bedrohlich.[422] Amerika ist hier nicht
mehr das Land, das Optimismus (im Sinne Turners) verbreitet. In diesem
Zusammenhang äußert Kitses über *The Assassination of Jesse James*:

> Clouds steam quick-time over the luminous landscapes with their hellish horizons
> – and such unsettling vistas clue us that this is not the stable, pastoral America
> that framed Henry King's *Jesse James* (1939), with pretty Tyrone Power as the popu-
> list hero. (»Twilight of the Idol«, S. 18)

Jesse hat aber auch keine Kontrolle über sich selbst, dies wird in der Szene
vermittelt, in der er und Dick Liddil sich zum Haus eines weiteren Bruders
von Bob Ford begeben. Dort ist nur der junge Albert anwesend. Albert
streckt Jesse freundlich die Hand zur Begrüßung entgegen. Jesse, der den
Aufenthaltsort eines vermeintlichen Verräters erfahren will, reißt den Jungen
an sich. Er nimmt ihn in den Schwitzkasten und verprügelt ihn mit aller
Härte. Dick muss Jesse stoppen. Letzterer vergreift sich also an Schwächeren,
es gibt für ihn keinen Ehrenkodex. Die Szene, in der eine Hand ausgestreckt
wird und diese freundliche Geste missbraucht wird, verweist auf *Jesse James*
(1939), dort war der Akteur der Schurke Barshee.

---

[422] Vgl. dazu auch *Unforgiven* (1992) oder *Blade Runner* (1982), in denen es ständig regnet.
(Ridley Scott, Regisseur von *Blade Runner*, war auch Produzent bei *The Assassination of
Jesse James*.)

Im Anschluss an diese Begebenheit weint Jesse James (s. *The Assassination of Jesse James*, 0:59). In diesem Film steht das Weinen für die Zerrüttung der von Brad Pitt gespielten Figur. Die Erzählstimme berichtet, dass Jesse krank wird:

> Jesse was sick. With rheums, and aches and lung congestions. Insomnia stained his eye socket like soot. He read auguries in the snarled intestines of chickens or the blow of cat hair released to the wind. And the omens promised bad luck, which moated and dungeoned him. (1:00)

Diesen Jesse aber sehen wir nicht (wir sehen in dem Augenblick Landschaftsbilder). Wieder schreckt der Film davor zurück, die populäre Figur bzw. den Schauspieler derart zu demontieren.

Taugt Jesses Gegenspieler Bob Ford zum Helden? Die Antwort ist nein. Alle Versuche, die seiner Entwicklung dienen, die eine Initiation bedeuten könnten (in diesem Fall ein Erwachsenwerden und/oder eine Mannwerdung), scheitern. Zwar macht Bob von der Schusswaffe Gebrauch und tötet einen ersten Menschen; als Wood Hite Dick Liddil wegen des Ehebruchs mit seiner jungen Stiefmutter ermorden will, schießt er Wood von hinten in den Kopf. Ein *gunfighter* wird er aber nicht. Der junge Ford zerstört jede Überlegenheit, die auftreten könnte, indem er nur in seine langen Unterhosen gekleidet zum Sterbenden geht. Die Kamera zeigt ihn dabei von hinten, was einen komischen Effekt erzeugt (s. *The Assassination of Jesse James*, 1:04). Danach allerdings mimt Bob Posen eines Revolverhelden, er trägt schickere Kleidung, nicht mehr seinen Zylinder.

Die Tötung Wood Hites wirft neue Probleme auf. Woods Leiche muss versteckt werden, vor allem vor seinem Cousin Jesse, da dieser auf Rache sinnen könnte. In *The Assassination of Jesse James* wird der Zusammenhalt der Familien betont. Männerbünde bestehen nur aufgrund von Verwandtschaftsverhältnissen. Brüder werden in Banden hineingeführt, Familienmitglieder können (wie in z.B. für die Südstaatenaristokratie typischen Fehden) gerächt werden.[423] In Dominiks Film wirkt dieses aber sehr verworren, anders als z.B. in *Jesse James* von 1939, als durch die Tötung der Mutter das Handeln (das Rächen) ausgelöst worden ist.

---

[423] Auf die Wichtigkeit dieses Sachverhaltes wird sich z.B. in *The Long Riders* (1980) besonders konzentriert. Als ein Pinkerton-Detektiv gefragt wird, warum es ihm so schwer falle, die James-Younger-Bande zu fassen, antwortet er: »Most of the people here are related to each other one way or the other – so they are very clannish« (0:58). Regisseur Hill sublimiert dieses, indem er die Filmrollen mit Geschwistern besetzt; die

Als Jesse dann auf Marthas Farm auftaucht, wird Bob erneut gedemütigt. Der junge Ford entschließt sich nun zum Verrat. In *The Assassination of Jesse James* wird Bob nicht zum Verräter wegen einer Frau, wie in Sam Fullers Film; hier wird die Figur abtrünnig, weil er als Mensch/Mann nie anerkannt worden ist. Bobs Motive sind Verletzung, Eifersucht und Geltungssucht. Mit dem Verrat taucht Bob in andere Welten (oder soziale Felder der Politik und Staatsmacht) ein. Seine Männlichkeit kann auch hier nicht bestehen.[424]

Wieder versucht der junge Ford etwas vom Glanz dominanter Männer abzubekommen. Er besucht einen Ball, auf dem Gouverneur Crittenden und Captain Craig Anerkennung für die Ergreifung einiger Mitglieder der James-Bande ernten. Gouvernor Crittenden stellt klar, dass er ein Mann ist, der nichts von Jesse hält. Mit Crittenden wird eine weitere Perspektive auf Jesse, nämlich die einer anderen Klasse mit anderem Habitus, eingenommen. In *The Assassination of Jesse James* kommt nun ein Charakter zu Wort, der den Mythos des Volkshelden zerstört und ihn nicht einmal als Helden der Südstaaten bestehen lässt. Er sagt:

> Jesse James is nothing more than a public outlaw who made his reputation by stealing whatever he wanted, killing whoever got in his way. You will hear some fools say he's getting back at Republicans and Union men for the wrongs his family suffered during the war. But his victims have scarcely been selected with reference to their political views. (1:31)

Diese Szene trägt sich nach dem pompösen Ball zu. Dem Gouverneur sitzen die Denunzianten Bob Ford und Dick Liddil gegenüber; Männer, die nicht aus dieser Welt sind. Crittenden scheint den jungen Ford belehren zu wollen, ihn darauf aufmerksam machen zu wollen, dass er sich ein falsches Vorbild gesucht hat. Ihm gegenüber befinden sich mit den Banditen aber auch Männer, die die Gesellschaft aus einer anderen Perspektive sehen, die Jesse von

---

Youngers werden von David, Keith und Robert Carradine gespielt (dieser Familienname ist ohnehin bereits mit der Jesse-James-Geschichte verknüpft, s.o.), James und Stacy Keach verkörpern Jesse und Frank, Dennis und Randy Quaid sind hier zwei Miller-Brüder und Bob und Charlie Ford werden von Nicholas und Christopher Guest dargestellt.

[424] Allerdings wird er nicht, wie z.B. der Bob Ford aus *I Shot Jesse James* (1949), explizit von den Hütern des Gesetzes als Verräter bezeichnet und getadelt. In Dominiks Film wird dieses subtiler verdeutlicht: Als Bob bereits als Spitzel tätig ist und zur Tarnung in einem Kaufladen arbeitet, sucht ihn der Sheriff auf. Er wirft einfach mit einem Gegenstand nach Bob, der gerade Kunden bedient, und erniedrigt ihn somit.

einer anderen Seite kennen und die um seine besondere Anziehungskraft wissen.

Jesse ist jedoch ebenfalls nicht mehr so überzeugt von sich selbst und von seinen Taten. Die Figur redet über Selbstmord und betrachtet den eigenen Verfall: »I go on journeys out of my body and look at my red hands and my mean face and I wonder about that man that's gone so wrong. I've been becoming a problem to myself« (1:53). Die Figur selbst steckt in einer Krise.

Am Tag vor seiner Ermordung besucht Jesse mit seiner Familie eine Andacht. Bob durchstreift in dieser Zeit Jesses private Räumlichkeiten. Die Erzählstimme sagt:

> [He] slyly migrated from room to room. He walked into the master bedroom and inventoried the clothes on the hangers and hooks. He sipped from the water glass on the vanity. He smelled the talcum and lilacs on Jesse's pillowcase. His fingers skittered over his ribs to construe the scars where Jesse was twice shot. He manufactured a middle finger that was missing the top two knuckles. He imagined himself at 34. He imagined himself in a coffin. (1:55)

Mit diesem Hineinspüren in Jesses Körper kommt Bob, dem es an eigener Persönlichkeit mangelt, seinem (ehemaligen) Idol noch einmal ultimativ nahe (s. Abb. 39). Diese Szene verweist auf die Idee vom Körper als Materialisierung der Männlichkeit.

Abb. 39 Das Hineinspüren in den fremden Körper – in die an den Körper gebundene Männlichkeit: Bob Ford (Casey Affleck) auf Jesses Bett in *The Assassination of Jesse James by the Coward Robert Ford* (2007).

Am nächsten Tag nimmt Jesse James seine Revolver ab, sagt »don't that picture look dusty«, dreht Bob den Rücken zu und geht dann zum Bild an der
Wand und steigt auf einen Stuhl (2:06).[425] Der an der Eingangstür stehende
Charley zückt seinen Revolver, Bob zieht seinen ebenfalls. Im Glas des Bilderrahmens sieht Jesse, wie Robert Ford auf ihn zielt. Wir sehen in der subjektiven Einstellung, wie Ford die Waffe auf Jesse hält und aus Jesses Perspektive das Bild im spiegelnden Glas des Bilderrahmens. Dieser tragische
Moment, um den sich die ganze Geschichte dreht, wird also dem Zuschauer
hautnah übermittelt (s. 2:08). James unternimmt nichts, er sieht dem Tod ins
Auge. Diese Unterlassung jedweder Gegenwehr kann als Selbstmord gedeutet werden. Bob nimmt die Gelegenheit wahr, schießt Jesse von hinten in den
Kopf[426] und trifft ihn tödlich.

Jesse wird nach seinem Tod verehrt. Sein lebloser Körper wird präpa-
riert und ausgestellt. Am Korpus wird die Besonderheit festgemacht. Im
Film werden Bezüge zur amerikanischen Populärkultur hergestellt, die in
großen Teilen für Jesses Ruhm verantwortlich gemacht wird. Die
Erzählstimme berichtet:

> The man who offered $ 30,000 for the body of President Garfield's assassin sent a
> telegram to City Marshal Enos Craig offering 50,000 for the body of Jesse Woodson
> James. So that he could go around the country with it, or at least sell it to P.T.
> Barnum for his Greatest Show on Earth. (2:12)

Bob verdient auf seine Art an dem Mord. Er stellt auf einer New Yorker
Bühne die Todesszene nach und wird für eine kurze Zeit im ganzen Land
bekannt, kann sogar ökonomisch aufsteigen und sich mit Frauen umgeben.
Bobs Bruder Charley, der im Bühnenstück Jesse verkörpert, kann mit der Tat
nicht leben. Er wird abergläubisch und sucht sein Heil bei Wahrsagern. Und
im Film heißt es: »Something began to change in Charley's stage portrayal of
Jesse« (2:14). Charleys Schauspielerei wird besser, er schlüpft mehr und mehr
in die Rolle des Revolverhelden, der Bob verachtete. Die Erzählstimme berichtet, dass Charleys Gang sich verändere, dass seine Stimme sich wie die
von Jesse anhöre, und er nun auch die Worte so wähle, wie Jesse es getan
hätte. Den jüngeren Bruder Bob betrachtet Charley jetzt hasserfüllt. Das Volk
scheint sich daraufhin wieder daran zu erinnern, wer sein Held gewesen ist

---

[425] In Hansens Roman nimmt Jesse noch einen Staubwedel, »that was made from blue-
eyed feathers of peacocks« dazu (*The Assassination of Jesse James*, S. 211). Auf diese Art
der Demontage verzichtet der Film erneut.

[426] Der Film kommentiert so die (falsche) Idee vom *backshooter* Ford.

und wendet sich gegen Bob. Das Publikum liegt also dem zu Füßen, der die bessere Darstellung zeigt. Die Leute im Saal rufen Bob zu: »Murder! Cur! Coward!« (vgl. 2:14). Der Film diskutiert hier auch die Anerkennung einer Inszenierung von Männlichkeit.

Bob, der Schwache, hat versucht, groß und berühmt zu werden, indem er einen berüchtigten Revolverhelden getötet hat (vgl. hierzu auch den Versuch des Jungen, Bob Ford in I Shot Jesse James (1949) zu erschießen). Aber er besitzt nach wie vor keine Starqualitäten, (vor allem) weil sein männliches Erscheinungsbild dem (mainstream-)Ideal weitgehend nicht entspricht. Er kann seinem Ruf als Feigling nicht entrinnen (wie auch in I Shot Jesse James wird Bob mit dem Gesang der Ballade konfrontiert). Die Amerikaner wollen sich die Fiktion ihres Westernhelden Jesse James nicht nehmen lassen. Bob Ford sagt später im vertraulichen Gespräch mit einer Frau (nur mit ihr kann er offen reden, er zieht sich also aus der Welt der Männer zurück) über die Tötung von Jesse:

> You know what I expected? Applause. I was only 20 years old then. I couldn't see how it would look to people. I was surprised by what happened. They didn't applaud. (The Assassination of Jesse James, 2:23)

Die Zuschauer des Filmes The Assassination of Jesse James haben einen Blick auf den großen Banditen erhalten, der oftmals durch Bob Fords Perspektive geprägt worden ist.[427]

Der Schluss des Filmes spielt in Creede, Colorado, 1892. Auch Bob selbst sehnt sich nun wieder nach Jesse. Doch es gibt schon wieder einen neuen Mann, der nach Ruhm und auch Rache strebt: Edward O'Kelly, der hier nichts anderes verkörpert als »another sore loser and back-shooter« (»Twilight of the Idol«, S. 20), tötet Bob Ford. Das ist die Schnelllebigkeit der celebrity-Kultur: Viele sind austauschbar. Nicht alle, die berühmt werden, sind »echte« Stars. Und auch die Helden sind keine, es gibt keine Codes mehr. Aber Brad Pitt bleibt als Star dieses Filmes übrig. Die wahren Helden Amerikas sind (jetzt) somit Hollywoods Schauspieler. Daher bleibt auch Casey Affleck, der Bob Ford so uneitel gespielt und den Zuschauer so unmittelbar

---

[427] Dies ist z.B. durch die indirekte subjektive Kamera (aus Bobs Perspektive) geschehen. Andere subjektive Einstellungen gibt es z.B. hier: Einmal wird aus Jesses Sicht das Anzünden eines Streichholzes gezeigt, aus Dick Liddils Perspektive gibt es einen Blick auf die Oberschenkel von Wood Hides Stiefmutter, der angstvolle Blick Ed Millers geht auf den Zuweg seines Hauses (auf dem Jesse geritten kommt, um ihn zu ermorden).

an seinen verletzten Gefühlen und seiner Angst hat teilhaben lassen, auf seine Art bestehen. 2008 wurde Affleck für seine Rolle als Bester Nebendarsteller für einen Oscar nominiert. Er hat ihn aber nicht bekommen.

Schluss

In dieser Studie ist der Frage nachgegangen worden, wie die Männlichkeitsentwürfe vom literarischen Prä-Western bis zum revisionistischen Westernfilm im diachronen Verlauf und im Jesse-James-Stoff in Filmen verschiedener Epochen gestaltet worden sind (also von 1826-2007). Connells Konzept der hegemonialen Männlichkeit ist hier eingeführt und modifiziert worden, um die Repräsentation der Relationen von Dominanz und Unterordnung aufspüren und eine Referenz zu Männlichkeiten der »Realität« herstellen zu können. Ein besonderes Augenmerk ist zudem auf die Gestaltung des Abgrenzungsmusters der Feminisierung im Western gelegt worden. Für die Arbeit wurde somit ein sozio-historischer Ansatz gewählt, der durch die Erkenntnisse der Literatur- und Filmwissenschaften ergänzt worden ist.

Die hier diskutierten literarischen und filmischen Werke erfüllen eine Funktion; auf verschiedene Weisen transportieren sie die patriarchale Ideologie. Die Texte können Männlichkeitsideale konstituieren, bestätigen und (auch gleichzeitig andere) durch Demontage kritisieren oder ermöglichen es – z.B. im Fall einer diagnostizierten Krise – einen Aufruf an die (männlichen) Leser oder Zuschauer zu senden.

Die hegemoniale Männlichkeit wurde hier als die der weißen amerikanischen Mittelklasse (der »Realität«) definiert. Die Mittelklasse hat sich in den USA in den ersten Dekaden des 19. Jahrhunderts gebildet. Gegen Ende des 19. Jahrhunderts veränderte sich ihr männliches Ideal; aus Angst vor einer Überzivilisierung kamen Bestandteile der Arbeiterklassenmaskulinität, vor allem eine Forderung nach Härte und körperlicher Muskulösität, hinzu (vgl. Bederman, Rotundo). Diese Ideen sind noch heute im Ideal der *mainstream*-Männlichkeit zu finden. Das Leitbild des *self-made*-Mannes und die damit verbundene Hoffnung auf die *upward mobility* bestehen ebenfalls bis heute fort. Verschiedene Autoren deuten jedoch an, dass Aufstieg in den USA heute kaum noch möglich ist. Das Ideal der *self-made-manhood* kann sich immerhin noch z.B. im Ausformen des Körpers manifestieren.

Die Idee der Felder (in Anlehnung an Bourdieu bzw. Meuser/Scholz) ist in diese Studie eingeführt worden, um die für den Western typischen Kategorien wie z.B. Wildnis und Zivilisation unter dem Aspekt der Machtbeziehungen untersuchen zu können. Ich gehe davon aus, dass für die Felder (auch in der »Realität«) jeweils verschiedene Männlichkeitsideale gelten (vgl.

z.B. das des Feldes der Politik und das der Religion), die mehr oder weniger mit der *mainstream*-Männlichkeit verknüpft werden (müssen).

Dominante Männlichkeiten (dieser Terminus soll hier Zeiten vor der Bildung einer hegemonialen Männlichkeit, also vor dem 19. Jahrhundert, mit einbeziehen) schließen – nach Connell – andere Männlichkeiten aus, indem diese dem vermeintlich Weiblichen nahegerückt werden. Für die Praxis des Feminisierens habe ich im Kontext der USA eine historische Recherche unternommen. Es zeigt sich, dass dieses Vorgehen fest in der amerikanischen Kultur etabliert ist (vgl. die Abgrenzung zum englischen Mutterland oder die Diskreditierung einer Person wie Jefferson Davis). Durch die Reproduktion solcher Abgrenzungsmuster über Jahrhunderte hinweg kann dieser Vorgang als natürlich erscheinen und bedarf daher in der Alltags- und Unterhaltungskultur keiner Erklärung. Dabei brauchte es für das Ausführen der Praxis nicht das Phänomen der Homophobie (die Connell zufolge erst ca. 1900 auftritt) – Feminisierungsprozesse konnten auch vorher in Gang gebracht werden, da Frauen bereits zuvor als das mangelhafte Geschlecht angesehen worden sind.

In dieser Studie wurden die Männlichkeiten in den Textinterpretationen zum einen zur hegemonialen Männlichkeit der USA in Beziehung gesetzt. Die Figuren weisen also Bezüge zu Männlichkeitsidealen ihrer Zeit, eventuell zu Klassen (oder Feldern), auf (indem sie z.B. Ideale bestätigen oder umkehren) – nur so ist eine Identifizierung (als z.B. »männlicher«/»unmännlicher« Mann) durch den Rezipienten überhaupt möglich. Die Repräsentationen müssen aber auch erweitert werden, um z.B. als Held oder als Westernheld erkannt zu werden. Sowohl durch den Westernkontext als auch durch die variierende Konzipierung der Figuren (als Held, Anti-Held, Nebenfigur usw.) entsteht somit eine weitere Konstruktionskomponente der Männlichkeiten. Die Figuren stehen in den literarischen und filmischen Welten in Relation zueinander, so dass es möglich ist, sie z.B. als dominante oder untergeordnete Männlichkeiten zu begreifen. Die Repräsentationen machen sie (spätestens in den Texten) auch zu Typen.

Connell schreibt: »Individual holders of institutional power or great wealth may be far from the hegemonic pattern in their personal lives« (*Masculinities*, S. 77).[428] Spannungen entstehen in den Texten u.a. dadurch, dass

---

[428] Wenig später heißt es im Text: »Nevertheless, hegemony is likely to be established only if there is some correspondence between cultural ideal and institutional power, collective if not individual« (ebd.).

Figuren beispielsweise (in einem Feld) eine hohe Position einnehmen, aber der Position auf unterschiedliche Weise nicht gerecht werden (z.B. durch Unvermögen, durch moralisches Fehlverhalten), oder dass sie auf einem anderen Gebiet in ganz anderer Relation stehen (dies funktioniert ähnlich wie die Idee von unterschiedlichen Identitäten/Subjektpositionen).

Wenn ein Text nicht das Ziel verfolgt, *gender*-Konventionen zu irritieren, soll der Rezipient eine männliche Figur in den Medien ausmachen können. Die Geschlechtserkennung im Alltag erfolgt nicht nur allein über den Körper (der aufgrund des Diskurses der Geschlechterdichotomie zunächst in die Kategorien männlich oder weiblich eingeordnet sowie mit jeweils unterschiedlichen signifikanten Körperformen konnektiert wird), sondern auch über die Kleidung (und sexuierte Objekte) und das Benehmen (u.a. über Entitäten wie Gesten), über (und durch) Habitus und über Hexis. Westernroman und -film richten sich mit ihren Mitteln der Narration für die Konstruktion von Männlichkeit an den Inszenierungs- und Erkennungspraxen des Alltags aus und setzen sie auch in der Fremd- und Eigencharakterisierung der Figuren fest.

Wenn die Darstellung im Medium von den kulturell etablierten Stereotypien abweicht, kann dies beim Leser bzw. beim Filmseher zu Verunsicherungen führen, die oftmals bewusst herbeigeführt werden. Wird eine männliche Hauptfigur im Westernfilm nicht demontiert, orientiert sie sich am *mainstream*-Ideal; sie soll groß sein[429] (bzw. wirken), attraktiv sein, »sportlich« sein (bzw. wirken). Für die Paarung Protagonist/Antagonist sind bezüglich der körperlichen Erscheinung zwei Varianten zutage getreten. Erstens: Protagonist und Antagonist sind körperlich ähnlich gestaltet (was eine Ebenbürtigkeit andeutet), zweitens: Protagonist und Antagonist unterscheiden sich diesbezüglich voneinander (dann ist die Abweichung von hegemonialen Ideal relevant). Ein klassischer Westernheld im Film ist bemuskelt, aber in der Regel nicht hypermuskulös (wie ein Action-Held). Vor allem im revisionistischen Westernfilm kann der (Anti-)Held anderen Figuren körperlich unterlegen sein, wie z.B. Dustin Hoffman in *Little Big Man* (1970). Durch die Schauspieler entstehen weitere Assoziationen für die Figuren. Für die einzelnen Verbindungen bestimmter Akteure, die z.B. wiederholt als bestimmte Typen eingesetzt worden sind, so dass sie selbst auf andere Texte referieren und Bedeutungen hinzufügen, finden sich in dieser Arbeit Verweise.

---

[429] »Groß« ist hier (auch in Anlehnung an die literarischen Figuren) als ein Maß von mind. 1,80 m definiert worden, um dieses Attribut zu konkretisieren.

Beispielhaft aufgeführte Autoren (männlich: Mitchell, weiblich: Brauer-hoch) haben etliche Westernschauspieler als (genretypisch) attraktiv einge-ordnet. Daher blieb es nicht aus, die Westernhelden in dieser Studie unter Er-weiterungen der Termini des männlichen und weiblichen Blicks als mögliche Objekte zu diskutieren. Die subjektive Einstellung, die sich (u.a. nach Mul-vey[430]) besonders dafür eignet, dem Menschen vor der Kamera einen Objekt-status zuzuweisen, die (eine) Männlichkeit zu demontieren vermag, ist näher spezifiziert worden. Es hat sich gezeigt, dass in Filmen zumeist die indirekte subjektive Kamera Verwendung findet. Die (Erzähl-)Perspektive ist sowohl im Film als auch in der Literatur untersucht worden. Als Entsprechung der (indirekten) subjektiven Kamera ist im Roman (in Bezug auf die Unmittelbar-keit) das durch die Innenperspektive beschriebene Anschauen einer Figur im Rahmen des personalen Erzählens verstanden worden. Sowohl im Roman als auch im Film finden sich unterschiedliche Qualitäten der Blicke, was z.B. die Direktheit und somit Degradierung angeht. Aber: Die Deklassierung ent-fällt z.B. in der Literatur, wenn die betrachtete Figur ein Idol darstellt, zu dem eben (bildlich) aufgesehen wird. Die »Erniedrigung« kann im Film ent-fallen, wenn die Figur höher im Bild positioniert ist oder z.B. durch die Un-tersicht impliziert wird, dass sich der angesehene Charakter (im Raum) an höherer Stelle befindet. In Anlehnung an Bourdieu spiegeln die Konnotatio-nen der Begriffspaare hoch/tief (in unserer Kultur) unser Verständnis von gut und schlecht (und indirekt auch von Männlichkeit und von Weiblichkeit wider).[431] Im Film führt dies dazu, dass für die (oft als kleiner dargestellten) Frauen das Aufsehen zu einem Mann oder die niedrigere Positionierung als natürlich erscheint, was die Botschaft mit partriarchalischem Gedankengut noch unterstützt. Im Roman mag der fehlende Hinweis auf eine Positionie-rung der Charaktere z.B. in Konventionen, die die Paarbildung beeinflussen (vgl. z.B. die Äußerungen von West und Zimmerman oben) bzw. in bekann-ten, stereotypen Darstellungsformen (wie sie z.B. in der Malerei oder im Film existieren) begründet sein – der »Normalfall« wird nicht näher beschrieben.

---

[430] Mulveys psychoanalytischer Ansatz und ihre Annahme, dass der Zuschauer sich mit dem Betrachter identifiziert, sind hier nicht verfolgt worden.

[431] Es handelt sich durchaus um recht aktuelle Zuschreibungen; in diesem Zusammen-hang mag man sich daran erinnern, dass in der BRD erst seit 1998 turnusmäßig männ-liche und weibliche Namen für Hoch- und Tiefdruckgebiete wechseln.

Das besondere Handeln der Westernhelden ist spezifiziert worden. Der Code des Westens ist ein Konglomerat verschiedener Einflüsse. Ein selbstständiges amerikanisches Handeln (gegen den Willen des Mutterlandes) trat bereits im 18. Jahrhundert in Erscheinung, und nicht nur für Andrew Jackson galt es, die Dinge für sich selbst zu regeln. Im 19. Jahrhundert war in ganz Amerika der Ehrgedanke besonders wichtig. Ein Westernheld benötigt also ein entsprechendes Aussehen und Verhalten, u.a. mit einem – aus Sicht (des westlichen *mainstream*) des 20. und 21. Jahrhunderts antiquierten – Ehrverständnis.

In meiner Arbeit habe ich mich dazu entschieden, zwischen Vergeltung und der eher leidenschaftlich konnotierten Rache zu unterscheiden. Vergeltung kann mit Selbstkontrolle in Verbindung gebracht werden. Selbstkontrolle ist ein Ethos, das in der Historie Amerikas zu verschiedenen Zeiten von den Männern gefordert worden ist; die Generation der amerikanischen Revolution benötigte sie für das Selbstregieren, in den Zeiten der Industrialisierung wurde sie z.B. für das Einhalten von Zeitplänen gefordert. Für die entstehende Mittelklasse bot die männliche Selbstkontrolle (z.B. in Bezug auf Sexualität oder Alkoholkonsum) auch eine Möglichkeit zur Differenzierung gegenüber Schwarzen oder Mitgliedern der Arbeiterklasse, die diese Kontrolle auszuüben angeblich nicht in der Lage waren (s. dazu z.B. *American Masculinities*, S. 411).

Weibliche Figuren – und damit werden sie untergeordnet – müssen in etlichen Westerntexten von den Helden gerettet werden. Dies kann im Zusammenhang mit dem im 19. Jahrhundert (vor allem in den Südstaaten) zelebrierten Ritterideal gesehen werden, das in die Westerntexte gelangt ist.

Das Genre Western und seine Helden sind chronologisch betrachtet worden. Dabei hat sich herausgestellt, dass die Entwicklung nicht unbedingt linear vonstatten gegangen ist. Die Erzählung über die Westernhelden ist von verschiedenen Seiten aufgegriffen worden, um unterschiedliche Werte und Ideale zu befördern oder zu verurteilen.

Der zuerst analysierte Roman *The Last of the Mohicans* (1826) gilt wegen seiner Handlungszeit, die ins 18. Jahrhundert gelegt worden ist, als Prä-Western. Die Figuren dieses Werkes können zwei Welten zugeordnet werden; einer militärisch-aristokratischen auf der einen Seite (der wohlhabende Autor James Fenimore Cooper sympathisierte offensichtlich mit dieser »Kaste«) und dem Feld der Wildnis auf der anderen Seite, wo ebenfalls soziale Relationen entstehen und Hierarchien gebildet werden können. Die Leser der aufkommenden Populärkultur hatten ein größeres Interesse an den Figuren, die in der Wildnis zuhause sind; nämlich an Natty Bumppo und den Indianern. Dies ist auch ein Verweis auf die Nicht-Akzeptanz eines aristokratischen Männlichkeitsideals.

Natty weist bereits verschiedene Merkmale der späteren Westernhelden auf. Er ist für das Leben in der Wildnis gewappnet; er trägt eine spezielle Kleidung, ist ein außergewöhnlich guter Schütze und besitzt Schläue. Der Text stellt körperliche Attraktivität nur bei dem jungen Indianer Uncas dar. Hierüber sind Alice und Heyward gleichermaßen begeistert – allerdings wird der Blick auf Uncas über den auktorialen Erzähler (und somit über die Außenperspektive) vermittelt. Die Erzählperspektive kann in der Entstehungszeit des Romans begründet sein (da der personale Erzähler erst in der Moderne an Bedeutung gewinnt). Der Text zeigt weiterhin, dass der Körperkult zu Beginn des 19. Jahrhunderts noch nicht so ausgeprägt vorhanden war und dass der muskulös geformte Körper zu dieser Zeit nicht dem Ideal der Elite (zu der man Cooper zählen mag) entsprach. Unstimmige Körperproportionen jedoch werden vom Autor eingesetzt, um minderwertige Figuren zu kennzeichnen, wie z.B. den singenden David Gamut, der eine untergeordnete Männlichkeit verkörpert. Der ungelenke (und Frauen körperlich unterlegene) Mann kann so als Folie für die männlichen Hauptfiguren gesehen werden. Die Praxis des Feminisierens wird in diesem Roman bereits ersichtlich; Gamuts Singen wird mit Weiblichkeit in Verbindung gebracht, und dem Indianer Magua wird bildlich ein Unterrock (ein sexuiertes Kleidungsstück) angezogen, um ihn als »unmännlich« zu charakterisieren. Natty redet viel. Das steht im Widerspruch zu manchen Textstellen des Werkes, in denen dies ebenfalls weiblich konnotiert ist.

In *The Last of the Mohicans* kann sich Natty u.a. über Selbstkontrolle als überlegen darstellen, auch deshalb interessierten sich wahrscheinlich die Leser der sich formierenden Mittelklasse für ihn. Coopers als für die amerikanische Nation identitätsstiftend beurteilter Roman bezieht sich somit auch auf Komponenten zeitgenössischer Männlichkeitsbilder. Rache wird in diesem Text als eine indianische Emotion verstanden, sie schickt sich nicht für einen Weißen. Die Figur des weißen Ritters und Retters kann Natty nur bedingt einnehmen. Der vornehme Ritter wird in diesem Roman durch den Südstaatler mit schottischer Abstammung, durch Duncan Heyward, Major der englischen Armee, verkörpert. Duncan bildet neben Natty eine weitere dominante Männlichkeit (in einem anderen Feld – der Zivilisation). Er ist

Natty zwar in der Wildnis unterlegen, bekommt aber Alice, die (für ihn) als *love interest* fungiert. Somit gilt nicht nur für den Hollywoodfilm, dass eine Hauptfigur für eine Herzensdame kämpft und sie gegebenenfalls als Belohnung erhält. Heyward wird so auch zum Brotverdiener, womit der Text ein seit Beginn des 19. Jahrhunderts als klassenübergreifend geltendes Männlichkeitsideal verarbeitet.

Natty unterhält eine innige Freundschaft zum Indianer Chingachgook. Zu Coopers Zeit war es nicht ungewöhnlich, dass Männer sich ihre Gefühle zeigten, dass sie weinten und sich berührten (Michael Manns Filmadaption von 1992 unterscheidet sich hierin signifikant). Coopers Chingachgook ist jedoch (wohl auch wegen seiner »Rasse«) kein gleichwertiger Freund. Er ist Nattys *sidekick*. Der edle Wilde stellt im Text keine untergeordnete Männlichkeit dar (ihm werden keine Attribute des Weiblichen zugeordnet). Durch den Kontext der »realen« Welt wird der Nicht-Weiße marginalisiert.

Der für diese Studie ausgewählte *dime novel*-Western *Dashing Diamond Dick; or, The Tigers of Tombstone* (1889/1898) hat einen schillernd gekleideten Mann zum Helden. Der Spieler Diamond Dick ist groß und bewegt sich geschmeidig. Der unverhohlene Blick auf die Figur wird zwar wieder über den auktorialen Erzähler vermittelt, aber eine Veränderung zu einem eher körperbetonten Ideal ist hier bereits erkennbar. Dies kann auch als Ausrichtung auf die Rezipienten (der Arbeiterklasse) verstanden werden, deren Ideale bestätigt werden. Dashing Dick werden verschiedene männliche Figuren (aus der besitzenden Klasse) entgegengestellt; der körperlich gleichwertige, aber moralisch deviante and unbeherrschte Tornado Tom und der unförmige komische Deutsche (Heinrich Schwauenflegle). In diesen beiden Figuren manifestiert sich eine Diskrepanz zwischen Position und charakterlicher Integrität/Aussehen. Dicks junger, hitzköpfiger Sohn Bertie als *sidekick* und die Menge der unfähigen Einwohner von Tombstone sind weitere Folien für den Helden (außer einem »Schreibtischtäter« der Transportgesellschaft und einem mexikanischen Verräter sind die Männer nicht individuell erkennbar). Dick gelingt es, die schöne, unschuldige Sängerin Alice, die als eine Art von *love interest* wirkt, aus den Klauen des Widersachers Tornado Tom zu befreien, womit er sich ritterlich verhält (er wird weiterhin explizit als Ritter bezeichnet, in dem Groschenheft bedarf es dafür also keines Aristokraten). Gegen das Oberhaupt der Banditen, der Tiger von Tombstone, scheitert Dick aber zunächst. Die Anführerin Kate, die hier als Ausformung der *New*

Woman (die wohl hauptsächlich aus der Mittelklasse heraus agierte) interpretiert worden ist, kämpft mit unfairen Mitteln. Der Text stellt ihr wildes Verhalten als so untypisch für Frauen dar, dass die Figuren von Tombstone sie (geschlechtlich) nicht einordnen können. Kate ist verwegen und tötet mit ihrer Schießkunst mehrere Menschen. Die Geschichte insinuiert, dass ein solches Leitbild nicht erstrebenswert ist. Der weibliche Gegenentwurf, die junge, unschuldige Sängerin, verweist darauf, was im Text »wahre« Frauen verkörpern sollen: schöne, hilflose Individuen. Die *New Woman* Kate zerstört das Frauenideal, das die Männer dieser Geschichte anbeten. Der edelmütige Dick verliert daraufhin kurzzeitig die Beherrschung; er will sich rächen. Diesem Schwur folgt ein körperlicher Zusammenbruch der Hauptfigur. Der Westernheld wird also wieder (wohl in Anlehnung an Coopers Natty) auf ein beherrschtes Verhalten festgelegt (obwohl dies nicht unbedingt im Einklang mit den Idealen der Zielgruppe des Textes steht). Dick und Bertie verlassen die Zivilisation. Sie sind Außenseiter, wie Natty und Chingachgook es waren. Vater und Sohn beenden das Abenteuer allerdings mit einem *quest*, das Vergehen Kates muss bestraft werden durch die, die im gesetzlosen Westen als Verantwortliche handeln und Gerechtigkeit herstellen wollen. Diamond Dick verkörpert in dieser Welt – im Feld des *lawless west* und der Wildnis – die dominante Männlichkeit. Er hat (mit Hilfe seines *sidekick*) Tombstone von der Bande und vom Tyrannen der Stadt, Tornado Tom, der (zu Unrecht) eine hohe Position eingenommen hatte, befreit.

Die nächsten beiden hier diskutierten Werke, die zeitnah zu *Dashing Diamond Dick; or, The Tigers of Tombstone* entstanden sind – *The Virginian* (1902) und *Riders of the Purple Sage* (1912) – gehören zum typischen Kanon der (*mainstream-*)Westernliteratur, die nicht auf die Arbeiterklasse ausgerichtet ist. In beiden Texten wird auf die Gefährdung der Vormachtstellung des Mannes durch die Erste Frauenbewegung reagiert, indem sich ausführlich auf die Unterordnung der Geliebten durch die Protagonisten konzentriert wird.

Auch Owen Wisters Virginier nimmt das Gesetz in seine Hand; allerdings beteiligt er sich an Lynchmorden von Viehdieben. Der Text suggeriert, dass dieses Handeln legitim ist, dass nicht die breite Masse regieren muss (wie es der demokratische Grundsatz der USA vorsieht), sondern eine kleine Gruppe von besonders fähigen Menschen. Historiker sehen hier einen Zusammenhang zur Herkunft des Autors, der (wie auch Theodore Roosevelt, dessen Wirken zur Kontextualisierung des Werkes erörtert worden ist) zur

Elite der Oststaatengesellschaft gehörte. Der Virginier ist der Beste von allen (im Kontext des (sozial)darwinistischen *survival of the fittest*) und verkörpert die dominante Form der Männlichkeit im Text. Seine Entwicklung zeigt, welche körperlichen und geistigen Fähigkeiten es braucht, um an die Spitze der Gesellschaft zu gelangen. Die Hauptfigur stammt aus den Südstaaten, ist daher von Geburt an mit einer gewissen Nobilität verbunden. In der Westernwelt ist er von niemandem zu schlagen, seine Fertigkeiten mit Pferden und Rindern sind außerordentlich. Das *strenuous life* im Westen macht den Virginier zu einem vitalen, harten und durchsetzungsfähigen Mann. Ziel war, mit dieser Figur ein Leitbild für die Nation herauszubilden, um zeitgenössischen Befürchtungen, die Nation würde degenerieren, entgegenzuwirken. (Hetero-)Sexualität gehört für den Virginier zum Leben »natürlich« dazu, hier findet eine Anpassung an das Ideal der *masculinity* (nach Bederman) statt. Nach seiner Reifung verfügt der Virginier auch über Selbstbeherrschung. Die Zurückhaltung dehnt sich allerdings nicht auf alle Bereiche aus; der Protagonist wird zwar vom Erzähler als schweigsam tituliert, sein Sprachverhalten widerspricht jedoch dieser Stilisierung. Der Virginier als Westernheld redet noch viel. Durch Weiterbildung (z.B. in der Schreibkunst) kann er schließlich mit all seinen Vorzügen das amerikanische Ideal des *self-made*-Mannes (und Brotverdieners) erreichen. Männer wie der Erzähler können sich im Westen zwar verbessern (und regenerieren), aber nicht zum Besten, zum Anführer, aufschließen. Dessen (Körper-)Bild thront unerreichbar, er verkörpert für den Erzähler den perfekten Mann, die ideale Form von Männlichkeit. Zu diesem Ideal fühlen sich im Roman auch Frauen hingezogen. Die ursprünglich in vielen Punkten überlegene weibliche Hauptfigur Molly erkennt den Virginier schließlich als ihren Herren an. Der Blick auf den Körper des Protagonisten wird hauptsächlich über den Ich-Erzähler vermittelt. Die Unerreichbarkeit des Virginiers lässt dabei keinen Objektstatus zu.

Der Virginier ist zu Beginn der Geschichte ein Einzelgänger, er baut keine nahen Beziehungen zu Männern auf und vermeidet es, Gefühle zu zeigen (vgl. im Kontext der USA die sich am Beginn des 20. Jahrhunderts verändernden Beziehungen von Männern zueinander). Die männlichen Nebenfiguren, die untergeordneten Männlichkeiten, sind unfähig, weich, unaufrichtig, werden als überzivilisiert gekennzeichnet und somit in Teilen feminisiert. Im Protagonisten vereinen sich nun Merkmale der amerikanischen Mittelklassenmaskulinität mit dem Ethos des Codes des Westens und vornehm-aristokratischen Anteilen.

Eine Dekade später erscheint mit *Riders of the Purple Sage* (1912) ein Roman, der weniger elitär anmutet. Der Held ist »demokratisiert« worden –
Lassiter ist nun kein künstlicher oder natürlicher Aristokrat mehr, die Südstaatenherkunft ist fast verschwunden. Zane Greys Held ist ein erwachsener
Mann, der sein Bedürfnis nach Rache überwinden kann und schließlich Gerechtigkeit herstellen und nach dem Code des Westens handeln will. In
Riders of the Purple Sage herrscht von Anfang bis Ende eine gefahrvolle Stimmung. Lassiter ist ein ernsthafter Mensch, dieser Protagonist erzählt keine
tall tales. Er spricht eine harte und klare Sprache, auch deshalb ist er ein »natürlicher Anführer«. Jane Withersteen erkennt die Führungsrolle Lassiters
an, mit ihm ist sie sicher. Der junge Bern Venters ist und bleibt in diesem
Roman unbeherrscht, aus einem Rachegefühl heraus macht er z.B. einen Fehler. Und seine Beziehung zu den weiblichen Figuren? Er, der durch den
weiblichen Blick zum Objekt von Jane Withersteen degradiert wird, findet
eine Frau (ein Mädchen), die (das) sich ihm ebenfalls unterordnet. Bess bedeutete zwar als maskierter und vermeintlich maskuliner Reiter eine Gefahr,
aber nach ihrer Umwandlung in ein weibliches Wesen wird sie völlig hilflos
und unfähig. Durch die Figur des Bern, der gleichzeitig eine Folie für die
dominante Männlichkeit Lassiters bildet, wird in diesem Werk auch der Aspekt der Sexualität stärker aufgegriffen, als es bei *The Virginian* der Fall war.
Dies weist auf die *passionate/primitive manhood* hin, deren Einflüsse am Ende
des 19. Jahrhunderts/zu Beginn des 20. Jahrhunderts in der Mehrheitskultur
zu finden waren. Die Schergen der religiösen Macht – hier: der Mormonen –
werden durch ihre fehlende Kompetenz und körperliche Unzulänglichkeit
zu untergeordneten Männlichkeiten.

Lassiter selbst wird nicht durch den Blick der Frau deklassiert, durch die
Erhebung zum Traummann wird seine Figur abstrahiert.

Als Felder können in Greys Roman die Wildnis und die Religion, die im
lawless west (wie der Text nahelegt: falsche) Gesetze vorgibt, angesehen werden. Lassiter kann im Feld der Religion nicht vollständig zu Dominanz gelangen (das Oberhaupt Tull regiert weiter) und entscheidet sich für einen
Neuanfang in »freiem« Land mit *love interest* Jane Withersteen. Obwohl sich
im Text z.T. für die Rechte der Frauen eingesetzt wird (vgl. das Verurteilen
der Vielehe der Mormonen), wird nicht versäumt, die Überlegenheit der
männlichen Individuen aufzuzeigen. *The Virginian* und *Riders of the Purple
Sage* bieten aber nicht nur Leitfiguren für männliche Rezipienten. Den weiblichen Lesern wird hier »empfohlen«, sich Männer zu suchen, zu denen sie

aufsehen können – als sei ein Mann, der nicht die dominante Position in einer Beziehung einnehmen kann, kein richtiger Mann.

Ins junge Filmgenre Western wird die Idee vom sexuell potenten Mann u.a. durch die Amerikanische Einstellung übertragen, wie anhand von *Hell's Hinges* (1916) aufgezeigt werden konnte. Die Unterordnung der Frau und die Feminisierung (z.B.) der Nebenfiguren spielen wie so oft zuvor in der Literatur eine zentrale Rolle. Bereits im Stummfilm *Hell's Hinges* werden Beziehungen – wie Gleichwertigkeit oder Überlegenheit – über die Positionierung der Schauspieler im Bild kommuniziert.

Als klassische (Hollywood-)Ära gilt die Zeit von den 1930er bis 1950er Jahren. Für das Beispiel eines klassischen Westernfilms ist hier *Stagecoach* von 1939 ausgewählt worden (die Diskussion von *Jesse James*, der der Sekundärliteratur nach ebenfalls auf die durch die Große Depression verursachten Probleme Amerikas reagiert, erfolgt entsprechend der Aufteilung dieser Studie unten). John Fords Held verkörpert in der Wildnis und in der Zivilisation (die *frontier*-Stadt kann hier aufgrund der Existenz des fähigen Sheriffs nicht als *lawless* eingeordnet werden) die dominante Männlichkeit. Die gesellschaftliche Stellung ist in John Fords *Stagecoach* nicht wichtig. Jedes Individuum ist für sich selbst verantwortlich und muss die Dinge selbst in die Hand nehmen. Dieses Signal zu handeln kann als Botschaft gedeutet werden, die sich an die als in der Krise verstandenen weißen männlichen Amerikaner richtet: Die Rolle des *provider* kann zurückgewonnen werden, einen Mann mit Attributen wie Ringo braucht es dafür. Somit werden Ideale der *mainstream*-Männlichkeit bejaht, die (erneut) zur Führung der Frau aufrufen und dem Aufbau des Landes dienen sollen. Der spezielle Westernkontext bleibt bestehen: Der Held, der *uncommon common man*, tötet die Plummer-Brüder (ein Akt der Vergeltung) und verhält sich ritterlich gegenüber der Prostituierten Dallas. Aristokraten brauchen die Filmwestern nicht mehr. Jetzt stellt der aus den Südstaaten stammende Hatfield einen unehrenhaften Menschen dar. Die (untergeordneten) männlichen Nebenfiguren können dem Weiblichen nahegerückt werden (hier auch durch den Inhalt von Äußerungen, vgl. Buck, der viel über seine Frau und Kinder redet) oder werden wie ein Kind behandelt (s. die Darstellung Peacocks). Ringo handelt z.T. für seine Angebetete Dallas und will mit ihr eine Familie gründen. Er bleibt jedoch unabhängig von einer Frau, da er bei Bedarf seine eigenen Wege geht (*a man's got to do what a man's got to do*).

Besonders ab den 1960er Jahren werden (u.a. nach Kitses) in den revisionistischen Westernfilmen affirmative Aussagen, die der Mythos der *frontier* oder z.B. Filme, die in der klassischen Phase entstanden sind, hervorgebracht hat/haben (wie z.B. der »Gewinn« des Westens, die Überlegenheit der Weißen), kritisch beleuchtet, was auf traumatische Erfahrungen der Nation wie Vietnam, Watergate usw. zurückzuführen ist. Dabei geraten auch die Figuren – z.B. Cowboys, *gunfighters*, »echte« Westernmänner wie Buffalo Bill und Legenden wie Jesse James – ins Visier, die für die Amerikaner oftmals als Helden fungiert haben. Revisionistische Westernfilme können dabei gleichzeitig Männlichkeitsideale infrage stellen. Die Filmemacher arbeiten allerdings oftmals mit nostalgischen Bestandteilen, die Assoziationen wecken. Diese werden evtl. durch die Schauspieler transportiert oder liegen z.B. in der Form des Filmes begründet (vgl. die Überlegungen Kellers oben). Die Grenzen von einem Helden über einen brüchigen Helden bis hin zum Anti-Helden können daher verschwimmen. Diese »Gefahr« kann umgangen werden, wenn sich der Film z.B. deutlich des Stilmittels der Ironie bedient oder als Komödie gekennzeichnet wird, wie es beispielsweise bei *Buffalo Bill and the Indians* (1976) der Fall ist (der zusätzlich besondere formale Aspekte aufweist). Die filmischen Anti-Western konzipieren den Protagonisten oftmals als Anti-Helden, die männliche Hauptrolle wird hier allerdings mit einem gutaussehenden Schauspieler besetzt. Im Falle von Paul Newman kann auf diese Weise die Attraktivität der Figur als Essenz oder Überbleibsel eines Helden, als Quintessenz des Showbusiness (oder der politischen Bühne) verstanden werden. Die Kleidung – einst Markenzeichen des ernsthaften Westernhelden – wird nun zum Symbol für einen Gecken, der so z.T. feminisiert wird. Bill Cody – das verrät der Blick hinter die Kulissen der Show – ist kein selbst gemachter Mann. Der den Amerikanern so gepriesene Erfolg wird hier auf Kosten marginalisierter Männlichkeiten erlangt. Der Film der Gegenkultur (die sich vor allem seit den 1960ern durch Aktionen und Gründungen von Organisationen bemerkbar machte) prangert den Niedergang der in vielen Bereichen überlegenen indianischen Männer an. Aber auch eine Reaktion auf die Zweite Frauenbewegung ist zu spüren: So wird z.B. Frank Butler, Mann der relativ mächtigen Meisterschützin Annie Oakley, zum Zielobjekt und durch die Perspektive degradiert. Buffalo Bill steht durch seine Inszenierung künstlich an der Spitze (der Gemeinschaft) und beherrscht durch seine Position Nicht-Weiße und Frauen (obwohl diese Gruppierungen auf verschiedene Weisen »ausbrechen«, können sie jedoch keine führende Stellung einnehmen).

In diesem revisionistischen Film eröffnet sich nun ein Spannungsfeld zwischen dem hierarchisch hohen Posten, den ein Charakter (in einem Feld) einnimmt, und dem Typus der Männlichkeit, den er in der Vorstellung repräsentieren soll (vgl. Buffalo Bill, vgl. den Präsidenten). Diese Konstruktionsmöglichkeit, die in anderen Werken (die einen Helden als Hauptfigur haben) z.B. für Schurken verwendet wird (vgl. den Mittelklassenmann Tornado Tom in dem hier diskutierten Groschenheft oder den vermeintlich »edlen« und ehrenvollen Aristokraten Hatfield in *Stagecoach*) kann in einem revisionistischen Werk auch für die Demontage der Hauptfigur verwendet werden.

Wenn die Hauptfigur (hier: in einem revisionistischen Westernfilm) Attribute eines »unmännlichen« Mannes besitzt, kann dies z.B. durch Darstellung fehlender körperlicher Attraktivität oder durch fehlende Fähigkeiten signalisiert werden. Sogar solch einer brüchigen Figur/solch einem Anti-Helden können immer noch weitere »minderwertige« Männer zur Abgrenzung dienen. In *Unforgiven* (1992) kann z.B. The Schofield Kid als Folie für Anti-Held William Munny, den verschlissenen *gunfighter* und unfähigen Schweinezüchter, gelten. *Unforgiven* ist ein Western der zweiten revisionistischen Welle, der auf die Kultur der 1980er Jahre antwortet, die (Action-)Helden wie Rambo (Sylvester Stallone) oder John McClane (Bruce Willis) erschaffen hat. Munny ist hinfällig, sein Körper alles andere als prachtvoll und muskelgestählt. Er ist aber ein Weißer, der einen Schwarzen zum Freund hat (und der anders als Natty nicht damit beschäftigt ist, sich von einem Nicht-Weißen abzugrenzen). Das Universum von *Unforgiven* spiegelt eine Welt wider, die von (latentem und doch gefährlichem) Rassismus durchdrungen ist. In den 1990ern war u.a. der Rassismus nach Kimmel Ausdruck der Wut der vom sozialen Abstieg betroffenen amerikanischen Männer.

In *Unforgiven* ist Sheriff Daggett derjenige, der den Schwarzen Ned eigenhändig tötet und den weiblichen Individuen von Big Whiskey keinen Schutz bietet (dass diese des Schutzes bedürfen, wird durch die aufgeschlitzte Hure, die ihrerseits auf die Frauenfiguren der Ära der *slasher*-Filme verweist, offenkundig). Bei dem Sheriff handelt es sich um den dominierenden Mann der *frontier*-Stadt, so rechnet der Film zusätzlich mit der Verklärung des Wilden Westens und dem harten Männlichkeitsideal (auch der 1980er Jahre) ab. Die indirekte subjektive Einstellung (Abb. 20) macht die

Aktion des Gewalttäters Daggett in Eastwoods Film für den Rezipienten unmittelbar erlebbar. Bezeichnend ist in dieser Einstellung der durch die unterlegene Figur (English Bob) geprägte Blick: Er kommt von unten (Untersicht). Dadurch entfällt der Objektstatus des Mannes vor der Kamera. Daggett repräsentiert ein fehlgeleitetes Ideal einer entgleisten Zivilisation, seine Unfähigkeit auf einigen Gebieten – in typischen Männerdomänen (wie Hausbau) – ordnet ihn zugleich unter. Die Tötung Ned Logans demontiert außerdem den romantisierten amerikanischen Mythos vom weißen Helden und seinem *ethnic sidekick*. Anti-Held Munny reinigt das Feld der Zivilisation und macht sich dann auf, um einen Neuanfang zu beginnen. Im Nachspann erfährt der Zuschauer, dass Munny das Ideal des *self-made*-Mannes noch erreichen kann. Hier verwischen die Grenzen zwischen Anti-Held und Held, und der Film schenkt den amerikanischen Männern Hoffnung auf Erfolg und Aufstieg. *Unforgiven* gibt aber auch Negativbeispiele, entwirft brutale Männer, die nicht an amerikanische Visionen wie Demokratie oder den Grundsatz der Gleichheit glauben (vgl. English Bob, vgl. Daggett). Schauspieler und Regisseur Eastwood erteilt mit diesem Film eine »väterliche« Lektion.

Durch die Kriterien des männlichen *mainstream*-Ideals und der Held/Westernheld-Definition, die den Anti-Helden im revisionistischen *Unforgiven* gleichzeitig aufbauen und zerstören, schlägt eine unbestreitbare Zuordnung zur dominanten Männlichkeit fehl. Der mit Brüchen versehene *outlaw*-Charakter (in dieser Studie: des Jesse James) erschwert ebenfalls eine eindeutige Zuordnung zur dominanten Männlichkeit.

Ich habe den Jesse-James-Stoff im *outlaw*-Westernfilm chronologisch untersucht. Der Protagonist des klassischen *Jesse James* (1939) ist ein Volksheld, der sich von der Figur des *outlaw/good badman* Ringo in *Stagecoach* unterscheidet. Regisseur Henry King geht jedoch im Vergleich zu den anderen hier diskutierten Jesse-James-Filmen noch recht nachsichtig mit seinem Protagonisten um; er zeigt in *Jesse James* zwar auch das Fehlverhalten seines Helden auf, dessen wildes Spiel wird ihm aber aufgrund seiner Südstaatenherkunft (die nicht negativ bewertet wird), seiner Jugendlichkeit und seines Robin-Hood-Status verziehen. Der – affirmative – Film suggeriert, dass die Zeit der Wirtschaftskrise einen rücksichtslosen Draufgänger erforderte. Hier zeigen sich Komponenten der *passionate*, aber auch der *primitive manhood*, die den Protagonisten zu weit von zivilisiertem Handeln entfernen. Aufgrund seiner Besonderheit und Fähigkeiten gelangt Jesse in Kings Werk in verschiedenen Feldern an die Spitze; er ist Anführer der Farmer, Anführer einer

Bande, und er beherrscht seine Frau. Auf Dauer (oder: später) – so insinuiert
der Film – ist allerdings eine tugendhaftere Form von Männlichkeit von Vor-
teil; der (körperlich) »gleichwertige« und moralisch integere Marshal Wright
überlebt und bekommt schließlich *love interest* Zee – Jesses Frau. In meinen
Ausführungen bin ich zu dem Schluss gekommen, dass Wright eine dominante Männlichkeit (aber keinen Helden) im Feld der Zivilisation verkörpert.
Da die Figur des Jesse in Kings Film nicht das Ideal des Familienvaters als
Brotverdiener bestätigen kann – und es ein erklärtes Ziel der Männer während der Großen Depression war, die Stellung des männlichen *provider* und
die damit verbundene Macht und den Respekt zurückzugewinnen (wobei
ihnen nach Martschukat Regierungsprogramme zu Hilfe kamen) – tritt in *Jesse James* ein Charakter in Erscheinung, der für das amerikanische *mainstream*-
Ideal steht. Dieser Film konnte somit in der Krisenzeit auf doppelte Weise
den Männern Zuversicht vermitteln: Er zeigt auf, dass Amerika historische
Helden hervorgebracht hat und dass die Frauen die starke Schulter annehmen, die ihnen der tugendhafte Familienvater bietet.

Im filmischen Bild manifestieren sich die sozialen Relationen; der auf
gewisse Weise Jesse ebenbürtige Marshal wird z.B. in einer Einstellung auf
gleicher Höhe mit dem Protagonisten positioniert, und er bewegt sich parallel zu diesem. Ein hilfloser Farmer wird durch räumliche Positionierung in
die Nähe der bzw. unter die Frau gestellt und somit als schwach gekennzeichnet. Eine geduckte (gekrümmte) Haltung einer Figur im Bild signalisiert ebenfalls deren Minderwertigkeit.

Für einen kritischen Film gestaltet es sich einfacher, mit den Widersprü-
chen der historischen *outlaw*-Figur umzugehen. Der verlagerte Fokus (auf
die Person des Bob Ford) in *I Shot Jesse James* (1949) lässt Jesse als unwichtig
erscheinen. Aber Samuel Fullers Werk zerstört auch aktiv den Helden-Status
Jesses; z.B. zeigt er explizit die Angst des unschuldigen – vom Anführer der
Banditen bedrohten – Opfers. In diesem Independentfilm ist es auffällig, dass
die weibliche Hauptfigur Cynthy, Bobs (und auch Kelleys) *love interest*, ein
großes Maß an Stärke besitzt, was wiederum durch die Platzierung im Kader
versinnbildlicht wird. U.a. ist es die Dominanz Cynthys (die mit dem Erstarken der Frauen nach dem Zweiten Weltkrieg in Verbindung gebracht werden kann), die Bobs Aufstieg zum Westernhelden verhindert. Kelley, eine
Art *self-made*-Mann und fähiger Ordnungshüter, bekommt als zweite Wahl
die umkämpfte Frau, der er sich nicht unterwirft. Er geht keine Kompromisse

mit ihr ein. Aber dieser Mann bleibt eine Nebenfigur, steigt nicht zum Helden der Geschichte auf. Fullers Film spielt mit den Versatzstücken der Konstruktionsmöglichkeiten der Westernmänner. Den ehemaligen Soldaten Fuller hat die Kriegserfahrung zu einem Gegner des Heldentums gemacht, amerikanische Helden aufzuzeigen, ist nicht Anliegen seines Filmes. Vielmehr
erhebt *I Shot Jesse James* die Orientierung junger männlicher Individuen an
falschen männlichen Vorbildern zum Problem. Die zeitgenössische Diskussion um die während des Zweiten Weltkriegs zuerst fehlenden und dann
weniger machtvollen bzw. als effeminiert verstandenen Familienväter findet
hier Widerhall. Die Verbindung Bobs und Jesses zur Homosexualität verweist ebenfalls auf zeitgenössische Ängste und ist ein »Unding« zu Zeiten,
in denen der *Production Code* zumindest dem amerikanischen Hollywoodfilm vorschrieb, wie weit Werke sich inhaltlich wagen dürfen.

In *Jesse James* (1939) und auch in *I Shot Jesse James* (1949) gelingt es jeweils
dem Inhaber derjenigen Männlichkeit, die am ehesten dem hegemonialen
Ideal entspricht, die angebetete Frau zu gewinnen. Da diese beiden Marshals
auch dominante Männlichkeiten in einem Feld bilden, wird hier die Tradition, die bereits in der Literatur existierte (vor allem in *The Virginian* (1902)
und *Riders of the Purple Sage* (1912)) und in die Filme übertragen wurde (vgl.
Stagecoach (1939)), fortgeführt.

Der Heldenstatus Jesses wird in Andrew Dominiks Film *The Assassination of Jesse James by the Coward Robert Ford* (2007) einerseits (wie auch in
Fullers Film) durch das Aufzeigen des malträtierten Opfers, andererseits
durch die Verbindung zu den (rassistischen) Südstaaten problematisiert (wie
z.B. auch in *The Great Northfield Minnesota Raid* (1972) oder in *The Long Riders*
(1980)). Die Unbeherrschtheit des *outlaw* kann weiterhin zur Demontage dienen. Dominiks Jesse bleibt aber ein Mann, der auf dramatische Weise fasziniert. Bei ihm ist dies nicht nur kalkulierter Schein, wie bei Altmans (harm-
loserem) Buffalo Bill. Er ist zunächst ein »natürlich« besonderer Mann mit
einer extraordinären Hexis, der sich zudem in verschiedenen Welten bewegen und anpassen kann. Über den Schauspieler Brad Pitt wird das Star-Sein
auch als ein Phänomen der heutigen westlichen *celebrity*-Kultur, die aufgrund des amerikanischen »kulturellen Imperialismus«[432] wesentlich durch
Hollywood geprägt ist, begriffen. Die Schönheit des »Helden« bleibt durch

---

[432] Benshoff und Griffin definieren diesen folgendermaßen: »promotion of one nation's
cultural artifacts around the globe, especially to the extent that another nation's artifacts are excluded« (*America on Film*, S. 415).

die Assoziationen, die Pitt weckt, als wesentliche Komponente der Figur bestehen. Solche physischen Makel wie Narben oder ein fehlendes Fingerglied verweisen darauf, dass der Westen nicht mehr der Regeneration dienen kann. Aber sie können den von Pitt verkörperten Charakter nicht völlig zerstören. Denn gleichzeitig tragen solche Makel wie Narben in unserer Kultur (bei Männern) eher Konnotationen von Härte, welche wiederum Bestandteil des Ideals der *mainstream*-Maskulinität ist.

Casey Affleck bildet physisch den Gegenpol zu Pitt. Außerdem trägt die Gruppe der abgerissenen Banditen dazu bei, dass Jesse/Pitt noch stärker hervorsticht. Dieses Prinzip ist in Robert Altmans *Buffalo Bill and the Indians* offengelegt worden (als The Star besonders wurde, weil die anderen Akteure auf Mittelmäßigkeit gehalten wurden – dort ist gleichzeitig entblößt worden, wie Westernhelden inszeniert werden, wie Folien benutzt werden).

Bob Ford selbst wird mit einer dünnen Stimme gekennzeichnet, mit Weichheit, mit einer für den Weste(r)n unpassenden Kleidung (er trägt einen albernen Zylinder). Es ist auch seine Unterwerfung selbst, die ihn demontiert. Der Film zeigt damit den Kampf und die Nöte einer untergeordneten Männlichkeit auf. Mit dem Gouverneur kommt in *The Assassination of Jesse James by the Coward Robert Ford* aber auch ein Mann mit anderem Habitus zu Wort, den die Faszination von Jesse nicht gefangengenommen hat.

Jesse James, der sich als Anführer der Banditen in dominanter Position befindet, aber (sein Aussehen außen vorgelassen) wieder eine Abweichung von der hegemonialen Männlichkeit – oder sogar ein fehlgeleitetes Ideal wie Sheriff Daggett in *Unforgiven* (1992) – verkörpert, muss jedoch zunehmend drastischere Maßnahmen ergreifen, um an der Macht zu bleiben. U.a. tötet er ein abtrünniges Bandenmitglied. Die »natürliche« Führerschaft ist passé. Jesses größter Fan Bob Ford erkennt schließlich die zunehmende (oder wahre) Zerrüttung und den Verfall des Idols, die dem Rezipienten vor allem über die Erzählstimme und Jesses Taten vermittelt werden, und wandelt sich zum Attentäter.

The Assassination of Jesse James by the Coward Robert Ford referiert an zahlreichen Stellen auf seine Vorgänger wie z.B. *Jesse James* (1939) (vgl. z.B. das hinterhältige Händeschütteln des Schurkens Barshee und von Dominiks Jesse, der anschließend einen Jungen verprügelt). Auch in dem Film von 2007 kann auf Praxen, die im Alltag und im Western dazu dienen, Männlichkeit zu demontieren, zurückgegriffen werden. Brad Pitts Charakter ist nicht (mehr) erfolgreich im Sinne des *Big Wheel*, er ist nicht (mehr) sexuell aktiv oder potent, wie es das Ideal der *passionate manhood* (nach Rotundo) fordert. Dass Jesse in *The Assassination of Jesse James by the Coward Robert Ford* auch in der Küche werkelt (ohne das sexuierte Objekt Schürze wohlgemerkt) und sich in verschiedenen Sequenzen mit seinen Kindern zeigt, lässt Deutungsspielräume zu und ist gleichzeitig etwas Neues, das dieser Film hervorbringt. Es kann nicht eindeutig beantwortet werden, ob die Figur dadurch demontiert werden soll oder ihr damit ein moderner Anstrich verpasst wird. Soll hier auf ein neues Männlichkeitsideal verwiesen werden? Es handelt sich dabei eher um das (inszenierte) Ideal einer Prominentenkultur.[433]

Wieder und wieder wird sich in den Western mit der Bildung und Gestaltung einer Führungspersönlichkeit auseinandergesetzt. Andrew Dominiks Werk jedenfalls erhält den Mythos einer natürlichen, unerzwungenen Anführerschaft nicht aufrecht.[434] Auch wenn dieser (Anti-)Western wieder eine neue Perspektive auf die Dinge ermöglicht; die unwichtigen Rollen der Frauen eröffnen den männlichen Charakteren eine rein männliche Enklave (eine Form der *exclusion* im Sinne Kimmels), in der sie ihre Spiele austragen können. Fast scheint es, als käme man zu den Männerclubs des 19. Jahrhun-

---

[433] Dieses Ideal eines Vaters, der auch auf den (ehemals) weiblich dominierten Gebieten innerhalb der Familie aktiv wird, scheint (noch) nicht vollends in der Mehrheitskultur angekommen zu sein. Dabei ist es genau das, was nach z.B. Kimmel Vorteile für die heutigen Männer bringt:

> when men share housework and child care, the men themselves are happier, with higher levels of marital satisfaction and fewer symptoms of depression. They are healthier: They reduce alcohol and tobacco use, have more preventive screenings, take better care of their health, and report far less psychological distress. (*Manhood in America*, S. 257)

Nach Connell kann der Umgang mit kleinen Kindern Männer durch körperreflexive Praktiken positiv beeinflussen:

> Baby work is very tactile, from getting the milk in, to wiping the shit up, to rocking a small person to sleep. To engage with this experience is to develop capacities of male bodies other than those developed in war, sport or industrial labour. It is also to experience other pleasures. I'm intrigued to see postcards, posters and even rock videos appearing which show men cuddling babies, images that strongly convey the sensual pleasure involved. (*Masculinities*, S. 233)

[434] Es wäre zu überprüfen, ob die Idee eines »natürlichen« Anführers in der heutigen Zeit lediglich im Genre Western bzw. im revisionistischen Western nicht mehr akzeptabel ist. Aber auch die Protagonisten der Actionfilme scheinen Brüche zu bekommen, vgl. z.B. James Bond – der sicher kein amerikanischer Held im eigentlichen Sinne, wohl aber eine Hollywoodfiktion ist – in *Skyfall* (2012). Im Grunde ist der aktuelle Bond schon so brüchig, dass er auch als Anti-Held bezeichnet werden kann.

derts oder zu den Treffen der *Mythopoetics* in den Wäldern des 20. Jahrhunderts zurück. Die homosozialen Beziehungen dieser Welt reichen aber nicht weit. Es gibt keine Männerfreundschaften in *The Assassination of Jesse James by the Coward Robert Ford*. Die Männer bekämpfen sich gegenseitig und keiner gewinnt. Dass eine andere Figur entlang der Westernnormen besser und mächtiger ist als der Anti-Held Jesse James und selbst zum Helden oder zur unheroischen dominanten Männlichkeit aufsteigt, kommt in diesem revisionistischen Werk nicht vor. Dies suggeriert eine Schadhaftigkeit der abgebildeten und letztendlich auch der realen Welt. Vgl. im Gegensatz dazu den Erzähler (der einen unvollkommenen Mann repräsentiert) und den Protagonisten im traditionellen Roman *The Virginian*, in dem der Westen als Quell der Regeneration diente und die USA als ein Land der Zukunft angesehen wurden.

Die Produktion der Western geht weiter.[435] Durch die Wirtschaftskrise von 2008 haben Millionen US-Bürger ihre Arbeit verloren.[436] Danach hätten es nach Arbeitsökonom Autor besonders die Frauen geschafft, bessere Jobs zu bekommen (s. »Männerdämmerung«, S. 101). Auf den ersten Blick eignet sich das Genre Western, das (u.a. wegen einer Forderung nach politisch korrekter Geschichtsschreibung) heute hauptsächlich in revisionistischer Form vorliegt und z.B. die Schrecken der Bemächtigung des Westens aufzeigt oder fragwürdige Figuren darbietet, nur bedingt, um aus seinen Botschaften Kraft schöpfen zu können.

Aber wenn der Held brüchig ist, wenn das (im Wesentlichen seit Ende des 19. Jahrhunderts in den USA vorherrschende) Männlichkeitsideal demoliert wird und z.B. das Ideal des männlichen *provider* weniger erreichbar ist

---

[435] 2010 führten die Coen-Brüder Regie beim Remake *True Grit*, 2012 widmet Quentin Tarantino sich mit *Django Unchained* dem Italo-Western, um nur einige bekannte Regisseure und Werke zu nennen. Die *Online-Filmdatenbank* führt von 2008 bis 2012 über 100 Westernfilme verschiedener Kategorien auf (Kurzfilme, TV-Serien und Mini-Serien nicht mit eingerechnet) (s. http://www.ofdb.de/view.php?page=blaettern2&Kat=Genre&Text=%25Western%25&Pos=0, letzter Zugriff: 24.01.13).

[436] Vielleicht kann der Westen der USA in den nächsten Jahren (vor allem einem Teil der Männer) einen Weg aus der Krise ermöglichen; zurzeit boomt die Gas- bzw. Ölbranche (dank der umstrittenen Technik des Fracking) z.B. in North Dakota oder auch Texas (das Revival der Fernsehserie *Dallas* (seit 2012) ist ebenfalls in diesem Zusammenhang zu stellen).

denn je,[437] gibt es einen Ausweg für den Western und seine männlichen Rezipienten; es kann auf die Darstellung der Unterlegenheit der weiblichen Figuren zurückgegriffen werden. Selbst ein zeitgenössischer und in etlichen Punkten moderner und kritischer Film wie *The Assassination of Jesse James by the Coward Robert Ford* reproduziert das Geschlechterverhältnis des 19. Jahrhunderts. Ich möchte deshalb an dieser Stelle an Tompkins Idee anknüpfen und sie modifizieren: Sie sagt, der Western »is about men's fear of losing their mastery, and hence their identity, both of which the Western tirelessly reinvents« (*West of Everything*, S. 45). Die Identität erscheint in dem hier diskutierten, zeitgenössischen revisionistischen Western instabil, die Dominanz über Frauen wird aufrechterhalten.[438]

Die Rolle/Funktion der Frauen in den Western ist unterschiedlich. Sie helfen, die Männlichkeitsentwürfe der Hauptfigur und der Nebenfiguren

---

[437] Wie *The Assassination of Jesse James by the Coward Robert Ford* (2007) und *buddy*-Film *Appaloosa* (2008) zeigen, scheint es angebracht zu sein, auf das Werben für das Brotverdienerideal zu verzichten. Denn vielleicht würden Western, in denen es weiter ungebrochen propagiert würde, auch den psychischen Zustand der Männer in den USA (noch) verschlimmern; Rosin schreibt in ihrem Buch u.a., dass heute besonders die Männer der Südstaaten, die dem »code of chivalry« nachhängen, darunter leiden würden, wenn z.B. in einer Beziehung die Frau das Geld verdiene und nicht der Mann. Ein arbeitsloser Südstaatler beklagt seine Situation mit folgenden Worten: »I pretty much internalize it. It's like, if I can't take care of her, then I'm not a man« (*The End of Men: And the Rise of Women*, S. 85).

[438] Die Unterordnung der Frau wird nicht nur im Genre Western reproduziert; in der »Retro-Serie« *Mad Men* (seit 2007), die im New Yorker Werbemilieu der 1960er Jahre spielt, werden Frauen durch die männlichen Figuren mit diebischer Freude schikaniert. Es ist möglich, dass dabei über das angewandte Stilmittel Sarkasmus hinweggesehen wird, vgl. die Diskussion oben, ob *Unforgiven* nun als revisionistisch zu betrachten sei oder nicht. In der *Crime*-Serie *Boardwalk Empire* (seit 2010), die 1920 (also mit Einführung des Frauenwahlrechts und der Prohibition) beginnt, sind viele Schauspielerinnen auf die Charakterisierung Prostituierter und Konkubinen reduziert. Die kalifornische Motorradgang in *Sons of Anarchy* (seit 2008) wird zwar (in der Jetztzeit) durch die sogenannte »Matriarchin« Gemma (Katey Sagal, früher bekannt als Peggy Bundy) zusammengehalten, nichtsdestotrotz haben die Männer andere Rechte als die weiblichen Figuren. In diesen neuen Serien wird aber herausgestellt, dass weibliche Charaktere Männer z.T. subtil und geschickt beeinflussen können (in größerem und weitreichenderem Ausmaß als in den diskutierten Western(-Kinofilmen)). Die Gleichberechtigung und der Aufstieg der Frauen werden hier verhandelt. Will man so die weiblichen Rezipienten beschwören, bei der Strategie einer »indirekten« Macht (des »Strippenziehens«) zu bleiben und nicht nach hohen Posten zu streben? Vgl. auch die Demontage der weiblichen Figuren, die hohe berufliche Positionen innehaben und sich Männern nicht unbedingt unterwerfen, wie z.B. die der ATF-Agentin Stahl (u.a. über Bisexualität, Falschheit) in *Sons of Anarchy*.

aufzubauen. Mal sind sie Beiwerk, mal handlungsfördernd, sie dienen dem Kontrastieren, dem Aufbau von Überlegenheit oder Dominanz, der Demontage oder verschwinden ganz. Einen speziellen Fall bilden sicherlich die weiblichen Protagonistinnen in Filmen wie z.B. *Forty Guns* (1957) und *The Ballad of Little Jo* (1993) oder die Erzählerin im Remake *True Grit* (2010). Die weiblichen Figuren und/oder die männlichen Charaktere sowie ihre Relationen zueinander in diesen Werken genauer zu analysieren, war jedoch nicht Anliegen meiner Arbeit. Außerdem habe ich den Fokus auf die Konstruktion/Demontage der weißen (im Wesentlichen angloamerikanischen) Männlichkeitsbilder, die den Hauptanteil der Protagonisten der Western ausmachen, gelegt. Daher konnten die Figurenentwürfe etlicher anderer ethnischer Gruppierungen nicht ausführlich diskutiert werden.

Quellen

Bibliografie

Adams, Andy. *The Log of a Cowboy*. Teddington: Echo Library, 2006.

Adams, Matthew und Jayne Raisborough. »The self-control ethos and the ›chav‹: Unpacking culture representations of the white working class«. *Culture and Psychology* 17 (1/2011): 81-97. http://cap.sagepub.com/content/17/1/81.full.pdf, letzter Zugriff:14.08.12.

Albersmeier, Franz-Josef (Hrsg.). *Texte zur Theorie des Films*. Stuttgart: Reclam, 2009.

Ashby, LeRoy. *With Amusement for All*. Lawrence: University Press of Kentucky, 2006.

Baron-Cohen, Simon. *The Essential Difference*. London: Penguin Books, 2004.

Barth, Nadine (Hrsg.). *Traummänner – Starfotografen zeigen ihre Vision vom Ideal*. Köln: DuMont Buchverlag, 2011.

_____. »Was ist männlich«? In *Traummänner – Starfotografen zeigen ihre Vision vom Ideal*, Nadine Barth (Hrsg.), Köln: DuMont Buchverlag, 2011.

Bazin, André. »Die Entwicklung der kinematographischen Sprache«. In: *Texte zur Theorie des Films*, Franz-Josef Albersmeier (Hrsg.), Stuttgart: Reclam, 2009.

Bederman, Gail. *Manliness & Civilization*. Chicago: The University of Chicago Press, 1995.

Benshoff, Harry M. »Brokering *Brokeback Mountain* – a Reception Study«. *Jumpcut 50* (2008). http://www.ejumpcut.org/archive/jc50.2008/BrokbkMtn/text.html, letzter Zugriff: 28.04.12.

_____ und Sean Griffin. *America on Film*. Chichester: Wiley-Blackwell, 2009.

Bereswill, Mechthild und Anke Neuber (Hrsg.). *In der Krise? Männlichkeiten im 21. Jahrhundert*. Münster: Verlag Westfälisches Dampfboot, 2011.

Berg, Chuck. »Fade-Out in the West: The Western's Last Stand?«. In *Film Genre 2000*, Wheeler Winston Dixon (Hrsg.), Albany: State University of New York Press, 2000.

Bernasconi, Robert und Tommy L. Lott (Hrsg.). *The Idea of Race*. Indianapolis: Hackett Publishing, 2000.

Bienk, Alice. *Filmsprache*. Marburg: Schüren, 2010.

Bly, Robert. *Iron John*. Cambridge: Da Capo Press, 2004.

Böker, Uwe und Christoph Houswitschka (Hrsg.). *Einführung in das Studium der Anglistik und Amerikanistik*. München: C.H. Beck, 2007.

Boggs, Johnny D. *Jesse James and the Movies*. Jefferson: McFarland & Company Publishers, 2011.

Bourdieu, Pierre. *Die männliche Herrschaft*. Frankfurt/Main: Suhrkamp Verlag, 2005.

Brauerhoch, Annette. »The Good, The Bad and the Beautiful: Warum der Western eigentlich für Frauen erfunden wurde«. In *Göttliche Kerle: Männer-Sex-Kino*, Sabine Horst und Constanze Kleis (Hrsg.), Berlin: Bertz-Verlag, 2002.

Breinig, Helmbrecht und Susanne Opfermann. »Historischer Roman und Gesellschaftsroman«. In *Amerikanische Literaturgeschichte*, Hubert Zapf (Hrsg.), Stuttgart, Weimar: Verlag J.B. Metzler, 1997.

Brown, Bill (Hrsg.). *Reading the West – an Anthology of Dime Westerns*. Boston: Bedford Books, 1997.

_____. »Reading the West: Cultural and Historical Background«. In *Reading the West – an Anthology of Dime Westerns*, Bill Brown (Hrsg.), Boston: Bedford Books, 1997.

Brown, Richard Maxwell. »Violence«. In *The Oxford History of the American West*, Clyde A. Milner II, Carol A. O'Connor und Martha A. Sandweiss (Hrsg.), New York: Oxford University Press, 1994.

Buntline, Ned. (Edward Z. C. Judson.) *Buffalo Bill*. New York: Ogilvie, 1886.

Burdorf, Dieter, Christoph Fasbender und Burkhard Moenninghoff (Hrsg.). *Metzler Lexikon Literatur*, Stuttgart: Verlag J.B. Metzler, 2007.

Burton, Frances D. »Ethology and the Development of Sex and Gender Identity in Non-Human Primates«. *Acta Biotheoretica 26* (1/1977): 1-18.

Buscombe, Edward: »The Assassination of Jesse James by the Coward Robert Ford«. *Sight and Sound 17* (12/2007): 51.

_____ (Hrsg.). *The BFI Companion to the Western*. London: Museum of the Moving Image, 1991.

Carroll, Bret E. (Hrsg.). *American Masculinities*. Thousand Oaks: Sage Publications, 2003.

Cawelti, John G. *The Six-Gun Mystique*. Bowling Green: Bowling Green State University Popular Press, 1984.

Clapham, Walter C. *Western Movies*. London: Octopus Books, 1974.

Clinton, Catherine und Nina Silber (Hrsg.). *Divided Houses*. New York: Oxford University Press, 1992.

Connell, Raewyn. *Masculinities*. Berkeley: University of California Press, 2005.

_____. »Masculinity Politics on a World Scale«. In *The Masculinities Reader*, Stephen M. Whitehead und Frank J. Barrett (Hrsg.), Cambridge: Polity Press, 2004.

Cooper, James Fenimore. *The Deerslayer*. London: Penguin Books, 1996.

_____. *The Last of the Mohicans*. London: Penguin Books, 1994.

_____. *The Pioneers*. London: Penguin Books, 1988.

Coppedge, Walter. *Henry King's America*. Metuchen: The Scarecrow Press, 1986.

Cox, J. Randolph (Hrsg.). *Dashing Diamond Dick and Other Classic Dime Novels*. New York: Penguin Books, 2007.

Davies, Alan und Catherine Elder (Hrsg.). *The Handbook of Applied Linguistics*. Oxford: Blackwell, 2004.

DeNavas-Walt, Carmen, Bernadette D. Proctor und Jessica C. Smith. »Income, Poverty, and Health Insurance Coverage in the United States: 2011«. *Current Population Reports* (2012): 60-243. http://www.census.gov/newsroom/releases/archives/income_wealth/cb12-172.html, letzter Zugriff: 21.01.13.

Dinges, Martin. »›Hegemoniale Männlichkeit‹ – Ein Konzept auf dem Prüfstand«. In Martin Dinges (Hrsg.), *Männer – Macht – Körper*, Frankfurt: Campus Verlag, 2005.

_____ (Hrsg.). *Männer – Macht – Körper*. Frankfurt: Campus Verlag, 2005.

Dixon, Thomas. »Re: Weeping Men«. E-Mail an die Verfasserin vom 09.06.11.

_____. »The Tears of Mr Justice Willes«. Erscheint in *Journal of Victorian Culture*.

Dixon, Thomas. *The Clansman*. Gretna: Pelican Pub Co, 2002.

Dixon, Wheeler Winston (Hrsg.). *Film Genre 2000*. Albany: State University of New York Press, 2000.

Dombrowski, Lisa. *The Films of Samuel Fuller – If You Die, I'll Kill You*. Middletown: Wesleyan University Press, 2008.

Dudink, Stefan, Karen Hagemann und John Tosh (Hrsg.). *Masculinities in Politics and War*, Manchester: Manchester University Press, 2008.

Durham, Meenakshi Gigi und Douglas M. Kellner. *Media and Cultural Studies*. Malden: Blackwell, 2006.

Durkee, Cutler (Hrsg.). *People – 20 Years of Sexiest Man Alive*. New York: People Books, Time Inc., 2005.

_____ (Hrsg.). *People Tribute: Paul Newman*. New York: People Books, Time Inc., 2008.

Dyer, Thomas G. *Theodore Roosevelt and the Idea of Race*. Baton Rouge: Louisiana State University Press, 1992.

Duden. s.v. »Rache«. http://www.duden.de/rechtschreibung/Rache, letzter Zugriff: 21.03.12.

Eckert, Penelope und Sally McConnell-Ginet: *Language and Gender*. Cambridge: Cambridge University Press, 2007.

Ehrlich, Susan. »Language and Gender«. In *The Handbook of Applied Linguistics*, Alan Davies und Catherine Elder (Hrsg.), Oxford: Blackwell, 2004.

Eisfeld, Rainer. *Wild Bill Hickok, Westernmythos und Wirklichkeit*. Reinbek bei Hamburg: Rowohlt Taschenbuch Verlag, 1994.

Ellis, Edward S. *Seth Jones; or, The Captives of the Frontier*. In *Reading the West – an Anthology of Dime Westerns*, Bill Brown (Hrsg.), Boston: Bedford Books, 1997.

Erhart, Walter. »Das zweite Geschlecht: ›Männlichkeit‹, interdisziplinär. Ein Forschungsbericht«. *Internationales Archiv für Sozialgeschichte der deutschen Literatur 30* (2/2005): 156-232.

_____. »Männlichkeit, Mythos, Gemeinschaft, Nachruf auf den Western-Helden«. In *Wann ist der Mann ein Mann?*, Walter Erhart und Britta Hermann (Hrsg.), Stuttgart: Verlag Metzler, 1997.

_____ und Britta Hermann (Hrsg.). *Wann ist der Mann ein Mann?* Stuttgart: Verlag Metzler, 1997.

Faulstich, Werner. *Grundkurs Filmanalyse*. Paderborn: Wilhelm Fink Verlag, 2008.

Fenske, Uta. »Männlichkeiten im Fokus der Geschlechterforschung. Ein Überblick«. In *Ambivalente Männlichkeit(en)*, Uta Fenske und Gregor Schuhen (Hrsg.), Opladen: Verlag Barbara Budrich, 2012.

_____ und Gregor Schuhen (Hrsg.). *Ambivalente Männlichkeit(en)*. Opladen: Verlag Barbara Budrich, 2012.

Fenstermaker, Sarah und Candace West (Hrsg.). *Doing Gender, Doing Difference*. New York: Routledge, 2002.

Fiedler, Leslie. *Love and Death in the American Novel*. Champaign: Dalkey Archive, 2008.

Filson, John. *The Discovery, Settlement And Present State of Kentucke to Which is Added The Adventures of Daniel Boon 1784*. Nachdruck. Whitefish: Kessinger Publishing, o.J.

Fine, Cordelia. *Delusions of Gender*. London: Icon Books, 2011.

Foerster, Heinz von. »Das Konstruieren einer Wirklichkeit«. In *Die erfundene Wirklichkeit*, Paul Watzlawick (Hrsg.), München: Piper, 2008.

French, Philip: *Westerns*. Manchester: Carcanet Press, 2005.

Fröhlich, Gerhard. »›Soziale Errungenschaften sind kulturelle Errungenschaften wie Goethe und Beethoven‹: Pierre Bourdieu 1930-2002«. *KUPFZeitung der Kulturplattform O.Ö. 35* (1/2002): 12-15. http://www.iwp.jku.at/lxe/wt2k/pdf/Nachruf-BourdieuKUPF.pdf, letzter Zugriff: 01.09.12.

_____ und Boike Rehbein (Hrsg.). *Bourdieu Handbuch*. Stuttgart: J.B. Metzler, 2009.

Fuller, Samuel. *A Third Face*. New York: Applause Theatre & Cinema Books, 2004.

Gala. s.v. »Casey Affleck, Biografie«. http://www.gala.de/starbase2/index/profile/name/Casey+Affleck/biografie/Casey+Affleck, letzter Zugriff: 14.05.11.

Gala. s.v. »David Beckham, Biografie«. http://www.gala.de/starbase2/index/profile/name/David+Beckham/biografie/David+Beckham, letzter Zugriff: 14.07.11.

Georgi-Findlay, Brigitte. »Amerikastudien«. In *Einführung in das Studium der Anglistik und Amerikanistik*, Uwe Böker und Christoph Houswitschka (Hrsg.), München: C.H. Beck, 2007.

Goethe, Johann Wolfgang. *Die Leiden des jungen Werther*. Projekt Gutenberg. http://projekt.gutenberg.de/buch/3636/1, letzter Zugriff: 07.09.11.

Grant, Barry Keith. *Film Genre*. London: Wallflower, 2011.

Grant, Susan Mary. »Southern Writers and the Civil War«. In *A Companion to the Literature and Culture of the American South*, Richard Gray und Owen Robinson (Hrsg.), Malden: Blackwell Publishing, 2004.

Graw, Jochen. *Genetik*. Berlin: Springer-Verlag, 2010.

Gray, Richard und Owen Robinson (Hrsg.). *A Companion to the Literature and Culture of the American South*. Malden: Blackwell Publishing, 2004.

Green, Martin. *The Great American Adventure*. Boston: Beacon Press, 1984.

Greenberg, Amy S. »Männlichkeiten, territoriale Expansion und die amerikanische *Frontier* im 19. Jahrhundert«. In *Väter Soldaten Liebhaber*, Jürgen Martschukat und Olaf Stieglitz (Hrsg.), Bielefeld: Transcript Verlag, 2007.

Grey, Zane. *Riders of the Purple Sage*. New York: Dorchester Publishing, 2006.

_____. »What the Desert Means to Me«. *American Magazine 98* (5/1924): 5-8, 72-78.

Hackett, Larry (Hrsg.). *People* (Magazin). New York: Time Inc. (Time Warner), seit 1974.

Hansen, Ron. *The Assassination of Jesse James by the Coward Robert Ford*. New York: Harper Perennial, 2007.

Hefner, Hugh (Hrsg.). *Playboy* (Magazin). Beverly Hills: Playboy Enterprises, seit 1953.

Heideking, Jürgen und Christof Mauch. *Geschichte der USA*. Tübingen: Narr Francke Attempto Verlag, 2007.

Hembus, Joe. *Western Geschichte 1540-1894*. München: Wilhelm Heyne Verlag, 1981.

Hine, Robert V. und John Mack Faragher. *The American West*. New Haven: Yale University Press, 2000.

Hißnauer, Christian und Thomas Klein. »Visualität des Männlichen«. In *Männer Machos Memmen: Männlichkeit im Film*, Christian Hißnauer und Thomas Klein (Hrsg.), Mainz: Bender Verlag, 2002.

_____ (Hrsg.). *Männer Machos Memmen: Männlichkeit im Film*, Mainz: Bender Verlag, 2002.

Hobsbawm, Eric. *Bandits*. London: Abacus, 2004.

Hollersen, Wiebke, Kerstin Kullmann, Gregor Peter Schmitz et al. »Männerdämmerung«. In *Der Spiegel 1* (31.12.12): 98-105.

Horlacher, Stefan. »Überlegungen zur theoretischen Konzeption männlicher Identität aus kulturwissenschaftlicher Perspektive«. In *»Wann ist die Frau eine Frau?« »Wann ist der Mann ein Mann?«*, Stefan Horlacher (Hrsg.), Würzburg: Königshausen & Neumann, 2010.

_____. »›Wann ist die Frau eine Frau?‹ ›Wann ist der Mann ein Mann?‹«. In »*Wann ist die Frau eine Frau?*« »*Wann ist der Mann ein Mann?*«, Stefan Horlacher (Hrsg.), Würzburg: Königshausen & Neumann, 2010.

_____ (Hrsg.). »*Wann ist die Frau eine Frau?*« »*Wann ist der Mann ein Mann?*«. Würzburg: Königshausen & Neumann, 2010.

Horst, Sabine und Constanze Kleis (Hrsg.). *Göttliche Kerle: Männer-Sex-Kino*. Berlin: Bertz Verlag, 2002.

Hütlin, Thomas. »›Schatz, was kann ich tun‹?«. *Der Spiegel* 45 (5.11.12): 138-141.

Hughes, Howard. *The Filmgoer's Guide to the Great Westerns – Stagecoach to Tombstone*. London: I.B. Tauris, 2008.

Huidekoper, Virginia. *The Early Days in Jackson Hole*. Moose: Grand Teton Natural History Association, 1978.

Humes, Karen R., Nicholas A. Jones und Roberto R. Ramirez. »Overview of Race and Hispanic Origin: 2010«. U.S. Census Bureau. http://www.census.gov/prod/cen2010/briefs/c2010br-02.pdf, letzter Zugriff: 16.05.11.

Hurst, Matthias. *Erzählsituationen in Literatur und Film*. Tübingen: Max Niemeier Verlag, 1996.

Hutson, Richard. »William S. Hart's *Hell's Hinges* in the Progressive Era«. *Revue française d'études américaines* 122 (4/2009): 59-75.

Hofman, Frank (Hrsg.). *Men's Health* (Magazin). Stuttgart: Rodale-Motor-Presse, seit 1996.

IndieLondon. s.v. »The Assassination of Jesse James by the Coward Robert Ford; Brad Pitt Interview«. http://www.indielondon.co.uk/Film-Review/the-assassination-of-jesse-james-by-the-coward-robert-ford-brad-pitt-interview, letzter Zugriff: 07.02.12.

Internet Movie Database. s.v. »Alan Ladd, Biography«. http://www.imdb.com/name/nm0000042/bio, letzter Zugriff: 14.05.11.

Internet Movie Database. s.v. »Barbara Britton, Biography«. http://www.imdb.com/name/nm0110159/bio, letzter Zugriff: 25.07.11.

Internet Movie Database. s.v. »Brad Pitt, Biography«. http://www.imdb.com/name/nm0000093/bio, letzter Zugriff: 16.05.11.

Internet Movie Database. s.v. »Brian Donlevy, Biography«. http://www.imdb.com/name/nm0002046/bio, letzter Zugriff: 18.07.11.

Internet Movie Database. s.v. »Broncho Billy Anderson, Biography«. http://www.imdb.com/name/nm0001908/bio?ref_=nm_ov_bio_sm, letzter Zugriff: 27.06.11.

Internet Movie Database. s.v. »Burt Lancaster, Biography«. http://www.imdb.com/name/nm0000044/bio, letzter Zugriff: 01.07.11.

Internet Movie Database. s.v. »Casey Affleck, Biography«.
    http://www.imdb.com/name/nm0000729/bio, letzter Zugriff: 16.05.11.

Internet Movie Database. s.v. »Christian Bale, Biography«.
    http://www.imdb.com/name/nm0000288/bio, letzter Zugriff: 16.05.11.

Internet Movie Database. s.v. »Clint Eastwood, Biography«.
    http://www.imdb.com/name/nm0000142/bio, letzter Zugriff: 16.05.11.

Internet Movie Database. s.v. »Donald Meek, Biography«.
    http://www.imdb.com/name/nm0576083/bio, letzter Zugriff: 28.06.11

Internet Movie Database. s.v. »Dustin Hoffman, Biography«.
    http://www.imdb.com/name/nm0000163/bio, letzter Zugriff: 16.05.11.

Internet Movie Database. s.v. »Gary Cooper, Biography«.
    http://www.imdb.com/name/nm0000011/bio, letzter Zugriff: 16.05.11.

Internet Movie Database. s.v. »Gene Hackman, Biography«.
    http://www.imdb.com/name/nm0000432/bio, letzter Zugriff: 05.07.11.

Internet Movie Database. s.v. »Glenn Ford, Biography«.
    http://www.imdb.com/name/nm0001229/bio, letzter Zugriff: 16.05.11.

Internet Movie Database. s.v. »Henry Fonda, Biography«.
    http://www.imdb.com/name/nm0000020/bio, letzter Zugriff: 16.05.11.

Internet Movie Database. s.v. »I Shot Jesse James 1949«.
    http://www.imdb.com/title/tt0041497/, letzter Zugriff: 25.04.12.

Internet Movie Database. s.v. »Jaimz Woolvett, Biography«.
    http://www.imdb.com/name/nm0941316/bio, letzter Zugriff: 05.07.11.

Internet Movie Database. s.v. »Jesse James 1939«.
    http://www.imdb.com/title/tt0031507/, letzter Zugriff: 25.04.12

Internet Movie Database. s.v. »John Carradine, Biography«.
    http://www.imdb.com/name/nm0001017/bio, letzter Zugriff: 28.06.11.

Internet Movie Database. s.v. »John Considine, Biography«.
    http://www.imdb.com/name/nm0175912/bio, letzter Zugriff: 01.07.11.

Internet Movie Database. s.v. »John Ireland, Biography«.
    http://www.imdb.com/name/nm0409869/bio, letzter Zugriff: 21.07.11.

Internet Movie Database. s.v. »Kevin Costner, Biography«.
    http://www.imdb.com/name/nm0000126/bio, letzter Zugriff: 16.05.11.

Internet Movie Database. s.v. »Kiefer Sutherland, Biography«.
    http://www.imdb.com/name/nm0000662/bio, letzter Zugriff: 16.05.11.

Internet Movie Database. s.v. »Killing Them Softly«.
    http://www.imdb.com/title/tt1764234/, letzter Zugriff: 03.09.12.

Internet Movie Database. s.v. »The Last Stand«.
    http://www.imdb.com/title/tt1549920/?ref_=sr_1, letzter Zugriff: 21.01.13.

Internet Movie Database. s.v. »Morgan Freeman, Biography«.
    http://www.imdb.com/name/nm0000151/bio, letzter Zugriff: 05.07.11.

Internet Movie Database. s.v. »Paul Newman, Biography«.
    http://www.imdb.com/name/nm0000056/bio, letzter Zugriff: 01.07.11.

Internet Movie Database. s.v. »Paul Schneider, Biography«.
    http://www.imdb.com/name/nm0773973/bio, letzter Zugriff: 13.08.11.

Internet Movie Database. s.v. »Preston Foster, Biography«.
    http://www.imdb.com/name/nm0288003/bio, letzter Zugriff: 21.07.11.

Internet Movie Database. s.v. »Randolph Scott, Biography«.
    http://www.imdb.com/name/nm0000068/bio, letzter Zugriff: 11.09.11.

Internet Movie Database. s.v. »Reed Hadley, Biography«.
    http://www.imdb.com/name/nm0352914/bio, letzter Zugriff: 21.07.11.

Internet Movie Database. s.v. »Richard Harris, Biography«.
    http://www.imdb.com/name/nm0001321/bio, letzter Zugriff: 06.07.11.

Internet Movie Database. s.v. »Russell Crowe, Biography«.
    http://www.imdb.com/name/nm0000128/bio, letzter Zugriff: 16.05.11.

Internet Movie Database. s.v. »Sam Shepard, Biography«.
    http://www.imdb.com/name/nm0001731/bio, letzter Zugriff: 13.08.11

Internet Movie Database. s.v. »Saul Rubinek, Biography«.
    http://www.imdb.com/name/nm0007210/bio, letzter Zugriff: 06.07.11.

Internet Movie Database. s.v. »Stephen Dorff, Biography«.
    http://www.imdb.com/name/nm0001151/bio, letzter Zugriff: 20.11.11.

Internet Movie Database. s.v. »The Assassination of Jesse James by the Coward Robert
    Ford 2007«. http://www.imdb.com/title/tt0443680/, letzter Zugriff: 25.04.12.

Internet Movie Database. s.v. »The Assassination of Jesse James by the Coward Robert
    Ford, Box Office«. http://www.imdb.com/title/tt0443680/business, letzter
    Zugriff: 07.02.12.

Internet Movie Database. s.v. »The Hobbit (2012)«.
    http://www.imdb.com/title/tt0903624/?ref_=sr_1, letzter Zugriff: 31.01.13.

Internet Movie Database. s.v. »3:10 to Yuma (2007), Box Office«.
    http://www.imdb.com/title/tt0381849/business, letzter Zugriff: 07.02.12.

Internet Movie Database. s.v. »Tom Cruise, Biography«.
    http://www.imdb.com/name/nm0000129/bio, letzter Zugriff: 16.05.11.

Internet Movie Database. s.v. »Tyrone Power, Biography«.
    http://www.imdb.com/name/nm0000061/bio, letzter Zugriff: 18.07.11.

Internet Movie Database. s.v. »Van Heflin, Biography«.
http://www.imdb.com/name/nm0001336/bio, letzter Zugriff: 14.05.11.

Internet Movie Database. s.v. »William S. Hart, Biography«.
http://www.imdb.com/name/nm0366586/bio, letzter Zugriff: 26.06.11

Internet Movie Database. s.v. »Will Sampson, Biography«.
http://www.imdb.com/name/nm0760225/bio, letzter Zugriff: 01.07.11.

Jefferson, Thomas. »Letter CXV. – to John Adams«. Project Gutenberg.
http://www.gutenberg.org/files/16784/16784-h/16784-h.htm#2H_4_0115, letzter
Zugriff: 19.01.12.

Jeier, Thomas. *Der Westernfilm*. München: Wilhelm Heyne Verlag, 1987.

Johnson, Michael L. *New Westers*. Lawrence: University Press of Kansas, 1996.

Kammen, Michael. *American Culture, American Tastes*. New York: Basic Books, 1999.

Kamp, Werner und Manfred Rüsel. *Vom Umgang mit Film*. Berlin: Volk und Wissen Verlag, 2011.

Kasson, Joy S. *Buffalo Bill's Wild West*. New York: Hill and Wang, 2000.

_____. »Life-like, Vivid, and Thrilling Pictures«. In *Westerns – Films Through History*, Janet Walker (Hrsg.), New York: Routledge, 2001.

Keller, Alexandra. »Generic Subversion as Counterhistory: Mario van Peeble's *Posse*«. In *Westerns – Films Through History*, Janet Walker (Hrsg.)., New York: Routledge, 2001.

Kimmel, Michael S. *Angry White Men*. New York: Nation Books, 2013.

_____. *Manhood in America*. New York: Oxford University Press, 2006.

_____. »›Re: Self-Control Today?‹«. E-mail Mail an die Verfasserin vom 01.08.12.

Kitses, Jim. »Post Modernism and The Western«. In *The Western Reader*, Jim Kitses und Gregg Rickman (Hrsg.), New York: Proscenium Publishers Inc., 1998.

_____. »Twilight of the Idol«. *Sight and Sound* 17 (12/2007): 16-20.

_____ und Gregg Rickman (Hrsg.). *The Western Reader*. New York: Proscenium Publishers Inc., 1998.

Klein, Thomas und Thomas Koebner (Hrsg.). *Robert Altman – Abschied vom Mythos Amerika*. Mainz: Ventil Verlag, 2006.

Koebner, Thomas. »Von Verrückten und Tollhäusern – Ein Querschnitt durch die Filme«. In *Robert Altman – Abschied vom Mythos Amerika*, Thomas Klein und Thomas Koebner (Hrsg.), Mainz: Ventil Verlag, 2006.

Kranzpiller, Peter. *Stars der Kinoszene Bd. 2: Gene Autry*. Bergatreute: Verlag Eppe, 1997.

Laffert, Moritz. *GQ* (Magazin). München: Condé Nast Verlag, seit 1997.

Lammersdorf, Raimund. »Grover Cleveland (1885-1889): Die wachsende Bedeutung von Wirtschaft und Finanzen«. In *Die amerikanischen Präsidenten*, Christof Mauch (Hrsg.), München: Verlag C.H. Beck, 2009.

Laqueur, Thomas. *Making Sex*. Cambridge: Harvard University Press, 1992.

Lawson, W.B. *Dashing Diamond Dick; or, The Tigers of Tombstone*. In *Dashing Diamond Dick and Other Classic Dime Novels*, J. Randolph Cox (Hrsg.), New York: Penguin Press, 2007.

Lax, Eric. *Paul Newman*. Berlin: Henschel Verlag, 1997.

Lears, T. J. Jackson. *No Place of Grace*. Chicago: The University of Chicago Press, 1994.

Lewis, R.W.B. *The American Adam*. Chicago: The University of Chicago Press, 1984.

Liebrand, Claudia. »›John Wayne Wouldn't like gay Cowboys.‹ Ang Lees Western *Brokeback Mountain* und die Genretradition«. *Queer Lectures* (5/2008): 5-42.

Lofaro, Michael A. (Hrsg.). *The Tall Tales of Davy Crockett*. Knoxville: The University of Tennessee Press, 1987.

Lohmann, Hans-Martin. *Marxismus*. Frankfurt: Campus Verlag, 2001.

Lomax, John A. und Barrett Wendell. *Cowboy Songs And Other Frontier Ballads*. Nachdruck. Whitefish: Kessinger, o.J.

Loukides, Paul und Linda K. Fuller (Hrsg.). *Beyond the Stars 5 – Studies in American Popular Film*. Bowling Green: Bowling Green State University Popular Press, 1996.

Loy, R. Philip. *Westerns in a Changing America, 1955-2000*. Jefferson: McFarland & Company, 2004.

Lutz, Tom. *Crying*. New York: Norton, 2001.

Lyon, Thomas L. et al (Hrsg.). *A Literary History of the American West*. Fort Worth: Texas Christian University Press, 1987.

Mackenzie, Henry. *The Man of Feeling*. New York: Norton, 1958.

Malory, Thomas. *Le Morte d'Arthur*. New York: Bramhall House, 1962.

Marsden, Michael T. und Jack Nachbar. »The modern popular western: radio, television, film and print«. In *A Literary History of the American West*, Thomas L. Lyon (Hrsg.), Fort Worth: Texas Christian University Press, 1987.

Martin, Terry L. und Kenneth J. Doka. *Men Don't Cry ... Women Do*. New York: Routledge, 2000.

Martschukat, Jürgen. »›I Relinquished Power in the Family‹: Von Männlichkeits-, Sozial- und Wirtschaftskrisen in den 1930er Jahren«. In *In der Krise? Männlichkeiten im 21. Jahrhundert*, Mechthild Bereswill und Anke Neuber (Hrsg.), Münster: Verlag Westfälisches Dampfboot, 2011.

_____ und Olaf Stieglitz (Hrsg.). *Väter Soldaten Liebhaber - Männer und Männlichkeiten in der Geschichte Nordamerikas*. Bielefeld: Transcript Verlag, 2007.

Mascelli, Joseph V. *The Five C's of Cinematograhpy*. Beverly Hills: Silman-James Press, 1998.

Mauch, Christof (Hrsg.). *Die amerikanischen Präsidenten*. München: Verlag C.H. Beck, 2009.

McBride, Joseph. *Searching for John Ford*. London: Faber and Faber, 2003.

McMenamin, Brigid. »The Blessings of Civilization: John Ford's *Stagecoach*«. In *Print the Legend*, Sidney A. Pearson jr. (Hrsg.), Lanham: Lexington Books, 2009.

Melville, Herman. *Moby Dick*. Norwalk: The Easton Press, 1977.

Meuser, Michael und Sylka Scholz. »Hegemoniale Männlichkeit«. In *Männer – Macht – Körper*, Martin Dinges (Hrsg.). Frankfurt: Campus Verlag, 2005.

_____. »Krise oder Strukturwandel hegemonialer Männlichkeit?«. In *In der Krise? Männlichkeiten im 21. Jahrhundert*, Mechthild Bereswill und Anke Neuber (Hrsg.), Münster: Verlag Westfälisches Dampfboot, 2011.

Milner, Clyde A. II, Carol A. O'Connor und Martha A. Sandweiss (Hrsg.). *The Oxford History of the American West*. New York: Oxford University Press, 1994.

Mitchell, Lee Clark. *Westerns – Making the Man in Fiction and Film*. Chicago: The University of Chicago Press, 1996.

Modleski, Tania. »Our Heroes have sometimes been Cowgirls: An Interview with Maggie Greenwald«. In *The Western Reader*, Jim Kitses und Gregg Rickman (Hrsg.), New York: Limelight Edition, 1998.

Monaco, James. *Film verstehen*. Reinbek bei Hamburg: Rowohlt, 2000.

_____ und Hans-Michael Bock. *Film verstehen, das Lexikon*. Reinbek bei Hamburg: Rowohlt, 2011.

Moore, Robert und Douglas Gillette. *King Warrior Magician Lover*. New York: Harper-SanFranciso, 1990.

Müller, Arnold Heinrich. *Geheimnisse der Filmgestaltung*. Berlin: Schiele und Schön, 2010.

Mulvey, Laura. »Visual Pleasure and Narrative Cinema«. In *Media and Cultural Studies*, Meenakshi Gigi Durham und Douglas M. Kellner (Hrsg.), Malden: Blackwell, 2006.

Neubert, Harald. *Antonio Gramsci: Hegemonie – Zivilgesellschaft – Partei*. Hamburg: VSA-Verlag, 2001.

Ogden, Cynthia L. et al. »Mean Body Weight, Height, and Body Mass Index, United States 1960–2002«. *Advance Data 347* (2004). http://usgovinfo.about.com/gi/o.htm?zi=1/XJ&zTi=1&sdn=usgovinfo&cdn=newsissues&tm=36&f=00&su=p284.13.342.ip_&tt=2&bt=0&bts=0&zu=http%3A//www.cdc.gov/nchs/data/ad/ad347.pdf, letzter Zugriff: 27.04.12.

Omi, Michael und Howard Winant. »Racial Formation in the United States«. In *The Idea of Race*, Robert Bernasconi und Tommy L. Lott (Hrsg.), Indianapolis: Hackett Publishing, 2000.

O'Neal, Bill. *The Pimlico Encyclopedia of Western Gunfighters*. London: Pimlico, 1998.

Online-Filmdatenbank. s.v. »Filmliste Genre Western«.
    http://www.ofdb.de/view.php?page=blaettern2&Kat=Genre&Text=%25Wes-
    tern%25&P os=0, letzter Zugriff: 24.01.13.

Palmer, R. Barton. »William S. Hart's *Hell's Hinges*: An Ideological Approach to the Early
    Western«. *Canadian Review of American Studies* 16 (3/1985): 255-270.

Pease, Allan und Barbara. *Warum Männer nicht zuhören und Frauen schlecht einparken.* Ber-
    lin: Ullstein, 2007.

Pearson, Sidney A. jr. (Hrsg.). *Print the Legend.* Lanham: Lexington Books, 2009.

Penz, Otto. *Schönheit als Praxis.* Frankfurt: Campus Verlag, 2010.

Quiaser-Pohl, Claudia und Kirsten Jordan. *Warum Frauen glauben, sie könnten nicht einpar-
    ken – und Männer ihnen Recht geben.* München: Verlag C.H. Beck, 2004.

Roth, Tina. *Darwin und Spencer – Begründer des Sozialdarwinismus?.* Tönning: Der Andere
    Verlag, 2009.

Rowlandson, Mary. *Captivity and Restoration.* Project Gutenberg.
    http://www.gutenberg.org/dirs/8/5/851/851-h/851-h.htm, letzter Zugriff:
    08.09.11.

Rieupeyrout, Jean-Louis. *Der Western.* Bremen: Carl Schünemann Verlag, 1963.

Roberts, Randy und James S. Olson. *John Wayne – American.* Lincoln: University of
    Nebraska Press, 1995.

Rotundo, E. Anthony. *American Manhood.* New York: Basic Books, 1993.

Roosevelt, Theodore. *Ranch Life and The Hunting Trail.* New York: James Stevenson Pub-
    lisher, 2000.

_____. *The Winning of the West.* 4 Bände. New York: G. P. Putnam's Sons, 1889-96.

Rosin, Hanna. *The End of Men: And the Rise of Women.* London: Viking, 2012.

Savage, William W. Jr. *Cowboy Life.* Colorado: University Press of Colorado, 1993.

Schickel, Richard. *Clint - A Retrospective.* New York: Sterling, 2010.

Scott, Walter. *Waverley.* London: Penguin Books, 1985.

Seesslen, Georg. *Filmwissen Western.* Marburg: Schüren Verlag, 2011.

Server, Lee. *Samuel Fuller: Film is a Battleground.* Jefferson: McFarland & Company, Inc.,
    Publishers, 1994.

Silber, Nina. »Intemperate Men, Spiteful Women, and Jefferson Davis«. In *Divided Houses,*
    Catherine Clinton und Nina Silber (Hrsg.), New York: Oxford University Press,
    1992.

Simon, William G. und Louise Spence. »Cowboy Wonderland, History, and Myth: ›It
    ain't all that different than real life‹«. In *Westerns – Films Through History,* Janet
    Walker (Hrsg.), New York: Routledge, 2001.

Simpson, Mark. »Iron Clint«. In *Male Impersonators*, Mark Simpson, New York: Routledge, 1994.

Simpson, Mark. *Male Impersonators*. New York: Routledge, 1994.

Skerry, Philip J. »*Dances with Wolves* and *Unforgiven*: Apocalyptic, Postrevisionist Westerns«. In *Beyond the Stars 5: Studies in American Popular Film*, Paul Loukides und Linda K. Fuller (Hrsg.), Bowling Green: Bowling Green State University Popular Press, 1996.

Slotkin, Richard. *Gunfighter Nation*. New York: Harper Collins Publishers, 1993.

_____. *Regeneration Through Violence*. New York: Harper Collins Publishers, 1996.

_____. *The Fatal Environment*. New York: Harper Collins Publishers, 1994.

Smith, Andrew Brodie. *Shooting Cowboys and Indians*. Boulder: University Press of Colorado, 2003.

Smith, Sherry L. *Hippies, Indians, and the Fight for Red Power*. New York: Oxford Press, 2012.

Spindler, Robert. *Recent Westerns*. Marburg: Tectum Verlag, 2008.

Stiglegger, Marcus. »Geschichtsstunden – Zum Umgang mit Genrekonventionen in zwei Western«. In *Robert Altman – Abschied vom Mythos Amerika*, Thomas Klein und Thomas Koebner (Hrsg.), Mainz: Ventil Verlag, 2006.

Taylor, Lonn und Ingrid Maar. *The American Cowboy*. Washington: Library of Congress, 1983.

Thumim, Janet: »›Maybe he's tough but he sure ain't no Carpenter‹: Masculinity and In/competence in *Unforgiven*«. In *The Western Reader*, Jim Kitses und Gregg Rickman (Hrsg.), New York: Proscenium Publishers Inc., 1998.

Tiger, Lionel. *Men in Groups*. New Brunswick: Transaction Publishers, 2005.

Tompkins, Jane. *West of Everything*. New York: Oxford University Press, 1992.

Tosh, John. »Hegemonic Masculinity and the History of Gender«. In *Masculinities in Politics and War*, Stefan Dudink, Karen Hagemann und John Tosh (Hg.), Manchester: Manchester University Press, 2008.

Turan, Kenneth. »A Fistful of Memories: An Interview with Clint Eastwood«. In *The Western Reader*, Jim Kitses und Gregg Rickman (Hrsg.), New York: Proscenium Publishers Inc., 1998.

Turner, Frederick Jackson. »The Significance of the Frontier in American History«. In *The Significance of the Frontier in American History*, Frederick Jackson Turner, London: Penguin Books, 2008.

_____. *The Significance of the Frontier in American History*. London: Penguin Books, 2008.

Twain, Mark. *Huckleberry Finn*. New York: Chatham River Press, 1983.

_____. *Life on the Mississippi*. Project Gutenberg.
http://www.gutenberg.org/files/245/245-h/245-h.htm, letzter Zugriff: 02.02.12.

Valtin, Renate. »Warum ich gern ein Mädchen oder ein Junge bin«. *Bulletin Texte 37* (2011): 102-106.

Villa, Paula-Irene. *Judith Butler*. Frankfurt/Main: Campus Verlag, 2003.

_____. *Sexy Bodies*. Wiesbaden: Verlag für Sozialwissenschaften, 2006.

Vogt, Jochen. *Aspekte erzählerischer Prosa*. Opladen: Westdeutscher Verlag, 1990.

Walker, Janet (Hrsg.). *Westerns – Films Through History*. New York: Routledge, 2001.

Warren, Louis S. *Buffalo Bill's America*. New York: Vintage Books, 2006.

Watzlawick, Paul (Hrsg.). *Die erfundene Wirklichkeit*. München: Piper, 2008.

Weidinger, Martin. *Nationale Mythen – männliche Helden, Politik und Geschlecht im amerikanischen Western*. Frankfurt/Main: Campus Verlag, 2006.

West, Candace und Don H. Zimmerman. »Doing Gender«. In *Doing Gender, Doing Difference*, Sarah Fenstermaker und Candace West (Hrsg.), New York: Routledge, 2002.

Wikipedia. s.v. »John Ford's Point«. http://de.wikipedia.org/wiki/John_Ford's_Point, letzter Zugriff: 31.12.12.

Wikipedia. s.v. »The Ballad of Little Jo«. http://en.wikipedia.org/wiki/The_Ballad_of_Little_Jo, letzter Zugriff: 31.01.13.

Wikipedia. s.v. »The Public Enemy«. http://en.wikipedia.org/wiki/The_Public_Enemy, letzter Zugriff: 27.04.12.

Wister, Owen. »The Evolution of the Cow-Puncher«. *Harper's New Monthly Magazine 91* (9/1895): 602-17. http://www.harpers.org/archive/1895/09/0048971, letzter Zugriff: 02.06.11.

_____. *The Virginian*. New York: Barnes & Noble Books, 2005.

White, Edward G. *The Eastern Establishment and the Western Experience*. Austin: University of Texas Press, 1989.

Whitehead, Stephen M. und Frank J. Barrett (Hrsg.). *The Masculinities Reader*. Cambridge: Polity Press, 2004.

Yahoo!Answers. s.v. »Does anyone else hate Brad Pitt's voice?«. http://answers.yahoo.com/question/index?qid=20111231124034AAkfhQz, letzter Zugriff: 05.01.13.

Zapf, Hubert (Hrsg.). *Amerikanische Literaturgeschichte*. Stuttgart: J.B. Metzler Verlag, 1997.

Zeit Online. s.v. »Duell mit dem Image«. http://www.zeit.de/2007/43/Interview-Brad-Pitt, letzter Zugriff: 07.02.12.

Filme

Alamo (1960, Batjac Productions). Regie: John Wayne.

Alamo, The (2004, Touchstone Pictures). Regie: John Lee Hancock.

All the Pretty Horses (2000, Columbia Pictures). Regie: Billy Bob Thornton.

American Bandits (2010, ARO Entertainment (Video)). Regie: Fred Olen Ray.

American Psycho (2000, Am Psycho Productions). Regie: Mary Harron.

Angels with Dirty Faces (1938, Warner Bros. Pictures). Regie: Michael Curtiz.

Annie get your Gun (1950, Metro-Goldwyn-Mayer). Regie: George Sidney.

Apostle, The (1997, Butcher's Run Films). Regie: Robert Duvall.

Appaloosa (2008, New Line Cinema). Regie: Ed Harris.

Assassination of Jesse James by the Coward Robert Ford, The (2007, Warner Bros. Pictures). Regie: Andrew Dominik.

Avatar (2009, Twentieth Century Fox Film). Regie: David Cameron.

Ballad of Little Jo, The (1993, Joco). Regie: Maggie Greenwald.

Basic Instinct (1992, Carolco Pictures). Regie: Paul Verhoeven.

Batman Begins (2005, Warner Bros. Pictures). Regie: Christopher Nolan.

Battle at Elderbush Gulch, The (1913, Biograph Company). Regie: David W. Griffith.

Birth of a Nation (1915, David W. Griffith Corp.). Regie: David W. Griffith.

Blackthorn (2011, Ariane Mararía Films). Regie: Mateo Gil.

Blade Runner (1982, The Ladd Company). Regie: Ridley Scott.

Blazing Saddles (1974, Crossbow Productions). Regie: Mel Brooks.

Boardwalk Empire (seit 2010, HBO (TV)). Schöpfer: Terence Winter.

Brokeback Mountain (2005, Alberta Film Entertainment). Regie: Ang Lee.

Broncho Billy and the Greaser (1914, The Essanay Film Manufacturing Company). Regie: Gilbert M. »Broncho Billy« Anderson.

Buffalo Bill (1944, Twentieth Century Fox). Regie: William A. Wellman.

Buffalo Bill and the Indians, or Sitting Bull's History Lesson (1976, Dino De Laurentiis). Regie: Robert Altman.

Butch Cassidy and the Sundance Kid (1969, 20th Century Fox Films). Regie: George Roy Hill.

Calamity Jane (1953, Warner Brothers). Regie: David Butler.

Chopper (2000, Australian Film Finance Corporation). Regie: Andrew Dominik.

Cowboys and Aliens (2011, Universal Pictures). Regie: Jon Favreau.

Curious Case of Benjamin Button, The (2008, Warner Bros. Pictures). Regie: David Fincher.

Dallas (seit 2012, Cyntax Productions (TV)). Schöpfer: Cynthia Cider, David Jacobs.

Dances With Wolves (1990, TIG Production). Regie: Kevin Costner.

Dead Pool, The (1988, Warner Bros. Pictures). Regie: Buddy Van Horn.

Deadwood (2004-2006, HBO (TV)). Schöpfer: David Milch.

Desperate Housewives (2004-2012, Cherry Alley Productions (TV)). Schöpfer: Marc Cherry.

Die Hard (1988, Twentieth Century Fox Film Corp.). Regie: John McTiernan.

Dirty Harry (1971, The Malpaso Company). Regie: Don Siegel.

Django (1966, B.R.C. Produzione S.r.l.). Regie: Sergio Corbucci.

Django Unchained (2012, The Weinstein Company). Regie: Quentin Tarantino.

Enforcer, The (1976, Warner Bros. Pictures). Regie: James Fargo.

Fatal Attraction (1987, Paramount Pictures). Regie: Adrian Lyne.

Fight Club (2000, Fox 2000 Pictures). Regie: David Fincher.

First Blood (1982, Anabasis N.V.). Regie: Ted Kotcheff.

Fistful of Dollars, A (1964, Constantin Film). Regie: Sergio Leone.

Flaming Star (1960, Twentieth Century-Fox Film Corp.). Regie: Don Siegel.

For a Few Dollars more (1965, Arturo González Producciones Cinematográficas). Regie: Sergio Leone.

Forty Guns (1957, Globe Enterprises). Regie: Sam Fuller.

Friends (1994-2004, Warner Bros. Television (TV)). Schöpfer: David Crane, Marta Kauffman.

Girl With the Dragon Tattoo, The (2011, Columbia Pictures). Regie: David Fincher.

Gone with the Wind (1939, Selznick International Pictures). Regie: Victor Fleming.

Good, the Bad and the Ugly, The (1966, Alberto Grimaldi Productions). Regie: Sergio Leone.

Grapes of Wrath, The (1940, Twentieth Century Fox Film Corporation). Regie: John Ford.

Great Northfield Minnesota Raid, The (1972, Universal Pictures). Regie: Philip Kaufman.

Gunfighter, The (1950, Twentieth Century-Fox Film Corporation). Regie: Henry King.

Hell's Hinges (1916, Kay-Bee Pictures). Regie: Charles Swickard.

Heaven's Gate (1980, Partisan Productions). Regie: Michael Cimino.

High Plains Drifter (1973, Universal Pictures). Regie: Clint Eastwood.

High Noon (1952, Stanley Kramer Productions). Regie: Fred Zinnemann.

Hi-Lo Country, The (1998, De Fina-Cappa). Regie: Stephen Frears.

Hobbit, The: An Unexpected Journey (2012, New Line Cinema). Regie: Peter Jackson.

Hombre (1967, Twentieth Century Fox Films Corporations). Regie: Martin Ritt.

I Shot Jesse James (1949, Lippert Pictures). Regie: Samuel Fuller.

It Happened One Night (1934, Columbia Pictures). Regie: Frank Capra.

It's a Wonderful Life (1946, Liberty Films). Regie: Frank Capra.

Jesse James (1939, Twentieth Century-Fox Film Corporation). Regie: Henry King.

Jesse James Meets Frankenstein's Daughter (1966, Circle Productions). Regie: William Beaudine.

Johnny Guitar (1954, Republic Pictures). Regie: Nicholas Ray.

Kill Bill: Vol. I (2003, Miramax Films). Regie: Quentin Tarantino.

Kill Bill: Vol. II (2004, Miramax Films). Regie: Quentin Tarantino.

Killing Them Softly (2012, Plan B Entertainment). Regie: Andrew Dominik.

Kramer vs. Kramer (1979, Columbia Pictures). Regie: Robert Benton.

Last of the Mohicans, The (1992, Morgan Creek Productions). Regie: Michael Mann.

Last Stand, The (2013, Di Bonaventura Pictures). Regie: Jee-woon Kim.

Long Riders, The (1980, Huka Productions). Regie: Walter Hill.

Little Big Man (1970, Cineam Center Films). Regie: Arthur Penn.

Little Caesar (1931, First National Pictures). Regie: Mervyn LeRoy.

Mad Men (seit 2007, Lionsgate Television (TV)). Schöpfer: Matthew Weiner.

Magnificent Seven, The (1960, The Mirisch Corporation). Regie: John Sturges.

Magnum Force (1973, Warner Bros. Pictures). Regie: Ted Post.

Man who shot Liberty Valance, The (1962, John Ford Productions). Regie: John Ford.

Matrix, The (1999, Warner Bros. Pictures). Regie: Andy Wachowski, Lana/Larry Wachowski.

Matrix Reloaded, The (2003, Warner Bros. Pictures). Regie: Andy Wachowski, Lana/Larry Wachowski.

Matrix Revolutions, The (2003, Warner Bros. Pictures). Regie: Andy Wachowski, Lana/Larry Wachowski.

McCabe & Mrs. Miller (1971, David Foster Productions). Regie: Robert Altman.

Million Dollar Baby (2004, Warner Bros.). Regie: Clint Eastwood.

Monster (2003, Media 8 Entertainment). Regie: Patty Jenkins.

My Darling Clementine (1946, Twentieth Century Fox). Regie: John Ford.

No Country for Old Men (2007, Paramount Vantage). Regie: Ethan Coen, Joel Coen.

Ocean's Eleven (2001, Warner Bros. Pictures). Regie: Steven Soderbergh.

Oklahoma Kid, The (1939, Warner Bros. Pictures). Regie: Lloyd Bacon.

Once Upon a Time in the West (1968, Finanzia San Marco). Regie: Sergio Leone.

Open Range (2003, Touchstone Pictures). Regie: Kevin Costner.

Outlaw Josey Wales, The (1976, Malpaso Company). Regie: Clint Eastwood.

Pale Rider (1985, Malpaso Company). Regie: Clint Eastwood.

Pat Garrett and Billy the Kid (1973, Metro-Goldwyn-Mayer). Regie: Sam Peckinpah.

Posse (1993, PolyGram Filmed Entertainment). Regie: Mario van Peebles.

Psycho (1960, Shamley Productions). Regie: Alfred Hitchcock.

Public Enemy, The (1931, Warner Bros. Pictures). Regie: William A. Wellman.

Quick and the Dead, The (1995, TriStar Pictures). Regie: Sam Raimi.

Rebel Without a Cause (1955, Warner Bros.). Regie: Nicholas Ray.

Red River (1948, Charles K. Feldmann Group). Regie: Howard Hawks.

Ride with the Devil (1999, Good Machine). Regie: Ang Lee.

River of no Return (1954, Twentieth Century Fox Corporation). Regie: Otto Preminger.

Scarface (1932, The Caddo Company). Regie: Howard Hawks, Richard Rosson.

Searchers, The (1956, C.V. Whitney Pictures). Regie: John Ford.

Shame (2011, See-Saw Films). Regie: Steve McQueen.

Shane (1953, Paramount Pictures). Regie: George Stevens.

Silence of the Lambs, The (1991, Orion Pictures Corporation). Regie: Jonathan Demme.

Simpsons, The (seit 1989, Gracie Films (TV)). Schöpfer: Matt Groening.

Skyfall (2012, Metro-Goldwyn-Mayer (MGM)). Regie: Sam Mendes.

Somewhere (2010, Focus Features). Regie: Sophia Coppola.

Sons of Anarchy (seit 2008, SutterInk (TV)). Schöpfer: Kurt Sutter.

Sopranos, The (1999-2007, HBO (TV)). Schöpfer: David Chase.

Stageccoach (1939, Walter Wanger Productions). Regie: John Ford.

Steel Helmet, The (1951, Deputy Corporation). Regie: Samuel Fuller.

Stripperella (2003-2004, The Firm (TV)). Schöpfer: Stan Lee, Kevin Kopelow, Heath Seifert, Steve Holland.

Sudden Impact (1983, Warner Bros. Pictures). Regie: Clint Eastwood.

Terminator, The (1984, Hemdale Film). Regie: James Cameron.

Thelma & Louise (1991, Pathé Entertainment). Regie: Ridley Scott.

Three Burials of Melquiades Estrada, The (2005, Europa Corp.). Regie: Tommy Lee Jones.

3:10 to Yuma (1957, Columbia Pictures). Regie: Delmer Daves.

3:10 to Yuma (2007, Relativity Media). Regie: James Mangold.

Titanic (1997, Twentieth Century Fox Film). Regie: James Cameron.

Tombstone (1993, Cinergi Pictures Entertainment). Regie: George P. Cosmatos.

Tootsie (1982, Columbia Pictures). Regie: Sydney Pollack.

Transamerica (2005, Belladonna Productions). Regie: Duncan Tucker.

Troy (2004, Warner Bros. Pictures). Regie: Wolfgang Petersen.

True Grit (1969, Paramount Pictures). Regie: Henry Hathaway.

True Grit (2010, Paramount Pictures). Regie: Ethan Coen, Joel Coen.

Tumbleweeds (1925, William S. Hart Productions). Regie: King Baggot.

24 – Twenty Four (2001-2010, Imagine Entertainment (TV)). Schöpfer: Robert Cochran, Joel Surnow.

Two Mules for Sister Sara (1970, Universal Pictures). Regie: Don Siegel.

Unforgiven (1992, Malpaso Productions). Regie: Clint Eastwood.

Union Pacific (1939, Paramount Pictures). Regie: Cecille B. DeMille.

Virginian, The (1929, Paramount Pictures). Regie: Victor Fleming.

Virginian, The (1946, Paramount Pictures). Regie: Stuart Gilmore.

Walker (1987, In-Cine Compañía Industrial Cinematográfica). Regie: Alex Cox.

White Dog (1982, Paramount Pictures). Regie: Samuel Fuller.

Wild Bill (1995, United Artists). Regie: Walter Hill.

Wild Bunch, The (1969, Warner Bros./Seven Arts). Regie: Sam Peckinpah.

Wild Wild West: Buffalo Bill (1992, Greystone Productions (TV)). Regie: Donna E. Lusitana.

Winning of Barbara Worth, The (1926, Samuel Goldwyn Company). Regie: Henry King.

Wire, The (2002-2008, Blown Deadline Productions (TV)). Schöpfer: David Simon.

Die Informationen bezüglich der Filme entstammen der *Internet Movie Database* (http://www.imdb.com, letzter Zugriff: 31.01.13). Etwaige Co-Produktionsfirmen sind nicht mit aufgeführt.

Werbespots (TV)

Chanel No. 5 (2012, Psycho). Regie: Joe Wright.

Mobilat (2012, Kempertrautmann (KT)). Regie: Simon Verhoeven.

ibidem-Verlag

Melchiorstr. 15

D-70439 Stuttgart

info@ibidem-verlag.de

www.ibidem-verlag.de
www.ibidem.eu
www.edition-noema.de
www.autorenbetreuung.de